Birgit E. Orths | *Als Steuerfahnderin auf der Spur des Geldes*

BIRGIT E. ORTHS

ALS STEUERFAHNDERIN AUF DER SPUR DES GELDES

WIE KRIMINELLE UND FEHLER IM SYSTEM UNS MILLIARDEN KOSTEN

Econ

Wir verpflichten uns zu Nachhaltigkeit
- Klimaneutrales Produkt
- Papiere aus nachhaltiger Waldwirtschaft und anderen kontrollierten Quellen
- ullstein.de/nachhaltigkeit

Um die Persönlichkeitsrechte einiger handelnder Personen zu wahren, wurden Namen, Orte und Personenbeschreibungen verfremdet. Alle in diesem Buch dargestellten Ereignisse, Szenen und Dialoge haben sich aber so wie beschrieben oder in sehr ähnlicher Weise abgespielt.

FSC www.fsc.org
MIX
Papier | Fördert gute Waldnutzung
FSC® C021394

Econ ist ein Verlag
der Ullstein Buchverlage GmbH.

ISBN 978-3-430-21092-8

Redaktion: Ulrich Wank

Gesetzt aus der Aldus nova Pro und der Hackney
Satz: LVD GmbH, Berlin
Druck und Bindearbeiten: ScandBook, Litauen

Für meinen Dad.

Der sagte, die Wahrheit sei meist schwer zu ertragen, aber es sei niemals falsch, sie auszusprechen und dafür einzustehen.

INHALT

»Stimmen. Nicht schon wieder. Gestern ist auch einer geholt worden. Mir kribbeln die Härchen auf den Armen. Ich rücke enger auf meiner total verdreckten Matratze an die Wand. Bisher hatten die anderen in der Zelle mich einfach ignoriert. Na, feines Bürschchen!? Ja, in der Tat, meine Klamotten, obwohl Jogginganzug, sind feiner als deren. Teurer. Was hast du denn verbrochen? Drogen? Nee, danach siehst du nicht aus. Musst ja nicht kotzen. Hast du jemanden abgemurkst? Nein, sage ich, wenn ich dir das erkläre, würdest du das nicht verstehen. Das Nächste, das ich merke, ist, dass ich auf dem Boden liege. Mein Auge ist wie blind. Ich schmecke Blut. Eine Stimme nah an meinem Ohr: Pass dich bloß an, oder du bist tot.
Ich muss hier weg. Bin in Gefahr. Meine Haut hat Blasen, das Wasser aus dem Hahn ist braun, aber mein Verteidiger mauert weiter. Der kostet ein Vermögen, aber das zahl ja nicht ich. Und ich bestimme auch schon lange nicht mehr, was mit mir passiert. Das macht der Big Boss …«

Sayed Ahmadi

VORAB

Mein Name ist Birgit Elisabeth Orths. Ich ermittle in Fällen der Organisierten Kriminalität, allerdings nicht als Polizeibeamtin. Ich bin Steuerfahnderin. In diesem Buch erzähle ich von meiner Arbeit. Anders als bei vielen anderen Büchern, in denen Gerichtsmediziner, Polizistinnen oder Anwälte über fiktionale Begebenheiten berichten, deren Bücher ich sehr mag, gilt hier: Was ich schreibe, habe ich tatsächlich so erlebt.

Die Steuerfahndung ist eine Strafverfolgungsbehörde und Teil der Finanzverwaltungen der Bundesländer. Sie soll Steuerstraftaten verfolgen und aufdecken. Dabei macht die Steuerfahndung nur einen geringen Teil der Finanzverwaltung aus. In Nordrhein-Westfalen sind wir 650 von insgesamt rund 28 000 Beamten. Entsprechend darf man sich unser Gewicht innerhalb der Finanzverwaltung vorstellen.

Meine Dienststelle ist die Steuerfahndung Düsseldorf, die zu den größten Deutschlands zählt.

Die Kollegen und Kolleginnen der Steuerfahndung haben eine ähnliche Stellung wie Polizeibeamte, die als sogenannte Ermittlungspersonen der Staatsanwaltschaft tätig sind. Ausgebildet sind wir zunächst als Finanzbeamte – wir sollen ja die komplizierte Steuermaterie überblicken können.

Anders als die entsprechenden Dienststellen bei der Polizei oder der Justiz hat die Steuerfahndung keine eigene Pressestelle. Deshalb findet nichts oder nur sehr wenig von dem, womit wir uns beschäftigen, den Weg in die Medien. Zudem steht das Steuergeheimnis einer Öffentlichkeitsarbeit oft im Weg. Diese wäre aber dringend notwendig, finde ich.

Wir ermitteln unter anderem in der Clan-Kriminalität, bei den illegalen Cum-Ex-Deals, bei Verfahren im Zusammenhang mit Staatsschutzdelikten, bei illegalen Internetgeschäften, Panama Papers, Cyber-Crime, Korruption und europaweitem Umsatzsteuer-Betrug. Auch um Betrug mit Corona-Soforthilfen im großen Stil ging es in den letzten zwei Jahren. In unseren Verfahren begeben wir uns auch, und das ist sicher kaum jemandem so richtig bewusst, teilweise in Gefahr und erleben mitunter Intrigen, Lügen und Anfeindungen. Was wir leider auch immer wieder erleben: dass wir an die Grenzen unserer Ermittlungsmöglichkeiten stoßen. Das liegt an unserer Finanzverwaltung mit ihrer traditionellen Struktur.

Dann kommt hinzu, dass auch der Politik zuweilen offenbar der Wille fehlt, manche Straftaten zu verhindern. Organisierte, hochprofessionelle Täter kennen und nutzen jede Lücke im Rechtssystem. Wir paar Steuerfahnder hecheln ihnen hinterher. Wir sind zu wenige und oft zu schlecht ausgestattet. Das zeigt auch mein Verfahren gegen einen cleveren Teenager aus dem Rheinland, der in diesem Buch Sayed Ahmadi heißt und in wenigen Jahren zum Multimillionär aufstieg. Er kam als Kleinkind mit seiner Mutter und den Geschwistern aus Afghanistan nach Deutschland, wuchs hier auf und lernte offenbar schnell. Von diesem Verfahren möchte, nein: muss ich Ihnen in diesem Buch erzählen.

PROLOG

Es ist der 14. April 2014, und ich stehe im Frankfurter Amtsgericht. Ich muss noch eine Weile auf dem Flur vor dem Sitzungssaal warten. Ziemlich nervös bin ich, wie immer bei solchen Gelegenheiten. Ich war zwar schon oft in Gerichten, aber es ist immer wieder neu. Diesen Saal hier erreicht man durch eine schöne Flügeltür.

Überall alte Kacheln. Was die wohl schon alles gesehen haben? Keiner weiß, was ihn hinter den hohen Türen erwartet. Man fühlt sich klein an diesen altehrwürdigen Orten der Justiz. Wahrscheinlich hatten die Architekten das auch im Sinn.

Wenn du als Zeugin geladen bist, um in einer Hauptverhandlung auszusagen, dann sitzt du vorher auf dem Flur und bemerkst (zumindest in meinem Fall), dass deine Hände feucht sind. Im Gerichtssaal sitzt du dann mitten vor dem Richter oder der Richterin. Allein. Das Gericht hat sich eindrucksvoll in eine schwarze Robe gehüllt. Manchmal ist ein Richter älter, weißhaarig und spricht mit so einer tiefen, eindringlichen Stimme. Er wirkt dann ein bisschen so, wie man sich als Kind den Nikolaus vorgestellt hat. Rechts hocken die Vertreter der Staatsanwaltschaft. Auch in schwarzen Roben. Links der oder die Angeklagte, manchmal sind es auch gleich mehrere, und dann ebenfalls in schwarzen Roben die Verteidiger. Du selbst hast die besten Jeans rausgesucht, die du im Schrank hattest, und einen Blazer übergezogen.

Die Verteidiger versuchen meist, dir Fragen zu stellen oder dich sogar ins »Kreuzverhör« zu nehmen und deine Glaubwürdigkeit infrage zu stellen. Eigentlich braucht man da nicht nervös zu sein, denn man ist ja nicht selbst angeklagt. Nur, die Ungewissheit, was für Fragen die Verteidigung, oder der Staatsanwalt und der Richter dir stellen werden, verursacht unangenehme, komische Druckwellen im Bauchbereich. Du hast das Gefühl, lieber im Boden verschwinden zu wollen.

Die Zunge klebt am Gaumen, und dann fängt der Richter mit seinen Fragen an. Du musst tief durchatmen, »Ommm« denken und mit fester Stimme sprechen. Denn von deiner Aussage als Zeuge kann ein Verfahren abhängen: geringe oder hohe Strafe. Oder Freispruch.

Aber hier und heute in Frankfurt ist es anders. Ich bin diesmal nicht als Zeugin geladen. Diese Situation kenne ich noch gar nicht – ich habe keine Ahnung, was nachher passieren wird.

In einigem Abstand von mir steht eine Dame, die ich nicht kenne. Sie nickt etwas gequält zu mir rüber. Blond, zierlich, klein, Typ Püppchen. Sie macht einen unsicheren Eindruck. Offensichtlich gehört sie zur Anwaltskanzlei Roding – so zumindest steht es auf dem Schreibblock, den sie in der Hand hält. Eher eine Berufsanfängerin. Hier im Amtsgericht soll gleich jemand dem Haftrichter vorgeführt werden, und dann muss immer ein Rechtsanwalt dabei sein. Dieser Jemand muss dann noch vor einen Richter treten, der ihm Fragen stellt, und wenn der Richter von den Straftaten überzeugt ist, die im Haftbefehl stehen, muss dieser Jemand in die Untersuchungshaft und damit hinter Gitter.

Dieser Jemand ist mir, sagen wir mal vorsichtig, bekannt. Ich kenne ihn aus seiner Akte mit mehr als 20 000 Seiten, aus über 100 000 Seiten Skype- und MSN-Chatprotokollen und den abgehörten Telefonaten. Und auch aus Telefonaten mit ihm selbst.

Man kann sagen, dass ich auf diesen Augenblick viele Jahre gewartet habe, oder besser: Ich habe dafür all diese Jahre gearbeitet. Ich bin die Ermittlerin in diesem Verfahren. Gemeinsam mit meiner Chefin, mit der zuständigen Staatsanwältin und zum Schluss auch mithilfe des Bundeskriminalamts haben wir einen

Intensivtäter der Wirtschaftskriminalität geschnappt. Der Herr war aus Deutschland in die USA und später nach Dubai geflohen, dort ging er ins Netz und wurde nach Deutschland ausgeliefert. Der Plan war, dass er nach Frankfurt geflogen wurde. Im Grunde müsste er jeden Moment hier erscheinen.

Es war ein harter Weg. Unzählige Überstunden, verquere Ermittlungsmethoden, derer wir uns gewöhnlich nicht bedienen, viele unschöne Diskussionen mit Kolleginnen und Kollegen, die mir nicht mal glauben wollten, dass dieser Mensch überhaupt existiert. »Verrenn dich nicht!«, riet mir ein Kollege. »Der Typ verarscht dich, sollte es ihn überhaupt geben. Guck mal bitte auf sein Baujahr. Der Typ ist von 1989! Du hast sie doch nicht mehr alle, wenn du denkst, dass er derjenige ist, der das alles organisiert hat. Und du glaubst doch nicht ernsthaft an seine Geschichte von rangmäßig gestuften Hintermännern, von Organisationseinheiten, die sich zusammengeschlossen haben, um all diese Straftaten hier in Deutschland zu begehen?«

Doch, das habe ich geglaubt, ich glaube es immer noch. Noch besser – ich kann es beweisen.

Seit dem Haftbefehl gegen ihn im Mai 2010 war er flüchtig. Aber dann entstand ein telefonischer Kontakt zu ihm. Seit dem Zeitpunkt lästerten gewisse Kollegen etwas leiser. Sollte an meinen Ermittlungen doch etwas dran sein?

Die Flügeltüren des Gerichtssaals öffnen sich. Ein Gerichtsdiener nickt der Dame von der Kanzlei und mir zu. Wir dürfen eintreten. Eine Berichterstatterin, die protokollieren wird, verweist uns auf unsere Plätze. Sie teilt uns in kurzen Worten das Prozedere mit. Wir dürfen nur auf Fragen des Richters antworten. Und nur sprechen, wenn wir gefragt werden. Okay. Meine Nervosität steigt. Birgit, ruhig. Es wird nichts Schlimmes geschehen.

Nun geht eine Hintertür im Gerichtssaal auf. Da ist er. Zwei Kriminalbeamte begleiten ihn herein. Er sieht anders aus als auf den Fotos, die ich kenne. Irgendwie doch jung, kränklich, etwas blass. Er wirkt ernst. Seine dunklen Augen blicken unsicher im Saal umher. Er trägt Handschellen.

Zugestanden, während der einjährigen Untersuchungshaft in einem der schlimmsten Gefängnisse der USA dürfte er nicht allzu viel zu lachen gehabt haben. Den Eindruck, ein ranghoher Täter im Bereich der Organisierten Kriminalität zu sein, vermittelt er in diesem Augenblick wahrlich nicht.

Er wird in die Mitte des Raums an den für ihn vorgesehenen Platz geführt. In der Zwischenzeit rasselt der Richter routiniert seine Eingangssätze runter. Dabei stellt er uns mit Namen vor. In dem Augenblick, wo der Richter mich ansieht und meinen Namen nennt, schnellt der Kopf des jungen Mannes in Handschellen zu mir herum. Seine Augen sind jetzt kalt, sein Mund verzieht sich zu einem Lächeln. Es ist ein seltsames Lächeln.

»Hallo, Frau Orths. Ich freue mich, Sie endlich persönlich kennenzulernen.«

Mir ist kalt.

TEIL I

KAPITEL 1

Durchsuchung

Wie jeden Morgen fahre ich in mein Büro in einem Siebzigerjahre-Bau in Düsseldorf. Ich habe kein besonders schönes Büro. Immerhin hat es ein Waschbecken. Die Toiletten, es gibt jeweils vier für insgesamt zwei Flure, sehen auch nicht wirklich gut aus. An diesem Morgen im Juli 2009 will ich eigentlich an einem schon älteren Verfahren weiterermitteln. Doch jetzt passt mich meine Chefin, Frau Fallner, auf dem Flur ab. Christine Fallner ist seit vier Jahren meine Chefin. Sie ist studierte Juristin wie die meisten unserer Sachgebietsleiter in der Steuerfahndung. Wir haben uns nicht immer so gut verstanden wie heute. Sie kann schon mal launisch sein und aus der Haut fahren, wenn man damit am wenigsten rechnet. Ich bin auch schon mal aus ihrem Sachgebiet geflogen, weil ich eine für mich vermeintlich sinnlose Anweisung nicht ausführen wollte; zumindest hatte sie mir das angedroht. Ich kann nämlich dann auch stur sein. Aber das Gute an ihr ist, sie sieht ein, wenn sie zu weit gegangen ist; sie hat sich damals entschuldigt. Ich dann natürlich auch. Manchmal muss es zwischen Alphatierchen erst mal rumpeln, aber dann wird es gut. Heute verstehe ich sie viel besser, und ich arbeite gerne mit ihr.

»Morgen, Frau Orths, hätten Sie kurz Zeit für mich?«

Klar. Ziehe nur schnell meine Jacke aus. Ich weiß, dass ich bei meiner Chefin immer erst mal einen guten Kaffee bekomme. Bei ebendiesem erzählt sie mir von einem Amtshilfeersuchen von Kollegen aus Baden-Württemberg. Es gebe einen Durchsuchungsbeschluss wegen des Verdachts der Umsatzsteuer-

Hinterziehung für eine Firma in unserem Beritt. Die Firma heiße *A-Phon GmbH*.

Handys mal wieder.

»Die Kollegen brauchen Unterstützung, und da dachte ich an Sie. Sind ja mittendrin im Thema.«

Ja, so ist das. Um Ermittlungsfälle muss man sich hier eher nicht bewerben.

»Wieso eigentlich ich?«, frage ich deshalb. »Gibt's keinen, der zurzeit etwas weniger zu tun hat als ich?«

Fallner hat lange blonde Haare, die sie jetzt etwas verlegen mit ihren Händen durchfährt. »Tja, was soll ich sagen? Die haben schon alle Nein gesagt, sie hätten gerade keine Zeit. Und ich dachte, da Sie die Kollegen da unten ja kennen, wär das was für Sie.«

Okay, schon gut. Mal wieder überredet. Ich nehme die Unterlagen und verschwinde in meinem Büro. Klar kenne ich die. Mit zwei Kollegen von hier und zwei einer anderen Dienststelle bin ich drei Wochen da unten gewesen und habe geholfen, über 7500 Speditionsmappen in eine große Datenbank einzugeben.

Die Steuerfahnder dort hatten mit der Ermittlungsgruppe »Waldläufer« einige Firmen durchsucht. Die ganzen Handys, die auf den Rechnungen stehen, lagerten alle bei zwei Speditionen in Hessen. Die durchsuchte man dann auch und beschlagnahmte alle Mappen. Jede dieser Mappen besteht aus rund 20 Blättern mit Informationen. Von wem die Handys kommen, an wen sie weiterfakturiert werden, eigentlich ist den Mappen die komplette Warenkette zu entnehmen. Die Handys durchlaufen offensichtlich in kurzer Zeit jede Menge Firmen.

Ich recherchiere jetzt für die Bitte der Kollegen mal in unseren Systemen. Danach rufe ich den Kollegen unten im Südwesten an.

»Hey, Martin, wie geht's? Länger nicht mehr gehört und gesehen.«

»Hey, Birgit, schön, von dir zu hören. Sag bloß, du hast unser

Amtshilfeersuchen wegen der Durchsuchung bei der *A-Phon* bekommen?«

Ich nicke stumm vor Glück vor mich hin, obwohl Martin mich gar nicht sehen kann.

»Ja, habe ich. Wo siehst du Zusammenhänge zu eurem Verfahren?«

Martin erklärt, dass es im Umsatzsteuer-Betrugsverfahren gegen die *Hot Stone GmbH* verschiedene Verzweigungen zu anderen Firmen gebe, die wiederum etwas von der *Hot Stone* gekauft hätten. Aus den ganzen Speditionsmappen ergebe sich inzwischen der Verdacht, dass das alles ein abgekartetes Spiel zwischen den Firmen ist.

Das heißt, der angebliche Lieferant der *Hot Stone* war inzwischen verschwunden und hatte keine Umsatzsteuer erklärt und bezahlt. Die *Hot Stone* hatte sich aber diese Umsatzsteuer vom Finanzamt erstatten lassen. Und die *Hot Stone* hat dann die Handys weiterverkauft, wobei zusätzlich noch der Verdacht besteht, dass es gar keine Handys gibt oder nicht so viele, wie auf den Rechnungen draufstehen – oder dass die Handys nur bei den Speditionen lagern und gar nicht bewegt werden. Wahrscheinlich, sagt Martin, würden nur Rechnungen geschrieben, bis die letzte Firma in der ganzen Kette die Handys ohne Umsatzsteuer ins Ausland fakturiert. Vermutlich sei die ganze Firmenkette abgesprochen. Die Beute, nämlich die erstattete Umsatzsteuer, die nie bezahlt wurde, würde dann vermutlich irgendwie untereinander aufgeteilt. In der Kette mit der *Hot Stone* sei wohl auch die *A-Phon* mit im Spiel.

Aha.

»Bei meinen Verfahren hier habe ich auch so das Gefühl, dass die alle Bescheid wussten in der Kette. Aber wie kann man das beweisen? Kannst du mir nicht mal für drei von meinen Firmen die Auszüge aus den Datenbanken schicken? Ich mach dir gleich eine Liste von den Firmen.«

Das erledigt Martin gerne.

Die Firma *A-Phon* aus unserem Zuständigkeitsgebiet, um die sich die Amtshilfe dreht, handelt natürlich auch mit Handys, genau wie die *Hot Stone* und die anderen Firmen, die Martin im Fokus hat. Irgendwie kommt mir der Name *A-Phon* bekannt vor. Ich rufe Martin noch mal an.

»Hör mal, haben da die Frankfurter Kollegen nicht schon mal durchsucht? Ich hatte so was gehört von einer Kollegin dort.«

Papiergeraschel. Kurze Pause. »Ja, stimmt, die waren wegen einer anderen Firma aus Hessen auch schon bei der *A-Phon*. Die *A-Phon* ist irgendwie auch in noch weitere Handelsketten mit Handys verstrickt.«

Das ist seltsam, denke ich. Wieso haben Martin oder wir dazu keine Infos bekommen? Wäre ja mal interessant. »Okay, wann wollt ihr los?«, frage ich mit Blick auf die anstehende Durchsuchung und blättere in meinem vorsintflutlichen analogen Kalenderbuch. Ich mag keine elektronischen Kalender, denn was ist, wenn der Strom ausfällt? Dann weiß ich nicht mehr, wann ich einen Friseurtermin habe. Scherz, ich geh nicht zum Friseur. Hab lange Haare, die kann ich selber schneiden. Martin zückt auch seinen Kalender, und wir vereinbaren einen gemeinsamen Termin für eine Durchsuchung der Firmenräume der *A-Phon GmbH*.

Drei Wochen später sammeln wir uns morgens um acht Uhr diskret in der Nähe der neuen Firmenräume der *A-Phon GmbH*. Bisher hatte die Firma ihren Sitz mitten in Köln, jetzt liegt er in einem Neubaugebiet am Rande der Stadt. Es ist Ende Oktober, und morgens, wenn man draußen warten muss, gibt das schon mal ein kaltes Füßchen. Die Firma soll um acht Uhr öffnen, doch weil die Chefs gern mal etwas später kommen, ist der Zugriff für 8.30 Uhr geplant. Wir wollen die Verantwortlichen ja persönlich antreffen.

Im Vorfeld habe auch ich ein wenig recherchiert. Das hier ist zwar nicht mein Verfahren, doch ich bin auch bei Amtshilfe gerne vorbereitet, um den Kollegen auch tatsächlich helfen zu können und nicht nur unwissend mitzulaufen. Dabei ist mir aufgefallen, dass es zwei Gesellschafter gibt. Das ist bei einer GmbH nicht unüblich. Einer wohnt auch hier in der Nähe und ist nicht nur Gesellschafter, sondern auch der Geschäftsführer der Firma. Aber die zweite Person ist eine Frau und wohnt in San Francisco in den USA. Diese Frau dient treugeberisch einer nicht bekannten Person als Gesellschafterin. Ein merkwürdiges Konstrukt. Die Alarmglöckchen in meinem Hinterhirn sind in Position. Sie klingeln noch nicht, aber mal sehen.

Nun setzt sich unser Trupp von fünfzehn Leuten nicht mehr ganz so diskret in Bewegung. Wir klingeln an der Tür des nicht allzu großen Bürogebäudes, eine junge, dunkelhaarige Frau öffnet. Martin begrüßt sie und sagt, dass wir mit dem Geschäftsführer sprechen wollen. Die Dame weiß nicht, wie sie reagieren soll. So viele Leute stehen wohl nicht jeden Morgen vor der Tür. Aber wir könnten ja auch Kunden sein. So bittet sie uns schließlich herein und verschwindet in den hinteren Räumlichkeiten. Nach zwei Minuten taucht ein südländisch aussehender großer, kräftiger Mann auf und stellt sich als Mesut Aktas vor, Geschäftsführer.

Martin erklärt ihm, wer wir sind und warum wir hier sind, und überreicht den Durchsuchungsbeschluss. Aktas setzt sich. Der Tatvorwurf lautet Umsatzsteuerhinterziehung im Zusammenhang mit der Firma *Hot Stone*. Beim Lesen des Beschlusses wechselt die Gesichtsfarbe des Geschäftsführers von warmbraun in dunkelrot.

In dem Beschluss ist auch zu lesen, dass der Verdacht besteht, dass die Handys, die die *A-Phon* bei der *Hot Stone* gekauft hat, gar nicht existieren. Die *A-Phon* habe offensichtlich auch Rechnungen über den Weiterverkauf von Handys erstellt, obwohl diese gar nicht vorhanden sind. Zudem bestehe der Verdacht, dass die *A-Phon* wisse, dass sie sich in einer festen Betrugskette befinde, und daher falsche Angaben in der Erklärung gemacht habe und sich unberechtigterweise die Umsatzsteuer erstatten lassen habe.

Er springt vom Stuhl auf. Einige von uns weichen etwas zurück. »Was fällt Ihnen ein? Das ist eine Unverschämtheit! Kompletter Unsinn! Ich sage nichts. Und Sie rühren hier nichts an, bis ich meinen Steuerberater und Anwalt angerufen habe und die kommen.«

Herr Aktas weiß womöglich nicht, dass ein Ermittlungsrichter einen Durchsuchungsbeschluss erlassen kann, wenn ihm Anhaltspunkte dafür vorliegen, dass ein Verdächtiger eine Straftat verübt hat. Das ist hier der Fall. Durchsucht werden können dann Personen, Wohn- und Geschäftsräume, Garagen, Keller, Fahrzeuge. Sobald der Richter diese Maßnahme für erforderlich und angemessen hält, ist sie umzusetzen. Dass die Beamten dabei auf einen Anwalt oder Steuerberater zu warten haben, ist Unsinn.

Aktas schüttelt den Kopf hin und her, schaut irgendwie wild durch die Gegend, läuft auf und ab, inzwischen denkwürdig rot im Gesicht. Ich hoffe, er bekommt keinen Infarkt. Für einen solchen Fall haben wir einen Bereitschaftsarzt mitgebracht. Der wartet draußen.

Die Kollegen beginnen mit den Durchsuchungsmaßnahmen. Man darf sich eine Durchsuchung – die Medien schreiben gern von Razzia – nicht so vorstellen wie einen hektischen Wohnungseinbruch. In der Regel gehen wir besonnen vor, geradezu vorsichtig. Wir greifen ja in die Privatsphäre oder in geschäftliche Belange ein. Dazu sind wir berechtigt, uns aber bewusst, dass wir eher keine Rambo-Manieren benötigen, um Unterlagen und Datenträger zu finden. Fällt uns beim Öffnen eines Schrankes allerdings alles von selbst um die Ohren, sind wir nicht gehalten, das Durcheinander aufzuräumen.

Vor langer Zeit habe ich mal bei einer Durchsuchung Dutzende 50-DM-Scheine gefunden. Der Beschuldigte bedankte sich, dass ich für ihn aufgeräumt und das Geld gefunden hätte. Er habe es bereits mehrere Monate gesucht, um es in Euro umzutauschen.

In der *A-Phon GmbH* sitzt Aktas derweil bildlich gesprochen weiterhin auf der höchsten Palme. Er ist immer noch dunkelrot im Gesicht. Martin und ich versuchen, ihn zu beruhigen.

»Sie können Ihren Anwalt gerne anrufen. Der wird Ihnen das alles hier erklären.«

Er nickt stumm und zückt sein Handy. Das Wählen übernehmen allerdings wir. So gehen wir sicher, dass er auch wirklich mit seinem Anwalt spricht und nicht etwa mit seinem persönlichen Beauftragten für Aktenschredderung. Ist bedauerlicherweise auch schon passiert. Ein Beschuldigter wies mithilfe von Sprachcodes seinen Bruder an, belastende Beweismittel zu vernichten.

Die Sprache des Verbrechens – so etwas gibt es tatsächlich. Welcher Steuerfahnder weiß denn schon, dass Drogen gemeint sind, wenn von Altreifen die Rede ist. Oder wenn einer sagt: »Bring beim nächsten Mal das Spielzeug mit«, kommt man nicht gleich darauf, dass die Person am anderen Ende der Leitung eine Schnellfeuerwaffe einstecken soll.

Nachdem Martin den Steuerberater von Aktas an der Strippe hat, übergibt er das Handy. Aktas entfernt sich jetzt ein paar Schritte, dann kommt er zurück mit der Nachricht, dass sein Steuerberater sich nun auf den Weg mache. Ob wir nicht doch noch kurz warten könnten, fragt er einen Hauch freundlicher. Er würde das alles nicht verstehen. Aktas wischt sich ein paar Schweißtropfen von der Stirn.

Ausnahmsweise entsprechen wir seinem Wunsch. Kollegen postieren sich in jedem Raum und überzeugen sich davon, dass sich niemand an irgendwas zu schaffen macht. Sicherung heißt das. Aktas schaltet unterdessen wieder in den Beschimpfungsmodus.

»So eine Scheiße hier, ich hab zu tun. Ich hab Kunden. Ich muss telefonieren, sonst brennen mir Geschäfte an. Was soll das Ganze? Ich werd hier dargestellt wie ein Schwerverbrecher!«

Martin versucht, ihn wieder zu beruhigen, indem er ihn gezielt nach den Geschäften fragt. Wie das denn so ablaufe, will er wissen, und warum da gerade etwas anbrenne. Doch Aktas hat überhaupt nicht vor, uns was von den Geschäften zu erzählen.

»Mina, bring mir mal ein Glas Wasser und meine Pillen! Und ruf mal den Mahmood an wegen der Handys!«, ruft er nach hinten.

Martin schreitet ein. »Herr Aktas, außer dem Steuerberater und dem Anwalt wird hier niemand angerufen. Auch kein Mahmood, auch nicht von Ihrer Mitarbeiterin.«

Mina, das ist wohl die Frau, die uns hereinließ. Natürlich haben wir auch den Raum gesichert, in dem sie sich gerade aufhält. Sie kann also gar nicht telefonieren. Mina kommt nun ins Zimmer und bringt Aktas ein Glas und seine Tabletten.

Der Steuerberater und der Anwalt scheinen nicht allzu weit entfernt zu residieren, denn jetzt klingelt es schon. Aktas stürmt raus. Die Herren betreten den Raum, der Steuerberater mit ähnlich rotem Gesichtston wie sein Mandant. Er hat Zornesfalten auf der Stirn und scheint noch erregter als Aktas zu sein. Was dieser Überfall zu bedeuten habe, schreit er Martin an. Der etwas entspannter wirkende Anwalt, Herr Kaiser, fragt dasselbe auf Höflich. Martin und ein weiterer Kollege erklären in ruhigem Ton, warum wir heute da sind. Nachdem Kaiser sich den Durchsuchungsbeschluss durchgelesen hat, geht er mit dem Berater und Aktas ein Stück zur Seite. Die drei reden, einer leise, die beiden anderen laut. Doch Kaiser schaffte es am Ende, Aktas und seinen Steuerberater zu beruhigen. Nun können wir endlich loslegen.

Mina erscheint wieder und spricht leise mit Aktas. Ich verfolge das Gespräch nicht weiter, doch später klingt mir ein »Danke, Frau Ahmadi« im Ohr. Kaiser sagte das.

Ahmadi. Den Namen habe ich schon mal gehört. Aber es gibt auch viele Meiers und Müllers.

Neben den Unterlagen zur Firma *Hot Stone GmbH* finde ich auch Rechnungen einer Firma *World Fon GmbH,* die ihren Geschäftssitz an der gleichen Anschrift hat wie zuvor die *A-Phon,* mitten in Köln. Das bedeutet, dass eine Firma einer anderen Firma, die unter der gleichen Anschrift, sozusagen Tür an Tür, sitzt, Handys verkauft haben soll. Sehr merkwürdig. Ich rufe direkt mal eine Kollegin in unserer Zentralstelle in der Steuerfahndung an und bitte sie, ein paar Daten in unseren Abfragesystemen zu überprüfen.

Währenddessen schimpft Aktas wieder. Alles sei doch absolut in Ordnung, wir würden hier nichts finden.

Mein Handy klingelt, die Kollegin aus dem Innendienst. Ich höre aufmerksam zu. Sehr aufmerksam.

»Sagen Sie mal, ich habe da eine Frage«, wende ich mich an Aktas. »Könnten Sie uns bitte mal eine Liste Ihres Personals geben?«

Hinten an der Tür schaut Martin mich leicht irritiert an. »Was ist?«, fragt er flüsternd.

»Später«, murmele ich.

Herr Aktas kommt mit einer Personalliste wieder und überreicht sie mir. Und – Treffer. Ich habe es geahnt. Die Firma von Herrn Aktas hat genau eine Angestellte. Es ist die junge, dunkelhaarige Frau, und laut Liste heißt sie Mina Ahmadi. Die Gesellschafterin der Firma *World Fon* wiederum, die an der ehemals gleichen Adresse wie die Firma von Aktas gemeldet war, hieß Elin Ahmadi. Das hat mir eben die Kollegin vom Innendienst gesagt.

Ich halte Aktas diesen Umstand vor, doch er antwortet nicht. Dafür spricht Herr Kaiser, sein Anwalt.

»Ja, Elin Ahmadi ist die Schwester von Frau Mina Ahmadi. Und die Gesellschafterin dieser Firma hier ist Frau Niri Soldana. Sie ist die Cousine.«

Schweigen. Nachdenken.

Was? Ein Familienkonstrukt schiebt sich gegenseitig Rechnungen zu? Wo war eigentlich die Ware? Wird die überhaupt gehandelt? Oder liegt die nur bei den Speditionen? Ist der Verdacht richtig, den die Kollegen haben, der im Durchsuchungsbeschluss steht?

»Können wir mal kurz draußen sprechen?«, fragt Martin.

Er sieht mich etwas verlegen an. Wir gehen in ein leeres Zimmer. »Du, hör mal«, beginnt Martin, »ich hab völlig vergessen, dir zu sagen, dass wir die *World Fon GmbH* kennen. Ich weiß, dass sie in der Kette zur *A-Phon* drin ist. Aber das ist nicht alles. Wir hatten bei der *Hot Stone GmbH* ja eine Telefonüberwachung, und die Elin von der *World Fon* sagt in einem Gespräch, dass sie das eigentlich für ihren Bruder Sayed macht. Der hat auch einen Mail Account mit Sayed.Ahmadi@Worldfon.de.«

Mir wird warm ums Herz. Nicht, weil es schön ist, eng neben Martin zu stehen, sondern weil sich langsam Adrenalin ausbreitet. Das wird ja immer heftiger.

»Das bedeutet«, sage ich zu Martin, »die *World Fon* der Familie Ahmadi schreibt Rechnungen an die *A-Phon*, die erstens eine Zeit lang an der gleichen Adresse residierte und bei der auch eine Ahmadi arbeitet und eine Cousine der Ahmadis Gesellschafterin ist. Verstehe ich das korrekt? Also zwei Firmen in der gleichen Familie?«

»Tja, schon sehr merkwürdig. Aber deswegen sind wir ja hier.«

Wir gehen zurück. Nach weiteren Versuchen, Herrn Aktas irgendwelche Informationen zu entlocken, explodiert er. Das sei alles nicht seine Idee gewesen, schreit er. Er sei da in etwas reingerutscht. Er habe immer gedacht, alles sei in Ordnung. Bei der

Frage, für wen Niri Soldana treugeberisch eingesetzt ist, macht Aktas komplett dicht. Mina Ahmadi wiederum ist nun verschwunden. Ich wollte sie gerade als Zeugin befragen. Merkwürdig.

Die Durchsuchung verläuft dann ruhig weiter. Wir beschlagnahmen Papierunterlagen, stellen Handys und PCs zur Sichtung vorläufig sicher und rücken schließlich ab.

Die Kollegen der Steuerfahndung in Baden-Württemberg werden das Material auswerten. Sie versprechen, mich auf dem Laufenden zu halten. Denn für mich gibt es ab sofort einen Fall, also ein Verfahren mehr. Die Kollegen haben bei der *A-Phon* ja nur in deren Eigenschaft als sogenannte Zeugin durchsucht. Sie wollen nur weitere Unterlagen und Beweismittel für ihre Verfahren sammeln. Aber so, wie sich das jetzt hier entwickelt, muss ich wohl gegen Aktas ein Strafverfahren einleiten, weil der offensichtlich von diesem Betrug, der noch in letzter Konsequenz zu beweisen ist, weiß und aktiv dabei mitmacht. Und dann ist da auch noch Mina Ahmadi. Was mache ich mit der? Muss ich mal überlegen. Sie könnte natürlich auch halbwegs unwissend sein.

Zurück in meinem Büro, forsche ich weiter zur *World Fon GmbH* und stelle fest, dass bei dieser Firma bereits Kollegen durchsucht haben. Ich rufe den zuständigen Kollegen Rissing an und erkläre ihm die Zusammenhänge zur Firma *A-Phon GmbH* und dass dort eine Mina Ahmadi arbeite. Er zeigt sich überrascht, aber nicht wirklich interessiert. Seine Stimme bleibt recht monoton. Wieso stellt er keine Fragen? Da muss es einem doch in den Händen kribbeln, wenn da so offensichtlich etwas nicht stimmt. Komm, Rissing, der Name sagt dir doch was!

Es braucht ein wenig Nachhaken, dann rückt er mit ein paar Infos raus. Bei der *World Fon* ist Elin Ahmadi die offizielle Geschäftsführerin, aber er habe herausgefunden, dass sie das wohl nur stellvertretend für ihren Bruder Sayed Ahmadi mache. Er habe da Hinweise von Kollegen aus Baden-Württemberg bekommen. »Die hatten eine Telefonüberwachung bei einer Firma *Hot Stone*, und da sind Gespräche drauf zwischen *Hot Stone* und der *World Fon*, und Elin hat gesagt, sie mache das für ihren kleinen Bruder Sayed. Kann sein, dass Mina, von der du sprichst, die Schwester von Elin und Sayed ist.«

Das habe ich doch heute schon mal gehört.

Der Kollege sagt, dass er auch gegen Sayed schon ein Strafverfahren wegen des Verdachts der Umsatzsteuerhinterziehung eingeleitet habe. Während des Gesprächs schlucke ich etwas. Ärger zieht auf. Wieso hat der Kollege Rissing mich nicht über die Zusammenhänge zwischen der *World Fon* und der *A-Phon* in Kenntnis gesetzt? Wir sitzen beide in Nordrhein-Westfalen, und für die *A-Phon* wäre Düsseldorf zuständig, also ich.

In seinen Zuständigkeitsbereich, erzählt er jetzt, falle auch eine Handyfirma mit dem Namen *Next Chance GmbH*, bei der sei der Bruder von Sayed Ahmadi, Ayden Ahmadi, Geschäftsführer. Bitte? Noch mehr Familie? Ich frage, langsam etwas entnervt, ob die *Next Chance* zufällig auch in die Handelskette zu den Firmen *World Fon* oder *A-Phon* oder *Hot Stone* eingebunden ist. Der Kollege überlegt lange. Etwas zu lange, finde ich. Hallo! Das musst du doch auswendig wissen! Da gibt es doch Zusammenhänge? Wieso tauchen in drei verschiedenen Firmen in der gleichen Sparte dieselben Mitglieder derselben Familie auf?

Drei Firmen schreiben sich untereinander Rechnungen über Handys. Sagen wir mal, die Brüder A, B und C schreiben sich Rechnungen über Handys. Sowohl A als auch B als auch C wissen, wo die Handys herkommen. Sie wissen, dass alles abgesprochen ist und jeder nur eine kleine Marge an den Handys verdient. Das macht wirtschaftlich wenig Sinn, denn wenn C direkt von A kaufen würde, wäre es für ihn ja billiger.

Das Ganze weckt in mir den Verdacht, dass die Brüder und

Schwestern der Familie Ahmadi alle nur ein wissender Teil einer großen Kette sind, an deren Anfang eine Firma steht, die die Umsatzsteuer nicht bezahlt hat. Und nun bekommt jeder ein kleines Stück von der Beute ab. Nur – wie lässt sich das beweisen?

Der Kollege antwortet auf meine Frage nach der Firma *Next Chance* nur, er glaube nicht, dass die mit den Firmen *World Fon* und *A-Phon* drinhinge. Allerdings gebe es da Rechnungen von einer Firma *Biber* irgendwo im Osten und von einer Firma in Düsseldorf. Er müsse das aber nachsehen und würde sich wieder bei mir melden. Na gut. Dann sieh mal bitte nach.

Inzwischen ist es November und eigentlich ein wenig zu mild. Aber mir ist das ganz recht. Dunkel und auch noch kalt mag ich nicht. Ich sammle meine bisherigen Infos. Wir haben festgestellt, dass die *World Fon GmbH* der *A-Phon GmbH* Rechnungen über Tausende von Handys stellt. Auf den Rechnungen steht tatsächlich, dass 2000, 5000 oder gar 10 000 Stück verkauft worden seien. Und von solchen Rechnungen gibt es wiederum Tausende. Wer braucht die ganzen Handys? Gibt es die überhaupt? Die Frage stellt sich immer wieder. Oder werden hier nur Rechnungen über Handys geschrieben, die gar nicht existieren? Scheinrechnungen, mit denen Umsatzsteuer hinterzogen wird, und zwar aufgrund der hohen Zahl der Rechnungen und der jeweils ordentlichen Höhe in gewaltigem Ausmaß?

In etwa so stellt sich mir die ganze Sache nach den bisherigen Infos dar: Die erste Firma in der Kette zahlt keine Umsatzsteuer, die anderen Firmen in der Kette schlagen auf ihren angeblichen Handyeinkauf ein paar Euro beim angeblichen Verkauf drauf. Dann zahlen die ihre Umsatzsteuer von den Verkaufsrechnungen, können aber die Umsatzsteuer aus den Einkaufsrechnungen davon wieder abziehen. Bleibt also nur ein kleiner Saldo zu zahlen, wenn überhaupt. Am Ende der Kette gehen die Rechnungen und die angebliche Ware steuerfrei ins Ausland. Dem Fiskus fehlt die Umsatzsteuer der ersten Firma, und die letzte Firma zahlt keine.

Da wir hier ja viele Ketten nebeneinander haben, also neben der *A-Phon* und der *World Fon* noch viele andere Firmen in anderen Ketten aktiv sind, kommt es zu Schäden, bei denen mir schwindelig wird. Jede einzelne Rechnung beläuft sich ja schon auf zwischen 50 000 und 1 500 000 Euro.

Der Hammer wäre – und das prüfen wir noch anhand der Speditionsmappen –, wenn wir beweisen könnten, dass die gleichen Handys, die schon mal ins Ausland gegangen sind, über die erste Firma in Deutschland wieder zurückkommen und dann, zumindest laut Rechnungen, wieder durch die Kette gehandelt werden und der gleiche Schaden noch mal eintritt. Dann ginge es immerzu rundum, wie beim Karussellfahren.

Hinzu kommt, dass sowohl die *World Fon* als auch die *A-Phon* eine Weile an der gleichen Anschrift gesessen haben und in beiden Firmen Ahmadis anzutreffen sind. Sayed Ahmadi, Elin Ahmadi, Mina Ahmadi. Und noch die Cousine aus den USA. Der Kollege Rissing meint, bei einer weiteren Handyfirma, der *Next Chance*, sei noch ein weiterer Bruder drin, Ayden Ahmadi. Das stinkt doch zum Himmel. Da werden doch nur Rechnungen von einem zum anderen Tisch geschoben.

Ich denke so vor mich hin, als das Telefon klingelt. Es meldet sich eine Kollegin aus dem Finanzamt, die dafür zuständig ist, neu gegründete Firmen darauf zu überprüfen, dass sie auch wirklich existent und keine sogenannten faulen Hunde sind. Sie erklärt, sie habe bei einer neu gegründeten Firma eine Besichtigung gemacht, und da wäre ihr einiges komisch vorgekommen. Der Geschäftsführer sei sehr nervös gewesen, und statt seiner habe die ganze Zeit eine weitere Person gesprochen. Als sie gefragt habe, welche Position er denn hier in der Firma habe, habe der Typ nur geantwortet, dass sie das nichts angehen würde.

Jetzt sei sie etwas hilflos, was sie mit der Firma machen solle, und wolle mal meinen Rat haben.

Der Vorgang ist nicht ungewöhnlich. Die Finanzämter wenden sich an uns, wenn sie den Eindruck haben, eine Firma könnte sich strafbar machen. »Ach ja«, sagt sie noch, »eigentlich sind das zwei Firmen mit demselben Geschäftsführer. Die eine Firma handelt angeblich mit Handys und die andere mit Emissionszertifikaten. Aber das Büro war völlig leer, und eine Halle hab ich auch nicht gesehen.«

Emissionszertifikate? Was ist das denn? Davon habe ich noch nie gehört.

»Stimmt, das hört sich etwas schräg an«, antworte ich. »Wie heißen denn die beiden Firmen, und wo liegen die?«

Die Kollegin blättert in ihren Papieren und sagt, es gehe um die *Handycell GmbH* und um die *Koks GmbH,* und beide lägen im selben Büro hier in Düsseldorf.

»Ich recherchiere mal und melde mich wieder bei Ihnen«, sage ich und rufe dann das Handelsregister auf. Dort ist zu entnehmen, wem die Firmen *Handycell GmbH* und *Koks GmbH* gehören, wer Geschäftsführer ist, was man als Unternehmenszweck angab, wann die Firmen gegründet wurden. Nur wenige Steuerfahnder haben kostenfreien Zugriff auf das bundesweite Handelsregister. Ich bin zum Glück eine von ihnen. Verbindungen sind alles.

Die *Handycell GmbH* und die *Koks GmbH* finden sich im Handelsregister. Das ist schon mal gut. Der Gesellschafter und der Geschäftsführer ist bei beiden Firmen derselbe: Halim Nikoo, Baujahr 1982. Die *Handycell* hat als Unternehmenszweck den Handel mit Mobiltelefonen eingetragen, bei der *Koks GmbH* hingegen sind mehrere Zwecke angegeben. Was ich da lese, lässt meine Alarmglöckchen leise klingeln. Die *Koks GmbH* handelt nämlich laut Handelsregistereintrag mit Emissionszertifikaten, Strom und Gas, mit Erdöl, Kupferkathoden und außerdem mit Gemüse und Obst. Da muss der Geschäftsführer Halim Nikoo aber einiges zu tun haben. Nur: Was haben Obst und Gemüse mit Emissionszertifikaten, Strom und Gas und Erdöl zu tun? Und wie können solche kleine Firmen sich darüber einfach Rechnungen schreiben? Erdöl und Gas zumindest, damit handeln ja in der Regel eher Großkonzerne, oder habe ich da was verpasst? Fordert der Herr Nikoo Exxon und Gazprom heraus? Vom selben Büro wie die *Handycell*, deren Geschäfte er auch führt?

Es gibt laut Eintrag im Handelsregister für beide Firmen noch eine weitere Gesellschafterin. Dabei handelt es sich um die *Las Vegas Inc.*, eine Firma mit Sitz in Kalifornien. Was ist das denn? Und was für ein Name? Und, nebenbei bemerkt, liegt Las Vegas nicht im US-Bundesstaat Nevada?

Ich rufe die Kollegin vom Finanzamt wieder an und rate ihr, beide Firmen anzuschreiben und um Unterlagen zu bitten, aus denen hervorgeht, mit wem sie Geschäfte tätigen und wer dafür verantwortlich ist. Bei allem Respekt kann Halim Nikoo ja nicht alles alleine machen. Handys von mir aus, dazu noch Obst und Gemüse auch. Aber den Rest?

Am Ende der Leitung freut sich die Kollegin, dass ihr Bauchgefühl sie offenbar nicht getäuscht hat. Bei ihrem Termin vor Ort hatte man ihr gesagt, dass ein Zertifikatehändler gerade noch gesucht würde. Sie wird jetzt ein Schreiben rausschicken und mich in der Sache auf dem Laufenden halten.

KAPITEL 2

Neue Verbindungen und die erste Vernehmung

Die Stapel auf meinem Schreibtisch wachsen gerade wieder an. Viel zu tun, aber ich bereite jetzt erst mal die Durchsuchung der *A-Phon* auf. Das braucht einen Anruf bei Martin, um zu erfahren, was er den Unterlagen bereits entnehmen konnte.

»Krasse Sachen«, sagt Martin. »Es geht doch nichts über eine Telefonüberwachung und gute Unterstützung von Kollegen.«

Da hat er recht. Die Telefonüberwachung ist ein wunderbares Instrument für uns. Wir können in einem Strafverfahren, soweit die rechtlichen Voraussetzungen gegeben sind, Gespräche überwachen, Festnetz wie Handy. Aber keine Sorge: Natürlich muss dafür nicht bloß ein Fahrraddiebstahl vorliegen oder ein Strafverfahren wegen nicht versteuerter Einnahmen. Es braucht den Verdacht auf eine schwerwiegende Straftat, nur dann kann ein Richter die Überwachung anordnen. Wir gehen von banden- und gewerbsmäßiger Umsatzsteuerhinterziehung aus.

Überwachungen machen wir aber nicht allein. Wir nehmen dafür die Hilfe der Kriminalpolizei in Anspruch. Erlaubt ist es uns zwar, solche sogenannten Telekommunikationsüberwachungen selbst durchzuführen. Doch die dafür notwendigen technischen Mittel zu besorgen, also die Hardware, wäre mal wieder eine unlösbare Aufgabe für unsere Finanzverwaltung. Sie müsste diverse Instanzen in Bewegung setzen, müsste Berichte schreiben, Erhebungen machen, schließlich gar noch den Minister fragen, um Geld in die Hand zu nehmen und so etwas zu kaufen. Einzig für die Finanzverwaltung würde sich die Anschaffung einer solchen Ausstattung wohl nicht lohnen. Aber warum kooperiert die Finanzverwaltung nicht mit der Polizei, und man zahlt die technischen Anlagen gemeinsam? Im Moment zahlt nur die Polizei. Die findet es so mittelgut, für eine fremde Behörde zu ermitteln und dabei Personal und Geld abzustellen.

Letztens habe ich in unserer Stelle für IT-Beschaffung nach einer externen Festplatte gefragt. Ich wollte meine ganze Arbeit sichern, also die Auswertungen der Beweismittel, all meine Daten einfach mal auf eine Festplatte ziehen. Sagt der Kollege: »Das geht nicht. Das geht nur über unser Rechenzentrum und muss begründet werden. Im Übrigen, wenn die keine mehr vorrätig hätten, müssen die eine Ausschreibung für den Kauf von neuen Festplatten machen.« Ausschreibung! Wahrscheinlich noch europaweit! Wieso bekommen wir für unsere Arbeit, die wir ja gern großartig erledigen sollen, nicht das notwendige Material? Na ja, Papier haben wir wenigstens genug.

Ich habe mich bei dem Kollegen bedankt, der ja nichts dafürkann, und mir dann eine Festplatte auf eigene Rechnung gekauft. Rund fünfzig Euro machte das. Ob ich das wohl erstattet bekommen könnte, habe ich dann in unserer Geschäftsstelle gefragt. Die Antwort: Nö. Man sagte mir, ich könnte es ja mal mit Vigilanzen versuchen. Vigilanzen? Musste ich googeln. Bezeichnet die durchschnittliche Erregungshöhe des zentralen Nervensystems. Aha. Eine gewisse Erregung war bei mir durchaus da, weil ich meine fünfzig Euro nicht zurückbekam, aber das konnte hier kaum gemeint sein. Eine Nachfrage ergab, dass als Vigilanzen bei uns Kosten für Kekse oder auch mal Kaffee bezeichnet werden, die bei einem Besuch anderer Dienststellen anfallen können. Es gibt einen Vordruck für die Abrechnung von Vigilanzen, zehn Euro pro Monat sind möglich, ohne Nachweis. Binnen fünf Monaten hätte ich mein Geld sozusagen als Kekspauschale zurückholen können. Das war mir zu blöd.

Zurück zu Martin und der wunderbaren Telefonüberwachung, die die Polizei für uns organisiert. »Was habt ihr denn gefunden?«, frage ich.

»Tja, am besten kommst du mal wieder runter zu uns und schaust dir das selber an. Die *A-Phon* steckt mit drin. Das erkennt man aus den Gesprächen und aus den Chatprotokollen, die auf den Rechnern gespeichert sind. Wenn du mich fragst, das ist glasklar, dass die keine legalen Geschäfte machen. Die verhandeln zwar ein bisschen über Preise, aber es sind immer die gleichen Firmen, die dann den Auftrag bekommen, selbst wenn andere mehr geboten haben. Das ist alles abgesprochen. Ein echtes Schmankerl habe ich auch noch für dich.«

»Ja, was denn?« Der Herr mag es offenbar spannend machen.

»Was krieg ich dafür?«, fragt er jetzt auch noch zurück.

»Hallo! Bin ich hier im Kindergarten St. Martin oder bei der Steuerfahndung?«

»Also«, sagt er, »wir haben inzwischen fast alle Chatprotokolle der *Hot Stone* gesichtet. Da schreiben sich die Leute, die mit der *Hot Stone* Geschäfte machen wollen, alles Mögliche. Natürlich auch übers Wetter. War echt anstrengend zu lesen, aber eben auch aufschlussreich.«

Mein Gott noch mal, so viel Tamtam vorweg. Jetzt muss aber was kommen. Tut es auch.

»Für die *Hot Stone* schreibt der Geschäftsführer Karim und für die *A-Phon* schreibt eure Mina Ahmadi. Die hat von nichts 'ne Ahnung. Das musst du selber lesen. Aber das Beste ist, da fragt Karim die Mina, ob sie einen bestimmten Preis für die Handys machen könnte. Sagt sie, dass sie ihren Chef fragen muss. Fragt Karim: ›Den Aktas?‹, sagt Mina: ›Nee, meinen Bruder Sayed. Der ist hier der Chef.‹«

Gut, dass ich bereits sitze.

»Sag das noch mal! Sayed Ahmadi steht auch hinter der *A-Phon*?«

Ich höre Martin schlürfen. Kaffee bestimmt, ein Beamter trinkt viel Kaffee. Zu viel.

»Jepp. Der steht für *World Fon* und *A-Phon*. Beides dieselbe Kette.«

Ich begreife. Jetzt sind es schon zwei Firmen in einer Rechnungskette, die Sayed dominiert. Und ich habe das Bauchgefühl, es könnten in Wirklichkeit noch mehr sein. »Dann hat er die Frau aus den USA, seine Cousine, sicher treuhänderisch für sich selbst eingesetzt«, vermute ich. »Würde zumindest dieses Konstrukt erklären. Die war ja noch nicht mal zur Unterschriftsleistung beim Notar hier in Deutschland.«

Oh, Lord. Und noch mal in Ruhe. Sayed Ahmadi steht für *World Fon* und *A-Phon*, bleibt im Hintergrund, setzt seine Schwestern und seine Cousine ein. Und sein Bruder hat auch noch eine Handyfirma.

»Hör mal, wenn er solche Versteckspiele macht, muss mehr dahinterstecken. Ich spreche mal meine Pläne mit meiner Chefin ab und würde dann gerne nächste Woche zu euch kommen und noch mal ein paar Blicke in die Speditionsmappen und die Chatprotokolle werfen.«

Ich haste ins Büro meiner Chefin, erzähle ihr von dem Gespräch und den Neuigkeiten. »Ist nicht wahr!«, sagt sie. Doch.

»Ich will jetzt ein Strafverfahren gegen Aktas einleiten, da die *A-Phon* in die Betrugsketten eingebunden ist. Mal schauen, was er dazu sagt.« Fallner ist einverstanden, auch mit meiner kleinen Dienstreise nach Baden-Württemberg.

Eine Woche später bin ich bei Martin. Die Chats haben wir uns bereits angesehen, und – die schreiben wirklich über alles. Schwester Mina hat keine Ahnung, was sie da überhaupt machen soll. In einem der überwachten Gespräche bittet jemand von einer anderen Firma sie, ihm einen Preis für ein bestimmtes Handy zu machen.

»Nee, mach du«, antwortet sie.

Da sagt der Typ von der anderen Firma: »Nein, du musst mir doch was anbieten.«

Darauf sie: »Aber ich weiß doch nicht, welchen.«

Da muss er lachen und sagt: »Dann sag 180.«

Jetzt versteht sie endlich, sagt: »Weil das scheißegal ist, ne?« Beide lachen.

Bingo. Es sind keine realen Geschäfte. Alles wird abgesprochen. Gemeinsam mit Martin und seinen Kollegen sichten wir wieder die Speditionsdatenbank und blättern durch die Mappen. Bei der Spedition, fällt mir auf, ist schon mal der Zoll gewesen und hat eine Prüfung durchgeführt. Das ist nicht unüblich für Speditionen. Der Zoll ist ja zuständig für die Überwachung des grenzüberschreitenden Warenverkehrs. Die haben gesehen, dass die Handys an einem ganz anderen Ort in der Halle stehen als der Rest der Güter, die dort so lagern. Das sei so übersichtlicher, hörten die Zollbeamten als Erklärung. Doch dann öffneten sie eine große umfolierte Palette einfach mal. Und stellten fest, dass unter der ersten Lage Handys nur noch Attrappen lagen: leere Verpackungshüllen mit ein paar Steinchen drin.

Damit haben wir schon ganz gute Beweise dafür, dass hier Rechnungen über Waren geschrieben werden, die es gar nicht oder zumindest nicht in der Anzahl gibt, wie es auf den Rechnungen steht. Scheinrechnungen. Es geht offenbar nur um den Umsatzsteuer-Betrug.

Das ist ein Durchbruch, und es wurde auch mal Zeit. Diese Mappen in eine Datenbank einzugeben, hat Wochen gekostet, Überstunden und dem einen oder anderen sicher auch mal Unmut zu Hause eingebracht. Jetzt können wir sagen, dass sich die Arbeit gelohnt hat. Ein schöner Motivationsschub, und wir suchen gleich mal nach weiteren Beweisen.

Die Leute aus den Firmen schicken der Spedition immer E-Mails. »Hallo, Herr Schmitz«, steht da in etwa drin, »bitte geben Sie die Ware, die wir von XY bekommen haben, an unseren Kunden Z frei.« Das müsste der Code dafür sein, dass das sogenannte Geschäft abgeschlossen ist. Die Rechnungen werden dann im Nachhinein geschrieben.

Ich verfolge mal den E-Mail-Verkehr. Firma A, die angeblich die Handys hat, schreibt am 25.05.2009 an die Spedition um – Achtung! – 15.36 Uhr, dass sie die Ware an die Firma Z freigeben, also verkaufen soll. Die Firma A hat die Ware aber laut den Papieren selbst am 25.05.2009 erst danach um 21.15 Uhr bekommen. Wie soll das denn gehen? Sie verkaufen Ware, die sie noch gar nicht gekauft haben? Und die es außerdem möglicherweise gar nicht gibt?

Martin ist das gerade auch aufgefallen. »Das ist offenbar so abgesprochen in der ganzen Kette, dass es völlig egal ist«, sagt er. »Wer, wann, welches Angebot – Hauptsache, die schreiben Rechnungen und lassen sich schön die Umsatzsteuer erstatten.«

Ein grandioses Konstrukt eigentlich. Wäre so schnell nicht zu beweisen gewesen, wenn wir nur die Papierunterlagen aus den Durchsuchungen hätten und uns nicht die Mühe gemacht hätten mit den Speditionslisten und der Telefonüberwachung.

Mir ist aufgefallen, dass die Handys laut den hier vorliegenden Mappen sehr häufig irgendwann nach Dubai geflogen werden. Die jeweilige Tonnage ist angegeben, also die Anzahl der Paletten mit ihrem Gewicht, und auch die Nummer des Fluges. Es scheinen sehr viele fliegende Handys zu sein.

Ich blättere und rechne und blättere und rechne, und nach einer halben Stunde habe ich alle Paletten mit den Handys addiert, die laut den Speditionsmappen am selben Tag mit demselben Flugzeug nach Dubai geflogen sein sollen. Da bekommen sie die Ladeluken aber nicht mehr zu, und abheben kann der Vogel auch nicht mehr.

Die Papiere lügen, das ist mal sicher, und dass wir das nun wissen, wurde ehrlich gesagt auch mal Zeit. Die Briten haben uns schon Ende 2005 über die Bundesbehörden mitgeteilt, dass ihr Land zwischen 2001 und 2005 durch Umsatzsteuer-Betrug Schäden von rund 250 Millionen Pfund erlitten hatte. Die Briten änderten deshalb, ohne Zustimmung der Europäischen Union, das Umsatzsteuergesetz. Die Strafe, die sie dafür von der EU aufgebrummt bekämen, sei niedriger als die Unsummen von Steuerschäden, argumentierten sie. In Großbritannien gehen sie nun nach dem »Reverse Charge«-Verfahren vor. Eine Firma kann sich erst dann vom Staat die Umsatzsteuer aus Eingangsrechnungen erstatten lassen, wenn feststeht, dass die Firma vorher auch die Umsatzsteuer bezahlt hat. Klingt ziemlich vernünftig.

Die Briten hatten uns dann auch mitgeteilt, dass die Täter ihren Betrug jetzt in anderen EU-Ländern durchführen würden und dass Deutschland wohl der nächste Tatort sei. Aber diese Warnung hat bei uns wohl niemanden so richtig interessiert damals. Jedenfalls ist nichts passiert. Wir in der Steuerfahndung haben erst Jahre später erfahren, dass dieser Betrug bekannt war und wir vorgewarnt wurden.

Aber egal. Jetzt, 2009, haben wir wenigstens die ersten richtig guten Beweise. Wir können anfangen, die Scherben des politischen Versagens – denn genau das ist es ja, wenn solche Hinweise wie die aus Großbritannien nicht in der Arbeitsebene landen – zusammenzukehren.

Habe ich da eine Schneeflocke gesehen? Nein, nur ein vereinzeltes helles Blatt. Wir haben Ende November, und es ist immer noch mild. Ist auch gut so. Je länger es so bleibt, desto später muss ich mich um Winterreifen kümmern. Habe nämlich für mein neues Auto noch keine.

Heute kommt Aktas zur Vernehmung. Er weiß von der Einleitung des Strafverfahrens gegen ihn und war darüber, wie man so schön sagt, not amused. Aber dass seine Frustrationstoleranz nicht sehr hoch ist, wusste ich ja schon. Mal sehen, wie er heute drauf ist. Hoffentlich bringt er nicht wieder den emotionalen Steuerberater mit. Besser den entspannten Anwalt.

Die Vernehmung findet im Büro meiner Chefin statt, leider erst gegen 15.30 Uhr. Die Beteiligten könnten nicht eher. Ha! Das ist doch mal wieder eine Probe, ob ein Beamter auch nach 16.00 Uhr noch zu arbeiten bereit ist. Aber sei's drum. Wir, die wir an den langwierigen sogenannten Umfangsverfahren sitzen, arbeiten ohnehin meist länger.

Anders als die Polizei haben wir keine echten Vernehmungszimmer. Im eigenen Büro können wir so eine Vernehmung aber auch schlecht durchführen. Dort stehen ja massenhaft Akten und Unterlagen aus anderen Verfahren, und die gehen keinen Fremden etwas an und schon gar nicht einen Beschuldigten aus einem anderen Verfahren. Außerdem ist eine Vernehmung kein Plausch oder Kaffeeklatsch. In unseren Büros stehen auch mal Süßigkeiten herum, Bilder der Liebsten oder andere persönliche Sachen. Das wäre unprofessionell und auf keinen Fall angemessen, sich hier mit mutmaßlich Kriminellen zusammenzusetzen. Warum haben wir bei der Steuerfahndung eigentlich keine Vernehmungsräume? Ich stelle die Frage mal zurück.

Das Büro meiner Chefin ist immerhin eher karg eingerichtet. Ich baue die Technik auf. Das bedeutet, ich schließe meinen Laptop an den Strom und platziere den mobilen Kleindrucker daneben. Papier haben wir auch da. Fragen habe ich bereits formuliert. Man sollte nie unvorbereitet in eine Vernehmung gehen. Wenn der Beschuldigte etwas sagt, das nicht stimmt, muss man sofort parieren können. Gelingt natürlich nicht immer, klar. Es gibt auch Vernehmungen, bei denen der Beschuldigte sofort zu reden anfängt. Dann lass ich ihn auch reden. Die Mitschrift seiner Aussagen nennt man hinterher das Vernehmungsprotokoll. Wir nehmen es in die Strafakte hinein.

Ich suche meine heutige Schreibkraft. Scherz. Auf dem Niveau arbeitet die Staatsanwaltschaft, womöglich auch die Polizei. Der Ermittler stellt die Fragen, die verdächtige Person antwortet, ein Profi der Texterfassung tippt mit. Gibt es bei uns nicht. Ich muss selber tippen oder einen netten Kollegen darum bitten. Wir sind teure Schreibkräfte, aber das scheint niemanden zu stören.

Aktas erscheint mit Anwalt und mit Steuerberater. Na gut. Hoffen wir, dass der Steuerberater nicht wieder ausflippt, denn – das kann meine Chefin auch. Wenn es aber richtig kracht, kann die Aktas-Seite die Vernehmung auch abbrechen. Genau wie wir. Ein Beschuldigter kann die Aussage verweigern. Das hieße dann aber, dass wir nicht von Aktas hören würden, was wir gerne hören wollen. Denn ein Beschuldigter muss sich nicht äußern. Er hat das Recht, die Aussage zu verweigern.

Ich selbst muss heute nicht tippen, ein Kollege hilft. Das ist schon mal gut, nicht weil ich keine Lust dazu hätte, aber es ist auch nicht meine Spezialkompetenz. Ich kann mich weitaus besser aufs Nachfragen konzentrieren, wenn meine Finger nicht über die Tastatur rennen müssen.

Aktas wird erst mal über seine Rechte als Beschuldigter im Strafverfahren belehrt. Das ist sehr wichtig. Danach nehmen wir seine Personalien auf und notieren auch die Nummer seines türkischen Passes.

Ich wollte gerade ein paar einleitende Worte sprechen, als Aktas schon loslegt. Darf er. Soll er.

»Ich habe Sayed über die *World Fon* kennengelernt. Er hat mir Ware angeboten, also Handys. Da hatte ich noch meine andere Firma, mit der ich früher aber nur Zubehör verkauft habe. Habe dann gedacht, okay, hört sich gut an, ich kaufe mal Handys. Dann kam Mina, also seine Schwester, auch ein paar Tage später mit den Handys. Waren nicht so viele. Sie fuhr einen 7er BMW. Das ist mir natürlich aufgefallen, weil das ein teurer Wagen ist und Mina doch erst 25 und Sayed sogar erst 21 Jahre alt war. Aber ich dachte, der verdient sicher supergut.«

Aktas erklärt weiter, wie er Sayed dann näher kennengelernt hat. »Wir haben uns eigentlich gut verstanden und auch viel über Fußball geredet oder mal zusammen Fußball im Fernsehen geguckt. Ich bin dann auch mit Sayed und seinen zwei Brüdern Ayden und Hassan in seine Wohnung nach Dubai geflogen.«

Stopp mal bitte. Da muss ich einhaken.

»Sie sagen, Sayed hatte in Dubai eine eigene Wohnung?«

Aktas nickt. »Ja, ganz schön war die. In Djumera oder so. Man kann da aus dem Fenster gucken und dann das Hotel sehen, das aussieht wie ein Segel.«

Aktas meinte den Stadtteil Jumeirah und das bekannte Hotel *Burj Al Arab*. Wer dort eine Wohnung sein Eigen nennt, dürfte es finanziell geschafft haben. Dass Sayed Ahmadi in diesem Stadtteil auf eine Wohnung zurückgreifen konnte, vermochte ich mir überhaupt nicht vorzustellen. Vielleicht kannte er jemanden, der jemanden kannte, der dort eine Wohnung hat und diese wohl auch mal anderen überlässt. Mit 21 Jahren wäre auch das eher ungewöhnlich, wenn man zudem ein kleiner Handyhändler aus dem Rheinland ist.

Ich lasse Aktas weiterreden.

»Sayed fragte mich zu Hause, ob ich einen guten BMW-Händler kennen würde, so mit Prozenten und so. ›Klar‹, hab ich gesagt, ›willst du deinen 7er verkaufen?‹ Er hat dann gesagt, nö, er wolle seiner Schwester einen X5 zum Geburtstag kaufen. Habe das auch vermittelt, und er hat ihn auch dann gekauft.«

Ich huste. Auch meine Chefin räuspert sich vernehmlich und sagt nun: »Herr Aktas, Sie wissen schon, dass wir für Ammenmärchen nicht unsere Zeit verschwenden. Sie können lügen, so viel Sie wollen, aber stehlen Sie uns bitte nicht unsere Zeit.«

»Machen Sie weiter, Herr Aktas«, sage ich, »aber kommen Sie mal bitte zum Thema, was das alles mit der *A-Phon* zu tun hat.«

Aktas schaut zu seinem Steuerberater und zu seinem Anwalt.

Der Steuerberater sieht unglücklich aus. Aber Herr Kaiser, der Anwalt, nickt Aktas zu.

»Sayed meinte, wir könnten doch eine Firma zusammen machen«, fährt Aktas fort. »Seine *World Fon* wolle er plattmachen. Er meinte, wir könnten zusammen mit der neuen Firma jeden Monat 1,5 Millionen Euro Umsatz machen. Gut, ich hatte meine andere Firma und hatte auch Erfahrung im Handel mit Zubehör, aber ich hatte keine Ahnung von Handys. Aber ich traute Sayed das zu. Er wollte dann Mina einsetzen und seine Cousine aus den USA und später auch die andere Schwester, wenn die *World Fon* dicht war.«

Mit platt- und dichtmachen meinte Aktas, die Firma vorsätzlich zu liquidieren.

»Wir haben dann die *A-Phon* gegründet. Sayed und ich wollten auch in die USA fliegen, nach Kalifornien, zu dieser Cousine Niri. Die wohnt in San Francisco. Ich wollte die ja auch mal kennenlernen und sehen, ob sie die Kohle dafür hat, und so. Ich habe dann erfahren, dass sie neun Jahre älter war als Sayed und auch seine Verlobte.«

Cousine und Verlobte? Geht das? Ich verzichte darauf, nachzufragen, ist ja nicht von Belang jetzt, wofür also Aktas unterbrechen.

»Ich konnte dann aber nicht mit, da ich kein Visum hatte. So hat Sayed die ganzen Unterschriften und Vollmachten dahinten von Niri unterschreiben lassen.«

Okay, verstanden. Dann können wir jetzt von Kalifornien nach Köln zurückkehren. Das tut Aktas auch und erzählt, dass die *World Fon* und die *A-Phon* sich zunächst ein Büro geteilt hätten. Jetzt erlaube ich mir doch mal eine Nachfrage.

»Herr Aktas, ist Ihnen das nicht komisch vorgekommen, dass Sie jetzt mit zwei Firmen, die sich gegenseitig Rechnungen schreiben, in einem Büro sitzen?«

»Nein, denn Sayed wollte ja die *World Fon* plattmachen.

Danach haben wir ja auch mit anderen Firmen Geschäfte gemacht.

Ich schlage eine kurze Pause vor. Steuerberater und Anwalt gehen rauchen, Aktas kommt mit. Der Kollege Thorsten begleitet das Trio nach draußen.

Nach knapp zehn Minuten sind sie wieder zurück. Aktas hat das Wort.

»Sayed machte dann bei der *A-Phon* den Ein- und Verkauf, und Mina hat geholfen. Wir sind erst mal nach Barcelona zur GSM geflogen (Die GSM heißt eigentlich MWC Barcelona und ist eine der größten Messen rund um den Mobilfunk, veranstaltet von der GSM Association, Anmerkung der Autorin) und dann zur Cebit, wo alle Handyhändler ihre Stände haben. Da hatte Sayed schon viele Kontakte, auch zu zwei indischen Leuten. Die sprachen nur Englisch. Sayed kann das. Ich hab das leider nie gelernt, war ein Fehler. Was die geredet haben, weiß ich deshalb nicht so genau. Aber hinterher haben wir mit deren Firmen Geschäfte gemacht.«

Die Firmen der »indischen Leute« seien nicht indisch gewesen, sondern britisch, erfahre ich von Aktas. Sayed habe zwei von diesen Firmen für die *A-Phon* gewinnen können. Später sei ihm aufgefallen, dass Mina immer Firmen gebracht habe, die ihr wahrscheinlich, und das wisse er erst jetzt, Sayed benannt habe. Aktas beteuert, selbst keine Firmen akquiriert zu haben.

Einmal im Büro, erzählt Aktas weiter, habe er einen Brief bei Mina gesehen. Es sei darin um die *World Fon* gegangen, dass sie dort eine Steuerfahndungsprüfung gehabt hätten und jetzt dem Finanzamt sehr viel Geld schulden würden. Er habe Mina daraufhin zur Rede gestellt. Sie habe nur gesagt, dass sie darüber nichts wisse. Dann habe man zusammen einen Termin mit dem Steuerberater der *World Fon* gemacht, nur er und Mina. Er sei sehr erstaunt gewesen, als er dort die gesamte Ahmadi-Familie sitzen sah. Er habe dann den Steuerberater gefragt, was das mit der *World Fon* auf sich habe und mit den Schulden. Der Berater habe geantwortet, es sei alles in Ordnung.

Ich muss wieder nachfragen. »Wieso sind Sie mit Ihren Fragen nicht zu Ihrem eigenen Berater gegangen?« Schräger Blick auf den Berater, der neben Aktas saß.

»Es ging ja nicht um meine Firma, sondern um die *World Fon*. Ich wollte nur wissen, ob da alles in Ordnung ist.«

»Und es hat Sie gar nicht verwundert, dass die ganze Familie Ahmadi bei dem Termin dabei war, obwohl Sie den nur mit Mina gemacht hatten?«

Jetzt mischt sich nicht allzu freundlich der Steuerberater ein. »Was interessiert es Sie, was mein Mandant so denkt? Er kann zu jedem hingehen, wann immer er will und es für richtig hält, und Zufälle gibt es halt auch immer mal wieder.«

Aktas ist in seinem Element und hat den Einwand wohl gar nicht richtig wahrgenommen. Er erklärt, dass alle seine Lieferanten und Abnehmer nur über Mina und Sayed kamen.

»Aber das muss Sie doch stutzig gemacht haben, Herr Aktas. Alle Firmen kommen über die beiden Ahmadis, Sie haben gar keinen Einfluss auf die Lieferanten und Abnehmer Ihrer eigenen Firma? War das überhaupt Ihre Firma, wenn Sie nichts zu sagen hatten?«

»Die Frage brauchen Sie nicht zu beantworten«, kann der Steuerberater noch einwerfen – vergeblich.

»Das brauche ich mir nicht gefallen zu lassen!«, faucht Aktas. »Das war meine Firma! Der Blödmann hat mich reingelegt. Ich sage jetzt nichts mehr, wenn man mir dafür die Schuld in die Schuhe schieben will.«

Bei seinem letzten Satz haut er auf den Tisch. Fast kippt seine Kaffeetasse um. Vielleicht hilft jetzt etwas Entgegenkommen.

»Ich fasse das jetzt mal kurz zusammen, und Sie sagen bitte, wenn wir da etwas falsch verstanden haben sollten.«

Aktas hört zu. Und ergänzt.

»Stimmt, ab einem bestimmten Punkt habe ich mich gewundert. Da kamen Sayed und ein Typ namens Adam nach Istanbul, wo ich gerade im Urlaub war. Sayed sagte mir, dass ich eine Rechnung nicht an die Firma schreiben sollte, die nach meinem Wissen die Ware schon bekommen hatte, sondern an eine andere Firma. Das habe ich nicht verstanden, und das wollte ich auch nicht machen. Dann hat Sayed gesagt, oder war es Adam?, dass ich nicht wisse, mit wem ich mich da einlassen würde.«

»Also haben Sie doch geahnt, dass da was faul war mit den Geschäften – und es nicht verhindert?« Das fragt jetzt meine Chefin.

Inzwischen ist es 20.30 Uhr und Aktas' Geduld offenbar komplett aufgebraucht. Er schreit jetzt, überzieht uns mit ein paar netten Anschuldigungen. »Haben Sie mir eigentlich zugehört? Sie werfen mir vor, dass ich hier an allem schuld bin? Haben Sie dieses Arschloch schon mal kennengelernt? Nee, das könnt Ihr ja nicht, sobald sich jemand ins Ausland verpisst hat.«

Wow, wow. Komm mal wieder runter, denke ich. Aber ich äußere mich ruhig und sachlich. »Das hat niemand gesagt, Herr Aktas. Wir wollen nur gemeinsam herausfinden, wessen Idee diese Firma war und wer das Sagen hatte. Dabei ist es wichtig, Ihre Eindrücke zu kennen.« Er setzt sich wieder, aber das Gesicht bleibt ungesund rot.

Wir bieten noch einmal eine Pause an.

Ich berate mich kurz mit meiner Chefin. Den Wutausbruch ordnen wir mal ein als »ja, stimmt, ich war ein Hornochse«. So würden wir das aber nie protokollieren. Langsam tut uns Aktas sogar ein bisschen leid. Er ist offenbar voll auf Ahmadi reingefallen, und das belastet sein Ego. Wir haben gehört, dass es Ahmadis Idee war. Dass er alles eingefädelt hat. Und dass Aktas Bescheid wusste. Das reicht für heute. Auch aufgrund der Uhrzeit beschließen wir, die Vernehmung nach der Pause ausklingen zu lassen.

Wir sind ein ganzes Stück weitergekommen. Wie weit Aktas' Tatbeteiligung wirklich geht, wird noch zu klären sein. Ahmadi scheint eine größere Nummer zu sein, als wir gedacht haben.

KAPITEL 3

Emissionszertifikate

Am nächsten Morgen im Büro brummt mir der Schädel. Viele neue Informationen, viele neue Fragen, Thesen, ich muss das mal für mich festhalten. Die Polizei macht das auch oft so, schreibt die wichtigsten Infos an ein Whiteboard, kennen wir vom Fernsehen. Bei uns gibt es leider keine Whiteboards. Aber ich habe mir eine Korkwand gekauft. Früher hätte ich da Fotos mit der besten Freundin oder auch ein Liebesbriefchen drangepinnt. Nun sind es Zettel, auf denen zum Beispiel *World Fon* und *A-Phon* steht.

Was weiß ich also? Beide Firmen schreiben Rechnungen über Handys. Beide »gehören« demselben Menschen, nämlich Sayed Ahmadi. Der setzt seine Familie dort als Geschäftsführer ein und einen Kumpel, soweit man Aktas als Kumpel bezeichnen kann. Die *World Fon* und *A-Phon* sitzen zu Beginn im gleichen Büro und schreiben sich Rechnungen. Ahmadi gibt die Firmen vor, mit denen sie »Geschäfte« machen. Er hat Kontakte nach Dubai und über die zwei Inder auch zu britischen Firmen. Ahmadi verfügt in Dubai laut Aktas sogar über eine Wohnung. Er leistet sich zwei teurere Autos. Die Speditionsmappen haben ergeben, dass die Ware entweder nicht existiert oder nicht in der Vielzahl oder im Lager verbleibt und nur per E-Mail »verkauft« wird. Es besteht der konkrete Verdacht, dass die Verantwortlichen aller Firmen in einer Kette allesamt Bescheid wissen und dass die Kette abgesprochen ist.

Wow. So schlecht ist das schon mal nicht. Was mache ich als Nächstes? Natürlich erst einmal ein Strafverfahren gegen Sayed Ahmadi für die *A-Phon GmbH* einleiten.

Was ich gern wüsste: Wer sagt eigentlich den Leuten von den Firmen in einer Kette, wie alles geht und was sie zu tun haben? Gibt der- oder diejenige auch Geld für die Gründungen der Firmen? Passiert das vom Ausland aus? Oder liegt die Schaltzentrale in Deutschland?

Andere Kollegen aus meinem Sachgebiet, Jörg etwa und auch Thorsten, bearbeiten ebenfalls Umsatzsteuer-Betrugsverfahren. Es wäre mal sinnvoll, die ganzen Erkenntnisse zuerst mit Fallner durchzugehen und dann mal in einer Sachgebietsbesprechung alle auf den neuesten Stand zu bringen. Vielleicht haben die Kollegen ja auch ein paar gute Hinweise und Ideen. Das wäre dann noch keine Ermittlungskommission, aber immerhin ein bisschen Teamarbeit.

Eine Woche später sitzen wir im Büro von Fallner. Aus unserem Sachgebiet befassen sich nicht alle mit Umsatzsteuer-Betrug, jedoch die meisten. Die anderen dürfen trotzdem dabei sein und sich bei einer Tasse Kaffee freuen, dass sie das nicht machen müssen. Ein gewöhnlicher Fahndungsfall ist zumindest erheblich schneller geklärt und abgeschlossen. Schnellere Erledigung bringt öfter Zufriedenheit, oder? Außerdem ist das natürlich nett für die Statistik.

Von Erledigung sind wir noch weit entfernt. Gerade der Verdacht, dass alle Firmen in der Kette Bescheid wissen, muss handfest bewiesen sein. Eigentlich müsste man alle Firmen selbst prüfen, doch das geht natürlich nicht. Oder doch? Auf jeden Fall müssen wir uns mit den Kollegen aus den anderen Fahndungsstellen austauschen, die möglicherweise auch eine Firma aus so einer Kette prüfen. Und eben mit den eigenen Kollegen. Ich weiß, dass Jörg bei einer Firma ermittelt, die auch in der Kette mit der *A-Phon* drin ist. Ein paar Sachen habe ich ihm schon gesagt, wir sitzen ja im gleichen Büro. Logisch. Und meine Kollegin Annemarie hat, soweit ich weiß, ebenfalls eine von den Firmen in der Kette zur *A-Phon* auf dem Schirm.

Fallner begrüßt alle und erzählt, was wir zuletzt erfahren haben. Als sie fertig ist, entbrennt sofort eine rege Diskussion mit vielen verschiedenen Einschätzungen. Die Kommentare reichen von »Wahnsinn« bis »unvorstellbar« und »das glaubt ihr doch selbst nicht«. Wichtig ist, dass Jörg und Annemarie interessiert sind. Die beiden haben auch schon bei der Eingabe der Speditionsmappen in Baden-Württemberg geholfen. Sie wollen selbst noch mal runterfahren und sich die Hinweise zu ihren Firmen genauer anschauen.

In einer Sache sind sich aber alle Kollegen einig: Dass Sayed Ahmadi so tief in die Sache verstrickt sein soll, könne nicht sein. Doch das beeindruckt mich erst mal nicht. Was die Kollegen da gerade gehört haben, muss ja auch erst mal sacken, so wie bei mir auch.

Auf meinem Tisch liegt ein sogenannter Neuzugang, also Post. Es ist eine Geldwäsche-Verdachtsmeldung einer Bank aus Essen zu den Firmen *Koks GmbH* und *Handycell GmbH*. Moment mal, das waren doch die beiden Firmen, bei denen die Kollegin vom Finanzamt angefragt hatte. Ihr kam da ja einiges komisch vor. Mal reinsehen. Bin jetzt sehr neugierig.

Fällt Banken eine für den Kunden ungewöhnliche oder besonders hohe Geldtransaktion auf, bei der eine Straftat vorliegen könnte, sind sie verpflichtet, dies den Strafverfolgungsbehörden mitzuteilen. Bei dem Vorgang handelt es sich nicht um eine Anzeige, sondern nur um eine Meldung zur Überprüfung. So eine habe ich jetzt hier vorliegen. Ich schaue mir die Meldung und die ihr angehängten Dokumente an und stolpere sofort. Was sind das denn für Beträge?

Listen zeigen die Umsätze von September 2009. Da stehen Geldeingänge bei der *Koks GmbH* von über 3,3 Mio. Euro drauf. Die kommen von einer Firma *Grünspan GmbH*. Wie können die denn jetzt schon Umsätze machen? Darum ging es ja in dem

Gespräch der Kollegin vom Finanzamt mit dem Geschäftsführer. Hatte der gegenüber der Kollegin nicht angedeutet, dass er erst mal einen Emissionszertifikatehändler einstellen müsse, um Geschäfte tätigen zu können? Wieso hatte die Firma jetzt schon so hohe Umsätze?

Ich suche im bundesweiten Handelsregister die Firma *Grünspan*. Gesellschafter ist ein britischer Staatsangehöriger mit pakistanischen Wurzeln, die Adresse der Firma ist ein Büroservice. Der Unternehmenszweck: Handel mit Emissionszertifikaten! Das glaube ich jetzt nicht. Ich muss mich dringend mal mit einer Kollegin aus Hessen kurzschließen, denn da sitzt diese Firma *Grünspan*.

Auch die *Handycell* verzeichnet schon hohe Umsätze auf dem Konto. Außerdem, ich blättere die Listen weiter, stehen da Geldeingänge einer Firma aus Dubai drauf. Wie kommen zwei gerade erst gegründete Firmen – und dies von einem laut Aussagen der Kollegin eher unbeholfen wirkenden Geschäftsführer aus Düsseldorf – zu Geldeingängen aus Dubai und überhaupt zu derart hohen Umsätzen?

Ich zeige die Meldungen Fallner, und die fällt fast vom Stuhl. »Gibt's doch nicht. Wie geht das denn?« Ich zucke mit der Schulter. »Tja, da ist wohl Aufklärungsbedarf.« Das stinkt zum Himmel, meint sie. »Ich versuche mal, was Näheres herauszufinden«, sage ich und verschwinde in mein Büro.

Mein erster Plan: Ich fahre jetzt mal bei den Adressen der *Koks* und *Handycell* vorbei. Das nennt man eine Ortsbesichtigung. Die läuft so, dass möglichst niemandem auffällt, dass man sich für ein Büro oder eine Wohnung oder ein Haus interessiert. Firmen, die nicht legalen Geschäften nachgehen, sind mitunter sehr wachsam, weshalb leicht auffällt, wer um ein Büro oder Haus herumschleicht oder Klingelschilder studiert. Wird man bei einer Ortsbesichtigung angesprochen, braucht es Ausreden. »Habe gehört, hier wird eine Wohnung frei, wollte mir mal das

Haus von außen ansehen«, passt manchmal. Ich habe auch schon mal eine Baseballmütze aufgesetzt und mir ein Bündel alte Reklamezeitungen in die Hand genommen und bin von Tür zu Tür, bis ich dann an dem Haus stand, an dem ich überprüfen musste, ob ein Verdächtiger da wirklich wohnte. Mal sehen, was mich bei *Koks* und *Handycell* erwartet.

Ich nehme einen Dienstwagen aus der Tiefgarage und fahre an die entsprechende Adresse. Enge Wohngegend, wenig Parkplätze. Ich parke einige Hundert Meter entfernt und schlendere die Straße herunter. Auf Höhe der Nummer 50, die ich suche, steht kein Haus direkt an der Straße. Es ist eine Toreinfahrt. Ärgerlich. Wie soll ich da unauffällig rein und nachsehen? Ich bleibe einen Moment in der Einfahrt stehen und schaue hinein. Im Hinterhof sehe ich ein Haus, das unten eine Metalltür und zwei Büros mit bodentiefen Fenstern hat. Kein, zumindest kein von hier aus sichtbarer Hinweis auf die Firmen *Koks* oder *Handycell*. Mir bleibt nur der Rückzug. Hineinzugehen wäre zu auffällig.

Ich fahre gerade ins Büro, als genau die Kollegin aus Hessen mich anruft, bei der ich mich ohnehin wegen der Firma *Grünspan* melden wollte.

»Hallo, Tanja, wie geht's dir?« Tanja geht es ganz okay, sagt sie, aber deshalb ruft sie nicht an.

»Wir haben bei der letzten Durchsuchung einer Handyfirma was absolut Wahnsinniges gefunden. Also eigentlich war das gar keine Firma, sondern nur ein kleines leeres Büro in einem der großen Büroservice-Hochhäuser. Aber man hat uns das Büro gezeigt, und was, glaubst du, haben wir da gefunden?«

»Du wirst es mir jetzt sicher verraten.«

»In einem Schreibtisch war doch noch was drin. Eine Rechnung über Emissionszertifikate.«

Mir fällt sofort ein, dass die *Koks* ja so was auch machen wollte, und da war ja die Geldwäschemeldung, dass sie wohl auch schon Rechnungen geschrieben hat, und zwar über die enormen Summen, die wir gesehen hatten. Sie hatte aber doch überhaupt noch keine Steuernummer bekommen, das heißt, sie schreibt schon Rechnungen, obwohl das Finanzamt noch prüft, ob es sich um eine legale oder eher um eine Betrugsfirma handelt.

»Tanja, hilf mir mal bitte auf die Sprünge. Eure angebliche Handyfirma hat tatsächlich die Rechnungen über Emissionszertifikate geschrieben?«, frage ich.

»Ja, so sieht es wohl aus, obwohl wir ja bisher nur diese eine Rechnung gefunden haben. Aber das ist doch der Hammer, oder?«

Ist es. Ich denke nach. Also Emissionszertifikate hat doch irgendwas mit Ausstoß von Kohlendioxid zu tun. Wie kommt eine Handyfirma an diese Zertifikate? Wusste gar nicht, dass Handys Kohlendioxid ausstoßen.

Vielleicht beim Ausdrucken der Scheinrechnungen? Kleiner Scherz. Muss ich googeln.

»Was macht ihr denn jetzt mit dem Wissen?«, frage ich Tanja. »Werdet ihr dann die andere Firma, die die Rechnung bekommen hat, durchsuchen?«

Tanja muss niesen. »Sicher. Aber warte, es kommt noch besser. Der Staatsanwalt, Herr Isen, der für einige von unseren Verfahren zuständig ist, hat gleich alle Verfahren in dieser Handy-Kette übernommen und will jetzt abfragen, wer solche Rechnungen auch schon gefunden hat, und nachvollziehen, bei welcher Firma die Zertifikate am Ende der Kette landen. Er hat sich umgehört und eingelesen. Es ist wohl so, dass schon im Juli 2007 ungewöhnliche Bewegungen in den dafür vorgesehenen Emissionshandels-Registerkonten aufgefallen sind. Diese Registerkonten werden bei der Deutschen Emissionshandelsstelle (DEHST) geführt. Die hat ihren Sitz beim Umweltbundesamt in Berlin. Der Handel wird nur über diese Konten in elektronischer Form abgewickelt. So ähnlich wie Aktien. Nur ein Klick, und das Zertifikat wandert von Firma A zur Firma B. Auch werden wohl normalerweise die Zertifikate genau wie Aktien an der Börse oder über die Börse gehandelt. Aber im Sommer 2007 ist denen bei der DEHST schon aufgefallen, dass sich da merkwürdige Veränderungen im Handel und auch bei den handelnden Firmen aufgetan hatten. Sie haben dann über das Umweltbundesamt dem Bundeszentralamt für Steuern die auffälligen Registerbewegungen mitgeteilt. Die Handelsbewegungen hatten sich explosionsartig vermehrt. Etwas später fiel denen auch auf, dass seit etwa Anfang 2009 auch von einigen europäischen Registerkonten auffällig starke Handelsbewegungen zu unseren nationalen Konten stattfanden und die deutlich von den typischen Handelszyklen aus den Jahren davor abweichen. Diese hohen Handelsbewegungen erfolgten überwiegend über Konten, die von neu gegründeten Unternehmen eröffnet worden waren und über die nun mehrfach täglich unvorstellbar hohe Mengen an Zertifikaten im Wert mehrerer Millionen Euro laufen. Die Zertifikate werden unglaublich schnell weiterübertragen. Die DEHST hat den Verdacht, dass das Modell der Umsatzsteuerhinterziehung, das wir aus dem Handyhandel kennen, jetzt auch beim Handel mit Emissionszertifikaten angewandt wird.«

Puh. Ich bereue, dass ich mir im Auto keine Notizen machen kann. So viel Neues.

»Bist du noch dran?«

Ich nicke nachdenklich. »Klar, bin nur etwas sprachlos.«

Wir sprechen über die Beute, den Profit. Der müsste beim Handel von Emissionszertifikaten weitaus höher sein als bei den Handys, die Rechnungen sind ja viel höher. »Und für die Zertifikate brauchen die Betrüger ja auch keine Speditionen mehr. Die Zertifikate werden ja nur elektronisch gehandelt und ohne eine reale Warenbewegung. Das macht die Verschleierung einfacher. Bei den Handys haben uns die Speditionsmappen geholfen, etwas herauszubekommen. Solche Mappen existieren für die Emissionszertifikate gar nicht.«

Der Emissionshandel ist also noch viel missbrauchsanfälliger. Die Zertifikate sind offensichtlich leicht in großer Zahl über Börsen beschaffbar, und das elektronische Emissionshandelssystem ermöglicht außerdem ohne großen Aufwand die Eröffnung neuer Handelskonten und die sekundenschnelle Übertragung auch großer Zertifikatemengen. Gleichzeitig erleichtert es die Einschaltung möglichst vieler inländischer Zwischenhändler in die Ketten. Das wiederum erschwert es, den »Missing Trader« zu ermitteln, also die erste Firma in der deutschen Kette.

Das Ganze hört sich sehr interessant an. Und mindestens ebenso beängstigend. Wer soll das aufklären? Da kommen ja vielleicht Verfahren von ganz anderer Dimension auf uns zu. Tanja ist unterdessen noch nicht fertig.

»Wenn Herr Isen dann weiß, welche bisherigen Handyfirmen jetzt mit den Zertifikaten handeln, will er vielleicht eine große Ermittlungsgruppe gründen, damit alle diese Verfahren mal gebündelt angegangen werden.«

Das hörte sich nach einem Plan an. Und das müsste bei unseren Handy-Verfahren auch so sein. Bisher wollen die Staatsanwälte nämlich immer nur die eine Firma aus ihrem Zuständigkeitsgebiet. Die sehen einfach nicht die Zusammenhänge – und dass man den Betrug viel besser nachweisen kann, wenn man alle Verfahren in einer Kette zusammen bearbeitet.

Der Umsatzsteuer-Betrug scheint in einer bandenmäßigen kriminellen Struktur abzulaufen. Die Taten werden über mehrere Beteiligte hinweg begangen. Da ist es eigentlich absolut notwendig, dass wir auch bandenmäßig zusammenarbeiten. Eine Ermittlungskommission aus einer Hand, also Polizei und Steuerfahndung zusammen, beide unter der Leitung einer einzigen Staatsanwaltschaft. Nicht nur gegen einen Beschuldigten ermitteln, wie wir das gewöhnlich tun, sondern gegen ganze

Strukturen. Die Arbeit aufteilen, Infos bündeln, nichts geht verloren. So stelle ich mir das vor. Und so scheint sich das auch der Frankfurter Staatsanwalt Isen vorzustellen.

Gut so.

EXKURS: Banden

Wow! Der Plan, eine so große Ermittlungskommission zu gründen, mit Kollegen aus dem ganzen Bundesgebiet, geführt von einer Staatsanwaltschaft und unterstützt durch die Polizei – das ist mal eine Ansage. Denn eins steht fest: Wir Steuerfahnder haben ja in der Ausbildung nie gelernt, wie in Großermittlungen gegen Banden organisierter Täter vorzugehen ist. Es gab da mal eine Ermittlungskommission, die sich mit einer mutmaßlich kriminellen Vereinigung beschäftigte, die sich üblicherweise durch schwere Motorräder eines US-amerikanischen Herstellers definiert. Die Mitglieder des Rockerklubs gingen Tätigkeiten nach, die von Prostitution bis Kokainhandel reichten. Sie taten das auch mal mit Waffengewalt und überhaupt nicht allzu unauffällig, und so beschwerten sich Bürger der Gegend, in der die Höllenengel besonders präsent waren. Sie fühlten sich polizeilich verlassen, äußerten sie. Das wollte die Polizei so nicht stehen lassen.

Der Großmaßnahme gingen Monate der Vorbereitung voraus, die Polizei überwachte die Mobiltelefone etlicher Verdächtiger. Und sie fragte auch bei uns an, ob wir an einer Zusammenarbeit interessiert seien. Dass die Rocker auch Straftaten im Zusammenhang mit der Steuer begingen, konnte man sich denken. Sollte man ihnen das beweisen können, würde man bei der Razzia gleich auch Geld oder andere Vermögensgegenstände mitnehmen können.

Die Steuerfahndung ließ sich nicht lange bitten, und am

Ende kam ich mit mehreren Kollegen meiner und anderer Fahndungsstellen an Bord. Bei einer Einsatzbesprechung erfuhren wir, wie die verschiedenen Maßnahmen ablaufen sollten. Man hatte bereits Einblick in die Konten der Verdächtigen, und dort war aufgefallen, dass ein Verdächtiger einen Tresor gekauft hatte. Das Modell ließ sich im Internet anschauen und maß, so wurde uns mitgeteilt, so viel wie ein anständiger Kleiderschrank für eine Frau. Zuerst haben wir gelacht und dann erfahren, dass in diesem Großtresor auch illegale Waffen vermutet wurden. In dem Moment hörte man es in dem Besprechungsraum an den Plätzen der Steuerfahnder murmeln.

»Da müssen doch nicht unbedingt Waffen drin sein«, warf nun eine von uns ein. Der Tresor könne ja auch Gemälde und andere Wertgegenstände enthalten. Sie gehe eher nicht davon aus, dort illegale Waffen zu finden. »Der Beschuldigte hat doch ein kleines Kind zu Hause.«

Peinliche Stille. Der Einsatzleiter von der Polizei schaute die Fahndungskollegin einen Moment an. »Du hast recht. Also jetzt, wo du das erwähnst, klar. Der hat ja auch einen Ferrari. Passt der nicht hochkant auch in den Tresor?« Gelächter. Die Kollegin lief dunkelrot an. Ihr Einwand war offensichtlich naiv und so fern aller Wahrscheinlichkeit, dass der Polizist mit keinem weiteren Wort darauf einging. Kleine Kinder, lernten wir bei der Gelegenheit, halten ihren Papa nicht unbedingt davon ab, mit illegalen Waffen zu handeln.

Etwas später wies der Einsatzleiter darauf hin, dass wir die Durchsuchung im Rockermilieu alle ohne Ausnahme mit Sturmhauben durchführen würden. Er hatte noch nicht zu Ende gesprochen, als ein Kollege Steuerfahnder fragte: »Sturmhauben? Wir stürmen doch keine Bank. An unserem Einsatzort ist es doch eher harmlos. Wieso brauchen wir da Sturmhauben?«

Der Einsatzleiter erklärte nun leicht genervt, dass es seit etwa 2004 so etwas wie soziale Medien gebe. Auch an einem harmlosen Durchsuchungsort könne unseriöse Presse auftauchen oder, und das komme häufiger vor, neugierige Nachbarn, die alles per Handy filmen würden. »Und dann geht plötzlich ein Foto von deinem Gesicht viral«, sagte er in Richtung meines Kollegen. »Merk dir, ein Foto in den sozialen Medien lebt länger als jeder Vampir.« Mein Kollege hat dann lieber nichts mehr gesagt.

Vor dem Einsatz erhielten wir von der Polizei schusssichere Westen. Die Sturmhauben kauften wir in einem Motorradladen – von unserem eigenen Geld. Wir trauten uns nicht, die Utensilien bei unserer Geschäftsstelle zu bestellen. Das hätte Fragen und Kommentare hervorgerufen, auf die wir keine Lust hatten.

Am Tag der Maßnahmen leistete dann leider auch ich mir noch eine Peinlichkeit. Ich durchsuchte mit anderen das Arbeitszimmer, und dort fiel mir ein großes Bild an der Wand auf. »Herzlichen Glückwunsch«, stand da drauf und eine 81. »Der Typ ist doch gar nicht von 1981. Wohnt hier noch jemand?«, fragte ich spontan. Hätte es noch eines Beweises bedurft, dass wir Steuerfahnder in solchen Situationen eher unerfahren sind, hier war er. Nach einigen Lachern brachten die Polizisten mir bei, dass wir es hier ja mit einer Bande zu tun hätten und ich doch mal schauen solle, welches der achte und welche der erste Buchstabe im Alphabet sei. H und A – ahhh! Aber immerhin habe ich dazugelernt.

Ich bin inzwischen in der Tiefgarage unserer Dienststelle angekommen und versuche, gleichzeitig das Gespräch zu beenden und rückwärts einzuparken. Geht ganz gut. Tanja und ich beschließen, uns gegenseitig auf dem Laufenden zu halten.

Auf dem Weg ins Büro werfe ich einen offensichtlich sehnsüchtigen Blick in Fallners Zimmer, höre: »Ja, ja, der Kaffee ist fertig« und laufe mit meiner Tasse bei ihr auf. Seit ich ihr von der *A-Phon*-Durchsuchung und den vielen Auffälligkeiten bei Ahmadi berichtet habe, ist sie sehr interessiert. Ich teile ihr die Neuigkeiten aus Hessen zur Fakturierung von Emissionszertifikaten mit und die Anfrage der Kollegin aus dem Finanzamt zur *Koks GmbH*. Findet Fallner »sehr merkwürdig« – und googelt auch schon. Das Grundprinzip der Zertifikatsrechte sei relativ einfach, berichtet sie mir. Will ein Unternehmen Kohlendioxid in der Atmosphäre ablagern, muss es das Recht dazu besitzen. Dieses »Emissionsrecht« wird in Form von Zertifikaten verteilt, für jede Tonne erlaubtes Kohlendioxid gibt es ein Zertifikat.

Ich runzele die Stirn. »Unsere Handyfirmen machen eindeutig nichts, was mit dem Ausstoß von Kohlendioxid zu tun hat«, werfe ich ein. »Und die wollen auch gar nichts ablagern, höchstens ihre Beute, die sie dem Fiskus weggeschnappt haben. Wie kommen die denn an die Rechte? Also die Tanja eben sagte, das geht über die Registerkonten der DEHST, also unserer nationalen Emissionszertifikate-Stelle, und eigentlich würden die Zertifikate über die Börse gehandelt. Aber glauben Sie, dass unsere Handy-Leute börsenerfahren sind?«

»Berechtigte Frage.«

Fallner schenkt Kaffee nach. Ein Kollege steht in der Tür, sieht mich und sagt, er komme später wieder. Nach ein paar Schlückchen Kaffee fällt mir etwas auf.

»Könnte es nicht sein, dass da irgendwo in der Kette eine Firma drin sein muss, die tatsächlich Kohlendioxid ausstößt? Einer muss doch die Zertifikate erlangen. Wenn er zu viele hat, kann er die in den Handel geben. Aber wer kauft die dann? Ahmadi?« Ich lache selbst darüber. »Sorry, Scherz, aber in den letzten Tagen habe ich zu viel Ahmadi gehört.«

»Umsatzsteuer Emissionszertifikate Betrug« – in meinem Büro recherchiere ich weiter im Internet. Ich erfahre, dass einige

EU-Mitgliedsstaaten ihr nationales Umsatzsteuerrecht zeitnah ändern wollen, um den Umsatzsteuer-Betrügereien mit Emissionszertifikaten den Boden zu entziehen. Frankreich hat bereits zum 11. 06. 2009 eine Gesetzesänderung durchgebracht, Großbritannien zum 31. 07. 2009. Klar, die Briten hatten uns ja auch gewarnt. Nun haben sie diese Art von Handel steuerfrei gestellt. Dann kann auch niemand Steuern hinterziehen.

Wieso hat Deutschland nicht auf die Warnung reagiert? Glauben wir den Engländern das nicht, wenn die uns ihre Erfahrungen mitteilen? Und es gibt noch mehr EU-Staaten, denen das aufgefallen ist und die anders als Deutschland auch reagiert haben. Wieso haben wir dann nichts gemacht?

Durch meine ersten Umsatzsteuer-Betrugsverfahren habe ich einen guten Kontakt zu zwei Kollegen vom Landeskriminalamt. Einen, den Richi, rufe ich jetzt mal an. Wir haben mal in einer Ermittlungskommission zusammengearbeitet. Hat gut geklappt damals. Wir waren ungefähr zu zehnt. Geleitet hat die Ermittlungskommission Aksel. Aksel Hold, skandinavische Wurzeln, groß, blond, Augen wie Stahl. Wenn der einen angeguckt hat, war es, als schaue er direkt in deine Seele. Ich war ein bisschen verknallt in ihn. Es war aber auch eine besondere Zeit in dieser Gruppe. Mit Aksel habe ich in der Teeküche stundenlang alle denkbaren Ermittlungsmöglichkeiten besprochen. Er hatte keinen Ring am Finger, trat manchmal aber auch etwas machomäßig auf und sprach auch nur, wenn's ihm passte. Eher der introvertierte Typ, es sei denn, es lief etwas schief. Dann war er sehr extrovertiert, man könnte fast sagen explovertiert. Himmel, konnte der hochgehen. Aber er kannte keine Pausen, war immer überall und hatte seine EK, seine Ermittlungskommission, voll im Griff.

Einmal rief er mich an und fragte, ob ich Zeit für eine Vernehmung im Knast hätte. Einer der Jungs wolle singen. Klar, habe ich gesagt, wann denn? Der Tag nach Altweiber. Hm. Das ist im

Rheinland der Freitag, an dem niemand arbeitet, auch ich nicht. Nun hörte ich mich sagen, dass das ja gar kein Problem sei.

Er holte mich ab, deutlich zu früh. Der Inhaftierte hatte noch Physiotherapie.

Wir hatten also noch Zeit. Er schlug vor, mit der Fähre auf die andere Rheinseite zu fahren. Okay. Am Anleger waren wir fast das einzige Auto am Tag nach Altweiber. Die Fähre legte an, und wir rollten langsam mit dem Auto drauf. Wollten gerade aussteigen, als eine etwas korpulentere ältere Frau mit Wollmütze auf unser Auto zukommt. Sie hatte eine Geldtasche auf ihren Bauch geschnallt. War eine witzige Szene irgendwie. Aksel kurbelte das Fenster runter, die Frau zählte »zwei Personen, macht vier Euro«. Während Aksel im Portemonnaie kramte, beugte sich die Lady zum Fenster runter, schaute mich an, dann Aksel und sagte zu ihm: »Ist die noch von gestern?« Stille. Blöde Kuh. »Nein, ich bin von heute«, sagte ich und schaute aber an mir herunter, ob irgendwas nicht stimmt. Sah ich aus, als trüge ich eine Maske und ein Kostüm? Aksel, jetzt mal wieder extrovertiert, fand das superlustig.

»Ey, unverschämt. Was gibt's da zu lachen?«

»Du hättest dein Gesicht sehen müssen! Du sahst aus wie ein Uhu nach einem Waldbrand. Herrlich! »

Nach einem kleinen Spaziergang ging es dann weiter auf dieser Rheinseite zur Justizvollzugsanstalt (JVA). Im Vernehmungsraum trafen wir einen Inhaftierten, der Aksel noch nicht mal böse war, dass er ihn eingesperrt hatte. Ich protokollierte, und gegen Mittag stand Aksel plötzlich auf, las einen Zettel und fragte dann den Inhaftierten und mich, was wir gerne aus der Kantine zu essen hätten. Aksel, der sonst kaum Guten Tag sagte oder gar einen Kaffee anbot. Erstaunlich. Aksel holte Essen, Hirschragout für die Herren, Spinatlasagne für mich.

Beim Essen fuchtelte er dann mit seiner Gabel vor mir herum. »Hier, probier mal!« Wie jetzt? Von seiner Gabel? Na gut, irgendwie fand ich das doch ziemlich gut. Es wirkte vertraut. Die Vernehmung lief auch super, ein volles Geständnis.

Auf der Rückfahrt hielten wir dann noch in einem alteingesessenen Café. Als ich ihn fragte, wieso er seine dicke Lederjacke nicht ausziehe, lüftete er die Jacke kurz an der rechten Seite hoch. Ach ja, ganz vergessen, die Wumme. Polizisten sind ja bewaffnet. Anders als wir.

Wir sind nicht bewaffnet. Also, zumindest mit nichts, was wehtut. Moment, doch, hab ich vergessen. Wir haben die stärkste Waffe von allen: den Kugelschreiber.

Insgesamt war es kein Fehler, an diesem Tag keinen Urlaub zu nehmen. Aksel blieb mir allerdings als Mensch eher ein Rätsel. Einmal rückte er mir in der Teeküche so auf die Pelle, dass ich dachte, der küsst mich jetzt. Kurz darauf rief eine Stimme auf dem Flur: »Aksel, deine Frau am Telefon.« Verheiratet! Bitter. Habe mich danach rargemacht. Aksel erkundigte sich noch, was denn mit mir los sei. Blödmann. Vielleicht war er das nicht, aber mir hat es geholfen, ihn so zu sehen.

KAPITEL 4

Nicht mehr allein

»Was kann ich für dich tun?«, fragt Richi am Telefon.

Ich erkläre ihm unsere neuen Erkenntnisse zu den Emissionszertifikaten. »Da ihr ja auch viele Geldwäsche-Verdachtsmeldungen bekommt – habt ihr von solchen Sachen auch schon mal gehört?«

Richi kramt offensichtlich auf seinem Schreibtisch herum. »Ja, in der Tat. Hier im LKA gibt es sogar eine Ermittlungsgruppe dazu, da bin ich auch drin. Wir haben Hinweise bekommen, dass ein bekanntes Unternehmen in NRW Zertifikate kauft, und zwar von mysteriösen Firmen ohne richtigen Bürositz, die ganz neu gegründet sind. Wir haben auch schon durchsucht. Da sind auch drei Kollegen von euch dabei. Aber von einer anderen Fahndungsstelle. Das sind Verbindungsbeamte der Steuerfahndung hier im LKA. Die gibt es seit 2006, aber da ist keiner aus Düsseldorf dabei. Die sind von den Wuppertalern.«

Ach was! So etwas gibt es? Steuerfahnder als Verbindungsbeamte im LKA? Wusste ich gar nicht. Ob das bei uns im Haus jemand weiß? Ist ja eine gute Idee.

»Was habt ihr denn herausgefunden?«

Richi erzählt von Durchsuchungen, bei kleinen, unbekannten Firmen und bei dem Großunternehmen. Es gab offenbar ein wenig Ärger, wie das so ist, wenn man den sogenannten Großen auf die Füße tritt.

Er gibt mir noch die Namen meiner Kollegen, die solle ich fragen, meint Richi, er sei ja nur für die Vermögenswerte und Geldtransfers zuständig.

Etwas später ruft die Kollegin aus Hessen an.

»Ich hab dir doch von dem Staatsanwalt Isen erzählt, der große Ermittlungen in diesem Bereich angekündigt hat.«

Ja, das hatte sie.

»Wir haben hier ganz viele Geldwäscheverdachte angezeigt bekommen. Die richten sich gegen unsere bekannten Handyfirmen, auf deren Konten jetzt auf einmal wahnsinnig hohe Umsätze verzeichnet sind. Das Geld, das sie empfangen, kommt offensichtlich von Firmen, die jetzt mit Emissionszertifikaten handeln. Die haben ihren Unternehmenszweck im Handelsregister geändert, oder sie erwähnen das im Buchungstext. Und weißt du, was du sicher gerne hören wirst?«

»Du wirst es mir jetzt sagen: Deine Stimme klingt, als wäre ich danach glücklich.«

»Stimmt. Wir haben gleich vier Firmen aus Düsseldorf dabei. Eine *Alpha GmbH*, eine *Beta GmbH*, eine *Delta GmbH* und eine *Koks GmbH*.«

Koks! Da war sie wieder. Ich hatte es befürchtet.

Tanja erzählt, dass Herr Isen jetzt eine bundesweite Ermittlungsgruppe gründen wolle. Die Leitung würden dann er und das Bundeskriminalamt und die Steuerfahndungen in Hessen haben. Und aus allen Bundesländern sollten Fahnder, die solche Firmen in ihrem Gebiet haben, Mitglieder der Ermittlungsgruppe sein.

Das hört sich verdammt gut an. Da hat sich der Staatsanwalt Isen aber viel vorgenommen. Wie will er das hinbekommen?

Ein Gebäude sei bereits angemietet, höre ich von Tanja, mit Platz für die komplette Ermittlungsgruppe. Einige Kollegen und Kolleginnen werden sich nur mit Rechtshilfen ins Ausland, andere mit IT, wieder andere nur mit Rechtsfragen beschäftigen. Arbeitsteilung halt. Die Kollegen aus den anderen Steuerfahndungsstellen sollen am Anfang alle drei Wochen zu einem Jour fixe nach Frankfurt kommen.

Wow.

»Ihr in Düsseldorf seid natürlich auch dabei. Ihr habt ja bereits vier Firmen, die hier offensichtlich in unseren Ketten drinhängen«, sagt Tanja und erklärt das genauer: Die *Alpha*, die *Beta*, die *Delta* und die *Koks* seien in der Kette mit einer ihrer wichtigsten Firmen, der *Profit 365 GmbH*. »Diese Firma, die Firma *Profit 365*, fakturiert dann die ganzen Zertifikate weiter an eine große deutsche Bank. Da guckst du, oder?« Ja. Ich gucke.

Und denke, dass ich wieder mindestens zwei Verfahren, nämlich die *Koks* und die *Handycell*, hinzubekomme und außerdem noch Mitglied dieser Ermittlungsgruppe werde, dann ständig nach Frankfurt fahren muss, und andere Verfahren hatte ich ja auch noch. Bin noch nicht ganz sicher, wie ich das finde.

»Das Ganze soll jetzt schnell losgehen«, sagt Tanja. »Das erste Infotreffen soll noch im Dezember stattfinden. Staatsanwalt Isen hat schon alle Transaktionsdaten der DEHST eingeholt – welche Firmen mit wem und in welchen Ländern und wie und wo und überhaupt.«

Was mich wundert, neben dem offenbar gewaltigen Ehrgeiz dieses Staatsanwalts aus Frankfurt, der groß zu denken scheint: Wie können offensichtlich krumme Firmen so einfach am Markt legale Firmen dazu bringen, von ihnen Emissionszertifikate zu kaufen? Und wieso macht dabei sogar eine große deutsche Bank mit? Vielleicht weiß der Kollege das, dessen Nummer Richi mir gegeben hat. Er arbeitet bei der Steuerfahndung Wuppertal.

»Müller, hallo?«

»Hallo, Herr Müller, mein Name ist Birgit Orths, ich bin von der Steuerfahndung Düsseldorf. Wir haben hier Hinweise auf den Handel mit Emissionszertifikaten zwischen Firmen, die sehr auffällig sind und offensichtlich vorher gar nicht auf diesem Gebiet tätig waren. Sie sind meist neu gegründet und haben vorher mit Handys gehandelt. Beim LKA hat man mich an Sie verwiesen, da Sie Mitglied der Ermittlungsgruppe im LKA sind. Sie hätten schon viele Infos dazu.«

»Das ist korrekt.«

»Und was für Erkenntnisse haben Sie?«

»Tja, lange Geschichte und ziemlich unglaublich. Aber zu viel fürs Telefon. Wollen Sie mal hier vorbeikommen?«

Wir verabreden uns für den nächsten Tag.

Meine Chefin hatte mal etwas gehört von den Verbindungsbeamten im LKA, wie Müller einer ist. Aber da diese eben aus Wuppertal kommen und die Steuerfahndungen in Wuppertal und Düsseldorf sich ungefähr so mögen wie die Düsseldorfer die Kölner und umgekehrt, war das dann bei uns in Düsseldorf kein großes Thema mehr. Jetzt aber schon. Fallner sagt, sie komme mit nach Wuppertal.

Am nächsten Morgen treffen wir um zehn Uhr bei dem Kollegen ein. Erst mal Kaffee. Dann geht es los. Herr Müller und sein Kollege, der auch Mitglied der Ermittlungsgruppe ist, erklären uns, dass nicht nur Geldwäsche-Verdachtsmeldungen über hohe Umsätze bei neu gegründeten Firmen aufgefallen sind. Dem Umweltbundesamt wurden die auffälligen Registerbewegungen bei den Emissionszertifikaten schon im Juli 2007 mitgeteilt. Auch das Bundeszentralamt für Steuern hat schon damals davon erfahren. In der Folge ermittelten dann unabhängig voneinander wegen des Verdachts der Umsatzsteuerhinterziehung im Emissionshandel nicht nur die Ermittlungsgruppe im LKA, sondern auch eine Reihe weiterer deutscher Staatsanwaltschaften und Steuerfahndungsstellen. Komisch, zu uns ist davon nichts durchgesickert, bis Tanja aus Hessen mich angerufen hat.

Müller berichtet weiter über die auffälligen Firmen, die Durchsuchungen, von der Höhe der für den Fiskus eingetretenen Schäden, die sie anhand der aufgefundenen Rechnungen ermittelt hätten. Sie hätten das Gefühl, dass die ganze Kette abgesprochen gewesen sei, sagt Müller. »Wissen Sie, wir hatten auch von Großbritannien und Frankreich schon übers Bundesamt für

Finanzen sozusagen Warnungen erhalten. Aber unser Staat hat noch nicht reagiert. Da der Schaden bei uns in der einen Kette, und die lief nur über vier Firmen, schon bei über zehn Millionen Euro lag, haben wir noch mal über unsere Landesfinanzverwaltung das Bundesministerium der Finanzen informiert. Wir haben auch erörtert, dass es Warnungen gab, dass Hinweise dafür vorliegen, dass das Ganze einen noch wesentlich erheblicheren Schaden in Deutschland haben könnte. Man sagte uns damals, dass man dies beobachten würde. Und wenn der Schaden über hundert Millionen Euro läge, würde man handeln.«

Müller berichtet uns hier im Grunde von einem Versagen deutscher Behörden, und er tut das trocken und komplett emotionslos. Das darf doch nicht wahr sein: Warum hat denn keiner reagiert? Ich meine, das ist doch ein Wahnsinn. Reichen zehn Millionen Verlust nicht aus? Was man jetzt schon weiß, umfasst doch ohnehin nur einen Bruchteil der involvierten Betrugsfirmen. Da ist doch noch viel, viel mehr zu holen. Aber im Bundesfinanzministerium beobachtet man das lieber erst mal weiter, anstatt was zu unternehmen.

Ich bin entsetzt. Allein die paar Rechnungen, die wir jetzt von der Kollegin in Hessen im Zertifikatehandel über die *Profit 365* und über die große deutsche Bank gesehen haben, reißen doch jetzt schon, also nur anhand der bisher schon aufgefundenen Rechnungen, ein Loch von weit über zweihundert Millionen in den Fiskalhaushalt.

»Das war dieses Jahr im Juli«, sagt Müller. »Uns ist inzwischen klar, dass es neben unserer Kette noch viele weitere Ketten geben muss. Die Täter können ja ungehindert weitermachen.«

Ja, die Täter machen weiter. Wir schreiben immer brav Berichte an unsere Mittelbehörde, die Oberfinanzdirektion. Wir weisen darin auch auf die hohen Steuerschäden durch Umsatzsteuer-Betrug hin. Zurück kommt von denen – nichts. Ich will ja kein Lob, aber stellt doch bitte Rückfragen! Wie kann man den

Umsatzsteuer-Betrug eindämmen? Wie viele Verfahren mit wie hohen Schäden haben wir schon? Wir haben zwar eine Stelle, wo Infos zu allem, was Umsatzsteuer betrifft, gesammelt wird, aber die arbeiten nicht operativ. Da müsste doch was passieren! Wofür schreiben wir denn die Berichte eigentlich? Werden die überhaupt gelesen? An diesem Tag machen Fallner und ich uns eher bedröppelt auf den Weg zurück nach Düsseldorf.

Ich muss das mal zusammenfassen, denn das ist schon ernüchternd. 2005 haben die Kollegen aus England vor dem Umsatzsteuer-Betrug mit Mobiltelefonen gewarnt. Unsere Politik oder unsere Verwaltung haben nichts unternommen. Darauf konnten die Betrüger Jahre hier in Deutschland und auch in anderen EU-Staaten weitermachen. Dann, 2007, warnte die DEHST, dass dort die Registerbewegungen sehr stark zugenommen haben, und zwar aufgrund des Treibens dubioser Firmen, die allesamt neu gegründet waren und eher nicht legal erschienen. Danach die Warnung aus Frankreich und England genau dazu. Schließlich sprachen die Kollegen aus der Ermittlungskommission vom LKA ganz oben im Bundesministerium für Finanzen vor. Die Folge von so viel Alarm ist, um es mal freundlich auszudrücken, Gelassenheit.

Warum? Die Schäden sind doch zu sehen. In Nordrhein-Westfalen mit seinen 18 Millionen Einwohnern haben wir sogar eine Datenbank, in die jeder Fahnder seine Erfahrungen mit Umsatzsteuer-Betrug eintragen kann. Wozu all der Aufwand, wenn dann nichts unternommen wird? Ist die Steuerfahndung nur eine Arbeitsbeschaffungsmaßnahme? Könnte man fragen.

Soll man sich besser nicht zu lange mit solchen Fragen aufhalten? Würde das was ändern? Ich jedenfalls kümmere mich jetzt um die *Koks* und um die *Handycell* und melde mich noch mal bei der Kollegin vom Finanzamt. Fallner will derweil ein paar von uns damit beauftragen, Hinweise zu den Firmen *Alpha, Beta* und *Delta* zu sammeln.

Wir machen bei uns jedenfalls etwas, und am nächsten Tag sind bei einer außerordentlichen Sachgebietsbesprechung die neuen Fälle und Emissionszertifikate Thema. Mein Kollege Frank ist da auch schon mit den Fahndern aus Hessen in Kontakt. Fallner bittet mich, von der EG in Hessen zu berichten. Das tue ich auch, und wir diskutieren noch eine Weile, was wieder alles auf uns zukommt und wo wir bei unseren anderen Verfahren jetzt Prioritäten setzen müssen.

Später rufe ich die Kollegin vom Finanzamt an und bringe sie bei der *Koks GmbH* auf Stand. Sie selbst ist inzwischen noch mal dort gewesen, hat den Geschäftsführer, einen weiteren Mann und nun auch den Emissionshändler angetroffen. Der hat sich als Rico Hartmann vorgestellt und ihr auch Referenzen vorgelegt. »Das klang so weit ganz glaubhaft«, sagt die Kollegin. »Also habe ich ihnen die Steuernummer für beide Firmen erteilt.«

Die Steuernummer ist wichtig für diese Firmen, nur mit ihr können sie im Weiteren auch eine Umsatzsteuer-Identifikationsnummer bekommen. Wollen die Firmen legal aussehende Rechnungen stellen, müssen darauf beide Nummern stehen. Die Steuernummer und die Umsatzsteuer-Identifikationsnummer sagen aber nur aus, dass die Firmen steuerlich geführt werden und berechtigt sind, Rechnungen mit offen ausgewiesener Umsatzsteuer zu erstellen. Die Nummern sind aber kein Nachweis dafür, dass die Firmen ihre Steuern auch korrekt erklären und abführen.

Mit Blick auf die Kollegin könnte einem ein »Na, bravo!« herausrutschen, natürlich ironisch gemeint. Aber das wäre zu hart. Sie hätte allerdings schon noch mal bei mir nachfragen können, für alle Fälle. Nun ja, jetzt haben die *Koks* und die *Handycell* ihre Nummern und können loslegen und Rechnungen schreiben. Und Steuern hinterziehen. Was ich mich dabei frage: Wie kommt ein gerade mal 27 Jahre alter Halim Nikoo an einen Emissionshändler mit offenbar ordentlichen Referenzen?

»Dann ist das eben jetzt so«, sage ich zu der Kollegin.

Inzwischen hat Frank den Kopf durch die Tür gesteckt, sein Büro liegt nebenan. Ich soll mal rüberkommen, deutet er mir. Als ich das getan habe, zeigt er auf einige Papiere. »War in der Post.«

Es sind mehrere Geldwäsche-Verdachtsmeldungen, die offenbar alle heute Morgen reingekommen sind. Ich blättere den Stapel durch und finde Meldungen über die *Alpha*, die *Beta*, die *Delta* und noch einige andere, die mit diesen Firmen in Verbindung stehen. Viele sitzen in anderen Bundesländern. Hurra! Drohte ja langweilig zu werden. Ich klopfe Frank auf die Schulter.

»Da hast du ja wieder neue Verfahren«, sage ich zu ihm.

»Aber ich mach die nicht alle. Irgendwann ist Schluss. Ich muss um 17 Uhr nach Hause zur Familie. Ich mache hier doch nicht so viele Fälle, dass kein Privatleben mehr möglich ist.«

Stimmt. Neben den Handyfirmen wird das jetzt langsam ein bisschen viel. Ich hoffe, die zwei anderen Firmen verteilt Fallner auf andere Kollegen oder Kolleginnen. Da sind Frank und ich uns einig.

Fallner ruft dann auch gleich mal quer über den Flur alle Umsatzsteuerleute in ihr Büro. Wir sitzen alle Tür an Tür, aber sie hat eine kräftige Stimme, die auch noch für den angrenzenden Flur reichen würde.

»Die Einladung für das erste Treffen in Frankfurt ist heute reingekommen«, beginnt Fallner, als wir bei ihr versammelt sind. »Am 15.12. um zehn Uhr. Dann sollen alle vorgestellt, Aufgaben verteilt und weitere Infos gegeben werden. Ich habe mir gedacht, Birgit nimmt die *Koks*, Frank die *Alpha*, Annemarie die *Beta*, und für die *Delta* muss ich noch mit einem Kollegen sprechen, ob er nicht doch bereit ist, im Umsatzsteuer-Betrug mitzuarbeiten.«

Ein paar Tage später, es ist der 15. Dezember, sind Fallner, Frank, Annemarie und ich in Frankfurt. Wir treffen zusammen mit den Kolleginnen und Kollegen aus Berlin, Bremen, Hamburg und Bonn ein. Die meisten befassen sich schon etwas länger mit der Aufklärung von Umsatzsteuer-Betrug, und einmal im Jahr koordinieren wir uns bei der »Arbeitstagung Umsatzsteuer-Betrugsbekämpfung« und tauschen Erfahrungen aus. Man kennt sich halt.

Der Frankfurter Staatsanwalt Isen hat ein ganzes Haus mit einem riesigen Besprechungsraum anmieten lassen. Das musste er auch, denn wir sind hier nun sicher achtzig, vielleicht auch hundert Kollegen und Kolleginnen. Vorne im Raum ist, ähnlich wie in einem Gerichtssaal, eine Kopftafel aufgebaut. Dort sitzen Isen, zwei weitere Staatsanwälte, zwei Vertreter des Bundeskriminalamtes und die beiden Sachgebietsleiter der Ermittlungsgruppe der Steuerfahndung Hessen. Dahinter reihen sich dann in der U-Form zahlreiche Tische an, die von beiden Seiten besetzt sind. Wir haben uns ein paar Plätzchen im hinteren Teil ausgesucht und haben einen guten Blick auf das Geschehen.

Nachdem die Türen geschlossen sind, erhebt sich Herr Isen. Er ist nicht sehr groß, sehr dünn, hat lange, nach hinten gekämmte Haare, was für einen Staatsanwalt in dieser Position eher untypisch ist, und kleidet sich komplett in Schwarz. Nix Anzug! Das wirkt für mich schon mal sehr sympathisch. Er kann lächeln, aber da ist noch was in seinen Augen; er strahlt aus, dass er Ärger nicht aus dem Weg geht, auch möglicherweise unangenehm werden kann, wenn was nicht so läuft, wie er es sich vorstellt. Ihn umgibt eine Aura von Stärke, Eigenständigkeit, Selbstsicherheit und Kampfgeist. Und auch von Macht. Wahrscheinlich braucht man all das, um so eine große Aktion durchziehen zu können.

Er begrüßt, erläutert die bisherigen Erkenntnisse, stellt die Mitarbeitenden der Haupt-Ermittlungsgruppe vor, erklärt, dass die Ermittlungsgruppe auch einen Namen hat, nämlich »Thor«. Dann bespricht er das weitere Vorgehen und schildert seine Erwartungen an die Arbeit der einzelnen Landesfahnder. Alles werde hier koordiniert, das sei wichtig.

Da hat der Staatsanwalt wohl recht. Gewöhnlich arbeitet jedes Bundesland, sogar jedes Fahndungsamt nach seinen eigenen Richtlinien und Prioritäten. Die Täter allerdings achten nicht auf den deutschen Föderalismus und machen auch nicht etwa an Landesgrenzen halt.

Isen erläutert das Emissionsregisterkonto, die unglaubliche Arbeit, alle Handelsbewegungen über dieses Register nachzuverfolgen, dabei möglicherweise auch ausländische Registerkonten anzufordern im Wege der Rechtshilfe. Es werde zu Observationsmaßnahmen kommen, zu Telefonüberwachungen und anderen operativen Maßnahmen, die dabei helfen, herauszufinden, wer mit wem welche Absprachen getroffen hat. Nach drei Stunden geballter Informationen entlässt er uns in eine Pause. Zuerst ist es relativ still. Thor. Bei den Göttern! Das muss erst mal verdaut werden. In kleinen Grüppchen entbrennen erste Diskussionen. Manche sind motiviert, andere zweifeln, das Thema aber halten wohl alle für gewichtig.

Einen Zeitplan hat Herr Isen auch mitgebracht, schon im April will er imstande sein, deutschlandweit zu durchsuchen. Das ist in etwa vier Monaten. An Ehrgeiz fehlt es ihm offensichtlich nicht.

KAPITEL 5

Eine Entdeckung

Inzwischen hat sich 2009 verabschiedet, wir sind ins neue Jahr gestartet, und an meinem Fenster habe ich sogar einige Schneeflocken gesehen. Ich sitze im Büro und werte Beweismittel aus einem meiner Handy-Verfahren aus. Irgendwo muss ich ja anfangen. Da ist ein Ordner mit dem Namen »Know your customer«. Darin stecken verschiedene Unterlagen zu den vielen Firmen, mit denen diese Firma offensichtlich in Geschäftskontakt stand.

Das ist völlig ungewöhnlich, denn da stecken auch Kopien von Pässen der Geschäftsführer und Umsatzsteuerbescheide der Firmen drin, Umsatzsteuer-Identifikationsnummern sowie Unbedenklichkeitsbescheinigungen, die zum Beispiel aussagen, dass keine Steuerrückstände bestehen. Wozu brauchen die das alles? Ich lass mir doch vom Verkäufer meiner Schuhe auch nicht seinen Personalausweis zeigen.

Ich habe schon festgestellt, dass ein solcher »Know your customer«-Ordner auch bei anderen Firmen der Kette stand, etwa bei der *A-Phon* und der *World Fon*. Später werden wir herausfinden, dass die nicht mit allen Firmen in dem Ordner Rechnungen geschrieben, also Geschäfte gemacht haben. Mit so einem Ordner konnte man dem Finanzamt auch vorgaukeln, viele Kunden zu haben und sich vorher sogar davon überzeugt zu haben, dass bei denen alles seine Richtigkeit hatte.

Ich frage für meine Firmen auch mal bei der Bundesanstalt für Finanzdienstleistungsaufsicht alle inländischen Kontoverbindungen ab. Anhand der Umsatzlisten lässt sich dann nachvollziehen, mit welchen Firmen Geschäfte getätigt wurden, wie hoch diese waren, wofür Mieten gezahlt werden und noch manches mehr. Das dauert allerdings immer eine Weile, bis die Ergebnisse solcher Abfragen kommen.

Das Telefon klingelt. »Servus, Biggi, hier ist der Seppi aus München. Kennst mi no?«

Klaro. Seppi, der Frauenschwarm, wenn auch nicht meiner, noch weniger übrigens, wenn er mich Biggi nennt.

»Servus, Seppi, wie geht's?«

Bestens geht es dem Seppi, der nun aber keine Zeit mit Small Talk verlieren möchte. Er habe die *Sabso GmbH* auf dem Tisch, und die mache Handygeschäfte mit einer *A-Phon GmbH,* und die sitze ja bei uns. »Sagt dir das was?«

Allerdings. Schon wieder *A-Phon*. Zur Auswertung der Unterlagen dieser Firma bin ich noch gar nicht gekommen. Daher kannte ich auch die *Sabso* noch nicht. »Also, die *A-Phon* sagt mir natürlich was. Ich habe das Vergnügen der Ermittlungen. Wir haben da auch schon durchsucht. Bin aber noch nicht zum Auswerten gekommen. Was ist mit der *Sabso*? Auffällig? Hast du Infos? Würde mir helfen.«

Er lacht. »Denk ich mir. Pass auf, wir haben da durchsucht und nur ein leeres Büro gefunden. Aber wir haben auch eine ehemalige Angestellte vernommen, und die hat gesagt, sie hätte auf Anweisung von irgendwelchen Briten, die nie hier gewesen seien, Rechnungen schreiben müssen. Ware habe sie nie gesehen. Außerdem gebe es da noch eine Firma, die auch einem Briten gehöre, hier in München. Da haben wir direkt auch mal durchsucht und – genau das Gleiche. Nix. Nur ein Hinweis auf einen Adam. So soll der heißen, der die beiden Firmen steuert. Hast du da bei deinen Firmen schon mal von einem Adam gehört?«

Zu viel Input. Ich denke nach. Glücklicherweise habe ich ein ziemlich gutes Gedächtnis. Da war doch was. »Ja, warte. Der

Aktas von der *A-Phon* hat gesagt, der war mal im Urlaub in der Türkei, und da sei der Ahmadi, das ist der eigentliche Chef bei der *A-Phon*, zusammen mit einem Adam aufgetaucht und habe ihm gesagt, er soll bitte eine Rechnung nicht an die Firma A, sondern an B schicken, obwohl A die Ware bekommen hatte. Das war total merkwürdig. Überhaupt denke ich inzwischen, dass in diesen Ketten nur wenige Personen Anweisungen geben. Und dass der Handel im Grunde gar nicht stattfindet beziehungsweise nur innerhalb eines vorgeschriebenen Konstrukts.«

Seppi räuspert sich. »Das ist für mich sogar sonnenklar. Pass auf, ich schick dir alle meine Unterlagen zu. Schau mal, ob dich das weiterbringt. Und wenn du was für mich hast, wäre das auch super.«

Wir verabschieden uns, ich tauche in meine Verfahren ab, bis das Telefon klingelt, ich etwas hektisch abnehme und dabei einen halb vollen Kaffeebecher umstoße.

»Biggi, ich hab noch was vergessen. Die *Sabso* hat wohl auch eine Rechnung geschrieben an eine *Koks GmbH*. Auch bei euch in Düsseldorf. Sagt die dir vielleicht auch was?«

Ich sage mal kurz gar nichts.

»Du hast also schon von der *Koks* gehört? Ich kenn dich, sonst wärst du jetzt nicht so still.«

Ich seufze. »Ja, ich habe von der *Koks* gehört. Die habe ich jetzt auch. Und die fakturiert keine Handys, sondern Emissionszertifikate.«

»Stimmt. Deswegen sag ich's dir ja. Da klingen einem die Glocken, oder? Kann doch gar nicht sein.«

Ich erzähle ihm von der neuen Ermittlungsgruppe in Frankfurt.

»Thor? Wie geil ist das denn?« Seppi lacht. Ist aber ein guter Name, finde ich. Germanische Gottheit. Thor lässt es donnern, er ist nach Odin der oberste und gefürchtetste der Götter.

Na, bei allen Göttern, dann fange ich mal an, ein paar Verbindungen zusammenzufassen, und hefte sie an meine Pinnwand aus Kork. Immer schön mit den Namen der Kolleginnen und Kollegen versehen, die ich auf dem Laufenden halten muss, wenn sich etwas Neues ergibt.

Fallner kommt ins Zimmer und sagt, Herr Isen hätte gerade angerufen. Die haben die ersten Transaktionsdaten der DEHST bekommen. »Die müssen wir jetzt hier für unsere Firmen auswerten. Oberste Prio, sagt Isen.«

Hahaha. Was denn noch alles?

»Ich dachte, die Hauptgruppe wertet das aus.«

Fallner nickt. »Ja, aber nur für deren Verfahren. Könnten Sie das bitte an die anderen weitergeben? Die sind gerade in der Mittagspause.« Sie ist schon wieder aus der Türe raus. Die Kollegen haben aufgehört, mich zu fragen, ob ich mit ihnen in die Kantine komme. Ich mag das Essen dort nicht, wegen der Geschmacksverstärker. Bringe mir lieber ein Brot von zu Hause mit.

Februar. Mit Frank und Annemarie habe ich die Transaktionsdaten in Excel-Tabellen eingegeben. War eine Höllenarbeit, aber hat sich auch gelohnt. Und ist zugleich ziemlich erschreckend. Denn jetzt sehen wir, dass die Zertifikate von Firma A über Firma B und C und D und viele Firmen mehr in Sekunden bis zu der großen deutschen Bank gehandelt werden und anschließend irgendwie wieder zurückkommen und dann gleich noch mal durch dieselbe Kette gehandelt werden. Und bei jedem Durchschleusen durch die Kette werden neunzehn Prozent Umsatzsteuer hinterzogen. Irre.

Dass die Kette aus so vielen Firmen besteht, dient der Verschleierung und macht es uns tatsächlich schwer, halbwegs durchzublicken. Ich kann mir auch noch nicht vorstellen, wie wir von hier aus zu einem großen Ganzen, also zu einer Art Komplettaufklärung kommen. Aber im April stehen ja die Durchsuchungen an.

Inzwischen waren wir wieder zum Jour fixe bei der EG Thor in Frankfurt. Wir haben jetzt auch das dänische Registerkonto zur Verfügung. Alles weitet sich unendlich aus. Die Daten umfassen mittlerweile mehrere Gigabyte. Das kann wirklich alles nur in einer riesigen und streng durchorganisierten Ermittlungsgruppe aufgeklärt werden. Es stehen inzwischen auch viele Firmen aus dem EU-Ausland im Verdacht, Teil unserer Ketten zu sein.

Seit Ende vergangenen Jahres verbringe ich fast mehr Stunden im Dienst als zu Hause. Eigentlich schade, aber immerhin gut, dass dort niemand auf mich wartet. Meine Ehe habe ich in den Sand gesetzt, zu viel Arbeit, zu wenig gemeinsame Zeit. Ist mir leider zu spät aufgegangen. Was mir jetzt auffällt: Es reicht nicht mal mehr für Hobbys. Auch nicht gut.

Die Durchsuchungen im April sind vorzubereiten, so etwas macht immer viel Arbeit. Außerdem hat die Bundesanstalt für Finanzdienstleistungsaufsicht die Unterlagen zu den Bankverbindungen aller meiner Firmen geschickt. Sie liegen hier zur freundlichen Auswertung vor mir. Das türmt sich alles zu einem ziemlich hohen Berg. Und wir hier sind nur zu viert mit diesen Verfahren.

Ich stehe mittlerweile mit Kolleginnen und Kollegen in Berlin, München und Frankfurt in Kontakt. Wir haben uns am Telefon ausgetauscht, manchmal auch besucht. Vor Ort kann man auch mal in Unterlagen reinschauen. Aus der einen Kork-Pinnwand in meinem Büro sind vier geworden. Manchmal wache ich nachts auf, dann fällt mir ein neuer Zusammenhang ein, und ich schreibe ihn schnell auf. Ist kein gutes Zeichen, finde ich. Nach den Durchsuchungen im April wird es sicher ruhiger. Dachte ich.

Vorher muss ich den Staatsanwalt Isen in Frankfurt anrufen, wegen der *Handycell*. Habe nicht wirklich Lust auf das Telefonat. Was Isen da aus dem Boden gestampft hat, ist weiterhin beeindruckend. Aber er selbst wirkt auf mich eher unnahbar. Muss das so sein bei Leuten, die es weit nach oben gebracht haben? Keine Ahnung.

»Isen.« Mehr nicht.

»Hallo, Herr Isen, Orths hier von der Steuerfahndung Düsseldorf. Ich habe eine Frage.«

»Schießen Sie los.«

»Also, ich habe ja hier die *Koks GmbH*, die direkt an die *Profit 365* fakturiert, und die fakturiert dann direkt weiter an die große deutsche Bank. Das Problem ist, die *Handycell*, die ja im selben Büro wie die *Koks* sitzt und denselben Geschäftsführer hat, handelt nicht mit Zertifikaten, sondern mit Handys. Und einige Firmen in diesen Handy-Ketten sind identisch mit den Firmen, die jetzt mit Zertifikaten handeln. Was ich mich frage: Sollten wir die *Handycell* und auch die anderen Firmen, mit denen es Überschneidungen gibt, nicht mit in die EG Thor nehmen und gemeinsam alles durchsuchen?«

Schweigen. Dann eine Antwort.

»Nein.«

Wie nein?

»Könnten Sie das bitte näher erklären? Das wäre doch eigentlich logisch.«

Er räuspert sich.

»Nein. Ich mache nur die Firmen, die mit Zertifikaten handeln. Alles andere würde zu unübersichtlich, und außerdem sind die Schäden ja bei den Handys nicht so hoch wie bei den Zertifikaten. Die Handyfirmen kann man deshalb vernachlässigen.«

Zu unübersichtlich. Verstehe ich. Aber trotzdem – wieso denn die Handyfirmen einfach davonkommen lassen? Das würde doch bedeuten, dass eine Firma, die mit Handys handelt und dadurch einen Schaden von sagen wir mal fünf Millionen Euro verursacht und die zudem auch mit Zertifikaten handelt und dabei Schaden von rund zehn Millionen Euro anrichtet – dass diese Firma dann aber nur für die zehn Millionen sanktioniert würde. Der Rest bliebe unbestraft, würde einfach untern Tisch fallen.

Verstehe ich nicht. Ob zehn Millionen oder fünfzehn Millionen hinterzogen werden, macht für mich schon einen Unterschied.

Muss man vielleicht das große Ganze sehen und diese große deutsche Bank? Über die werden die Zertifikate ja gehandelt, und die hat sich ja laut Unterlagen von der Staatskasse zu Unrecht mehr als vierhundert Millionen Euro erstatten lassen. Da sind fünf Millionen bei einer Handyfirma natürlich ein kleiner Betrag.

Aber trotzdem, so geht das doch nicht. Sollen sich jetzt mit den Handyfirmen etwa andere Staatsanwaltschaften befassen, die keinerlei Sachkenntnis haben, wenn wir hier doch so viel Kompetenz gebündelt haben? Ich nehme den Faden noch mal auf und versuche, Isen die Absurdität seiner Entscheidung zu schildern.

»Das bedeutet, wenn ich zeitgleich mit der *Koks GmbH* auch die *Handycell GmbH* durchsuchen möchte, muss ich für die *Handycell* in Düsseldorf einen Ermittlungsrichter um Erteilung eines Durchsuchungsbeschlusses ersuchen?«

»Richtig«, antwortet er ungerührt.

Na gut. Verstanden. Dann eben Alleingang. Ich verabschiede mich und stürze mich gedanklich in die bevorstehenden Durchsuchungen meiner Handyfirmen. Die müssen dann aber am selben Tag durchsucht werden, damit keine Beweismittel verloren gehen. Denn wenn ich bei einer Firma A durchsuche, die Geschäfte mit B und C gemacht hat, muss ich zur selben Zeit auch bei Firma B und C durchsuchen. So kann ich verhindern, dass B und C alarmiert sind und Beweismittel verschwinden lassen.

»Gibt es einen Kaffee?«, frage ich kurze Zeit später meine Chefin.

»Klar. Setzen Sie sich. Was brennt? Sie sehen aus, als wäre Ihnen ein Geist begegnet.«

»Na ja, kein Geist, aber Herr Isen.«

Ich berichte von dem Telefonat und der Entscheidung des Staatsanwaltes, die Handyfirmen bei den Durchsuchungen nicht zu berücksichtigen. Fallner ist da zum Glück ganz bei mir. Die Maßnahme sei doch ohnehin schon richtig groß, findet sie. Da können wir die anderen Firmen noch draufpacken. Das meinte sie nicht ironisch. »Stellen Sie doch mal alle Firmen zusammen, die Ihrer Meinung nach durchsucht werden müssten. Dann sprechen wir noch mal.«

Ein Blick auf meine Pinnwände zeigt, dass es um mindestens fünfzehn Firmen geht. Hinzu kämen die Privatwohnungen der offiziellen Geschäftsführer, die Steuerberater und noch ein paar Banken wegen Kontounterlagen. In der Summe komme ich jenseits der *Koks* und der *Handycell* auf fast fünfzig zusätzliche Durchsuchungsorte. Hoppla.

Die Firmen in Berlin und München würden natürlich die Kolleginnen und Kollegen vor Ort übernehmen. Ich selbst werde auch noch bei den großen Durchsuchungen in Frankfurt involviert sein. Wer soll dann den Großteil der Durchsuchungen oder deren Vorbereitungen hier im Raum Düsseldorf übernehmen?

»Sie natürlich«, sagt Fallner, als ich ihr die Gesamtzahl der Maßnahmen nenne. »Sie haben doch schon Erfahrung mit großen Durchsuchungen und haben schon mal die Einsatzleitung übernommen.« Das ist der Moment, in dem ich frische Luft brauche.

Noch gemäßigten Schrittes gehe ich den Flur runter, nehme den Aufzug, bewege mich jetzt etwas schneller nach draußen und laufe dann in den angrenzenden Park. Nach einigen Hundert Metern, jetzt renne ich fast, bin ich an einer eher einsamen Stelle des Parks gelandet. Dort hole ich tief Luft und fange an, laut zu schreien.

»Ruhe!«

Mist. Ich hatte nicht erwartet, hier jemanden anzutreffen. Es ist ein Obdachloser, der offenbar schlafen will.

»'tschuldigung«, sage ich. »Wusste nicht, dass außer mir hier jemand hinkommt. Für mich ist das hier die Schreiwiese.«

Er runzelt die Stirn. »Schreiwiese? Was soll das denn sein?«

Ich erkläre es ihm. Wenn es mir im Job zu viel wird, komme ich hierher, um mich zu beruhigen. Manchmal muss ich dafür schreien, manchmal einfach nur ganz tief durchatmen. Meine Besuche in dem Park sind eine Art Ersatz für Sport oder andere Ventile, glaube ich. Sich immer schön Zeit nehmen, einen Ausgleich haben, ungefähr so gehen die guten Ratschläge, die man immer mal wieder hört. Doch so einfach ist das leider nicht. Wenn man Idealist ist und diese langen Verfahren aufklären will, dann muss man das durchziehen. Die Mafia-Ermittler gehen sicher auch nicht zwischendurch joggen. Das soll kein Vergleich sein, aber Beweise für Organisierte Kriminalität zu finden, erfordert eben Zeit. Eher viel Zeit.

Ich lächele dem Obdachlosen zu und wünsche ihm einen schönen Tag. Dann schlendere ich zurück ins Büro. Es ist gerade Mittagszeit. Da wird niemand fragen, warum ich draußen war.

In meinem Büro leuchtet das Lämpchen am Telefon, jemand hat angerufen. Der Vorwahl nach ein Anruf aus Wiesbaden. Dort sitzt das BKA. Ich drücke die Rückruftaste.

»Hallo, Birgit, Volker hier. Wir haben uns bei der EG Thor kennengelernt.«

Stimmt. Netter, ruhiger Kollege.

»Hallo, Volker, was kann ich für dich tun?«

»Es ist eigentlich nicht die Frage, was du für uns tun kannst, sondern wir vielleicht für dich. Aber möglicherweise kannst auch du uns helfen. Isen hat uns gesagt, dass du diesen Halim Nikoo von der *Koks GmbH* im Verfahren hast.«

Stimmt.

»Du weißt ja, dass wir Telefonüberwachungen laufen haben, oder?«

Wusste ich. Sie hören sogar bei einigen Mitarbeitern der involvierten Bank mit.

»Klar. Kommt ihr überhaupt arbeitstechnisch noch durch?«, frage ich.

Telefonüberwachung, das klingt natürlich immer klasse. In der Realität bedeutet es Unmengen Arbeit. Wenn die Polizei sich auf einen Anschluss aufschaltet – so nennen wir das –, bekommt sie ja wirklich alles mit. Und zur Aufklärung von Bandenstrukturen muss man die Rufnummern von allen Tatbeteiligten aufschalten. Meistens laufen die Überwachungen über mehrere Monate, mitunter länger. Und Kriminelle sprechen leider nicht nur über ihre Geschäfte, sondern auch über den täglichen Einkauf oder gar über Dinge, die man gar nicht wissen will. Privates wird natürlich wieder gelöscht. Über das, was wir wirklich hören wollen, reden sie häufig mit Codes und oft in kleinen Portionen. Es braucht kriminalistisches Gespür, Erfahrung und Ausdauer, um aus den oft endlosen und akustisch nicht immer perfekt übermittelten Gesprächen das für uns Wichtige herauszufiltern.

Manche Täter telefonieren im Fünf-Minuten-Takt. Wenn einer sagt, Frauen reden viel, hat er noch nie eine Telefonüberwachung gemacht. Hinzu kommt, dass die Täter meistens eher keinen gewöhnlichen Arbeitstag haben und auch nachts und am Wochenende telefonieren. Es bräuchte eigentlich viele Leute für die Auswertung der Telefongespräche. Viele gibt es dafür aber nicht.

Volker lässt meine Frage, ob er mit der Arbeit durchkomme, unbeantwortet. Ist auch eine Antwort. Langeweile haben wir wohl alle nicht.

»Wir haben Gespräche zwischen einem der Bankangestellten und dem großen Energiekonzern *Lomac GmbH* gehört. Der Bankangestellte und der Chef von *Lomac*, ein Dr. Zilga, unterhalten sich über die Zertifikate, die über die *Profit 365* laufen und auch über die *Koks GmbH*. Da kommt eine Handynummer bei den Gesprächen vor, die wir nachverfolgt haben. Die läuft auf einen Dalim Nikoo. Sagt dir das etwas?«

Der Vorgang sagt mir nichts, klar, der Name Nikoo schon. Wir haben ja Halim Nikoo bei uns in den Ermittlungsakten, als Geschäftsführer der *Koks GmbH* und der *Handycell*.

»Hört sich nach möglicher Verwandtschaft an«, antworte ich. »Ich müsste mal in den Meldeämtern nachfragen, ob Halim und Dalim verwandt sind. Wichtige Gespräche?«

»Sonst würde ich dich nicht anrufen.«

Schon klar, Herr Kollege. Ich bitte ihn noch, ein paar abgehörte Gespräche verschriftet rüberzuschicken. Volker sagt, ihn interessiere, wer der Gesprächspartner sei. Der scheine ziemlich viel zu wissen.

Zur *Koks* und zu Halim Nikoo habe ich noch nicht wirklich viel ermittelt. Aber mit dem Fax, das da gleich aus Wiesbaden kommt, wird es mehr werden.

Dalim Nikoo ist der Bruder von Halim Nikoo, sagt das Meldeamt. Aha. Was für Vornamen. Wenn die Mutter einen gerufen hat, sind wahrscheinlich meistens beide gekommen. Oder keiner.

Nun geht es um die »ump«, die unbekannte männliche Person, die mit Dalim telefoniert. Ich lese mal rein.

Dalim, das haben die Kollegen des BKA ermittelt, ruft von seinem Handy eine Mobilnummer an, die auf die *Handycell* angemeldet ist. Im Gespräch geht es um die Abwicklung der Geschäfte mit Emissionszertifikaten und um den Händler, den die *Koks* für diese Geschäfte angestellt haben will. Ein Rico Hartmann. Was ich da lese, kann ich nicht glauben. Ich lese es mindestens vier Mal, wohl auch laut. Reibe mir die Augen und verschmiere dabei meinen Kajal. Und lese noch ein fünftes Mal.

Dalim sagt zu seinem Gesprächspartner: »Der soll andere angerufen haben, um Ware zu kriegen. Darf das ja aber nicht. Nur die, die dabei sind.«

Der andere antwortet: »Der wäre ja im Arsch gewesen, der Arme. Aber ich hab dir schon mal gesagt: Vertrau mir, ich lass keinen im Stich.«

Dalim darauf: »Sayed, das ist nicht Mobilfunkbereich. Du kannst hier keine Leerverkäufe machen.«

Dann erwidert der Typ, der mit Sayed angesprochen wurde: »Jeder macht hier Leerverkäufe. Alle. Auch die große deutsche Bank verkauft erst was, und dann kauft sie.«

Dalim: »Dann hat man einen Spielraum von einer Stunde ungefähr. Das hat die Frau von der Bank auch gesagt. 30 Minuten spätestens. Und woher kriegen wir die weiteren Zertifikate?«

Sayed kontert mit: »Zauber, Zauber.«

Sayed! Ich denke über die Schreiwiese nach. Nein, noch nicht. Es gibt viele, die Sayed heißen. Das kann einfach nicht sein. Oder doch?

KAPITEL 6

Kettensalat und eingeschränkte Möglichkeiten

Nachdem ich das Gespräch gelesen habe, möchte ich direkt in gründliche Recherchen einsteigen. Denn das sind doch mal Fakten: Dalim Nikoo redet für die *Koks*, obwohl der Geschäftsführer sein Bruder Halim Nikoo ist. Und er spricht mit einem Mann, der sich offenbar sowohl im Betrügen mit Handys als auch mit Zertifikaten auskennt. Der außerdem Sayed heißt und ein Handy der Firma *Handycell* nutzt.

Doch anstatt loszulegen, fahre ich nach Hause und gehe erst mal eine Runde joggen. Ich brauche einen klaren Kopf.

Am nächsten Tag im Büro will ich nach Wegen suchen, um zu erfahren, wer dieser Sayed ist, der mit Dalim Nikoo spricht. Doch erst einmal soll ich zur Chefin kommen. »Käffchen?« Die Tasse steht schon bereit. Fallner hat mal gesagt, wenn sie mir schon nicht die Arbeit abnehmen und auch nicht dafür sorgen könne, dass ich schneller befördert werde, so biete sie mir wenigstens guten Kaffee an. Ist doch auch schon was.

Ich versuche, ein bisschen daran zu glauben, dass wir hier jetzt im Viererteam arbeiten und ich nicht immer die meisten Verfahren übernehmen muss. Insgesamt wird das schon klappen.

»Es gibt eine Anfrage von der Steuerfahndung in Leipzig«, lässt Fallner mich wissen. »Die prüfen eine Firma *Biber GmbH*, und diese Firma hat auch irgendwas mit der *A-Phon* zu tun. Könnten Sie sich da bitte mit den Kollegen kurzschließen?«

Bevor ich das mache, schaue ich in meine *A-Phon*-Unterlagen.

Der Name *Biber* kommt mir bekannt vor. War das nicht eine Firma, von der der Kollege Rissing gesprochen hat? Ich rufe erst mal Rissing an, der die *World Fon* am Wickel hat, bei der ja Sayed Ahmadi und seine Schwester Elin Geschäftsführer sind. Rissing bestätigt mir die Verbindung der Firma *Biber* mit der *Next Chance*, die von Sayed Ahmadis Bruder Ayden geleitet wird. Und er sagt mir, dass die *Next Chance* auch Verbindungen zu einer *Handycell* und einer *AS GmbH* in Düsseldorf habe.

Noch eine? Das ist einerseits sehr gut zu wissen. Andererseits breitet sich in Bauch und Hirn langsam etwas Nervosität aus. Wie um Himmels willen sollen wir im April in so vielen Firmen gleichzeitig durchsuchen?

Ich liege mit der Stirn auf dem Schreibtisch, als Jörg ins Büro kommt und fragt, was mit mir sei.

»Och nichts, alles gut. Habe nur eben erfahren, dass das Ende April alles noch viel mehr wird.« Ich meine die große Durchsuchung mit der Ermittlungsgruppe Thor und die Durchsuchungen bei all den Handyfirmen.

»Und wieso?«, fragt Jörg.

»Du erinnerst dich doch an deine Firma *Ferrus* und die Rechnungen an die *A-Phon*.« Natürlich tut er das, Jörg ermittelt ja bei der *Ferrus* und noch bei anderen Firmen in anderen Ketten.

»Klar. Und bei der *A-Phon*, hast du gesagt, wäre der eigentliche Chef der Ahmadi und nicht der Aktas.«

»Genau. Und jetzt habe ich eine Anfrage aus Leipzig zu einer *Biber GmbH*, die ich noch beantworten muss. Wollte eigentlich nur kurz vom Kollegen Rissing wissen, ob es da Verbindungen zu der anderen Ahmadi-Firma, die *World Fon* heißt, gibt. Die gibt es wohl nicht, aber: Ahmadi hat einen Bruder, und der hat auch eine Handyfirma, die *Next Chance*. Und diese *Next Chance* hat Verbindungen unter anderem zu der *Biber*, zu meiner *Handycell* und noch zu einer Firma hier in Düsseldorf, einer *AS GmbH*.«

»Und was heißt das jetzt?«

»Das heißt, dass wir Ende April mindestens noch drei Firmen mehr zu durchsuchen haben, die *Next Chance*, die *Biber* und die *AS*. Und wer weiß, welche bis dahin noch dazukommen, die auch mit den dreien Geschäfte machen.«

Was mir Rissing noch erzählt hat: Die *Next Chance* von Ayden Ahmadi bekommt seinen Ermittlungen zufolge Rechnungen nicht nur von der *Biber*, sondern auch von der *Sabso* und noch von einer anderen Firma aus Bayern, einer *Happy Enterprise GmbH. Happy Enterprise*, da klingt doch schon der Name nach Betrug. Diese Rechnungen leitet die *Next Chance* quasi mit kleiner Marge weiter an die *Handycell* und an die *AS*.

Na, da hab ich doch einen potenziellen Helfer beim großen Untersuchungsreigen Ende April: der Seppi aus München. Angerufen und Zusage geholt, er ist dabei. Damit schalte ich nach Leipzig.

Erst mal schön, die Kollegin Karla aus Sachsen und ich, wir haben uns mal auf einer Tagung kennengelernt. Und es stellt sich raus, dass die Leipziger auch in der EG Thor vertreten sind. Karla habe ich nicht sehen können, weil sie die letzten beiden Male gefehlt hat.

Wir sprechen über ihre Firma *Biber* und über mein Durchsuchungsvorhaben, und ich will wissen, ob Karla schon bei der *Biber* durchsucht hat. Hat sie nicht. Während einer Umsatzsteuer-Sonderprüfung seien bei der *Biber* allerdings viele Ungereimtheiten festgestellt worden.

Das glaube ich gerne bei den Geschäftsverbindungen, und das ist aber ja gut für mich, denn das wäre doch eine Idee: »Was hältst du davon«, frage ich Karla, »wenn ihr in Leipzig auch taggleich die *Biber* durchsucht? Ich soll hier für diesen Tag für die NRW-Firmen der EG Thor und natürlich für meine Handyfirmen die Durchsuchungen vorbereiten und den Einsatz leiten. Dann würdet ihr mir schon sehr helfen, wenn ihr euren Fall selber machen könntet.«

Gute Idee, findet Karla auch, will aber schauen, ob sie genug Kollegen haben. Sie müssen ja an dem Tag auch für die EG Thor durchsuchen. Doch Karla ist optimistisch, wird schon klappen, sagt sie. Sie könne ja die offensichtlich motivierte Kollegin aus der Umsatzsteuer-Sonderprüfung vom Finanzamt mitnehmen.

Das kann sie natürlich, aber in meinem Kopf meldet sich schon ein Aber. Steuerfahnder sind berechtigt, Durchsuchungen durchzuführen, Papiere einzusehen, in alle elektronischen Geräte zu schauen, sich innerhalb der zu durchsuchenden Wohnung frei zu bewegen, die Beschuldigten zu vernehmen und Menschen festzunehmen, die die Durchsuchung stören. Wenn da einer ständig rumschreit, sich breitbeinig vor Schreibtische stellt und Kollegen hindert, dort zu suchen, oder Ming-Vasen durch die Gegend schmeißt, können wir die Handschellen klicken lassen. Na ja, wenn wir welche hätten. Wir könnten Kabelbinder nehmen, doch das würde unserem Arbeitgeber kaum gefallen, deshalb machen wir das natürlich nicht. Nur – da ist es wieder, das Problem: Wir dürfen, haben aber dafür nicht die richtige Ausrüstung.

Die Rechte, die der Gesetzgeber uns Steuerfahndern zugesteht, hat die Kollegin vom Finanzamt allerdings nicht. Karlas Vorschlag ist aber deshalb trotzdem nicht blöd, denn die Finanzbeamtin darf als sogenannte sachverständige Dritte mitkommen. Nur gucken, nichts anfassen. Aber natürlich darf sie auch ihr Fachwissen einbringen. Und das hat sie ja, wenn sie die Firma schon mal geprüft hat.

Ich setze gedanklich mal einen Haken unter Leipzig und die *Biber* und begebe mich an meine Pinnwände. Es wird langsam unübersichtlich, vielleicht machen große Flipchartblätter auf Dauer mehr Sinn.

Inzwischen habe ich jede Menge merkwürdige Überschneidungen und Zusammenhänge. Ahmadi und Schwester in der *World Fon* und *A-Phon*. Bruder Ahmadi in *Next Chance*. Die wiederum macht »Geschäfte« mit der *Biber*, der *Handycell* und der *Sabso*, und die *Sabso* wiederum mit der *Koks*. Bei der Beziehung *Next Chance* und *Handycell* und *Sabso* und *Koks* habe ich ein merkwürdiges Gefühl. Aber Halim Nikoo von der *Koks* und der *Handycell* heißt ja nicht Ahmadi. Immerhin ist Herr Nikoo real. Er wurde schon gesehen, als die Prüferin vom Finanzamt die Nachschau da gemacht hat. Und dann gibt es seinen Bruder Dalim Nikoo, der munter mit einem Sayed telefoniert, sowohl über die *Koks* als auch über die *Handycell*.

Sehe ich Gespenster? Verrenne ich mich? Das kann ja mal passieren. Am besten ordne ich erst mal alle Unterlagen. Das ist auf keinen Fall verkehrt.

Ich erzähle meiner Chefin von den Informationen über die *Next Chance, Biber, Handycell, Sabso* und *Koks*. Und dass die Kollegen in Leipzig wohl auch am selben Tag wie wir durchsuchen werden.

»Na, das hört sich ja gut an, und nach viel Arbeit«, findet Fallner. »Inzwischen habe ich fast ein schlechtes Gewissen, dass Sie das mit dem Einsatz alles allein stemmen müssen. Ich frage mal nach, wie es bei den anderen ausschaut. Ein bisschen Hilfe könnten Sie ja gebrauchen.«

Ein bisschen? Und was heißt, sie schaut mal, wie es bei den anderen aussieht? Kann man als Chef nicht Ansagen machen?

Ich bringe meine beiden EG-Thor-Kollegen Frank und Annemarie auf Stand. Sie sollen all die neuen Namen und Verbindungen wissen. Dann ordne ich meine Unterlagen. Was mir dabei wieder einfällt: Ich brauche ja einen Staatsanwalt.

Ich frage mal den Kollegen Rissing, ob er einen motivierten Staatsanwalt an der Hand hat. Wenn ein Sachzusammenhang zu meinen Verfahren besteht, könnte der dann übernehmen. Wäre mir nicht unrecht.

Um Rissings *World Fon* kümmert sich eine Staatsanwältin in Köln, höre ich und erfahre bei der Gelegenheit auch, dass es zeitlich vor der *World Fon* offenbar noch eine Firma namens *Ahmadi Telekom* gab. Die habe auch Rechnungen über Handys geschrieben, und er habe dort auch ein Verfahren eingeleitet. Die Inhaber waren Sayed Ahmadi und seine Schwester Mina.

Unfassbar. Ich bin wütend auf den Kollegen. Solche Zusammenhänge muss er doch längst gesehen haben – und darf sie verdammt noch mal nicht für sich behalten! Sayed Ahmadi ist damit jetzt bei drei Firmen drin.

Nachdem ich mich wieder beruhigt habe, wähle ich die zuständige Staatsanwältin in Köln an. Sie heißt Ann-Kathrin Parsson. Ich stelle mich vor und erzähle alles, was bisher passiert ist. Sie habe ja wegen Umsatzsteuer-Betrug die Firmen *Ahmadi Telekom* und *World Fon GmbH*. Ich hätte nun bei der *A-Phon* durchsucht und ein Verfahren gegen Sayed Ahmadi eingeleitet. Auch von der EG Thor und der anstehenden Großdurchsuchung berichte ich ihr. Parsson hört geduldig zu, ehe sie eine Einschätzung gibt.

»Ich dachte mir schon, dass die ganzen Umsatzsteuer-Betrugsfirmen irgendwie nach einer Methode handeln. Die *Ahmadi Telekom* war noch harmlos, aber mit der *World Fon* hat Ahmadi schon richtig losgelegt.«

Nun erzähle ich ihr von der *A-Phon* und den Verbindungen zur *World Fon* und demselben Büro und von manchem mehr. Ich frage nach, ob sie vielleicht auch die *A-Phon* übernehmen möchte.

»Das wäre nur folgerichtig«, antwortet Parsson, »ich habe ja auch schon die *Next Chance*. Das ist ja ein richtiger Clan. Da müssen wir alle Verfahren sehen.«

Habe ich richtig gehört? Sie hat einfach so Ja gesagt, und das mit einem Selbstverständnis, das ich immer bei den Staatsanwälten in meinen Verfahren vergeblich gesucht habe. Da scheint jemand richtig motiviert zu sein. Prima!

»Wow, super, das wäre großartig, wenn Sie die Firma auch übernehmen würden«, sage ich.

Ich werde ihr die Akten zuschicken, sie verschafft sich einen Überblick, und ich führe die Akten dann weiter. Das sei ihr so am liebsten, sagt Parsson, weil sie in Sachen Ordnung nicht immer ganz vorne sei. Sympathisch. Sie zeigt sogar eine Schwäche.

Die Zeit rennt während der Recherchen und Vorbereitungen der großen Durchsuchung. Ende März sind meine Kork-Pinnwände Geschichte. Flipchartblätter hängen an den Wänden, auch hinter Jörgs Schreibtisch. Ich habe ihm versprochen, dass er nach der Durchsuchung wieder sein Bild aufhängen kann.

Einen weiteren Staatsanwalt, nämlich für die *Handycell*, habe ich in Düsseldorf gefunden. Allzu erpicht wirkte er allerdings nicht auf das Verfahren. Die Größe der Maßnahme und die Tatsache, dass die Staatsanwaltschaft Frankfurt involviert ist, waren aber wohl auch ein Grund für seine Bereitschaft.

Bei einigen Firmen muss ich immer noch die entsprechenden Durchsuchungs-Anregungen schreiben. Meine Anträge gehen dann über die Staatsanwaltschaft an den Ermittlungsrichter. Wenn der dann überzeugt ist, dass wir an diesen Orten für das Verfahren relevante Unterlagen finden könnten, erteilt er, in Kurzform geschildert, den Durchsuchungsbeschluss.

Für die Handyfirmen, die zeitgleich zur Thor-Maßnahme durchsucht werden sollen, habe ich so weit alles zusammen, nur die *AS GmbH* und die *Delta GmbH* fehlen mir noch. Bei beiden Firmen muss ich noch recherchieren. Ich komme vor lauter Vorbereitungen, Treffen, Jour fixes, Telefonaten und Abstimmungen etwas in Zeitnot. Ach ja, Fallners Versuch, mir Hilfe zu organisieren, hat leider nichts ergeben. Hätte mich auch gewundert. Ich muss langsam auch mal lernen, Nein zu sagen.

Die *AS GmbH* schaue ich mir erst mal im Handelsregister und in unseren Datenbanken an. Gefühlte zwei Minuten später höre ich mich »Das darf doch nicht wahr sein!« rufen. Doch. Ja. Ich hab's geahnt!

Ich könnte jetzt zu meiner Chefin gehen und sagen: »Raten Sie mal, wer hinter der *AS GmbH* steht und wer da Kontovollmacht hat.« Aber ich lasse das und genieße meinen Recherchetreffer still für mich. Geschäftsführer der *AS GmbH* ist nämlich ein Kalim Nikoo. Und dieser junge Herr ist ein weiterer Bruder von Dalim und Halim.

Und dann kommt auch schon der nächste Knaller. Eine Kontovollmacht bei der *AS GmbH* hat, tadaaah: Mina Ahmadi.

AS GmbH. AS. Könnte stehen für ... – genau: Ahmadi Sayed.

»Meinst du, das AS könnte für Sayed Ahmadi stehen?«, frage ich Jörg, der zwischendurch das Büro verlassen hatte.

»Jetzt bleib mal locker. Irgendwie siehst du überall Gespenster. Nur weil Aktas von dem Typ erzählt hat, ist der doch nicht überall dabei.«

»Aber dass die Schwestern überall eingesetzt sind, muss doch was zu bedeuten haben.«

Da immerhin pflichtet Jörg mir bei.

Fallner teilt meinen Enthusiasmus, und die Idee mit dem Firmennamen findet sie zumindest nicht völlig abwegig. Am Schreibtisch geht's dann weiter mit der *Delta*. Ein Blick ins Handelsregister, komisch: Die Firma hieß vorher anders und hatte auch einen anderen Geschäftsführer. Sie wurde gegründet als *Gawa*. Dann wurde sie umbenannt in *Coma* und danach in *Delta*. Der Name des Geschäftsführers sagt mir nichts. Als Unternehmenszweck ist bei der *Gawa* der Handel mit Mobilfunkgeräten angegeben, und jetzt heißt sie *Delta* und handelt mit Zertifikaten. Sehr merkwürdiges Konstrukt.

Inzwischen habe ich 54 Durchsuchungsorte in meiner Tabelle stehen. Fast die Hälfte der Durchsuchungsorte sind aus meinem Verfahren. Leitung und Koordination des Einsatzes mache ich. Das heißt, dass ich so was wie eine Einsatzzentrale vorbereiten muss. Da laufen dann alle Infos zusammen, werden weitergegeben, Probleme, die während der Durchsuchung auftreten, behoben, eingesetzte Kollegen von einem Durchsuchungsort zu einem anderen geschickt, damit diese dort unterstützen können, falls da viel mehr Unterlagen waren, als man vermutet hat, und den Kontakt zum Staatsanwalt halten. Für die logistische Arbeit an diesem Tag habe ich mir vier Fahndungshelferinnen organisiert. Das sind Kolleginnen des mittleren Dienstes, gute Geister, die Akten verbringen, bei der Auswertung von Beweismitteln helfen, die auch kopieren, drucken und scannen.

KAPITEL 7

Der große Aufschlag

Es ist Anfang April und schon schön sonnig. Bevor ich wieder ins Büro gehe, halte ich noch mal mein Gesicht gen Himmel. Die große Durchsuchung ist jetzt für den 28. April terminiert, und inzwischen haben wir alle Vorbereitungen erledigt. Wir waren noch mal in Frankfurt, die Liste mit den Objekten ist fertig, und ich habe in unserer Dienststelle einen Raum reserviert, wo die Einsatzleitung sich aufhalten wird. Wir werden dort zu fünft sitzen, vier Fahndungshelferinnen und ich. Ich tippe, dass Fallner auch mal dazukommen wird. Leider hat der Raum nur ein einziges Festnetztelefon. Das steht auf meinem Platz. Aber wir haben ja noch unsere Diensthandys und damit sechs Möglichkeiten zu telefonieren. Klingt nach viel, ist aber eher zu wenig für eine Maßnahme dieser Dimension. Doch damit müssen wir jetzt auskommen.

Auf den Plätzen der Fahndungshelferinnen liegen Schreibblöcke und Kugelschreiber. Ich habe das Zimmer hübsch dekoriert, das heißt, für jeden der vierundfünfzig Durchsuchungsorte habe ich ein leeres DIN-A2-Blatt an die Wand geklebt. Wirkt etwas unprofessionell, aber wir müssen halt oft improvisieren. Auf den Blättern stehen oben »DO« für Durchsuchungsort, eine Nummer für den jeweiligen DO und daneben der Name der Person oder Firma. Vermerkt werden sollen Beginn und Ende der Durchsuchung und in der Rubrik »Bemerkungen« alles, was wichtig erscheint.

Alle Beamten sollen zum gleichen Zeitpunkt die Durchsuchung starten. Klappt nicht immer, denn es kommt zum Beispiel vor, dass beim Klingeln niemand öffnet. Dann muss erst mal der Schlüsseldienst kommen. Das kann dauern, weshalb wir Beginn und Ende immer festhalten. Die Einsatzleitung vor Ort, die bei dem Einsatz das Sagen hat, muss sich deshalb mit einem »Wir sind drin« melden. Wichtig ist danach auch, ob die Kollegen die beschuldigte Person oder den Zeugen angetroffen haben – oder vielleicht nur die Oma. Sind Zeuge oder Beschuldigter nicht da, müssen die Kollegen herausfinden, wo sie sich denn dann aufhalten. An ihrer Arbeitsstelle, bei einer Freundin, in einer Ferienwohnung – Möglichkeiten gibt es viele. Manchmal lässt sich das vor Ort klären, manchmal recherchiert auch die Gesamtleitung mit.

Zuweilen stellt man bei einer Durchsuchung fest, dass es noch ein weiteres Objekt gibt, das durchsucht werden sollte, von dem wir bislang aber nichts wussten. Dann braucht es einen weiteren Durchsuchungsbeschluss, und zwar sehr schnell. Für solche zusätzlichen Objekte haben wir weitere Kollegen in der Bereitschaft.

Die Gesamtleitung muss auch wissen, ob es an einem Durchsuchungsort zu Problemen kommt. Rastet ein Beschuldigter aus, schicken wir die Polizei, falls die nicht sowieso schon als Unterstützung mitwirkt. Muss ein Anwalt besänftigt werden, reicht schon mal, ihn telefonisch mit dem zuständigen Staatsanwalt zu verbinden.

Ich habe trotz aller Recherchen noch nicht herausgefunden, wer nun eigentlich jener Sayed ist, mit dem Dalim Nikoo von *Koks* und *Handycell* spricht. Da ich logisch denken kann und über kriminalistischen Spürsinn verfüge, zumindest einige Fantasie besitze, habe ich inzwischen eine mehr als grobe Ahnung davon, wer sich hinter den einzelnen Firmen verbirgt. Bei den Handyfirmen *World Fon, A-Phon, Next Chance, AS GmbH* ist das immer jemand aus der Familie Ahmadi, bei der *Handycell* Halim Nikoo und womöglich jener Sayed – zumindest nutzt er das Telefon der *Handycell*. Für die Zertifikatefirma *Koks* stehen die Brüder Halim und Dalim Nikoo, und Dalim telefoniert in Sachen Zertifikate mit einem Sayed. Ein leises Gefühl sagt mir irgendwie, dass der Sayed von der Telefonüberwachung auch bei der *Handycell* ist. Gefühle oder Ahnungen reichen nicht aus. Helfen aber.

Mein Kollege Frank aus dem Nachbarbüro erscheint. Er hat gerade die Post geholt. »Da ist was dabei, das solltest du dir ansehen.« Die Mail hat wohl die Geschäftsstelle bekommen, ausgedruckt und uns ins Postfach gelegt. Frank überreicht mir zwei Blätter. Eine Mail von einem Brian Holmes mit einer hotmail.de-Adresse. Na klar, Hotmail, immer schön unbekannt bleiben. Ich lese, lese noch mal – und bin bald kurz vor Schnappatmung.

»Ich dachte, du würdest lächeln, aber du machst ein seltsames Gesicht«, höre ich Frank sagen.

Wie auch immer ich gucke, die Mail haut mich echt um. Jetzt lächle ich Frank zu, nehme die Blätter und gehe zu Fallner.

»Kann ich kurz?« Fallner steht auf und holt eine Tasse. »Hier ist so was wie eine anonyme Anzeige. Gerade reingekommen. Von einem Brian Holmes. Aber der Name stimmt sicher nicht. Der warnt uns vor, ich zitiere: ›Es wird zurzeit in einem sehr großen Ausmaß Umsatzsteuer mit Handys betrogen. Folgende Firmen sind involviert: *Handycell*, Geschäftsführer Halim Nikoo.‹ Dann führt er aus, wie das ablaufen soll. Ist ja grundsätzlich jetzt auch nichts Neues. Aber jetzt kommt's: ›Die Drahtzieher im Hintergrund sind Besitzer und Finanziers aller Unternehmen in diesem Steuerkarussell.‹«

»Haben wir ja auch so vermutet, muss nur bewiesen werden«, wirft Fallner ein. Nur war ich auch noch nicht fertig.

»Er schreibt weiter: ›Es werden wohl im Monat ca. zwei Millionen Euro Steuern betrügerisch erwirtschaftet. Die Drahtzieher sind: Sanjay Kharam von der *CSD GmbH* und …« – Kunstpause meinerseits, Fallner schaut jetzt genervt, ich leiste mir ein Lächeln – »… und Sayed Ahmadi von der *World Fon*.‹«

Der Anzeigenerstatter schreibt weiter, dass auch Sayeds Bruder Ayden und seine *Next Chance* involviert seien. Und dass Sayed Ahmadi auch Steuern mit Emissionshandel hinterziehe.

Ich war fertig. Im wahrsten Sinne des Wortes. Sayed Ahmadi ein Drahtzieher bei den Handys und bei dem Emissionszertifikaten? Und wenn der anonyme Anzeigenerstatter recht hat, könnte der Sayed aus der Telefonüberwachung doch tatsächlich Sayed Ahmadi sein.

Wenn der Anzeigenschreiber richtigliegt, würden ein Sanjay Kharam und Sayed Ahmadi den Umsatzsteuer-Betrug mit allen Liefer- und Rechnungsketten sowohl bei den Handys als auch bei den Emissionszertifikaten aus meinen Fällen steuern und organisieren. Die ganz große Nummer. Allerdings ist Ahmadi gerade mal 21 Jahre alt. Gibt es über ihm vielleicht noch eine weitere Ebene?

Die *CSD* mit Sanjay Kharam als Geschäftsführer ist auch eines meiner Verfahren. Ich habe es schon länger und bin bei der Ermittlung aus Zeitgründen leider nicht richtig weitergekommen.

»Das ist ja mal ein Hinweis«, sagt Fallner und reißt mich aus meinen Gedanken. »Zeigen Sie es aber bitte nicht jedem Kollegen. Das kann auch ein Fake sein. Wir sollten versuchen zu überprüfen, wer die Anzeige geschrieben hat. Fragen Sie doch mal bei der Geschäftsstelle nach. Oder sollen wir einfach eine Mail zurückschreiben?«

Das tun wir, allerdings nicht von meinem Dienstrechner. Es wäre ja möglich, dass wir uns einen Virus einfangen. Unsere IT-Abteilung hat einen sogenannten Stand-Alone-Computer, der nicht an unser Fahndungs-Netzwerk angeschlossen ist. Der Empfänger, lernen Fallner und ich, kann so nicht die IP-Adresse unserer Dienstrechner sehen. Eine IP-Adresse muss man sich wie eine persönliche Adresse in Computernetzen vorstellen. Sie wird Geräten zugewiesen, die an das Internet angebunden sind, macht die Geräte so adressierbar und damit erreichbar.

Als unsere Mail raus ist, dauert es nur einen Augenblick, bis auf dem Bildschirm »Domain irgendwas. Failure. Unknown username« erscheint. Zumindest Fallner und ich haben Fragezeichen in den Augen. Wir hatten doch auf »Antworten« gedrückt. »Tja, da hat sich einer Mühe gemacht und lässt sich nicht zurückverfolgen. Das geht«, erklärt uns der IT-Kollege.

Als wir wieder in Fallners Büro sind, bitte ich sie, jetzt endlich mal ein wenig umzuverteilen. »Wenn ich Mitglied von Thor bin und inzwischen hier jede Menge Verfahren und Beschuldigte habe und wenn ich nach dem 28. April alle Beweismittel in meinen eigenen Verfahren auswerten soll, dann kann ich mir gleich ein Feldbett ins Büro stellen«, seufze ich. Fallner sagt, sie wolle mal die Durchsuchung abwarten. Danach setze sie eine Sachgebietsbesprechung an. Und dann schaue sie mal, »wie wir umverteilen können«. Okay. Jedenfalls für den Moment.

Für die *Handycell* habe ich den Durchsuchungsantrag zwar schon vorbereitet, aber noch nicht an die zuständige Staatsanwaltschaft geschickt. Ich will vorher noch mal mit Herrn Isen sprechen, nachdem ich nun so viele neue Erkenntnisse habe.

Das Gespräch mit dem großen Meister dauert nicht lange und geht so aus, wie ich es befürchtet habe. Der Staatsanwalt Isen nimmt die *Handycell* nicht mit in die EG Thor. Nicht zu ändern. Wir werden dann am 28. April eben mit zwei verschiedenen Durchsuchungsbeschlüssen in die gleichen, gemeinsamen Firmenräume wandern, mit einem aus Frankfurt für die *Koks GmbH* und mit einem aus Düsseldorf für die *Handycell*.

Wir haben den 21. April. Gestern war die Einsatzbesprechung der EG Thor in Frankfurt, mit einer riesigen Mannschaft. Heute haben Frank, Annemarie, Fallner und ich Kollegen aus dem

Haus zusammengetrommelt, die uns bei den vielen Durchsuchungsmaßnahmen helfen wollen. Für die zu durchsuchenden Firmen, die nicht so ganz in unserer Nähe liegen, habe ich um Amtshilfe gebeten. Die Kollegen in Leipzig, Berlin, Bonn und München machen mit. Zu diesen Orten fährt jeweils ein Kollege von uns, unterstützt und bringt auch gleich alle Beweismittel mit nach Düsseldorf.

Und weil ich die Einsatzleitung hier in Düsseldorf mache, darf ich nun auch den Großteil der Einsatzbesprechung übernehmen. Im Sitzungssaal haben sich auch viele Kollegen von der Steuerfahndung Bonn eingefunden. Sie helfen im Großraum Bonn und auch im Bereich der Gegend, wo die *Next Chance* sitzt und die Ahmadis zu Hause sind.

Ich begrüße und verweise auf Frank und auf Oliver, einen anderen Kollegen, der auch im Thema ist und gerade wieder Kapazitäten hat – und dass die beiden die genaueren Einzelheiten erklären. Dann sage ich: »Schon mal vorab, es geht um Umsatzsteuer-Betrug.« Das sollte lustig sein, doch von hinten ruft jemand: »Und wir dachten schon, es wäre was Spannendes.«

Läuft.

»Es geht um Umsatzsteuer-Betrug und um die Vorgehensweise«, setze ich noch mal an. »Wir vermuten, dass es sich bei den angeblichen Lieferketten zwischen den Firmen um künstliche Ketten handelt, egal ob Handys oder Emissionszertifikate. Bisher haben wir, auch in Zusammenarbeit mit der Steuerfahndung in Baden-Württemberg, herausgefunden, dass innerhalb der vorliegenden angeblichen Ketten kein realer Handel stattfindet. Dazu müssten wir jetzt bei den Durchsuchungen hier auch etwas finden.«

Ich setze mich, und Frank und Oliver erzählen von der Gründung der EG Thor, der Zusammenarbeit mit dem BKA und von der großen deutschen Bank, die ganz am Ende der Zertifikatekette steht. Diese soll nach den Infos aus der EG Thor pro Monat

178 Millionen Euro Umsatzsteuer erstattet bekommen haben, die vorher nicht gezahlt wurden. Das BKA vermute, dass hinter all den künstlichen Ketten eine – wie und wo auch immer angesiedelte – mafiöse Struktur stehe. Beim letzten Jour fixe sei man doch sehr überrascht gewesen, wie viele Telefonüberwachungen, Observationen und andere verdeckte Maßnahmen laufen. Da müsse erheblich mehr dahinterstecken, als das BKA erzähle.

Als Frank und Oliver fertig sind, kommen natürlich ganz viele Fragen und Kommentare. Wer leitet alles? Was nehmen wir mit? Ist das gefährlich? Muss man das alles im Einzelnen verstanden haben? Das ist ja hoch kompliziert mit den ganzen Firmen. Wir bemühen uns auch mithilfe von Fallner, alle Fragen zu beantworten. Was wir mitnehmen bei der Durchsuchung, ist nicht schwer zu erläutern: alles, was nicht niet- und nagelfest ist.

Zur Organisation spreche dann noch mal ich, erkläre den Unterschied zwischen meiner Einsatzleitung hier im Haus und der Einsatzleitung der EG Thor und zwischen Handy- und Zertifikatefirmen – und dass wir dabei ganz sicher auch Überschneidungen feststellen werden.

Da die EG Thor und das BKA die gesamte Maßnahme leiten, gibt es feste Regeln, erkläre ich. Das gelte für Meldungen, die Art der Asservierung, die Uhrzeit und vieles mehr. »Für jedes Durchsuchungsteam habe ich Mappen vorbereitet. Da sind die Beschlüsse drin, ein paar Telefonnummern, Vordrucke, Siegel und was sonst noch so wichtig ist. Die Mappen verteilen wir gleich, und die Beschlüsse aus Frankfurt sind schon drin. Meine für Düsseldorf kommen heute oder morgen, und die reiche ich euch dann noch nach. Es gibt auch diverse Haftbefehle. An diesen Durchsuchungsorten ist aber keiner von uns. Bitte in den Objekten von allen Räumen Fotos machen, wenn dies geduldet wird, ansonsten Skizzen der Räume fertigen. Die Sachen, die zum Beispiel im Wohnzimmer gefunden werden, bleiben auch da und werden auch dort asserviert, also gekennzeichnet, mitgenommen und womöglich genauer ausgewertet. Der Beginn der Durchsuchung bei der großen deutschen Bank ist um 9.30 Uhr. Dort werden fast 100 Kollegen aus Hessen, vom BKA und von der Polizei im Einsatz sein. Alle anderen beginnen dann um 9.45 Uhr. Und bitte auf alles achten und mitteilen, was mit Vermögen zu tun hat. Wer zu einer Bank geht, soll bitte die Bank anweisen, die Konten sofort dichtzumachen. In den Mappen finden sich auch Arrestbeschlüsse.« Der sogenannte dingliche Arrest ist ein Instrument, um den zu erwartenden Steueranspruch vorläufig zu sichern.

»Denn nur an diesem einen Tag haben wir wahrscheinlich die gute Möglichkeit, Geld zu bekommen. Danach sind alle abgetaucht, und das Geld ist im Ausland. Ach, und noch was: Man hat uns mitgeteilt, dass bisher gegen fünf Mitarbeiter der großen deutschen Bank ein Strafverfahren eingeleitet wurde, drei Emissionshändler und zwei Kundenberater. Aber glaubt einer von euch, dass das BKA so eine große Nummer bei der Bank fährt wegen fünf Mitarbeitern? Wir nicht. Wir gehen davon aus, dass das BKA viel mehr Infos hat, als es uns mitteilt, vielleicht auch zu den mafiösen Strukturen. Und das ganz sicher nicht, um uns zu ärgern, sondern um die Maßnahmen nicht zu gefährden. Wir sind auf jeden Fall mega-gespannt. Wenn jetzt noch Fragen sind, bitte.«

Es gibt noch sehr viele Fragen, aber irgendwann beruhigt sich alles, die Mappen werden verteilt, hier und da folgen noch Erläuterungen. Nach fast vier Stunden sind wir durch.

»Käffchen?«

Ein Whisky wäre mir jetzt lieber. Wir sitzen noch zu viert im Büro von Fallner. Ich bin platt und vom langen Reden etwas heiser. Dabei rede ich sonst auch viel. Sagen die Kollegen. Wir sprechen noch ein wenig die genauen Abläufe durch und feilen an den letzten Vorbereitungen. Danach ist erst mal Schluss. Irgendwann muss der Mensch auch mal Sauerstoff tanken. Ich werde joggen gehen. Oder vielleicht nur spazieren. Oder doch einen kleinen Whisky auf dem Balkon?

Heute ist der große Tag, der 28. April. Es geht los. Endlich. Wir sitzen in unserer Einsatzzentrale. Die Maßnahme hat begonnen. Und die Telefone klingeln wie wild. Die vier Fahndungshelferinnen schreiben ihr Bestes auf ihre Blöcke, reichen mir die Seiten rüber, damit ich sie bearbeiten kann. Es kommt viel mehr zusammen als gedacht. Fallner muss auch mithelfen, nimmt ihrerseits Anrufe entgegen und macht Notizen. Als unser Dienststellenleiter Meier den Kopf in die Türe steckt und die Frequenz der Anrufe wahrnimmt, schnappt er sich das nächste klingelnde Handy. »Wie, um 19 Uhr wird hier alles abgeschlossen und die Tiefgarage dichtgemacht?«, höre ich ihn irgendwann sagen, und: »Nein, ich kann nicht sagen, wie lange die Maßnahme dauert, aber eins kann ich Ihnen sagen: Wir haben hier eine weltweite Durchsuchung, und Sie kommen mir mit so einer Scheiße.«

Respekt! So haben wir ihn noch nicht erlebt. Er ist dann auch nicht lange unser Dienststellenleiter geblieben. Warum, sollten wir noch erfahren.

Es ist ein Tag ohne Pause. Ich komme bald nicht mehr hinterher, die ganzen Fragen zu beantworten, Probleme zu lösen und auch neue Beschlüsse über die Staatsanwaltschaft anzuregen.

»Orths hier.«

Ein Kollege ruft an, er durchsucht bei einer Bank, in der man sich nun weigert, ein Schließfach zu öffnen. Ach je. Als hätten wir keine anderen Probleme. Ich will dem Banker gerne zugutehalten, dass er wahrscheinlich noch nie die Fahndung im Haus hatte und nicht genau weiß, was man da mit dem Schließfach machen darf. Und kleinere Banken haben selten einen Juristen vor Ort oder können kurz mal die Revisionsabteilung fragen. Diese Bank liegt irgendwo im hintersten Zipfel Nordrhein-Westfalens.

»Versiegele bitte das Schließfach, und wenn der Beschuldigte später Zeit hat, geht ihr noch mal mit ihm hin und öffnet dann gemeinsam.«

Versiegeln kennt man aus Krimis. Meist werden Tatorte versiegelt. Wir versiegeln eher Schließfächer oder Tresore, sofern wir sie nicht aufbekommen, oder eben ganze Objekte, wenn wir mit der Durchsuchung an einem Tag nicht fertig werden.

Das nächste Gespräch, rübergereicht von meiner Chefin.

»Hey, Birgit, hier dreht einer ein bisschen am Rad. Der hat uns schon mit Büchern beschmissen, und wir würden ihn gerne als Störer vorläufig festnehmen.« Kein Problem und genau richtig. Ich verspreche dem Kollegen, so schnell wie möglich die Polizei zu schicken. Das kostet mich nur einen Anruf, dann fährt die nächste Wache los.

Ich will mich gerade wieder meinen Notizen zuwenden, da legt mir eine Fahndungshelferin einen Zettel vor. »Dringend« steht drauf. Die Ehefrau eines Beschuldigten ist umgefallen. Sie liegt jetzt auf der Couch. Kollegen beruhigen sie, sie hat aber wohl Schmerzen. Okay, das klingt ernst. Dieser Durchsuchungsort liegt in Düsseldorf, und so rufe ich direkt unseren Bereitschaftsarzt an, der verspricht, sofort rauszufahren. »Anita, kannst du da bitte dranbleiben, was mit der Frau passiert, und bitte den Kontakt mit dem dortigen Einsatzleiter halten? Gesundheit geht vor. Die sollen die Maßnahmen etwas runterfahren.« Anita schnappt sich das nächstbeste Handy und verzieht sich an einen ruhigeren Ort.

Wir können weitermachen, solange wir wollen, alles geklärt, sagt Dienststellenleiter Meier. Er kommt vom Hausmeister, dem habe er mal gesagt, »was Ambach ist«. Der wohne schließlich hier, das sei doch wohl überhaupt kein Problem, den Laden länger offen zu halten.

Wir machen weiter. Kleben unsere Zettel an die Flipchartposter an den Wänden. Schicken die Kollegen von der Poststelle an einen Einsatzort, weil dort Kartons zum Einpacken von Unterlagen fehlen. Ich erwische jemanden in Frankfurt, frage nach der Durchsuchung bei der großen deutschen Bank. Wie die läuft, wollen wir hier alle gerne wissen natürlich. Der Kollege, den ich erreicht habe, weiß noch nicht viel. Man sei dort aber wohl sehr erstaunt gewesen wegen der Präsenz von über hundert Beamten. Erstaunt? Ich lächle.

Nach gefühlten fünfundzwanzig Stunden, in Wirklichkeit waren es am Ende etwa dreizehn, sind wir fertig. Auch persönlich. Irgendwann wirkt der stärkste Kaffee nicht mehr. Wir sitzen in unserer kleinen Zentrale, das Adrenalin entweicht, macht Platz für Müdigkeit. Ob wir erfolgreich waren, erfahren wir, wenn wir auswerten. Was bei der großen deutschen Bank passiert ist, steht sicher in der Zeitung.

Am nächsten Morgen interessiert mich zuallererst, wie die Durchsuchung im Haus der Ahmadis gelaufen ist. Das weiß der Kollege Rissing. Bevor ich ihn anrufe, fällt mir aber mein Büromitbewohner Jörg auf. Der guckt so komisch.

Jörg war gestern bei der Kanzlei eingesetzt, die für seine *Ferrus* zuständig ist und in der Aktas damals die Familie Ahmadi angetroffen hat. Sie besteht aus einem Anwalt namens Semmer und aus einem Anwalt und Steuerberater namens Peters.

»Setz dich mal.«

Huch? Was ist denn los?

»Also, wir haben ja in dieser Kanzlei durchsucht, und der eine Anwalt, der Semmer, kam immer wieder rüber und hat uns gefragt, was wir denn suchen und was das soll, und irgendwie hat er ein bisschen gestört. Irgendwann reichte es mir. Ich habe ihn gefragt, ob er gerne etwas zu der *Ferrus* oder zu der Familie Ahmadi sagen möchte. Er bat dann um Bedenkzeit, das fand ich schon eher ungewöhnlich. Dann kam er irgendwann zu mir und sagte, er wolle was sagen.«

»Und? Hat er?«

Jörg nickt. »Der hat alles Mögliche erzählt. Ich habe Semmer dann irgendwann gefragt, was er zur *Ferrus* sagen kann. Er sagte, dass er nach dem ersten Steuerberater der *Ferrus* der jetzt zuständige Berater sei und auch früher Anteilseigner der Firma. Das wäre eine Vorratsgesellschaft gewesen, die dann jemand von ihm gekauft hat. Als ich dann sagte, ja, weiß ich, sagte Semmer noch, diesmal etwas leiser: ›Dieser Käufer war nur vorgeschoben. Faktischer Geschäftsführer war Sayed Ahmadi.‹«

Wie bitte? Jörg hat zu Recht gesagt, ich solle mich setzen. Dass gerade er diese Information bringt, der immer meint, ich sehe Gespenster, gefällt mir besonders. Aber das kann ich ihm später aufs Brot schmieren, jetzt geht es erst mal um diese mehr als interessante Neuigkeit.

»Also jetzt echt? Sayed Ahmadi steht auch hinter der *Ferrus*?«, frage ich. »Die Firmen *Ahmadi Telekom, World Fon, A-Phon, Ferrus* – alles von Ahmadi?«

Davon mal abgesehen – wie kann es eigentlich sein, dass sich im Rahmen einer Durchsuchung der Anwalt der Familie Ahmadi, also dass sich Herr Semmer als Anwalt offiziell vernehmen lässt? Das machen Anwälte nie! Die berufen sich nur immerzu auf ihre Schweigepflicht.

Doch die Beweggründe können mir im Moment mal egal sein. Semmer hat Ahmadi als Verantwortlichen für die *Ferrus* sozusagen verpfiffen.

Sayed Ahmadi, man muss es sich noch mal klarmachen: Der Kerl ist erst einundzwanzig Jahre alt. Und der steuert den ganzen Betrug, zumindest bei *Ahmadi Telekom, World Fon, A-Phon* und jetzt *Ferrus*? Und wer weiß, wo noch? Wenn Semmer das nicht gesagt hätte, wären wir so schnell nicht dahintergekommen. Ahmadi kann sich offenkundig gut tarnen.

Ich muss jetzt als Erstes das Strafverfahren gegen Sayed Ahmadi für die *Ferrus* einleiten. Dann rufe ich die Staatsanwältin Parsson an und teile ihr mit, dass Sayed Ahmadi auch hinter der *Ferrus* steckt, die an die *A-Phon* Rechnungen geschrieben hat. Sie verspricht, diesen Fall auch zu übernehmen. Bestens.

Ich bin jetzt aber wirklich hibbelig, will wissen, was sich in dem Dörfchen, in dem Ahmadi wohnt, abgespielt hat. Als ich zum Hörer greife, um Rissing anzurufen, ertönt eine wohlbekannte Stimme auf dem Flur.

»Alle zu mir!«

Kaffee und Kekse stehen schon auf dem Besprechungstisch, den auch immer ein paar Blumen aus Fallners Garten schmücken.

»Bitte mal zuhören«, sagt Fallner, »Sie wollen doch auch wissen, was so über gestern berichtet wird, oder?«

Na sicher. Sie liest aus einer Pressemitteilung vor.

»Am 28.04.2010 erfolgten europaweit auf Grundlage von rund 400 Durchsuchungsbeschlüssen und 8 Haftbefehlen in 12 Staaten Durchsuchungen und Festnahmen. Zugleich konnten durch mehr als 100 Arrestbeschlüsse Vermögenswerte im Wert von rund € 127 000 000 gesichert werden. An den Durchsuchungen waren neben rund 700 deutschen Steuerfahndungsbeamten und mehreren Hundert deutschen Polizeibeamten über 700 ausländische Beamte beteiligt.«

Wow. Schon mal 127 Millionen Euro in Sicherheit gebracht. Sie liest weiter.

»Unmittelbar nach den Verhaftungen und Durchsuchungen gingen die Transaktionen über die Emissionshandelskonten bei der DEHST wieder auf Umfänge zurück, die den bei der DEHST seit ihrer Einrichtung beobachteten, typischen Handelsverläufen entsprachen.«

Ach, schau einer an. Geht doch.

KAPITEL 8

Puzzle, Pässe und ein Notruf

In meinem Büro klemme ich mir als Erstes den Hörer zwischen Schulter und Ohr, damit keiner auf die Idee kommt, zu stören. Bevor ich Rissing anwähle, erscheint jedoch ein Kollege mit der Durchsuchungsmappe in der Türe und sagt, dass er noch Infos für mich habe.

»Könntest du bitte in fünfzehn Minuten noch mal vorbeikommen? Oder ich zu dir? Ich muss dringend ein Telefonat führen.«

»Ist in Ordnung. Ich komme gleich noch mal.«

Der Kollege wirkt etwas säuerlich, aber ich kann nur eins nach dem anderen machen.

Wie denn seine Durchsuchung gestern bei den Ahmadis gelaufen sei, frage ich Rissing und erzähle dann erst mal selbst, dass wir seit gestern wüssten, dass Ahmadi auch noch hinter der *Ferrus GmbH* stecke.

»War nicht so toll. War keiner da«, ernüchtert mich der Kollege.

»Was soll das heißen?«, frage ich mit wahrscheinlich leicht hörbarem Unmut.

»Da war nur die ältere Schwester, Elin. Also die von der *World Fon*. Wir haben die Zimmer alle durchsucht und auch zwei Laptops und ein paar Unterlagen mitgenommen. Aber viel war da nicht. Überall standen auch gepackte Koffer rum.«

»Haben Sie Elin nicht vernommen? Als Beschuldigte? Und gefragt, wo die anderen sind? Gegen Sayed, Ayden und Mina gibt es ja immerhin auch eingeleitete Strafverfahren.«

Rissing murmelt etwas wie »doch, schon« und dass sie gesagt

habe, sie wisse schon lange nicht mehr, wo ihr Bruder Sayed sich aufhalte. Und die anderen seien unterwegs. »Und mehr sagte sie nicht.«

Ha. Ha. Ha. Sie weiß nicht, wo sich ihr Bruder aufhält. Und das hast du der geglaubt? Das würde ich den Kollegen gerne fragen, bleibe aber höflich. »Aha«, höre ich mich sagen und denke, es wird wenig zielführend sein, mit dem Kollegen auch nur den Versuch einer weiteren Konversation zu starten. Ich frage nicht mal mehr, ob er die Koffer durchsucht hat, ob ihm die *Ferrus* bekannt ist und was er jetzt zu tun gedenkt, denn die angetroffene Schwester Elin ist in seinem Verfahren immerhin beschuldigt und die fehlende Schwester auch. Seine Sache! Ich bedanke mich und lege auf.

Ich erzähle Anne Parsson – sie mag das Ann-Kathrin nicht so –, dass die ältere Schwester Elin von der *World Fon* im Haus der Ahmadis angetroffen wurde. Das muss sie als zuständige Staatsanwältin ja wissen. Dass Elin angeblich nicht wisse, wo ihr Bruder Sayed sei, sie sonst weiter nichts gesagt habe, macht Parsson stutzig. Das kann einen auch nur stutzig machen. Aber Elin ist beschuldigt und braucht daher nichts zu sagen. »Ich muss nachdenken«, sagt sie, und wir legen auf.

Ich wollte grade den Kollegen, der mir was mitteilen wollte, anrufen, da klingelt wieder mein Telefon. Es ist mein Vermieter, der mich fragt, ob ich nicht kommen könnte. Es hätte einen Rohrbruch gegeben und ich sollte bitte mal nachschauen, ob in meiner Wohnung auch Schäden sind. Das auch noch.

Na gut, ich fahre hin. Mit dem Kollegen, der in fünfzehn Minuten wiederkommen wollte, vertage ich mich auf morgen.

Am nächsten Morgen habe ich früh Parsson am Apparat. »Ich habe nachgedacht«, sagt sie und zählt nach einer kleinen Pause, in der es raschelt und sie offenbar Papiere sucht, auf: »Also, das geht so nicht weiter. Ein zum jetzigen Zeitpunkt Einundzwanzigjähriger, der seine Betrugshandlungen offenbar mit unter siebzehn Jahren begonnen hat, der inzwischen hinter mindestens vier verschiedenen Firmen steckt, die sich alle fast in den gleichen Ketten befinden und sich gegenseitig Rechnungen schreiben. Dann die Tatsache, dass er sowohl seine Schwester Mina als auch seine Schwester Elin in diesen Firmen einsetzt und auch sein älterer Bruder Ayden eine Handyfirma hat, die wiederum unter anderem mit dieser *AS GmbH* verbandelt ist, wo Sayed seine Schwester Mina als Kontoverfügungsberechtigte eingesetzt hat. Das ist mir jetzt ein bisschen zu viel des Guten.«

Mach weiter, Parsson!, denke ich, das geht in die richtige Richtung.

»Und von keinem außer bisher von Aktas erfahren wir etwas. Der Kollege Rissing hat offensichtlich wenig Lust, und Sayed können wir nicht befragen, weil keiner weiß, wo er sich aufhält. Das reicht mir jetzt. Könnten Sie mir bitte einen Gefallen tun? Ich habe hier gerade den Schreibtisch mit diversen anderen größeren Verfahren dicht, daher kann ich das nicht selber machen. Ich brauche von Ihnen einen Vermerk über die bisherigen Erkenntnisse, die komplette Familienstruktur, die Firmen und dazu noch einen Zeitstrahl. Und dann einen Vermerk über den Verdacht der Fluchtgefahr. Sie sagten doch, er habe eine Wohnung in Dubai und seine Verlobte sei in den USA. Lassen Sie sich was einfallen. Ich möchte so schnell wie möglich Haftbefehle gegen Sayed Ahmadi und seine Schwester Elin beantragen. Da muss etwas von fortgesetzten Tathandlungen und Fluchtgefahr drinstehen. Könnten Sie das kurzfristig machen?«

Kurzfristig. Ich atme tief durch. »Ähm, ja, kann ich versuchen.« Ich frage nach. »Familienstruktur ist klar, Fluchtgefahr auch, aber was meinen Sie mit fortgesetzten Tathandlungen? Das habe ich so noch nicht gehört.«

»Für einen Haftbefehl gibt es strenge Voraussetzungen«, erklärt mir Parsson. »Es müssen für einen Haftbefehl Hinweise darauf vorliegen und auch so konkret es geht benannt werden, dass der Täter die Taten wiederholt, also weiterhin begeht, und dass eine Fluchtgefahr besteht. Ein Hinweis darauf kann sein, dass die Familienbindungen hier nicht so stabil oder eng sind und/oder sich im Ausland Immobilien befinden oder Ferienhäuser oder viele Bekannte. Und dass es möglicherweise schon Vorbereitungshandlungen für eine Flucht gibt. Vielleicht anhand eines Flugtickets, das man bei der Durchsuchung gefunden hat. Ebenfalls ein gutes Argument ist hier, dass der Schaden, den der Täter in Deutschland angerichtet hat, so hoch ist, dass ihn hohe Haftstrafen erwarten und er sich hier in Deutschland dem Gerichtsverfahren sicher nicht stellen wird.«

Das kam jetzt ziemlich rausgesprudelt aus ihrem Mund. Nicht dass ich es nicht verstehen würde. Sind nur viele Infos, die ich jetzt irgendwie zu einem vernünftigen, aussagekräftigen Vermerk zusammenbringen muss, der dann eine überzeugende Grundlage für den Antrag auf Haftbefehl sein soll. Das ist auch grundsätzlich meine Aufgabe. Ich bin Ermittlungsperson der Staatsanwaltschaft. So steht es nicht nur auf meiner Plakette, sondern auch auf der Plakette der Polizeikollegen. Denn auch wir sind Beamte des Polizeidienstes. So steht es in der Abgabenordnung.

Ich setze mich gerade auf meinen Stuhl und atme noch mal tief durch. Das wird ein wenig Konzentration kosten, aber schon in Ordnung, es ist ja für einen guten Zweck. Vielleicht würde ein verhafteter Sayed sofort ganz viele von unseren Verfahren aufklären. Wenn er auspackt, meine ich. Wenn man ihn überhaupt findet. Leider schon wieder zweimal »wenn«.

Egal, an die Arbeit! Vorher erscheint noch der Kollege von gestern, wieder mit der Durchsuchungsmappe unterm Arm.

»Hey, komm rein. Wie war es bei euch vorgestern? Man kam ja gar nicht dazu, sich an dem Tag auszutauschen. War echt wuselig hier.«

»Ja, bei uns auch.« Der Kollege setzt sich. »Also, als Erstes waren wir an der Anschrift, die du uns in die Mappe gelegt hast. Also die Anschrift der beiden Firmen *Koks* und *Handycell* hier in Düsseldorf. Was stellen wir fest? Nichts. Alles leer. Wir haben durch sämtliche Fenster geschaut, und da war nichts mehr. Dann kam einer aus dem Nachbarbüro und sagte, die seien weg. Offenbar vorgestern im Laufe des Tages irgendwo aufs Land gezogen, in einen Ort mit dem Kennzeichen VIE. Wohin genau, wusste der Nachbar nicht. Aber es hätte schon eine Weile ein großer Audi mit so einem Kennzeichen vor der Türe gestanden.«

Seltsam. Audi. Da war doch was.

»Tja, dann haben wir ein bisschen über den Innendienst recherchiert, also, dich haben wir nicht erreichen können, aber Fallner. Und nach einigen Recherchen haben wir den neuen Firmensitz in Viersen gefunden. Fallner hat das an den Staatsanwalt in Düsseldorf und auch an die Einsatzleitung im BKA durchgegeben, und wir haben für den neuen Firmensitz Durchsuchungsbeschlüsse bekommen.«

Wieso hat Fallner mir das nicht gesagt? Wahrscheinlich im Gewusel untergegangen.

»Dann haben wir da durchsucht. War reichlich chaotisch. Wir haben erst mal alle von ihren Arbeitsplätzen verscheucht, damit keiner mehr auf ein Knöpfchen zum Löschen drücken konnte. Da waren ziemlich viele Leute. Das war so eine Art Großraumbüro und daneben noch ein anderes Büro. In dem anderen Büro standen Rechner drin und drei Schreibtische. In dem Großraumbüro waren rund zehn Schreibtische. Mindestens fünf Angestellte, der Geschäftsführer war da und noch Besucher. Wir haben alle Personalien aufgeschrieben.«

Sehr gut.

»Erst war die Stimmung ziemlich gereizt. Was wir suchen würden? Alles wäre doch okay. Man wäre nach Viersen gezogen, da hier ein größeres Lager sei, und so weiter. Da gäbe es auch keine Zusammenhänge, dass man ausgerechnet einen Tag vor dieser Durchsuchung umgezogen sei. Das müsse man einfach mal glauben.«

Früher, als ich noch in der Betriebsprüfung war, habe ich auf so einen Satz immer gesagt, wir seien keine Betriebsglauber, sondern Betriebsprüfer. »Was stand denn so alles in der Halle?«, frage ich mal nach.

»Eine leere Mülltonne. Man wäre ja gestern erst umgezogen.«

»Und die hatten keinerlei Ware, die sie beim Umzug mitgenommen haben? Keine Handys?«

Der Kollege schüttelt den Kopf.

»Gab es Hinweise darauf, dass die *Koks* und die *Handycell* räumlich und auch so voneinander getrennt waren?«

»Schwierig zu sagen, also die Buchhaltung für beide Firmen wird von der gleichen Person gemacht. Den Ein- und Verkauf macht ein anderer Mitarbeiter, aber auch für beide Firmen. Der war nicht da gestern, das hat der Geschäftsführer uns gesagt.«

»Wie jetzt? Einer macht allein den Ein- und Verkauf für Handys und Emissionszertifikate? War das der Emissionshändler? Man braucht doch Kenntnisse von der Sache und vom Markt, um etwas zu handeln.«

»Nein, ein Emissionshändler war nicht da. Aber es gibt noch zwei Angestellte. Der eine ist für Handys und die andere für Zertifikate zuständig, also nur für den administrativen Bereich und Telefonate und so.«

Man muss kein Kenner der Szene sein, um das komisch zu finden. Wo war denn der angebliche Zertifikatehändler? Wer macht da den Einkauf für alles?

»Kannst du mir mal bitte die Angestellten vorlesen?«, frage ich den Kollegen. Der zückt die entsprechende Mappe und blättert, liest dann ein paar Namen vor. Die sagen mir alle überhaupt nichts. Dann sagt er:

»Die Frau, die das Administrative für den Zertifikatehandel macht, heißt Feride Celim.«

»Bitte?« Das fragt jetzt mein Kollege Jörg, der eigentlich in seine Arbeit vertieft war. »Feride Celim? Die hat als Angestellte bei der *Ferrus* gearbeitet.«

Bingo. *Ferrus* war eine Ahmadi-Firma.

»Wer war denn bei der Durchsuchung noch da außer dem Halim Nikoo, dem Geschäftsführer?«, frage ich den Kollegen.

»Ein Ayden Ahmadi, ein Hassan Ahmadi und eine Mina Ahmadi. Das waren die Besucher. Aber der Halim hat auch gesagt, das seien seine Cousins und seine Cousine.«

Stille. Etwas knallt. Die Wasserflasche auf meinem Schreibtisch. Habe sie wohl umgestoßen. »Alles okay?«, fragt der Kollege.

Mein Hirn fährt Achterbahn. »Mir ist nicht so gut. Danke für die ganzen Infos und deine Unterstützung«, sage ich noch und bin raus. Luft. Viel frische Luft. Durchatmen. Am besten, jetzt erst mal raus auf die Schreiwiese, das muss jetzt sein.

Sind das Beklemmungen? Ich bleibe sicher eine Stunde im Park, auf der Schreiwiese, ohne zu schreien. Als Ermittlerin kann ich mich freuen über diese verwandtschaftliche Vollversammlung. Aber ich merke, dass mir das alles zu viel wird. Die ganzen Verfahren, die Überschneidungen, die Verantwortung auch. Gerade noch die Einsatzleitung, jetzt die perfekte Vorlage für die Staatsanwältin schreiben, damit der Haftbefehl durchgeht. Mehr und mehr verdächtige Personen tauchen auf. Und dann wird die Auswertung der einzelnen Asservate noch viel mehr Erkenntnisse bringen.

Das ist der Job, schon klar. Aber es ist gerade etwas zu viel Job.

»Sie sehen aus wie 'ne Kalkwand. Ist was?«

Ich bin bei Fallner, um sie auf Stand zu bringen.

»Schießen Sie los. So wie Sie aussehen, haben Sie schon wieder ein Gespenst getroffen.« Da ist sie näher dran, als sie glaubt. Sie bringt erst mal eine Tasse Kaffee.

Ich berichte ihr im Detail die Erkenntnisse des Kollegen vom Durchsuchungsort *Koks* und *Handycell*. Fallner rutscht im Stuhl herum, nimmt sich den Lippenstift, was sie macht, wenn sie nervös ist, streicht sich mehrfach durch ihre Haare, wobei die Sonnenbrille verrutscht. Als ich von den familiären Beziehungen spreche, sieht sie mich fast schon ungläubig an.

»Ist doch irre, oder?«, sage ich. »Ich hatte die ganze Zeit so eine Ahnung, dass alles zusammenhängt. Ist noch nicht rund, weil ja nicht alle Ahmadis und Nikoos da waren. Und wir wissen auch noch nicht, was die da alle zu tun hatten. Aber es ist alles Familie.«

»Das glaube ich jetzt echt nicht«, sagt Fallner. »Chapeau. Sie hatten mal wieder den richtigen Riecher.«

Dass die Ahmadis nur zu Besuch waren in Viersen, glaubt meine Chefin so wenig wie ich. Sie denkt an den angeblichen, bei der Durchsuchung abwesenden Emissionshändler, der offiziell nicht für den Ein- und Verkauf zuständig ist – welche Rolle spielt der in Wirklichkeit? »Und wer ist der Mastermind dieses ganzen Konstrukts, der Chef, das Oberhaupt? Der Mann, der über seine Firma *Koks* am Ende sogar mit der großen deutschen Bank agiert?« Wir sehen uns an. »Ich glaube, Sie denken das Gleiche wie ich«, antworte ich. Unisono kommt ein »Sayed Ahmadi?«. Aber kann das wirklich sein?

Jörg ist noch nicht aus der Mittagspause zurück. Wahrscheinlich spielt er noch eine Runde Dart. Die Scheibe hängt in einem unserer Flure. Um zu werfen, muss man sich in die Tür des Büros gegenüber stellen. Ich habe da auch mal eine Weile mitgemacht, mit mäßigen Ergebnissen. Aber jetzt bin ich besser vor meinen Flipchartbögen aufgehoben, wo es viel zu ergänzen und auch einiges zu streichen gibt. Wenn es zu unübersichtlich wird, muss das Poster ersetzt, also neu geschrieben werden.

Staatsanwältin Parsson braucht ein Schaubild, das alle Verbindungen zeigt. Ich mache mich ans Werk.

Sayed Ahmadi hat zwei Brüder, Ayden und Hassan, und zwei Schwestern, Elin und Mina, außerdem eine Verlobte, die auch seine Cousine ist, Niri Soldana. Die drei Nikoos, Halim, Kalim und Dalim, sind seine Cousins. Kann man sich nicht ausdenken, finde ich. Einem Drehbuchschreiber würde man wohl sagen, dass er an der Stelle ein bisschen übertrieben habe. Aber, was soll ich sagen: So stellt sich der Sachverhalt inzwischen dar.

Meine Kollegen würden wahrscheinlich immer noch abwinken. Gut, dass Jörg den Teil mit der *Ferrus GmbH* selber mitbekommen hat. Ansonsten glauben mir so richtig nur Fallner und Parsson. Wobei, das mit den Cousins habe ich Parsson noch gar nicht gesagt.

Dem Wer-mit-wem soll eine sorgsame Begründung des Verdachts folgen, dass der Täter weiter tätlich wird. Damit mache ich auch am nächsten Tag weiter. Da ist Feiertag, der erste Mai. Tag der Arbeit.

Auch am zweiten Mai sitze ich noch an den Berichten für die Staatsanwältin. Ich verwerte verschiedene Unterlagen, die ich mir in einzelnen Durchsuchungsmappen vom 28. April erst einmal zusammensuchen muss. Aus Platzgründen habe ich zwei Aktenböcke im Einsatz, einer steht allerdings auf dem anderen. Ist nicht gerade sicherheitskonform, aber ich brauche halt Platz.

Fallner steckt den Kopf in die Türe und empfiehlt, Feierabend zu machen. Ich mache noch ein wenig weiter. Am nächsten Tag muss ich fit sein, es geht zum Jour fixe nach Frankfurt. Jeder wird von seinen Erfahrungen und Ergebnissen bei der Durchsuchung berichten.

Den Staatsanwalt Isen interessieren meine Handyfirmen ja nicht so sehr, aber in meinem Bericht kamen sie trotzdem vor. Die Ahmadis von den Handy-Ketten seien mit Halim Nikoo aus der *Koks GmbH* verwandt. Einige Ahmadis seien am Durchsuchungstag im gemeinsamen Büro der *Koks* und *Handycell* angetroffen worden. Die Tatsache, dass ein »Sayed« von einem Handy der *Handycell* mit dem Bruder Halim Nikoos über die *Koks* sprach, dürfte Herrn Isen ja noch bekannt sein.

Ich habe in Frankfurt auch berichtet, dass die *Koks* und die *Handycell* dieselben Rechner nutzen und mindestens ein Mitarbeiter für beide Firmen aktiv ist. Und dann kam ich zum Emissionshändler Hartmann.

»Den Emissionshändler Hartmann haben Kollegen bei sich zu Hause angetroffen, und er hat erzählt, dass er eigentlich gar nicht bei der *Koks* angestellt sei, wie zunächst geplant, sondern mit seiner eigenen Firma einige Zeit später nur als Vermittler zwischen der *Koks* und der großen deutschen Bank aufgetreten sei. Vorher habe die *Koks* einige Zeit ohne ihn direkt an die *Profit 365* fakturiert. Dann habe man ihn wieder gefragt. Er mache das auf Anraten von Halim Nikoo, wobei dessen Bruder Dalim Nikoo immer bei ihm im Büro gewesen sei und die Geschäfte und vor allem das Konto und die Zahlungen beobachtet habe.«

Einige schauen mich jetzt fragend an.

»Ja, das haben die Kollegen auch bei Hartmann nachgefragt. Man hat ihm offenbar erzählt, dass er Überweisungen immer nur gemeinsam mit einem der Nikoos machen dürfe. Das wäre so üblich.«

Gemurmel im Saal, zu Recht. Alter Schwede. Das ist natürlich überhaupt gar nicht üblich.

»Es stellt sich die Frage«, fahre ich fort, »warum Hartmann als Chef seiner eigenen Firma für die Nutzung seines Kontos einen Aufseher braucht, der auch noch von der Firma kommt, die ihn angeblich beliefert. Meines Erachtens ist das schon ein Indiz dafür, dass es sich bei der *Koks*-Hartmann und der großen deutschen Bank um eine feststehende Kette handelt. Die *Koks* kontrolliert Hartmanns Konto.«

Nicht nur ich habe dann Spannendes zu berichten. Uns ist im Zusammenhang mit dem Konto aufgefallen, dass immer alles sehr zügig vonstattenging. Das haben andere auch gemerkt. Bei den Handyfirmen hieß es immer per E-Mail: »Bitte für meinen Kunden die Ware freigeben«, und das ging zuweilen im Minutentakt. Und nun wissen wir, dass auch bei dem vermeintlichen Handel mit Emissionszertifikaten Eile im Spiel war. Die Transaktionen von einem Firmenkonto zum nächsten geschahen ebenfalls minütlich. Die große deutsche Bank zum Beispiel zahlte an Hartmann zehn Millionen Euro um 9.10 Uhr, und Hartmann gab das Geld dann um 9.15 Uhr an die *Koks*.

Mein Bonbon hebe ich mir für den Schluss auf. Wir hatten ja auch Leute zur Durchsuchung in die einzelnen Banken geschickt, wegen der Konten der Beschuldigten. Und bei der Gelegenheit hat ein Kollege das Geld gesichert, das um exakt 9.15 Uhr bei Hartmann auf dem Konto war und direkt an die *Koks* weitergeleitet werden sollte. Dafür hatten wir ja die Arrestbeschlüsse. Das Schöne war die Höhe des eingezogenen und gepfändeten Betrags: sieben Millionen Euro. Hat Hartmann nicht gefallen, und die Nikoos sind völlig ausgerastet. Denn jetzt haben wir die Geldkette unterbrochen. Die sieben Millionen hätten von der *Koks* direkt weiter an eine Emissionsfirma mit Sitz in Dubai fließen sollen. Das haben wir nach der Durchsuchung bereits recherchiert.

Hartmann habe dem Kollegen dann auf dessen Nachfrage, wer nun eigentlich die Einkäufe und Verkäufe bei der *Koks* mache, erklärt, dass dies ein weiterer Bruder der Nikoos sei, der heiße Adam. Der spräche aber nur Englisch. Ob ihn das nicht stutzig gemacht habe, dass drei Nikoos Deutsch und kein Wort Englisch sprechen, der vierte Bruder der Nikoos kein Deutsch, aber Englisch? Ja, das sei Hartmann auch aufgefallen, aber die Brüder Nikoo hätten gesagt, der Adam sei etwas älter und im Ausland geboren und aufgewachsen.

So, fertig. Das war mal, was ich hier in der großen Runde beizusteuern hatte. Herr Isen findet das mit den sieben Millionen sehr gut. Nur die Beweismittel aus der Durchsuchung der *Handycell* scheinen ihn weiterhin nicht zu interessieren. Ich glaube, das ist ein Fehler, denn die *Handycell* hat ja dasselbe Büro wie die *Koks*, denselben Geschäftsführer und denselben Mitarbeiter für den Ein- und Verkauf. Aber Isen will offenbar nur die Beweismittel für die *Koks* haben.

Die Tage vergehen im Flug. Gleich nach dem Einsatz haben wir ja längst noch nicht alles genau auswerten können. Während solcher Tage oder auch Wochen prasseln neue Erkenntnisse auf uns herab. Gleichzeitig melden sich Rechtsanwälte, die für ihre Mandanten Einsicht in die Akten nehmen wollen oder bestimmte Beweismittel zurückfordern. Das Recht dazu haben sie. Es macht uns aber zusätzlich Arbeit. Wir müssen die Beweismittel erst mal in Ruhe sichten, bevor wir sie zurückgeben.

Ich habe inzwischen den Vermerk für die Fortsetzung der Tatbegehung bei Sayed Ahmadi zu Ende geschrieben, er liegt schon bei Parsson. Jetzt komme ich zum Thema Fluchtgefahr. Aus der Mappe vom Kollegen Rissing, die ich erst etwas später bekommen habe, ergab sich noch, dass im Zimmer des Sayed Ahmadi eine Telefonnummer aus Dubai gefunden wurde. Das sagt an sich nichts, würde aber dazu passen, dass er in Dubai eine Wohnung haben oder unterhalten soll. Die sieben Millionen sollten ja ebenfalls nach Dubai gehen.

Die Mappen zu den fünfundzwanzig Objekten aus meinen Verfahren habe ich jetzt so gut wie durchgeackert. Ich erhalte aber dann einen Anruf von höherer Stelle, der mich halbwegs wütend macht.

Wir haben ja auch die Wohnung des Geschäftsführers der *Koks* und *Handycell*, Halim Nikoo, durchsucht. Sie liegt in einer feinen Gegend in Düsseldorf, und als die Kollegen dort ankamen, öffnete niemand die Tür. Keiner da. So steht es im Durchsuchungsbericht. Man musste auch nicht den Schlüsseldienst anrufen, da Halim ja nicht grundsätzlich weg war, sondern sich in der Firma aufhielt. Die Kollegen überlegten sich, erst mal zu warten, auf Halim und den Schlüssel.

Warten kann man vor der Wohnungstür, aber auch in einem Stehcafé. Die Kollegen taten Letzteres, und damit stand das Objekt offensichtlich nicht durchgehend unter Beobachtung. Das weiß ich, weil mich nun eben der Präsident des Polizeipräsidiums persönlich anruft und sich dafür entschuldigt, dass ein Notruf als unwichtig klassifiziert und die Infos nicht weitergegeben worden seien.

Diesen Notruf tätigte am Tag der Durchsuchung eine Nachbarin. Sie teilte der Polizei mit, dass es im Nachbarhaus eine Durchsuchung gegeben habe, bei der niemand angetroffen worden sei, dass aber, nachdem die Beamten abgezogen seien, ein großer schwarzer Wagen mit vier südländisch aussehenden Männern vorgefahren sei. Die Männer seien ins Haus gegangen und wären nach kurzer Zeit mit einigen Koffern in der Hand wieder herausgekommen, ins Auto gestiegen und weggefahren.

Oh Mann! Hätten wir die Tür im Blick behalten und die Ausräumaktion so verhindert – was wäre uns dann aus dieser Wohnung wohl alles nicht durch die Lappen gegangen? Wir hätten Halim Nikoo und vielleicht auch die anderen Personen noch vernehmen können, Halim in aller Ruhe die Funde aus seiner Wohnung vorhalten können. Ich wette, dass die anderen drei Personen Sayed Ahmadi, sein Bruder und noch ein Cousin waren. Leider hat sich die Nachbarin das Kennzeichen nicht gemerkt. Wohin sind sie jetzt? In die USA? Da wohnt schließlich Ahmadis Verlobte Niri. Oder nach Dubai?

Das Telefon klingelt. Wer ist das jetzt, bitte? Der Leiter des Ordnungsamtes der Gemeinde außerhalb Kölns, in der die Ahmadis wohnen. Bin beeindruckt. Erst der Polizeipräsident, jetzt der Leiter des Ordnungsamtes – ruft morgen der Finanzminister an und möchte etwas zur Sache beisteuern?

Der Leiter des Ordnungsamtes teilt mit, dass die beiden Herren, die man im Rahmen der Durchsuchung am 28. April nicht angetroffen habe, nämlich Ayden Ahmadi und Sayed Ahmadi, dass die beiden heute in den Räumen der Stadtverwaltung einen neuen Reisepass beantragt hätten. Es sei ihnen sehr dringlich gewesen, denn sie wollen beide kurzfristig nach Dubai.

Der Ordnungsamtsleiter wusste von unserer Durchsuchung, die Kollegen vor Ort hatten sich nämlich von zwei Mitarbeitern des Ordnungsamtes begleiten lassen. Das war notwendig, weil kein Staatsanwalt zugegen sein konnte. In solchen Fällen müssen wir zum Beispiel Mitarbeiter der Gemeinde- bzw. Stadtverwaltung als sogenannte Durchsuchungszeugen mitnehmen. Wir können aber auch vor Ort, also vor der Durchsuchung fragen, ob ein Zeuge erwünscht ist, und wenn ja, auch notfalls die Nachbarin hinzuziehen. Es steht halt nicht immer ein Kollege der Gemeinde zur Verfügung.

Ich bedanke mich sehr für diesen wertvollen Hinweis. Jetzt wissen wir nämlich, dass Sayed Ahmadi sich noch in Deutschland aufhält und offenbar auch in dem Dorf in der Umgebung von Köln zu Hause ist. Gleichzeitig – wie ärgerlich! Hätten wir schon einen Haftbefehl für ihn, würden wir jetzt zu ihm starten.

Na gut, Sayed und sein Bruder Ayden wollen nach Dubai. Und sind jetzt noch hier, ein paar Tage nach der Durchsuchung. Das kribbelt in meinen Händen. Mein Vermerk zur Fluchtgefahr ist inzwischen fertig und schon an Parsson gegangen.

Mir fällt etwas ein. Liegen vielleicht auch polizeiliche Erkenntnisse zu den anderen Familienmitgliedern vor? Ich erkundige mich telefonisch bei der Polizeibehörde, die für die Gemeinde zuständig ist, in der die Ahmadis wohnen. Das ist von Bedeutung für das hiesige Strafverfahren, deshalb können mir Informationen grundsätzlich erteilt werden.

Ja, der Polizei ist etwas aufgefallen. Ich beende das Telefonat, stehe auf, nehme Jacke, Dienstausweis, Fahrtenbuch und den Schlüssel vom Dienstwagen und laufe in die Tiefgarage. Ich fahre da jetzt persönlich hin. In die Gemeinde in der Umgebung von Köln, zur Polizei.

Dort muss ich mich bei der Polizei mehrmals ausweisen. Dann finde ich Zugang und Gehör. Der Polizist ist erstaunt, aber nett und vor allem hilfsbereit. Er wisse, dass der kleinere Bruder der Ahmadis, Hassan, vor Kurzem einen neuen Reisepass beim Einwohnermeldeamt beantragt habe. Das Amt habe ihm das mitgeteilt, weil der Vorgang dort merkwürdig erschien. Die Familie Ahmadi würde nämlich auffällig oft ihre Pässe verlieren. Verlieren? Und oft? Nee, klar.

Ich fahre mit dieser Auskunft direkt zum Einwohnermeldeamt und erwähne hier, dass der Leiter des Amtes selbst mich heute angerufen habe. Ich werde dann auch direkt zu dem Mitarbeiter geführt, der sich wegen Hassan Ahmadi und des neuen Passes bei der Polizei gemeldet hatte. Er wusste natürlich schon, dass heute auch Ayden und Sayed Ahmadi erschienen waren, um wieder mal einen neuen Reisepass zu bekommen. Das Ordnungsamt kann einem Bürger einen neuen Pass nicht verweigern, lerne ich. Theoretisch kann sich jeder Deutsche in einem Jahr auch hundert Reisepässe ausstellen lassen. Er muss nur sagen, er habe seinen alten verloren. Im Falle der Ahmadis, die immer wieder angeben, ihren Reisepass verloren zu haben, könne er die Ausstellung allenfalls ein wenig verzögern, erklärt mir der Mann vom Einwohnermeldeamt. Allerdings hätten die beiden um ein Eilverfahren gebeten, da sie ja in Kürze nach Dubai fliegen wollten.

Das hörte sich dann doch stark nach Flucht an, würde ich sagen.

Ich erläuterte dem Beamten unter Einhaltung sämtlicher bestehender Steuergeheimnisse und sonstiger Vorschriften, dass es mir sehr helfen würde, zu erfahren, wann ein Mitglied der Familie die Pässe abzuholen plant. Er verspricht mir, mich anzurufen, sobald er etwas weiß. Sehr gut!

KAPITEL 9

Verfolgungsfahrt und Verhaftung

Erfolge auf dem Land, leider weiterhin zweifelnde Kollegen im Amt – ich dachte, da wären wir jetzt mal drüber hinweg. Fallner hat doch allen von den Ergebnissen der Durchsuchung Ende April berichtet, auch von Erkenntnissen zu den Ahmadis und Nikoos. Sind also jetzt nicht mehr meine Fantasien, sondern Ergebnisse von Ermittlungsmaßnahmen. »Ey, hast du Ahmadi schon gesehen?«, werde ich trotzdem gefragt, oder: »Wo ist er denn jetzt, dein Rädelsführer?«

Mir geht das langsam auf den Geist. Aber andererseits, ich bin ja auch manchmal skeptisch, wenn andere irgendwelche Thesen verbreiten. Habe dazu dann sicher auch nicht immer nur geschwiegen. In diesem Fall kontere ich eben, dass ich sicher sei, dass wir ihn finden.

Es ist der 9. Mai und kein Wonnemonat-Wetter. Heute scheint aber immerhin ab und an die Sonne. Vor meinem Fenster im Büro steht eine große Eiche. Ein paar Sonnenstrahlen lugen hindurch. Immerhin ist es grün da draußen. Der Regen der letzten Wochen hatte auch sein Gutes.

Gestern haben Parsson und ich die zwei nationalen Haftbefehle bekommen, einen für Sayed und einen für Elin Ahmadi. Bei Mordverdacht braucht solch ein Haftbefehl natürlich oft nicht mal einen Tag, aber für Umsatzsteuerhinterziehung ging das jetzt echt mal schnell. Fluchtgefahr und hohe Schäden für die Staatskasse haben sich offenbar beschleunigend ausgewirkt auf den Prozess. Mein Vermerk kann damit auch nicht ganz so schlecht gewesen sein. Und dass Parsson selbst auch noch mal

Druck gemacht hat, kann ich mir gut vorstellen. Sie hat ein sehr gutes Durchsetzungsvermögen.

Halim Nikoo hatte am Durchsuchungstag morgens in der Firma ausgesagt, dass sein Cousin »Sayed möglicherweise in den USA« sei. Er wisse das nicht so genau, die Familie würde ständig hin und her fliegen. Dass aber Sayed in den USA ist, kann Nikoo seiner Großmutter erzählen. Hatten die beim Amt nicht was von Dubai gesagt?

Natürlich kann er sich auch in ein Land abgesetzt haben, in das er ohne Pass einreisen kann. Ich muss Parsson anrufen und fragen, wann denn jetzt die Haftbefehle vollzogen werden und ob ich das organisieren soll.

Das Telefon klingelt, mein Mann vom Land, aus dem Einwohnermeldeamt. Der ältere Ahmadi-Bruder werde morgen den besagten Pass zumindest schon mal für Hassan, also den jüngsten der Ahmadi-Brüder, abholen kommen, sagt er. Holla! Bewegung! Allerdings haben wir ja zwei ältere Brüder. Ich glaube, ich muss mal in das Dorf in der Umgebung von Köln fahren und mir dort das Haus der Ahmadis anschauen. Vielleicht sehe ich ja jemanden.

Leider sind alle Dienstwagen unterwegs, ich nehme deshalb meinen Privatwagen, einen schwarzen Landrover, nicht wirklich unauffällig. Zugelassen ist er im Kreis Viersen, Kennzeichen VIE, in dem ich früher gewohnt habe – und in den die Nikoos nun ihre Firmen gelegt haben.

Nach gut eineinhalb Stunden fahre ich immer tiefer in einen Wald hinein. Es ist hügelig, die Straße verläuft in Serpentinen, rechts und links davon leuchtendes Grün. Fast wie im Urlaub. Keine Geräusche, außer meinem Auto und ein paar Blättern, die sich im Wind bewegen. Ich fahre weiter und gelange in das Dorf. Ups. Das ist alles? So klein?

Hier fällt mein Auto auf jeden Fall auf. In diesem Nest ist ein schwarzer Landrover wahrscheinlich Tagesgespräch. Ich stelle es besser irgendwo außerhalb ab und verzichte auch auf meine eher auffällige Sonnenbrille.

Während ich weiterfahre und nach einem Plätzchen für meinen Landrover suche, beschleicht mich auf einmal ein seltsames Gefühl. Jetzt höre ich durchaus noch ein anderes Geräusch. Hinter mir, sehr dicht hinter mir, in dieser halben Einöde viel zu dicht hinter mir, fährt ein schwarzer Porsche Cayenne mit dem Kennzeichen VIE.

Das Herz schlägt schneller, ich spüre es pochen. Wenn ich das richtig sehe, sitzen fünf Personen in dem Geländewagen. Das kann nicht wahr sein! Am besten ganz normal weiterfahren. Nicht anhalten. Und die ganze Observation vergessen. Nur weg hier.

Zu den Ahmadis hätte ich jetzt abbiegen müssen, bin aber weitergefahren und leiste mir einen Blick in den Rückspiegel. Der Porsche ist abgebogen. Scheiße, das waren wirklich die Ahmadis. Jetzt wissen sie, dass ein schwarzer Landrover in ihren Gefilden umherfährt, der im selben Landkreis wie ihr Cayenne angemeldet wurde.

Haben sie mich gesehen? Erkannt? Könnte sein. Sie sind dicht aufgefahren, und eine Dame der Familie hat mich ja schon mal gesehen. Wenn die mit im Auto saß, wissen jetzt auch die anderen im Fahrzeug, wer ich bin. Etwas zittrig und beeindruckt von dem Geschehenen, trete ich die Rückreise an. Zum Meldeamt muss morgen jemand anders fahren.

Aus der Distanz sehe ich die Sache dann zum Glück wieder lockerer. Das Zusammentreffen war natürlich Zufall, und hey, ich wollte doch sehen, ob jemand zu Hause ist. Jetzt weiß ich es. Es sind auf jeden Fall noch ein paar Ahmadis und oder Nikoos zu Hause in dem Dorf. Wir müssen jetzt mit den Haftbefehlen aus dem Quark kommen, bevor sie sich wirklich aufmachen. Parsson habe ich von meinem Ausflug bereits berichtet, und zum Einwohnermeldeamt fährt am nächsten Tag Richi, der Kollege der Kripo. Er nimmt noch einen Kollegen aus seinem Dezernat mit. Die beiden sollen mal versuchen herauszufinden, ob es sich bei dem älteren Bruder, der den Pass abholen will, um Sayed handelt. In diesem Fall könnten sie ihn direkt abfischen, also aufgrund des vorliegenden Haftbefehls festnehmen. Es stellt sich dann aber heraus, dass der kleine Bruder Hassan Ahmadi den Pass selbst schon abgeholt hat, ganz früh, gleich nach Öffnung. Mist.

Allerdings hatten die beiden Kollegen von Parsson außerdem den Auftrag, auch ins Haus der Ahmadis zu fahren und die Haftbefehle zu vollstrecken. Bei einem waren sie erfolgreich. Im Dorf bei den Ahmadis hielten sich vier Personen auf, Mama Ahmadi, Hassan, Elin und Mina. Elin haben sie direkt festgenommen. Dabei machten die Mutter und Hassan ordentlich Theater. Eine unschuldige Frau festnehmen, und natürlich mit Migrationshintergrund, das wäre ja wohl das Letzte. Das kenne man ja aus der deutschen Geschichte. Diese Sache werde ein Riesennachspiel haben.

Sehr unschön. Aber mit solchen Vorwürfen müssen wir umgehen.

Von Sayed allerdings gab es an diesem Tag keine Spur. Die Befragung seiner Angehörigen brachte keine neuen Erkenntnisse.

Im Grunde ging das schnell vom Ausstellen des Haftbefehls am 8. Mai bis zur Teil-Vollstreckung am 10. Mai – gerade mal drei Tage. Bedenkt man, dass wir hier in Wirtschaftsstraftaten unterwegs sind, so haben wir sogar sehr schnell agieren können. Das mussten wir ja auch, wegen der Fluchtgefahr. Jetzt haben wir zwar leider nur die Schwester erwischt, aber das kann uns auch helfen. Sie wird zwar kaum verraten, wo ihr Bruder sich aufhält, vielleicht aber unbeabsichtigt manchen Hinweis geben, der uns weiterhilft.

Ich suche weiter in den Unterlagen aus den Durchsuchungen. Am meisten interessiert mich im Moment die *Koks GmbH* und wer dort etwas zu sagen hat. Zur *Koks* liegen uns viele Unterlagen aus dem Büro und auch aus der Kanzlei des Steuerberaters vor, außerdem viele elektronische Daten. Was mich interessiert: Wer ist dieser Adam Nikoo? Warum spricht der kein Deutsch? Dass er im Ausland aufgewachsen sein soll, ist ja wohl eher ein schlechter Scherz. Wer vermittelt denn zwischen dem Mann, der Adam Nikoo sein will, und seinen angeblichen Brüdern? Was machen die Ahmadis mit den Nikoos? Ist der Sayed am Telefon der *Handycell* mein Sayed? Ist wiederum Adam Nikoo derselbe Adam, der mit Sayed Ahmadi zu Aktas nach Istanbul geflogen ist? Da wären wir im Bereich Handys angekommen. Ist das alles dieselbe Soße? Und wer ist diese komische Gesellschafterin aus den USA, diese Firma *Las Vegas*? Und, auch wichtig: Hat schon mal irgendjemand die drei Brüder Halim, Kalim und Dalim zusammen gesehen? Bei der Durchsuchung der *Koks* und *Handycell* waren nur Halim und Ahmadis vor Ort. Bei der *AS* haben wir niemanden angetroffen. Nur bei Hartmann haben wir ein Papier mit Dalims Unterschrift gefunden. Er selbst war nicht da.

Inzwischen haben wir mehrere Unterschriften oder handschriftliche Notizen gesehen. Mal schrieb Halim, mal Kalim und mal Dalim. Allerdings sehen die Handschriften nahezu identisch aus. Das bringt mich auf eine Idee, aber eine andere Sache geht vor. Zuerst bitte ich die Kollegin aus der EG Thor, die für die ausländischen Rechtshilfen zuständig ist, darum, wenn sie eine Rechtshilfe in die USA macht, die *Las Vegas* aus der *Koks GmbH* mit abzufragen. Sie wird die amerikanischen Behörden bitten, auch Informationen aus ihren Systemen zur *Las Vegas* herauszusuchen.

Danach rufe ich Parsson in Köln an. Sie soll wissen, dass ihr Kollege in Frankfurt, Staatsanwalt Isen, die *Handycell* weiterhin nicht übernehmen will. Er will nur Firmen, die Rechnungen über

Emissionszertifikate schreiben. »Isen glaubt mir nicht, dass der Rechner der *Handycell* auch interessante Daten der *Koks* enthalten kann. Dasselbe Büro, derselbe Geschäftsführer, derselbe Ein- und Verkäufer – wie wollen wir da überhaupt die Beweismittel trennen?«

Parsson ist auch verwundert. »Das kann eigentlich nicht sein. Da gehen ihm ja in der Gesamtschau möglicherweise echt Beweismittel verloren. Das kann dann hinterher niemals vollständig sein.«

»Und was kann ich denn jetzt machen?«, frage ich.

Ich könne gar nichts machen, sagt Parsson. »Sie haben es jetzt oft genug Isen gegenüber erwähnt. Versuchen Sie einfach, bei der Auswertung möglichst viele Zusammenhänge zu finden.« Gut. Dann bin ich mal halbwegs beruhigt.

Parsson will noch wissen, ob ich sicher sei, dass Ahmadi fort ist. Seine Schwester Elin hatte damals nur gesagt, sie wisse nicht, wo er sei. Aber: Er war beim Meldeamt. Mal abwarten, vielleicht erhalten wir Hinweise. Zur Fahndung ist er ja ausgeschrieben. Wenn er jetzt in eine Verkehrskontrolle gerät, haben wir ihn. Auch wenn er jetzt noch auszureisen versuchte, würde er geschnappt, jedenfalls wenn er seinen Pass herzeigen müsste.

Ich knie auf dem Boden und sortiere Unterlagen aus dem Büro der *Koks* und *Handycell*. Da liegen Einreiseanträge für die USA, also ausgedruckte ESTA-Anträge eines gewissen Adam Hicks und eines Sameer Nihsom. ESTA, das ist das automatisierte System für die visumfreie Einreise in die USA, man hat es 2008 als günstige und schnelle Alternative zu den komplizierten Visa-Verfahren eingeführt. Man muss ESTA-Anträge ausfüllen, wenn man kein Visum für die USA hat, jedoch aus geschäftlichen oder privaten Gründen vorübergehend einreisen will. Die Anträge von Hicks und Nihsom sind abgeheftet in einem Ordner mit Unterlagen der *Handycell*. Der Ordner ist ohne Beschriftung.

Wer sind die Herren? Warum hat man ihre Anträge hier aufbewahrt? Im Grunde müssen sie ja hier in Deutschland gewesen sein und auch irgendetwas mit der *Handycell* oder auch mit der *Koks GmbH* zu tun haben.

Ausgedruckte E-Mails fallen mir in die Hände. Ich lese mich auf dem Boden in die Unterlagen ein. Sollte Jörg den Kopf schütteln, merke ich es nicht. Er liest oben am Schreibtisch meistens Blatt für Blatt eines Ordners durch. Ich hingegen brauche den Platz, muss die verschiedenen Unterlagen und Dokumente ganz nah beieinanderhaben.

Auf meinem Schreibtisch türmen sich Unterlagen der *Handycell* und verschiedener anderer Verfahren. Es wird kein Zufall sein, dass bisher in allen Firmen irgendwelche Ahmadis und Nikoos stecken, die auch noch miteinander verwandt sind. Und während ich mal wieder sinniere, ob Sayed Ahmadi der Kopf der Bande ist, bekomme ich ein Dokument aus dem Ordner mit den ESTA-Anträgen in die Finger.

Ich starre auf das Blatt. Zwei, vielleicht drei, gefühlt dreißig Minuten. Dann erhebe ich mich aus meiner Kurzzeitstarre und wähle die Kollegin Rechtshilfe der EG Thor an.

»Hallo, Marion, sind die Anfragen in die USA schon raus?«

Da muss sie erst mal nachsehen, ruft gleich zurück. Da ist jetzt eine Unruhe in mir, die Jörg offenbar bemerkt. Ob alles in Ordnung sei, fragt er.

Nö. Aber das erzähl ich dir später, sonst hältst du mich für halb verrückt.

»Alles gut«, sage ich. Ich muss unbedingt noch mal ins Handelsregister schauen. Vielleicht habe ich was übersehen bei der *Koks* und bei der *Handycell.*

Verdammt, da hatte sich was inzwischen verändert. Die Firma *Las Vegas*, die Gesellschafterin der *Koks*, besitzt ja auch Anteile an der *Handycell*. Aber sie hat mal eben 1,5 Millionen Euro als Kapitalerhöhung investiert, eine Million bei der *Koks* und eine halbe Million bei der *Handycell*. Mein Vorsatz, mich ruhig und distanziert zu verhalten, ist dahin – das muss ich Jörg sagen. »Wo kommt denn das Geld her?«, fragt er mich anschließend. »Halt mich nicht für verrückt, aber ich glaube: von Sayed Ahmadi.«

Das war natürlich zu viel. Jörg sieht mich an, als hätte ich Beulen im Gesicht. Dann steht er auf und meint, er gehe jetzt mit den anderen in die Mittagspause. Jetzt setze ich mich wieder auf meinen Stuhl, verwünsche mich dafür, dass ich überhaupt mit ihm darüber gesprochen habe.

Das Blatt, auf das ich gestoßen bin, ist ein Schreiben einer US-Behörde, offenbar eine Art Finanzamt. Es geht an die Firma *Las Vegas*, und voilà: »Dear Mr. Sayed Ahmadi«, heißt es in der Anrede, bevor die Behörde ihn auffordert, für die *Las Vegas* eine Steuererklärung abzugeben.

Dear. Mister. Sayed. Ahmadi. Ich fass es nicht.

Kollegin Marion aus Frankfurt ruft zurück. Die Anfragen in die USA waren bereits raus, meine ist noch hinterhergeschickt worden, und nur zu meinen Firmen sind auch schon Antworten reingekommen. »Da ist nichts«, sagt Marion.

»Was heißt das?«

»Also, die haben Fotos geschickt von einer leeren Halle, die wohl schon ganz lange leer steht. Das haben die Anwohner von nebenan gesagt. Diese Anwohner hatten schon mehrmals Leute von Behörden da, die nach der *Las Vegas* gefragt haben.«

Bevor ich Parsson und Fallner informiere, und das mache ich, bevor ich den großen Meister Herrn Staatsanwalt Isen anrufe, muss ich mal wieder frische Luft durch mein Hirn pusten lassen. Einmal Schreiwiese kann jetzt nicht schaden. Und dort ist auch praktischerweise gerade niemand zu sehen. Ich schreie – und fluche dabei auch wie ein Kesselflicker.

»Alter Schwede, Sie sind ja wütend.«

Ich drehe mich ruckartig um. Im Schatten eines Baumes steht der Obdachlose vom letzten Mal.

»Wo kommen Sie denn auf einmal her?« Ich hatte mich doch umgeschaut.

»Ach, wissen Sie, man lernt es, unsichtbar zu sein. Ich war hinter dem dicken Baum dahinten.« Er zeigt auf eine mächtige Eiche. »Die Natur verlangte ihr Recht.«

»'tschuldigung. Ich wollte Sie nicht schon wieder belästigen.«

Ich glaube, ich werde rot im Gesicht, da ich auch etwas unschönere Worte genutzt habe. Das mit »F«, das im Radio meist ersetzt wird in Songs, war noch eines der harmloseren.

»Sie brauchen jetzt nicht rot zu werden. Hier draußen kriegt man einiges mit. Ihre Tirade war ja auch nicht für mich bestimmt.« Er lacht und zeigt dabei seine auffällig weißen und ordentlichen Zähne. Putzt er sich hier jeden Tag irgendwo die Zähne? Und woher kennt er das Wort Tirade? Denke ich, bevor mir klar wird, dass ich kurzfristig tief in die Vorurteilsfalle getappt bin. Obdachlos = bildungsfern, diese Gleichung ist allenfalls realitätsfern.

Ich entschuldige mich noch mal, wünsche ihm noch einen schönen Tag und mache mich wieder auf ins Büro. Das war dann meine Mittagspause.

Parsson nimmt direkt ab. Ich erkläre ihr, was ich gefunden habe, »Dear Mr. Sayed Ahmadi«, unser Mann in Amerika.

»Donnerlittchen«, sagt sie und fragt, wie dieser Knirps an solche Kontakte und an die 1,5 Millionen kommen konnte, die er durch die *Las Vegas* in Deutschland investiert hat. Keine Ahnung.

Dass ich Isen Bescheid sagen will, findet Parsson richtig. Sie bittet mich, gegen Sayed Ahmadi auch das Verfahren zumindest wegen Beihilfe bei der *Handycell* einzuleiten. Das andere müsse dann Herr Isen klären. Sie an seiner Stelle würde bei der *Koks* aber auch einleiten. Nun ja, ich auch.

Und der Herr Isen zeigt sich dann auch tatsächlich sehr interessiert, allerdings an anderen Sachen. Ihn interessiert kein Ahmadi und die *Las Vegas* an sich auch nicht. Er möchte gerne wissen, ob ich anhand der Kontoauszüge mal bitte recherchieren könnte, von wo das Geld gekommen ist und ob es in mehreren Chargen gezahlt wurde. Ich solle doch mal schnell die Konten der *Koks* und *Handycell* auswerten.

Das geht in Ordnung, aber was ist mit der Einleitung des Strafverfahrens gegen Sayed Ahmadi wegen Beihilfe zur Steuerhinterziehung der *Koks*? Ach ja, das solle ich auch machen.

Ich sitze noch so da auf meinem Stuhl, Unterlagen vor mir und zu meinen Füßen, als die Chefin den Kopf hereinsteckt. Sie sieht in mein wahrscheinlich etwas ratloses Gesicht und fragt: »Käffchen?« Ich trotte hinter ihr her in ihr Büro. Bei einer Tasse Kaffee erzähle ich ihr dann, was ich alles gefunden habe, berichte von den beiden Telefonaten mit Parsson und Isen, dass ich gegen Sayed Ahmadi weitere Verfahren einleiten werde und dass ich gerade nicht ganz genau weiß, wie ich jetzt weitermachen soll.

»Das kann ich gut verstehen«, sagt Fallner. »Fassen wir mal zusammen, im Kopf zu ordnen hilft ja weiter. So: Wir haben einen 21-jährigen Sayed Ahmadi, der eine Handyfirma *Ahmadi Telekom*, die *World Fon GmbH*, die *A-Phon GmbH* und die *Ferrus GmbH* sozusagen steuert. Offiziell eingesetzt in diese Firmen hat er seine Familie und zwei Kumpels. Dann gibt es da noch die *Next Chance GmbH* von seinem Bruder Ayden, die *Handycell GmbH* und die *Koks GmbH*, wo seine weitere Verwandtschaft eingesetzt ist. Dann die *AS GmbH* mit seinem Cousin und seiner Schwester. Und jetzt noch die Firma *Las Vegas* aus den USA, die ihm wohl gehört und die mal fix 1,5 Millionen Euro investiert. Außerdem soll er eine Wohnung in Dubai haben, zwei teure Autos und Kontakt zu einem Adam, der laut diesem Einreiseantrag Hicks heißt, und außerdem Kontakt zu einem Sameer Nihsom. Habe ich was vergessen?«

Nein. Entweder hat sie ein super Gedächtnis oder heimlich meine Flipchartblätter gelesen.

»Die Cousine und Verlobte können wir mal rauslassen«, sage

ich, »die weiß sicher von gar nichts. Offensichtlich schreiben sich alle Firmen Scheinrechnungen, auch noch unter Beteiligung einiger anderer Firmen, zum Beispiel der aus Leipzig, der *Biber GmbH*. Alle Handy-Ketten enden bei einem großen Händler, der Rechnungen in andere EU-Länder stellt und somit keine Umsatzsteuer zahlt, aber aus den vorliegenden Rechnungen die Steuer erstattet bekommt. Und das könnten verdammt hohe Summen sein, die dem Fiskus jetzt fehlen. Da sind dann noch nicht mal ansatzweise die Ketten mit den Zertifikaten enthalten, die von der großen deutschen Bank in Frankfurt steuerfrei an die große deutsche Bank in London gehen. Die große deutsche Bank in Frankfurt hat sich dabei wiederum dreistellige Millionen Beträge vom Finanzamt erstatten lassen.« Das muss einer Finanzverwaltung doch eigentlich auffallen, dass das alles nicht stimmen kann – und die muss etwas unternehmen. Sie sollte zum Beispiel die Firmengründungen am Anfang viel enger und strenger überwachen. Und sofort prüfen, wenn bei einer Bank so hohe Erstattungen beantragt werden. Eine Bank hat normalerweise gar keine Umsatzsteuerzahlungen. Das Bankenwesen ist steuerfrei. Es gibt natürlich Ausnahmen, ein Geschäftsbereich wie zum Beispiel eine Kantine ist umsatzsteuerbehaftet. Aber hier geht es ja wohl um andere Summen.

»Was machen denn die anderen Fahndungsstellen so mit diesen Firmen?«, fragt Fallner.

Ich halte natürlich Kontakt mit Bonn, München und vor allem mit Berlin. Dort boomen diese Betrugsfirmen nämlich auch, und die Kollegen werden dem kaum Herr. Ist die erste Firma von der Fahndung plattgemacht, das heißt, nach Ermittlungen und Durchsuchung liegt ein strafrechtlicher Abschlussbericht vor, und das Finanzamt löscht die Umsatzsteuer-Nummer, dann ist die nächste Firma in die Kette schon längst eingebunden. Es scheint, als hätten sie für diese Fälle Vorratsfirmen im Hintergrund. Einer muss das alles im Blick haben, muss es überwachen, um dann so schnell reagieren zu können. Das sagt mir nicht nur mein siebter Sinn. Warum kann eigentlich, wenn wir so was festgestellt haben, unsere Verwaltung nicht schnell reagieren?

»Also, die Berliner erstellen gerade ein Merkblatt zur Beachtung des gemeinschaftlichen Umsatzsteuer-Missbrauchsverbots.«

Ich halte das wirklich für eine gute Idee, was die Kollegen in Berlin da machen. Das Merkblatt soll an alle Finanzämter gehen, dort vor allem an die Neuaufnahmestellen, die die Steuernummern vergeben und prüfen, ob die Firma sauber ist, soweit man dies in dem frühen Stadium schon erkennen kann. Das Merkblatt nennt Indizien, die darauf hindeuten können, dass es sich um eine Scheinfirma handelt, die zum Zwecke des Umsatzsteuer-Betrugs gegründet worden ist. Darunter fällt ein Sitz in einem Büroservice und ein Geschäftsführer aus Pakistan, Afghanistan, England oder Indien, der keinen Wohnsitz in der Nähe des Firmensitzes, sondern im Ausland hat. Verdächtig sind auch Rechnungen mit sehr hohen Handelssummen, wenn die Firma noch gar nicht am Markt ist. Ebenfalls auffällig ist, dass der Unternehmenszweck im Handelsregister nicht dem entspricht, was auf den Rechnungen steht. Für die Prüfungsstellen in den Finanzämtern soll es auch noch ein erweitertes Merkblatt geben.

Fallner schaut mich an. »Das klingt nicht schlecht. So eine Art Betrugsfrühwarnsystem.«

Ich nippe am Kaffee und nicke. »Ja, so in etwa. Die wollen das auch an ihr Ministerium schicken und darum bitten, dass es länderübergreifend, also an alle Bundesländer verteilt wird und zum Einsatz kommt. Denn nur in Berlin würde es keinen Sinn machen. Dann ziehen die Täter halt in ein anderes Bundesland. Die Ballungszentren dieser Betrugsfirmen sind sowieso die Großräume Berlin, Düsseldorf, Frankfurt, München und Hamburg. Ist Ihnen das schon aufgefallen?«

Fallner denkt nach. »Wahrscheinlich kann man sich in großen Städten besser anonym Wohnungen oder Apartments anmieten. Und dort gibt es eben auch diese Büroserviceadressen.«

Das ist aber nicht alles. Bei diesen ganzen Firmen sind die Geschäftsführer meistens Personen aus dem Ausland ohne Wohnsitz in Deutschland. Die müssen ab und an, wenn es vielleicht um Notartermine, Kontogründungen oder sonstige Anlässe geht, auch mal hier vor Ort sein. Und die Städte, die wir eben aufgezählt haben, besitzen alle einen internationalen Flughafen. Eine zügige An- und Abreise ist also garantiert.

KAPITEL 10

Das schwarze Loch und ein Umzug

Ich blättere von einem Kontoblatt zum nächsten. Die Zahlungen, die auf den Konten der *Koks* und *Handycell* eingehen, werden taggleich in einem sogenannten Eilverfahren an eine Firma in London weitergeleitet. Es ist immer dieselbe Firma, eine *Black Whole Ltd.* Was ist das denn für ein Konstrukt? Wieso geht das Geld nicht an die Firmen, von denen sie die Rechnungen erhalten haben? Aus unseren neu errichteten Regal-Trennwänden fische ich einen Bankordner der *A-Phon* raus.

Tatsächlich überweist auch die *A-Phon* an diese *Black Whole Ltd.* Nach weiteren Recherchen und einem Telefonat mit dem Kollegen Rissing und Leipzig ist klar: Auch die *Next Chance* und die *Biber* zahlen an die *Black Whole Ltd.*

Bevor ich Staatsanwalt Isen anrufe, muss ich schnell noch die Kontoauszüge der *Koks* und *Handycell* nach dem neu eingezahlten Stammkapital durchsehen. Die kompletten 1,5 Millionen Euro kamen in zwei Tranchen von einer Firma *Suisse Financial Ltd.* in Dubai und von einer *Cooperhill Investment* in Großbritannien. Keine Ahnung, was das zu bedeuten hat.

Anruf bei Isen. Ich sage ihm, wo das Geld herkommt. Er ist überrascht, aber nicht so euphorisch wie ich. Tut ein bisschen so, als hätte er das erwartet. Entweder ist das seine Masche, oder die haben in der EG Thor mehr Infos als wir. Aber das nächste Treffen steht ja bald an.

Isen erklärt das mit der *Black Whole*. Das sei ihnen bei den

Ermittlungen auch aufgefallen, und deshalb hätten sie sich in Großbritannien erkundigt. Diese *Black Whole* sei so was wie eine Finanzplattform, eine Firma, die bei einer großen britischen Bank ein Konto unterhält, das über Hunderte Unterkonten verfügt. Da gehe Geld rein, werde auf Unterkonten umgebucht, wobei jede Firma im Unterkonto eine eigene Referenznummer habe, und schon könne keiner mehr nachvollziehen, von wem an wen wofür Geld gezahlt worden sei. Man würde die Ein- und Ausgänge sehen, auch dass einige Gelder dann nach Dubai transferiert werden. Aber mehr hätten die Kollegen aus Großbritannien dazu nicht sagen können.

Geld kommt, Geld verschwindet, in einer Firma, die übersetzt »Schwarzes Loch« heißt. Auch meine Kollegen Frank und Annemarie hier in Düsseldorf, die bei der *Alpha GmbH* und *Beta GmbH* ermitteln, haben diese Geldbewegungen festgestellt. Bei meiner anderen Zertifikatefirma, der *Delta GmbH*, läuft das ebenfalls so.

Ich weiß allerdings nicht, was die Geldzahlungen aus Dubai und Großbritannien zu bedeuten haben, die bei der *Koks* und der *Handycell* eingingen. Klar, es waren Kapitalerhöhungen, aber wieso und in welchem Bezug stehen diese Firmen zur *Koks* und *Handycell*? Wem gehören denn die Firmen *Suisse Financial Ltd.* und die *Cooperhill*? Google fragen. Nichts. Hatte es etwas mit Adam zu tun? Es klingelt. Parsson.

»Hallo, Frau Orths. Wir haben doch gegen Sayed Ahmadi jetzt schon insgesamt vier Verfahren und zwei Beihilfeverfahren. Ist das korrekt?« Ja. »Soll ich nicht mal versuchen, die Beihilfeverfahren Mina Ahmadi und diese Verlobte aus den USA von der bisher zuständigen Staatsanwaltschaft zu evozieren?«

Evozieren ist hier eigentlich nicht das richtige Verb. Evozieren bedeutet, dass man ein Verfahren von einer untergeordneten Verwaltung an sich zieht. Parsson meint, dass sie den bisher zuständigen Staatsanwalt einer anderen Staatsanwaltschaft bitten will, das Verfahren abzugeben. Denn es macht natürlich viel mehr Sinn, alle Verfahren, die zusammenhängen, durch einen Staatsanwalt zu führen.

»Dann leite ich gegen Sayed Ahmadi das Verfahren wegen bandenmäßiger Umsatzsteuerhinterziehung ein«, fährt sie fort. »Wird langsam Zeit. So wie es aussieht, hat er doch überall seine Finger mit drin.«

»Das wäre eine supergute Idee, auch das mit der Bande. Sehe ich genauso.«

Später ruft noch Herr Hartmann an, Rico, der Emissionshändler. Der so sauer gewesen war, dass wir ihm die sieben Millionen gepfändet haben, und der jetzt Stress mit der Familie Nikoo hat. Das sagt er zumindest.

»Wie sieht denn dieser Stress aus?«, frage ich. »Werden Sie bedroht?«

»Nicht direkt. Aber ich solle mich anstrengen, die sieben Millionen zurückzuholen. Was soll ich denn tun?«

Tja, das ist eine gute Frage. Für ihn. Und andererseits: Warum soll ich mich jetzt damit herumschlagen?

»Das muss ich mit meiner Vorgesetzten und auch mit Herrn Isen besprechen. Auf die Schnelle fällt mir nicht viel ein.«

Mehr konnte Hartmann ja wohl nicht erwarten. »Das wäre sehr nett«, sagt er. »Mir ist auch noch etwas aufgefallen, ich meine, falls es Ihnen weiterhilft. Denn ich will kooperieren. Ich wusste das alles am Anfang nicht. Jedenfalls habe ich nach der Durchsuchung mal etwas geprüft. Jedes Zertifikat hat ja eine Nummer. Ich habe in mühevoller Kleinarbeit jetzt entdeckt, dass über meine Firma mehr als sieben Mal die gleichen Zertifikatenummern gelaufen sind.«

Nee, ne? Echtes Karussell? Ich frage nach: »Das bedeutet, Sie haben sieben Mal von der *Koks* diese Zertifikate bekommen, die Sie dann wohl auch sieben Mal weitergeleitet haben – und die große deutsche Bank auch.«

Das Ganze geht dann ja offenbar genau wie bei den Handys. »Dann werden die Zertifikate nur über Rechnungen, zumindest über die *Koks* und über Ihre Firma und die große deutsche Bank, sieben Mal durch Deutschland gejagt? Nur, um sich Umsatzsteuererstattungen zu erschleichen?«

»Sieht so aus«, sagt Hartmann.

Das ist interessant für den nächsten Jour fixe in Frankfurt. Ich versichere Hartmann, dass ich das Problem mit den sieben Millionen Euro mit meiner Sachgebietsleiterin besprechen werde. Er bedankt sich. Als ich gerade auflegen will, fällt mir noch etwas ein.

»Herr Hartmann, Sie haben doch mal Kalim, Dalim und Halim Nikoo und auch diesen Adam Nikoo kennengelernt, oder?«

»Nicht alle, aber ja. In den Räumen der *Handycell* und *Koks* waren immer sehr viele Personen anwesend. Ich habe Halim, Dalim und Adam persönlich kennengelernt. Kalim nicht.«

»Könnten Sie mir mal kurz beschreiben, wie die drei aussehen?«

»Also, bei Halim ist auffällig, dass er eine große Narbe über dem Auge hat. Kurze Haare. Klein. Und Dalim sieht so ähnlich aus, nur ohne Narbe. Vielleicht ein bisschen größer. Der war immer bei mir im Büro. Adam dagegen sieht total anders aus. Er hat eine Glatze und ist klein. Der wirkt wie einer, der auch schon mal austeilen kann, wenn Sie wissen, was ich meine.« Ja, kann ich mir vorstellen.

Dann mal auf zu Fallner mit Hartmanns Sieben-Millionen-Anliegen und seiner Angst vor den Nikoos. Es gibt Kekse zum Kaffee, gut, habe noch nichts gegessen heute.

»Also«, setzt die Chefin an, »der Hartmann soll denen von der *Koks* sagen, dass er ja nichts dafürkann, dass wir genau in dem Augenblick bei ihm waren und das Geld gepfändet haben. Die sollen sich bei Isen beschweren.« Ich stimme ihr zu. »Die ganzen gepfändeten Vermögen und was damit passiert, da kümmert sich die EG Thor und da vor allem das BKA drum. Ich kann Hartmann später anrufen und ihm dort einen Ansprechpartner nennen.«

Fallner erzählt mir dann von der Besprechung der Sachgebietsleiter, die sie heute schon hatte. Es ging um Altfälle, Statistik, Controlling und um die Renovierung der Tiefgarage. Da müssen jetzt Leuchtstreifen auf den Boden, falls die Lampen mal alle gleichzeitig kaputtgehen.

»Und inhaltlich?«, frage ich. »Keine Rückfragen zu unseren Ermittlungen hier?« Fallner sagt, sie habe von der großen Durchsuchung, EG Thor und von den vielen Ermittlungen hier berichtet. Der Amtsleiter, Herr Meier, sei sehr interessiert gewesen, alle anderen überhaupt nicht. Daher habe es keine Nachfragen gegeben. Meier habe sich das dann auch noch unter vier Augen erklären lassen.

Das bestätigt wieder meine Vermutung, dass wir mit unseren Umsatzsteuerverfahren irgendwie doch für die anderen ein bisschen wie Aliens sind. Schon etwas bitter, dass es so wenig Aufmerksamkeit gibt unter den Führungskräften unseres Hauses – für ein Thema, bei dem es um Millionen Euro geht. Aber gut, Leuchtstreifen sind natürlich auch wichtig.

Ehe ich mich in Sarkasmus flüchte, steckt Kollege Markus seinen Kopf in Fallners Zimmer. »Darf ich? Ist wichtig.«

Ich will ohnehin gerade gehen, doch Markus sagt, ich könne ruhig direkt hierbleiben und dass wir ein Problem hätten. Er setzt sich. Markus ist keiner von unseren Umsatzsteuer-Leuten, arbeitet aber in unserem Sachgebiet.

»Erinnern Sie sich an die Anzeige gegen den Vorstandsvorsitzenden des großen DAX-Unternehmens?«, fragt er in Richtung Fallner.

Also ich zumindest erinnere mich gut. Vor gut einem Jahr habe ich Markus geholfen, die entsprechenden Vorermittlungen zu führen. Die Anzeige war anonym, aber voller detaillierter

Informationen zu jenem Chef des DAX-Unternehmens. Der hatte vorher schon mal vor Gericht einen Prozess gehabt, war dann aber aus Gründen, die wir nicht so richtig verstanden haben, freigesprochen worden.

EXKURS: Ein Vorstandsvorsitzender und eine fragwürdige Entscheidung

Die anonyme Anzeige hatten wir als sehr konkret und aussagekräftig eingeschätzt. Hier wurden Hinweise auf Passwörter, Schließfächer und ausländische Banken gegeben und eine Reihe wichtiger Gesprächspartner genannt. Die alten Ermittlungen, so erschien es uns, könnte und sollte man daher trotz der Einstellung des Strafverfahrens gegen den bundesweit bekannten Manager noch einmal aufnehmen.

Mein Kollege Markus und ich haben daraufhin, natürlich mit Genehmigung von Fallner, mit Vorermittlungen begonnen. Das bedeutet, wir haben viele Informationen eingeholt, haben die neuen Hinweise so weit wie möglich verifiziert und einen sogenannten Verdachtsprüfungsvermerk formuliert mit Anregungen, wie man jetzt weiterermitteln könnte. Wir planten Vernehmungen, auch im Ausland, mithilfe von Videoschaltungen, und Rechtshilfeersuchen in andere Länder. Markus und ich agierten voller Tatendrang.

Nachdem wir Fallner unsere Vorschläge zum weiteren Vorgehen mitgeteilt hatten, kontaktierte sie unseren Dienststellenleiter und dieser dann den damals zuständigen Staatsanwalt. Das Ergebnis: Man sei bereit für ein Gespräch. Das Problem: Dieses Gespräch wollte man gerne ohne Markus und mich führen. Das fanden wir dann doch etwas merkwürdig. Es ging uns nicht um unsere Eitelkeit, nur waren wir nun mal die beiden Steuerfahnder, die den tiefsten Einblick in die neue

Materie hatten. Auf Fragen der Staatsanwaltschaft würde Fallner oder der Dienststellenleiter mitunter gar nicht konkret und detailliert antworten können.

Ich sagte Fallner genau das, nämlich dass sie ja nun mal nicht so tief in der Materie drinstecke wie Markus und ich. Unsere Chefin sah das wohl auch so, und nach ein paar weiteren Gesprächen mit der Leitung unseres Hauses erklärte man sich bereit, uns an der Unterredung teilnehmen zu lassen. Das war die gute Nachricht. Die schlechte lautete, dass wir uns in dem Gespräch nur dann äußern sollten, wenn einer von uns ganz konkret angesprochen würde.

Es blieb uns nichts anderes übrig, als dieser schrägen Voraussetzung zuzustimmen. Und als wir dann alle in einem Raum der Staatsanwaltschaft zusammensaßen, haben erst einmal nur Fallner und die zuständigen Staatsanwälte geredet. Gekommen waren auch der Pressesprecher und der Leiter der Staatsanwaltschaft. Das musste schon etwas bedeuten.

Fallner gab ihr Bestes und legte dar, was wir ihr vorher erklärt hatten. Ihre Botschaft war, dass uns durch die anonyme Anzeige etliche relevante Hinweise vorlägen und dass wir, also Markus und ich, da auch weiter ermitteln wollen würden. Nach einigen Nachfragen durften wir dann etwas sagen und die einzelnen nächsten Schritte, die wir planten, skizzieren.

Es wurde dann rauf- und runtergeredet, abgewogen, vermutet und infrage gestellt. Vor allem Letzteres, muss man leider sagen. Danach zogen sich die Staatsanwälte zu weiteren Gesprächen zurück. Die Staatsanwaltschaft würde sich melden, hieß es.

Das war vor fast einem Jahr, und nun kommt Markus mit offenbar wichtigen Neuigkeiten um die Ecke gebogen.

»Was gibt's da denn Neues? Und wieso erfahren Sie das und nicht ich?«, fragt Fallner.

Oha, das ist übel, eine Führungskraft wurde übergangen. Geht gar nicht, zumindest nicht in unserer Behörde. Markus konnte allerdings nichts dafür. Die Post von der Staatsanwaltschaft war in seinem Posteingangskörbchen gelandet.

»Die schreiben, dass wir keinen Handschlag unternehmen sollen. Keine weiteren Ermittlungen durchführen. Die Anzeige wird von denen so eingeschätzt, dass sie wahrscheinlich von einem Trittbrettfahrer gestellt wurde.«

»Soll das ein Witz sein?« Fallner klingt aber gar nicht belustigt. Ich kann auch nicht lachen.

Doch es ist wahr. Wir wurden ausgebremst. Abgeschaltet. Keine neuen Ermittlungen gegen den Vorstandsvorsitzenden. Das heißt, dass der Staat womöglich mal wieder auf mehrere Hundert Millionen verzichten muss. Es ging um nicht versteuerte Umsätze in hoher dreistelliger Millionenhöhe, die eben durch Verschleierungen über ausländische Firmen und ausländische Konten dem deutschen Fiskus vorenthalten wurden. Und genau das hätten wir gerne aufgeklärt.

»Damit bin ich noch nicht fertig«, sagt Fallner. »Ich werde noch mal mit dem Dienststellenleiter sprechen.« Das ehrt sie und ist auch richtig, wird aber, schätze ich, nicht von Erfolg gekrönt sein. Wenn der Oberboss der Staatsanwaltschaft Nein sagt, ist meistens auch wirklich Schluss.

Wir sind sprachlos, aber eigentlich auch nicht sonderlich verwundert. Niemand von uns glaubt an Verschwörungen, nein, aber natürlich darf man sich fragen, wer außer dem Vorstandsvorsitzenden ein Interesse daran hat, dass so ein Fall trotz viel besserer Ausgangslage für die Ermittler nicht wieder aufgerollt wird. Ist dieser Manager mit den richtigen Leuten befreundet? Könnte ein Prozess auch andere Menschen in Wirtschaft oder gar Politik tangieren?

Wir werden das nicht erfahren und können uns nur damit trösten, dass es meistens Ärger bringt, hohen Tieren auf die Füße zu treten. Oder eben Frust.

Im Büro warten Jörg und Frank auf mich. Jörg: »Sag mal, Birgit, mich stört das mit den Chartpostern hier im Zimmer. Das sind deine Fälle, und manche Verbindungen sind sicher auch interessant, aber ich brauche etwas mehr Ordnung. Außerdem redest du häufig mit dir selbst, und das macht mich nervös, und ich kann mich nicht konzentrieren.«

Stimmt, das tue ich. Ist 'ne Macke. Aber, wie sagte schon Jürgen von Manger, wat man nich selber weiß, dat muss man sich erklären. Laut zu denken macht es einfacher für mich. Aber nicht für Jörg, verstehe ich.

»Und jetzt?«, frage ich Jörg.

»Der Oliver ist ja woanders eingesetzt. Da wäre jetzt bei Frank im Büro ein Platz frei. Wäre schön, wenn du da rüberziehen könntest.«

Patsch! Gut fühle ich mich grade nicht. Aber erst mal gute Miene.

»Klar. Frank, ist das in Ordnung für dich?« Er nickt, sagt, sie hätten das eben in der Kantine besprochen und dass ihm das egal sei. Ja, Frank ist tiefenentspannt und kann gut abschalten, das heißt, sich auf seine Sachen konzentrieren. Er ist mit einer Spanierin verheiratet, da wird er Trubel gewohnt sein, olé.

Fallner muss natürlich erst noch gefragt werden, hat aber nichts dagegen, und ich fange an umzuräumen. Dafür muss ich erst einmal in Franks Zimmer etwas Platz schaffen. Dieses Büro bietet etwas mehr Stauraum, aber leider keine freie Wand. Goodbye, Flipchart-Poster. Auch ist kein Teppich verlegt, das nimmt mir meine Bodenarbeitsfläche.

»Am besten machst du das allein, damit du die Übersicht behältst«, sagen Jörg und Frank. Aber bei den schwereren Dingen packen sie dann doch mit an.

Meine ganzen Verbindungen muss ich jetzt mühsam auf Blätter schreiben, die ich dann in einen Ordner abhefte, meinen sogenannten Verbindungsordner. Ist zwar nicht mehr so schön einheitlich und übersichtlich zu lesen, aber geht eben nicht anders.

Durch den Umzug sind ein paar Sachen unerledigt liegen geblieben. Die Anträge und Schreiben von Rechtsanwälten etwa, die meisten wollen nicht nur die Akte einsehen, sondern auch ihre Beweismittel zurückhaben. »Mein Mandant braucht sein Handy auf jeden Fall und den Laptop auch.« Das kann ich ja auch verstehen. Aber unsere IT-Abteilung ist nur mit fünf Leuten besetzt und muss die elektronischen Beweismittel aus Durchsuchungen von knapp 100 Fahndern sichern. Die sind komplett unterbesetzt. Daher kann sich das ziehen.

Mit meinen Datenvolumen stoße ich auch immer wieder an die Grenzen der Belastbarkeit unseres Servers. Ich habe mal angeregt, dass sie doch beim Rechenzentrum mal um größere Server bitten sollen. Die Gesichter vergesse ich bis heute nicht. Unser System ist da etwas träge, veraltet und auf solche großen Verfahren nicht eingestellt. Das Rechenzentrum, das wir nutzen, steht allen 104 Finanzämtern in Nordrhein-Westfalen zusammen zur Verfügung, außerdem noch den 15 Groß- und Konzernbetriebsprüfungsämtern und dann eben den 10 Steuerfahndungsämtern.

Egal. Der Verteidiger von Halim Nikoo nervt weiter wegen der Überlassung des PCs der *Handycell* und *Koks*. Die Daten sind aber nun mal noch nicht allesamt gesichert. Seinen persönlichen Laptop kann Halim Nikoo sich meinetwegen abholen. Wir vereinbaren einen Termin, und zwar in unserer Bibliothek. Außer Fachbüchern gibt es da nichts zu sehen. Ein paar unwichtige Papierunterlagen kann Halim Nikoo auch zurückbekommen, wenn er will.

Als es so weit ist, kündigt die Pforte zwei Besucher an, Herrn Nikoo und seinen Rechtsanwalt. Wir müssen sie abholen, da Zugang zu unseren Räumlichkeiten nur jemand hat, der hier auch hingehört. Halim Nikoo weist sich durch Vorlage seines

Personalausweises aus, und dann nehmen er und sein Verteidiger, der etwas gereizter Stimmung ist, an einem großen Tisch Platz. Der Verteidiger erklärt noch mal, dass sein Mandant absolut unschuldig sei und es sich um reale Geschäfte handele. Sein Mandant hält sich zurück. Als das sogenannte Übergabeschreiben von uns allen unterzeichnet ist, begleiten Fallner und ich die Herren nach draußen. Ich hatte bei dem Gespräch schon so ein Kribbeln, halte mich aber zurück, bis wir wieder bei Fallner im Büro sind.

»Haben Sie etwas bemerkt?«, frage ich Fallner aufgeregt.

»Was soll mir aufgefallen sein?«

»Das war nicht Halim Nikoo!«

»Wie?«

»Sie erinnern sich doch an das Gespräch, was ich mit dem Hartmann hatte. Der sagte, Halim Nikoo hätte eine große Narbe über dem Auge. Haben Sie bei dem da oben eine Narbe gesehen?«

Große Augen schauen mich an. »Da habe ich gar nicht so drauf geachtet.«

Ich schon. »Hatte er nicht. Wer auch immer das war – hier hat eben nicht Halim Nikoo seinen Laptop abgeholt.«

»Das gibt es nicht. Dann müsste ja auch der Pass gefälscht gewesen sein.«

Ich schüttle den Kopf. »Nicht unbedingt. Es könnte auch der richtige Pass, aber eine andere Person gewesen sein, die der auf dem Pass ähnlich sieht.«

Fallner schaut mich skeptisch an. »Warum spielen die so ein Spiel? Wenn der Halim verhindert gewesen wäre, hätte er doch einfach eine Vollmacht schreiben können. Warum das Versteckspiel?«

Genau das weiß ich auch nicht. Was ich aber zu wissen glaube: dass wir zur Identifikation einer Person eine erkennungsdienstliche Behandlung bei der Polizei beantragen können. Solch eine erkennungsdienstliche Behandlung kennt man auch aus dem

Fernsehen, da werden die Körpergröße und besondere körperliche Merkmale erfasst. Es wird auch fotografiert und ein Fingerabdruck genommen.

Fallner holt ihre Strafprozessordnung aus dem Schrank und liest. »Stimmt, zur Feststellung der Identität geht das. Aber wäre das nicht ein bisschen too much? So was hat hier noch nie einer gemacht.«

Nö, finde ich nicht. Und dass das hier noch nie jemand gemacht hat, ist auch kein Argument dagegen. Von den negativen historischen Beweisen halte ich jedenfalls nichts. Der Halim eben war nicht Halim, wenn Rico Hartmann mir keinen Mist erzählt hat. Ich möchte wissen, ob es überhaupt alle drei Nikoos gibt.

»Na gut«, sagt Fallner nun. »Wir sollten das aber noch mit dem Dienststellenleiter besprechen. Der fällt sonst aus allen Wolken.«

Bevor ich dazu komme, in dieser Sache etwas zu unternehmen, ruft Fallner uns alle zusammen. Die Einladung zum nächsten Jour fixe in Frankfurt ist da. Wir sollen deshalb mal alle unsere Erkenntnisse referieren. Fallner sagt, sie werde das zu einer Art Sachstand verdichten, denn unser Dienststellenleiter wolle dieses Mal gern mitfahren. Der sei interessiert daran, was da in Hessen so laufe. Zuerst stellt Annemarie ihre Ergebnisse zur *Beta GmbH* vor, danach Frank alles zur *Alpha GmbH*. Die Erkenntnisse sind ähnlich, sowohl bei der Höhe der Steuerschäden als auch bei der Einbindung in die Kette und den Beteuerungen der Anwälte, dass alle unschuldig seien. Wobei, über die *Alpha* sind Geld- und Zertifikatetransfers mit gewaltigen Summen gelaufen. Frank spricht von einem Steuerschaden von fast 100 Millionen Euro. Und das sind dann nur die 19 Prozent. Man stelle sich dabei vor, wie hoch das Handelsvolumen gewesen sein muss, also die Höhe der geschriebenen Rechnungen? Bei 100 Millionen Steuerschaden müsste das Handelsvolumen bei über 500 Millionen Euro liegen. Bei meiner *Koks GmbH* wiederum liefen fast eine Milliarde Euro aus Rechnungen über die Banken. Bevor die Rechnungen über Hartmann liefen, gingen sie in den Monaten davor von der *Koks* an die *Profit 365* und von da aus an die große deutsche Bank. Bei der *Profit 365* war der Gesellschafter und Geschäftsführer ein britischer Staatsangehöriger mit pakistanischen Wurzeln, der nicht in Deutschland wohnt, während die offiziell ihm gehörende Firma in einem Büroservice-Hochhaus in Frankfurt gemeldet ist.

Wer versteht eigentlich, dass die große deutsche Bank von solchen Firmen Zertifikate kaufte? Genau so war es nämlich. Die *Alpha*, und das ist echt irre, hat ihren Sitz am Niederrhein in einem riesengroßen Gebäude, in dem viele asiatische Modefirmen sitzen, und hatte vorher Klamotten fakturiert. Und jetzt Emissionszertifikate? Unfassbar. Und auch die *Alpha* »lieferte«, schrieb also Rechnungen über Zertifikate direkt an die große deutsche Bank. Das Ganze kann nur ein mit Leuten in der Bank abgekartetes Spiel gewesen sein. Die *Alpha* war eine der Firmen, die in einer Parallelkette die gleiche Funktion hatten wie bei mir die *Profit 365*: Sie war die Firma, die direkt an die große deutsche Bank fakturiert hat.

Frank hat schon mit dem Geschäftsführer der *Alpha* gesprochen, der sagt aber nichts. Der Geschäftsführer der *Beta* ist verschwunden. Den Geschäftsführer meiner *Delta* hat das BKA inzwischen gefunden und auch vernommen, in einem Polizeipräsidium in Hessen. Es handelte sich, das war der Hammer, um einen Obdachlosen. Man habe ihn auf der Straße angesprochen, sagte er, und dann gefragt, ob er für 500 Euro im Monat den Geschäftsführer spielen wolle in einer Firma in Düsseldorf. Er habe natürlich sofort zugesagt. Ihm wurde die Bahnkarte dorthin bezahlt und ein Apartment angemietet, und er bekam 500 Euro im Monat dafür, dass er im Büro am Computer Solitär gespielt habe. Er könne zwar halbwegs lesen, aber mit dem Schreiben klappe es nicht so gut. So sah auch die Unterschrift auf der Urkunde bei der Gründung der GmbH aus – man erkennt darin fast drei X.

Die *Delta* war glasklar eine reine Scheinfirma. Die hatte ihre Zertifikate, bevor diese noch über drei andere Firmen an die große deutsche Bank gingen, vorher von einer Firma aus Spanien, sagen wir mal, gekauft. Die *Delta* war also die besagte erste Firma in Deutschland, der sogenannte Missing Trader. Am Tag unserer Durchsuchung in dem Büroservice war auch keine Spur mehr von ihr da – und natürlich auch nicht von dem ehemals obdachlosen Geschäftsführer.

Staatsanwalt Isen hatte dann allerdings – nach diversen Telefonaten, die ich mit ihm führte – einen Haftbefehl gegen den »Geschäftsführer« beantragt und auch vom Gericht erhalten. Und tatsächlich ging der Mann dem BKA ins Netz – am Flughafen. Er wollte gerade nach Deutschland einreisen. Man hätte ihm die Flüge bezahlt, um sich nach der Durchsuchung in die Türkei abzusetzen, sagte er. Er habe aber wieder nach Deutschland zurückgewollt.

Nachdem die BKA-Beamten ihn festgenommen hatten, beantwortete er brav alle Fragen. Nur an den Namen desjenigen, der ihn auf der Straße angesprochen und der ihm alles bezahlt hatte, konnte er sich nicht erinnern. Sagte er. Er habe ihn nur Moha genannt. Wie der richtig heiße, wisse er nicht.

Bei unserer Besprechung in Fallners Büro bin auch ich irgendwann dran. Ich berichte von den Ergebnissen in Sachen *Koks GmbH* und den Verbindungen zur *Handycell,* auch von der Firma *Las Vegas,* die 1,5 Millionen Euro an Stammkapital in die Firmen gab und hinter der Sayed Ahmadi steht. Als ich den Namen Ahmadi nenne, ist ein Raunen zu vernehmen, leider keines, das nach »Echt jetzt? Cool!« klingt, sondern eher nach »Och nee, nicht schon wieder!«.

Als ich wieder in meinem neuen Büro sitze, fragt mich Frank:

»Glaubst du echt, dass dieser Ahmadi so viel eingebunden ist? Oder ist das vielleicht nur ein Fake-Name, und den Typen gibt es gar nicht?«

Ich muss schlucken. Langsam habe ich das Gefühl, ich werde hier nicht mehr ganz ernst genommen. Ich seufze und sage: »Frank, der Kollege Rissing ermittelt zu einer Firma, in der eine Elin Ahmadi Geschäftsführerin ist. Die sitzt im Knast. Ich habe sie gesehen. Im Meldeamt gibt es noch mehr Ahmadis, darunter einen Sayed. Ich gehe jetzt einfach mal davon aus, dass der auch physisch existiert. Auch bei der *A-Phon* spricht Aktas von Sayed, mit dem er Fußball geguckt und nach Dubai gewollt habe. Glaubst du echt, ich jage einem Phantom hinterher?«

Frank zuckt mit der Schulter. »Ja, bei diesen Firmen kann das ja sein, aber bei den anderen? Die Kollegen glauben auch, dass du, sagen wir mal, etwas übertreibst.«

Ich konzentriere mich darauf, die Tränen zu unterdrücken, und sage kein Wort mehr. Schnell etwas anderes machen, zur Ablenkung die Amtshilfeschreiben für die erkennungsdienstliche Behandlung der drei Nikoos aufsetzen. Das wird das Polizeipräsidium in Düsseldorf übernehmen. Von der erkennungsdienstlichen Behandlung der Nikoos werde ich meinen Kollegen aber kein Wort erzählen, so wie die drauf sind. Das ist mal sicher.

KAPITEL 11

Entsetzen. Erstaunen

Den nächsten Mittwoch sollte ich nicht vergessen. Wir fahren zum Jour fixe nach Frankfurt, und jeder der insgesamt etwa 80 Steuerfahnder und Polizisten schildert seine Erfahrungen und Ergebnisse. Wir berichten von unseren Firmen. Wir? Nein, das sind nur Fallner, Frank und Annemarie. Denn ich selbst komme nicht dran, obwohl ich direkt neben meinen Kollegen aus Düsseldorf sitze.

Das BKA hat ja bei der großen deutschen Bank durchsucht und das große Geldhaus im Vorfeld auch observiert. Die Kollegen zeigen uns nun Bilder von Leuten mit einem BMW X5, die in das Büro der *Profit 365* reingehen. Auch zu sehen: ein weiterer Mann mit Brille und einfachem Anorak, der sich mit einem der Männer unterhält, die aus dem dunklen BMW ausgestiegen waren. Man spricht von neuen Erkenntnissen, von »Hintermann-Strukturen« und »Investoren« und auch von Bestechung der Bankmitarbeiter. Und einer der Typen auf diesen Fotos könne einer der Hintermänner sein. Um mafiöse Strukturen gehe es da, höre ich, und für die EG Thor und das BKA sei nun das Allerwichtigste, die Leute auf diesen Fotos zu identifizieren.

Bei mir stellen sich leichte Bauchschmerzen ein, so wie ich sie immer bekomme, wenn ich nervös werde. Staatsanwalt Isen hat gesagt, dass diese Aufklärung jetzt von höchster Stelle erfolge. Kann ich da als kleiner Indianer dem großen Häuptling einfach so sagen, dass ich eine grobe Ahnung habe? Nicht grundsätzlich von den Hintermännern und Investoren, aber eben von den Personen auf den Observationsbildern. Ich sage erst mal nichts.

Aber da ist jetzt so eine Stille eingetreten in unserer etwa 80-köpfigen Runde. Ich schaue Fallner an und fasse mir ein Herz. Ich muss es tun. Und melde mich.

»Ja, Frau Orths. Was gibt's?« Unfreundlich. Was hab ich dem getan, außer seiner EG Thor zwei- oder dreimal die Firma *Handycell* ans Herz zu legen? Keine Ahnung.

»Herr Isen, Sie sagten ja eben schon, dass der Mann mit dem Anorak vielleicht der Vorstandsvorsitzende des Energiekonzerns *Lomac GmbH* ist. Ich glaube zu wissen, wer die andere Person auf den Bildern ist.«

Stiller als still geht nicht, oder? Auch Isen sagt nichts. Dafür alle Blicke auf mich. Ich rede einfach weiter.

»Also, in den TKÜs, die ich bekommen habe, die vom Handy des Dalim Nikoo und der *Koks GmbH*, da sind auch Gespräche mit einem Sayed drauf. Und dieser Sayed spricht davon, einen Termin mit der Firma *Lomac* zu machen. Dann habe ich gegoogelt, wer das ist, und der Typ auf dem Bild sieht dem Vorstandsvorsitzenden in der Tat mehr als ähnlich. Der ist auch im Wirtschaftsrat einer örtlichen politischen Partei dort in der Nähe. Aber das wissen Sie sicher. Und der Fahrer des BMW X5 könnte ein Sameer Nihsom sein. Sein Bild habe ich in den Unterlagen aus der Durchsuchung gefunden.«

Ein lautes Brüllen, alle schrecken auf. Isen. Er schreit mir Dinge ins Gesicht, die erst nach und nach in meinem Gehörgang ankommen, von »Wo haben Sie das her?« bis »Warum wissen wir davon nichts?«. Alle starren mich an. Und hören die drei Worte, die der Staatsanwalt noch sagt: »Das ist Beweismittelunterdrückung!«

Unterdrückung eines Beweismittels ist – vereinfacht formuliert – ein Straftatbestand, der mit Freiheitsstrafe von bis zu einem Jahr geahndet werden kann, wenn das Beweismittel verfahrensrelevant, also wichtig ist. Ich sitze wie festgenagelt auf meinem Stuhl. Bekomme weder mit, dass Fallner mich an der

Schulter berührt, noch, dass unser Dienststellenleiter sich räuspert. Aber er steht auch nicht auf und sagt etwas. Keiner sagt etwas. Alle starren mich an. Ich muss also alleine zu meiner Verteidigung ansetzen. Eigentlich bin ich kurz davor, in Tränen auszubrechen, aber mein Stolz siegt. Ich stehe auf.

»Herr Isen, wenn Sie das nicht sofort zurücknehmen, wird das Konsequenzen haben. Diese Informationen habe ich erstens aus einer Telefonüberwachung, die mir genau wie Ihnen und dem BKA vorliegt. Und zweitens habe ich das Foto von Sameer aus den Papier-Unterlagen der *Handycell*. Es waren ausgedruckte ESTA-Anträge für Sameer Nihsom und einen Adam Hicks. Ich habe Ihnen mindestens zweimal, wenn nicht dreimal schon gesagt, dass diese beiden Firmen nicht trennbar sind, was die Beweismittel betrifft. Und Sie wollten die *Handycell* nicht haben. Jetzt werfen Sie mir bitte nichts vor, was Sie selbst verbockt haben.«

So.

Ich setze mich. Das war gut, aber ich hätte auch kein Wort mehr rausgebracht. Tränen schimmern jetzt in meinen Augen, das spüre ich. Fallner merkt das auch. Mein Dienststellenleiter steht auf und versucht, alles zu erklären. Er sagt, dass es doch offensichtlich sei, dass ich nichts unterdrückt habe und diese Unterstellung jetzt sofort zurückgenommen werden solle. Isen bespricht sich mit den zwei Sachgebietsleitern der EG Thor und mit den anwesenden BKA-Kollegen.

Ich kann nicht mehr, will nur noch hier raus. Isen schaut mich an und fragt, als ob nichts gewesen wäre, ob ich diese Informationen auf eine Festplatte ziehen und dem BKA zur Verfügung stellen könne. Klar kann ich. Das sage ich auch mit leiser Stimme, bevor ich mich aus dem Besprechungsraum zurückziehe. Ich gehe zu unseren Dienstwagen und kann meine Tränen nicht mehr zurückhalten. Gut, dass keiner da ist. Aber wenn schon, das wäre mir jetzt auch egal. Ich komme mir vor wie ein kompletter Idiot. Da zeigst du, dass du tatkräftig helfen willst bei der Aufklärung all dieser unvorstellbaren Taten, die zu Steuerschäden in Milliardenhöhe führen. Tatkräftig heißt, dass mein Hirn eigentlich nicht stillsteht, weil ich Zusammenhänge finden will. Milliardenschäden! Der Staat könnte endlich aufhören zu jammern, dass er kein Geld für kostenlose Kitas habe, für die Erhöhung der Renten oder für was weiß ich. Ich arbeite bis an die Grenze der Belastbarkeit, um alle Puzzleteile zu finden, die man braucht, um die ganzen Zusammenhänge zu finden. Und dann melde ich die ganzen Infos an Hinz und Kunz und Isen, genau wie man es macht. Und dann, die absolute Krönung, werde ich hier auch noch angefeindet. Mache ich eigentlich alles falsch?

Ich gerate gerade in einen Sog aus Selbstmitleid und Fassungslosigkeit, aber was soll's. Ich träume jedenfalls von anderen Nachrichten. So was wie: »Guten Abend, meine Damen und Herren. Die Bundesrepublik Deutschland hat es heute geschafft, ein Milliardenloch in der Staatskasse zu finden und den Betrug, der dazu geführt hat, zu stoppen. Ab sofort stehen dem Haushalt wieder pro Jahr rund 15 Milliarden Euro mehr zur Verfügung. Dies deckte die Finanzverwaltung gemeinsam mit dem BKA bei der Verfolgung von Wirtschaftsstraftaten auf. Die Politik hat bereits darauf reagiert.« So hätte ich das gerne, aber klar, das ist natürlich naiv.

Inzwischen schniefe ich nur noch. Und bin mir längst wieder sicher: Hinzuschmeißen kommt für mich nicht infrage. Dass es vielleicht gar nicht so blöd gewesen wäre, sich aus der Ermittlung rauszuziehen, und dass mir einiges mehr als ein paar weitere Heulattacken erspart geblieben wäre, konnte ich da leider noch nicht wissen.

Nach dem siebten Taschentuch atme ich tief durch und drehe vier Runden um die parkenden Autos. Dann stelle ich mich wartend zu den Dienstwagen. Als sie kommen, sehen sie natürlich, dass ich sehr rote Augen habe. Fallner nimmt mich in den Arm.

Hoppla, das ist Neuland. Aber natürlich eine liebe Geste. Der Dienststellenleiter entschuldigt sich für Isen, der sich selbstverständlich nicht entschuldigt hat. Von Beweismittelunterdrückung sei jetzt keine Rede mehr.

Für den Tag drauf nehme ich mir Urlaub. Ich brauche etwas Abstand. Man macht Überstunden ohne Ende, um dem Wust an Arbeit gerecht zu werden, denkt mit, ist motiviert. Muss sich ständig rechtfertigen, warum man an die Schuld eines 21-Jährigen glaubt. Man versucht, Verbindungen unter den Verdächtigen zu erkennen, sich mit anderen Fahndungsstellen zu vernetzen. Ja, natürlich, nicht nur ich allein tue das. Aber die Kollegen werden brummig, wenn von Sayed Ahmadi die Rede ist. Und jetzt noch die Nummer in Frankfurt.

An meinem freien Tag rufe ich vom Diensthandy aus eine Kollegin in Berlin an. Die geht auch fast unter in diesen Fällen und war gestern in Frankfurt dabei. Sie nimmt sofort ab.

»Birgit, wat war denn dat jestern? Jeht's dir jut? Dit war nich richtich, wat er jesacht hat! Ick wollte noch mit dir sprechen, aber du warst weg.« Das tut gut zu hören.

»Karen, ich musste da raus, sonst hätten die mich heulen sehen.«

Sie kann das gut verstehen. »Mensch, lass dir bloß nich unterkriegen.«

Sie sagt, ich soll mal nach Berlin kommen, und »dann machen wir mal 'ne richtige Sause. Wirst sehen, danach jeht et dir bessa.«

Ich bin ganz gerührt. Nur keine Zeit, sage ich. Das lässt Karen aber überhaupt nicht gelten. »Du kennst doch den Roland, der die *Addi GmbH* machte.« Klar, den kenn ich gut, der hat noch ganz viele Chats da liegen für mich, da wird von der *A-Phon* gesprochen, von der *Handycell*, der *Next Chance*, der *Biber* und weiteren Firmen.

»Was ist mit Roland?«

»Der ist erst mal weg. Burn-out.«

In Berlin sind inzwischen nur noch vier Kollegen an der Umsatzsteuerermittlung dran, erzählt mir Karen. Keiner wolle das mehr machen. Ach, wie kommt mir das bekannt vor!

Für Berlin haben wir uns dann doch nicht verabredet, aber das Gespräch hat gutgetan. Nur die Sache mit Burn-out gibt mir zu denken. Sind wir verrückt? Übermotiviert? Zu gerechtigkeitsliebend? Hmm. Wahrscheinlich liegt die Wahrheit irgendwo dazwischen.

Am nächsten Tag bin ich wieder im Büro. Außer Fallner, die mich mit einem »Käffchen?« begrüßt, spricht keiner mehr über den Vorfall in Frankfurt. Sie meint, das wäre echt der Oberhammer gewesen, aber ich solle mir diesen Schuh bloß nicht anziehen. Jetzt einfach die Festplatte runterschicken, und dann wäre erst mal Stille an dieser Front. Sie hat recht.

Vor dem Büro war ich auf der Schreiwiese. Ich habe den Obdachlosen getroffen. Eigentlich wollte ich gar nicht schreien. Vielleicht hatte ich auch keine Kraft mehr dazu. Er sah, dass was nicht stimmt. Wieso sah er das? Fragte jedenfalls, was mir denn für eine Laus über die Leber gelaufen sei. Ich antwortete kurz, es gäbe auch mal unschöne Situationen bei mir im Job. Wieso habe ich darüber mit einem Obdachlosen gesprochen? Okay, warum nicht?

»Wer ärgert dich?«, fragte er. »Viele«, antwortete ich. Er schaute mich durchdringend an, unter seinem verdreckten Gesicht wache, strahlend blaue Augen.

»Du kannst mir ruhig was sagen«, meinte er. »Zu kompliziert«, blockte ich, »außerdem, ich darf auch gar nichts von meiner Arbeit erzählen.« Aber fest steht mal, dass der Typ anders als viele meiner Kollegen sich für mein Befinden interessiert. Da kann er dreckig und obdachlos und vom Alter her mein Sohn sein. Ich lächle. »Geht doch«, sagt er.

Er hat mir dann von sich erzählt. Abitur gemacht, BWL-Studium angefangen, keine Lust auf sinnlose Jobs gehabt, extrem freiheitsliebend. Und einmal im Monat duschen würde reichen. »Kannst ruhig mal auf den Tisch hauen«, hat er noch gesagt, bevor ich ihm eine *fifty-fifty*-Zeitung abgekauft habe.

Im Büro liegt Post. Ein Schreiben vom Polizeipräsidium Düsseldorf. Aha. Vielleicht die erhoffte erkennungsdienstliche Behandlung von Halim Nikoo. Allerdings ist der Brief kleiner, kein DIN-A4-Format. Ich öffne, lese, oha. Hier steht, ich sei als Steuerfahnderin mit denselben Rechten wie die Polizei ausgestattet. Daher lehne man die Amtshilfe ab. Ich könne die erkennungsdienstliche Behandlung selber vornehmen. Ich lese das noch mal, fassungslos.

Ja, das stimmt, wir haben die gleichen Rechte und Pflichten wie die Kriminalpolizei. Aber das ist reine Theorie. Hat der Kollege, der mich hier lässig abtropfen lässt, schon mal davon gehört, dass die Steuerfahndung erkennungsdienstliche Behandlungen durchführt? Hat er das nur ein einziges Mal gehört? Ich bin einfach nur platt. Wie sollen wir das denn machen? Soll ich meinem Beschuldigten den Daumen in mein Stempelkissen drücken? Und mit meinem Zollstock vom Baufachhandel messen, wie groß er ist? Ich marschiere zu Fallner und zeige ihr den Brief. Sie lacht. Ja, vielleicht hat sie recht. Es ist einfach zum Lachen. Ich schreibe dem Kollegen ein ganz höfliches Briefchen zurück, verweise auf Zollstock und Stempelkissen und ob er nicht doch so nett sein könne, die Amtshilfe durchzuführen. Wir dürfen vieles, sind aber leider nicht immer ausreichend ausgestattet.

Die nächsten Tage muss ich auswerten und zusammenfassen und mich mit Kollegen austauschen. Und weiter schriftlich mit den Anwälten verkehren. Der inzwischen inhaftierte Verantwortliche der *Delta GmbH* zum Beispiel vermisst in der JVA eine seiner türkisfarbenen Unterhosen.

Die Festplatte mit dem ganzen Beweismaterial der *Handycell* wird fertiggestellt und nun zu Herrn Isen persönlich verbracht, da ein Kollege sowieso in die Richtung fahren muss. Nicht dass die mit der öffentlichen Zustellung noch verloren geht und ich dann wieder daran schuld bin. Außerdem steht eine Dienstreise nach Spanien an. Das BKA in Person des Kollegen Ingo, mit dem ich jetzt schon öfter zu tun hatte, hat mich gefragt, ob ich nicht in Barcelona bei dem Emissionshändler durchsuchen will, der die *Delta*-Rechnungen geschrieben hat. Natürlich will ich, und zwar gerne. Endlich mal raus aus dem Büro.

Die Firma in Spanien, von der die *Delta* die Zertifikate »kaufte«, also Rechnungen erhielt, hat eine Anschrift, und unter dieser Anschrift finden wir einen heruntergekommenen Campingplatz. In der hintersten Ecke steht ein noch heruntergekommenerer Wohnwagen. Die Wände hält nur noch zusammen, dass dort Efeu rankt und das Dach mit starken Folien festgetackert ist. Hier residiert also der große Zertifikate-Händler.

Ich stehe mit Ingo und Kollegen der spanischen Polizeiformation Guardia Civil vor dem Wohnwagen. Einer der Spanier klopft an. Die Tür quietscht auf, und heraus steigt zunächst eine Frau. Sie ist völlig verdreckt, sehr dürr, hat lange, schmierige Haare, allerdings gepflegte Fingernägel. Unter jedem Arm hat sie ein Frettchen. Der Anblick raubt Ingo förmlich den Atem. »Gut, dass wir hier nur Sachverständige sind und nicht selbst durchsuchen müssen«, raunt er mir zu. Das denke ich in diesem Fall allerdings auch. Die nächste Person, die aus dem Wagen kommt, ist groß und männlich und mindestens so verdreckt wie die Frau, hat ebenfalls zwei Frettchen unterm Arm und Beulen im Gesicht. Puh. Da hätte die große deutsche Bank sich ihre Vorlieferanten besser mal angeschaut.

Leider kommen wir nun doch nicht so ganz glimpflich davon, denn nachdem die spanischen Kollegen den Wagen betreten haben, um mit der Durchsuchung zu beginnen, kommt einer mit bereits halb grünem Gesicht wieder raus und bittet uns, obwohl er kein Englisch kann und wir kein Spanisch verstehen, doch ziemlich unmissverständlich um tatkräftige Mithilfe. Rechtlich ist das offenbar möglich, weil die spanische Polizei es uns gestattet.

Was wir dann sehen durften, beschreibe ich lieber nicht im Detail. Es ist ähnlich wie das, was einen Gerichtsmediziner im sogenannten Stinkeraum erwartet, wo Wasserleichen und Ähnliches liegen. Nur so viel: Der Wohnwagen verfügt über sehr wenig Einrichtung. Von einer vor Dreck strotzenden Matratze auf dem Boden hüpft ein weiteres Frettchen. Ein Computer, ein kleiner Fernseher, eine Kochplatte. Daneben auf einem Schränkchen eine Kaffeemaschine. Direkt darüber hängt ein Stringtanga. Lass das bitte nicht der Kaffeefilter sein, denke ich.

In das Bad schauen wir nicht mehr. Wir haben genug gesehen. Ein Video muss Herrn Isen und dem spanischen Richter reichen als Beweis. Rückzug.

Ich habe meine Chefin mal wieder um personelle Unterstützung gebeten. Inzwischen hat sich die Anzahl meiner Verfahren auf 16 Firmen mit insgesamt 29 Beschuldigten erhöht. Davon ist noch kein Verfahren so weit aufgearbeitet, dass man es in Kürze abschließen könnte. Überall muss noch ausgewertet werden, oft stehen auch noch Vernehmungen an, von Beschuldigten und von Zeugen. Mit den Steuerberatern und Verteidigern ist Schriftverkehr zu führen. Es droht Ärger, da wir bei einer Durchsuchung Sachen mitgenommen hätten, die wir nicht hätten mitnehmen dürfen, und die Mandantschaft diese Dinge gern umgehend wiederhätte.

Es gibt tatsächlich Unterlagen, die wir nicht beschlagnahmen dürfen. Dazu zählt Schriftverkehr zwischen dem Beschuldigten und seinem Berater und/oder Anwalt, denn solche Kommunikation fällt unter das sogenannte Zeugnisverweigerungsrecht. Was ein Beschuldigter seinem Verteidiger im Rahmen beispielsweise eines Strafverfahrens schriftlich mitteilt, dürfen wir nicht zur Auswertung mitnehmen. Das beschnitte die Rechte der Verteidigung. Diese Regel ist zwar verständlich, aber im Leben eines Fahnders trotzdem oft ein Streitpunkt. Denn häufig behauptet der Anwalt einfach nur, es gehe in diesem und jenem Dokument um die Verteidigung des Mandanten. Nachschauen, ob das stimmt, müssen wir aber trotzdem.

»Frau Orths, zum Rapport bitte!« Das ist das zarte Stimmchen von Fallner. Da ist wohl irgendwas angelandet, was mich betrifft. Ich eile. Es gibt Beschwerden von einem der Verteidiger der Nikoos gegen die erkennungsdienstliche Behandlung, die wir doch noch durchgesetzt hatten. Irgendwas mit »das geht so nicht« und »unverhältnismäßig«. Wir setzen dann schnell gemeinsam ein verhältnismäßig deutliches Schreiben auf, dass das doch gehe und auch angemessen sei, insbesondere vor dem Hintergrund, dass zur Abholung des PCs von Halim nach unserer Überzeugung nicht Halim selbst auftauchte und der Verteidiger außerdem dabei gewesen sei, ohne zu bemerken, dass sich hier ein Bruder als der andere Bruder ausgab und sich mit dessen Personalausweis auswies. Wir schildern auch noch die weiteren Umstände, die es ermöglichen sollen, die Identität der drei Brüder festzustellen.

Nach ein paar Tagen ist das mit den Verteidigern geklärt. Man zeigt sich einverstanden mit den erkennungsdienstlichen Behandlungen, und: Es gab sie erstaunlicherweise tatsächlich alle drei. Aber sie sahen sich ungewöhnlich ähnlich. Halim sei verhindert gewesen, und da wäre der Bruder halt einfach als Halim aufgetreten, wird uns als Erklärung angeboten. Die Schreiben der Verteidiger werden dann etwas spärlicher.

Dann kommt ein Tag, den ich nicht mehr vergessen werde. Noch so einer. Ich sitze über meinen Auswertungen. Das Telefon.

»Guten Tag, Frau Orths, Dr. Peters hier.«

Moment. Dr. Peters? War das nicht der Partner aus der Kanzlei von Semmer und Peters? Der Semmer hatte ausgesagt, dass Sayed Ahmadi nicht nur für die *A-Phon*, sondern auch für die *Ferrus GmbH* verantwortlich war.

»Guten Tag, Herr Dr. Peters.«

Mehr nicht. Erst mal warten. Was will er?

Das sagt er mir dann. Doch es dringt nur langsam in mein Hirn hinein. »Könnten Sie das bitte noch mal wiederholen?«

Herr Dr. Peters räuspert sich.

»Ich habe den Auftrag meines Mandanten, Herrn Sayed Ahmadi, mit Ihnen, Frau Orths, und danach mit Frau Parsson zu sprechen.« Frau Orths bin ich, das stimmt schon. »Er möchte die Kaution für seine Schwester zahlen, damit diese aus der Haft entlassen werden kann. Und er möchte seine Taten aufklären. Auch die seiner Familie. Außerdem möchte er dabei mithelfen, den Umsatzsteuer-Betrug zu erklären. Und er würde auch Schadenswiedergutmachungen zahlen wollen, soweit es in seiner Macht steht.«

Das klingt verrückt, doch wenn das wahr wäre – Hammer! »Wieso will er mit mir sprechen?«

»Sie haben offensichtlich seiner Meinung nach den besten Überblick über alle Firmen und die jeweiligen Sachlagen und sind wohl am ehesten in der Lage, das, was er zu berichten hat, zu verstehen.«

Ein Kompliment vom Kriminellen? Aber warum gilt es mir? Wieso nicht dem Kollegen Rissing, der die Ermittlungen im Rahmen der *World Fon GmbH* und der *Ahmadi Telekom* geführt hat? Er hat ja auch die Firma des Bruders, die *Next Chance*, schon im Verfahren. Sollte es vielleicht andere Verbindungen zu mir oder meinen anderen Verfahren geben, die Ahmadi kennt und ich nicht?

Egal. Auf jeden Fall kaum zu glauben, dass er hier über seinen Anwalt um Kontakt bittet.

Sicher, es ist klar, dass er seine Schwester, die er in den Knast gebracht hat, da jetzt wieder rausholen will. Nach deutschem Recht ist es nun mal so, dass der offizielle Geschäftsführer, also seine Schwester, die rechtlich verantwortliche Person für alle Belange der Firma ist. Die Kaution ist auf 450 000 Euro festgesetzt.

Tja, der Trick mit der Schwester war dann wohl ein Fehler. Und wir haben also doch die richtige Entscheidung getroffen, die Schwester zu verhaften. Im Normalfall bleibt es ja bei der Einleitung des Strafverfahrens und weiteren Ermittlungen. Aber durch die gepackten Koffer, die bei der Durchsuchung bei den Ahmadis gefunden wurden, durch den angekündigten »Urlaub« und die Kontakte ins Ausland, also in die USA und nach Dubai, konnte man die Fluchtgefahr begründen und damit den Haftbefehl erwirken. So haben wir sichergestellt, dass die offiziell Verantwortliche sich nicht davonmacht. Und damit war der große Bruder unter Zugzwang.

Im ursprünglichen Kulturkreis von Ahmadi, er ist ja in Afghanistan geboren, ist es mitunter so, dass der Mann für die Familie da ist, in Geldangelegenheiten, als Beschützer, manchmal auch bei der Berufs- und Partnerwahl. In unserem Fall trägt Ahmadi ohnehin die Schuld daran, dass die Schwester hinter Gittern gelandet ist. Innerhalb seiner Familie, insbesondere vor der Mutter, würde er kaum damit durchkommen, dass seine Schwester für seine Taten einsteht. Er musste handeln. Und wir haben jetzt einen Anfang.

Wenn wir es richtig angehen, können wir vielleicht wirklich mit ihm reden. Einen Versuch ist es wert. Auch wenn ich nicht ernsthaft glauben kann, was ich im Telefongespräch mit dem Anwalt gehört habe.

»In Ordnung, Herr Dr. Peters, ich werde das mit meiner Sachgebietsleiterin und natürlich mit der sachleitenden Staatsanwältin Parsson besprechen. Ich melde mich bei Ihnen nach diesen Gesprächen.«

Etwas steif klang ich da schon. Aber förmlich ist immer besser, als sogleich wie ein aufgescheuchtes Huhn auf diese Neuigkeit anzuspringen. Erst mal ganz ruhig bleiben. Nicht wie bei meinen Autokäufen: will ich haben, Preis ist egal … Nee, hier geht es um mehr. Um viel mehr. Das spüre ich. Das muss sorgfältig eingefädelt werden, wenn wir Ahmadi zum Sprechen bringen wollen. Samthandschuhe schon auch, aber auch Fakten, Fakten, Fakten. Auf zur Chefin.

»Er möchte was?« Eine Reaktion wie meine eben.

»Ja, das hat Peters so gesagt.«

»Dann müssen Sie irgendwas richtig gemacht haben, und wir wissen noch nicht, in welches Nest Sie gestochen haben, dass er jetzt so alarmiert ist. Das kann nicht nur um seine Schwester gehen. Dann würde er die 450 000 Euro zahlen, und das war's.«

Ja, das hatte ich auch schon gedacht. »Aber man weiß nicht, ob er weiß, wie das hier alles so funktioniert«, werfe ich ein. »Vielleicht meint er, außer der Kaution wäre noch 'ne Erklärung fällig.«

Fallner schüttelt den Kopf. »Nee, nach dem, was wir über ihn jetzt alles erfahren haben, weiß er erheblich mehr, glaube ich. Ich frage mich, welche Motivation er hat, reden zu wollen.«

»Ich glaube nicht so recht an Reue«, sage ich. Sie schüttelt zustimmend den Kopf.

»Okay, wir rufen direkt mal Parsson an und erzählen ihr, was passiert ist.«

Die Staatsanwältin ist genauso überrascht wie wir und will ebenfalls sofort handeln. »Dann machen Sie bitte einen Termin mit Dr. Peters hier in meinem Büro in der Staatsanwaltschaft Köln aus. Ich kann sofort morgen. Je schneller, je besser. Ich will wissen, was der wirklich vorhat.«

Eine Frau, ein Wort. Ich vereinbare mit Dr. Peters einen Termin. Er kann tatsächlich auch gleich am nächsten Tag – und wundert sich ein bisschen, dass ein Termin so schnell zustande kommt. Okay, so wiegen wir ihn vielleicht in Sicherheit, dass wir schnell mit allem zufrieden sind. Ich bin immer noch sehr skeptisch, aber auch sehr neugierig, was Peters morgen sagen wird.

KAPITEL 12

Am Telefon

Es ist fast schon Ende September 2011 und draußen noch mal richtig schön warm. Altweibersommer. Ich stehe vor der Pforte der Staatsanwaltschaft Köln und warte auf Dr. Peters. Meine Chefin konnte leider doch nicht mitkommen. Sie war anderweitig eingebunden, was sie echt geärgert hat. Ich halte noch eine Weile die Nase in die Sonne, als ich aus dem Augenwinkel Dr. Peters sehe. Einmal hatte ich ihn bei der Übergabe von Unterlagen zur *Ferrus GmbH* bei Jörg gesehen, damals saßen wir noch zusammen im Büro. Wir begrüßen uns und gehen durch den Besuchereingang. Der Scanner am Eingang bleibt uns erspart. Ich zeige meinen Dienstausweis, und Dr. Peters darf als Verteidiger auch ohne Abtasten eintreten.

Zur Parsson geht es mit dem Lift in die vierte Etage. Sie steht zufälligerweise gerade auf dem Flur vor ihrer Geschäftsstelle, begrüßt uns, und schon wandeln wir zu dritt über einen abgewetzten Teppichboden mit den Kaffeeflecken vieler Vorgänger hinein in ihr Büro. Man muss sich die Staatsanwaltschaft Köln so vorstellen: ein großes Backsteingebäude, elend lange Flure, rechts und links davon Legebatterien für die Damen und Herren Juristen. Die haben noch erheblich weniger Platz als wir in Düsseldorf. Das war auch bei anderen Staatsanwaltschaften, die ich besucht habe, nicht viel anders. Funktionsklötze statt herrschaftlicher Häuser. Bei Frau Parsson liegt einiges über- und untereinander. Aber das Genie beherrscht ja das Chaos. Damit zwei Besucher Platz nehmen können, müssen ein paar Akten rausgetragen werden.

Dr. Peters hüstelt ein paarmal verlegen. Dann startet er.

»Vielen Dank für das kurzfristige Treffen. Mein Mandant, Herr Sayed Ahmadi«, und jetzt legt er Parsson die von mir erbetene Prozessvollmacht vor, »möchte unbedingt, dass seine Schwester aus der JVA entlassen wird. Er wird dafür auch die geforderten 450 000 Euro bezahlen. Er möchte jetzt gerne wissen, auf welches Konto er das Geld überweisen soll.«

Parsson, eine mittelgroße, sehr zierliche Frau, die oft allein durch ihr jugendliches Aussehen unterschätzt wird, schaut ihn über ihre Brille hinweg scharf an. »Und weiter?«

Sein Mandant sei bereit, eine Aussage zu machen, fährt Peters fort.

»Worüber möchte er denn alles eine Aussage machen?«, frage ich dazwischen.

Dr. Peters schaut von Parsson zu mir. Wir zeigen, durchaus nicht unabsichtlich, ein wenig Argwohn.

»Er möchte darüber eine Aussage machen, mit welchen Firmen er Umsatzsteuern hinterzogen hat und warum er seine Familie eingesetzt hat.«

Klingt nachvollziehbar, nur: Die Firmen kennen wir schon. Das wäre nichts Neues.

»Haben wir denn Firmen übersehen?«, frage ich etwas provozierend.

Dr. Peters kratzt sich am Kopf. Das könne er zum jetzigen Zeitpunkt noch nicht sagen, da er noch gar nicht ausführlich mit seinem Mandanten gesprochen habe. »Wie Sie wissen, befindet er sich ja nicht in Deutschland.« Ja, das hatten wir schon vermutet. Wir haben ihn ja trotz Haftbefehls noch nicht aufspüren können. »Aber er sagte mir, dass er über seine Taten hinaus den ganzen Umsatzsteuer-Betrug erklären will. Wie das funktioniert, wer alles dabei ist, wer alles worüber Bescheid weiß und dass alles tatsächlich abgesprochen ist.«

Das wäre natürlich – wow! Doch sollen wir das glauben? Der

junge Herr Ahmadi, jemand, der seit gut zwei Jahren im Hintergrund geblieben ist und offenbar trotzdem entscheidend beim Betrug mit Handys und Emissionszertifikaten mitgemischt hat. Der offensichtlich in den USA und Dubai wohnt. Der inzwischen für knapp fünf Millionen Euro Steuern hinterzogen und für rund 22 Millionen Euro zumindest Beihilfe zur Steuerhinterziehung geleistet hat. Dieser Herr will einfach so ein Geständnis abliefern und darüber hinaus den ganzen Betrug aufklären? Warum sollte er das tun? Nur wegen seines Haftbefehls in Deutschland oder wegen seiner Schwester? Glaub ich nicht.

Glaubt Parsson offenbar auch nicht. Sie ist für ihre Verhältnisse sehr ruhig und schaut Peters nur erwartungsvoll an. »Dr. Peters«, sie hat die Arme verschränkt auf dem Schreibtisch liegen und schaut wie eine strenge Lehrerin über ihre Brille, »was will Ihr Mandant wirklich?«

Jetzt rutscht der Doktor etwas nervös auf seinem Stuhl rum. »Ja, also, mein Mandant sagt, er wäre da in etwas reingerutscht und möchte da wieder raus. So schnell wie möglich.« Den letzten Satz sagt er etwas lauter und klingt dabei noch nervöser.

»In was genau ist er denn reingerutscht? Und warum ist es ihm auf einmal so wichtig, auszusteigen?« Parsson, hellwach jetzt, sie hat sich gerade hingesetzt.

Peters hustet, fast schon heftig. »Da stehen Leute hinter!«

Klar, natürlich stehen hinter den Firmen Leute. Wir haben ja auch geahnt, dass es ein geplantes Konstrukt ist, bei dem alle Bescheid wissen und eine Koordinierung zwischen den Firmen abläuft. Isen hatte ja bei den Zertifikaten schon von mafiösen Strukturen gesprochen. Doch warum ist Peters auf einmal so nervös, dass sich sogar kleine Schweißperlchen auf seiner Stirn bilden? Und warum will ein so ausgekochtes Schlitzohr wie Sayed Ahmadi da plötzlich aussteigen?

»Die sollen gefährlich sein, sagt mein Mandant. Er weiß, wer tatsächlich hinter alldem steht, und möchte das sagen. Dafür möchte er gerne eine Vereinbarung, dass er sozusagen als Kronzeuge behandelt wird. Er akzeptiert auch eine Strafe, aber bitte keine Haftstrafe. Er will auch dem Finanzamt Geld zurückzahlen, nur keine Haft, bitte.«

Soso. Den Betrug aufklären. Den Modus Operandi des Umsatzsteuer-Betruges mit Scheinrechnungen darstellen. Das wäre natürlich ein Brüller. Vollständige Aufklärung, alle Verfahren zügig erledigt. Und fertig. Nur, so einfach ist das nicht. Kann es nicht sein. Ich bin mindestens skeptisch. Und »reingerutscht«? Ach, komm. Gefährliche Hinterleute? Vielleicht. Geld zurückzahlen? Auf jeden Fall!

Inzwischen sind da schon ein paar Sümmchen zusammengekommen. Wenn er seine fünf Millionen zahlt, wäre das angemessen.

All das denke ich, während Dr. Peters sich auf seinem Stuhl nach hinten lehnt. Er will sich jetzt überzeugt zeigen, dass er da ein Angebot auf den Tisch gelegt hat, das Parsson nicht abschlagen kann. Ich frage ihn, ob er seinem Mandanten eigentlich glaube, dass der wirklich die Hosen runterlasse.

Peters schaut zur Decke. Man könnte nun meinen, meine Frage verunsichere ihn, aber das weiß man natürlich überhaupt nicht. Er kann uns auch was vormachen. Jetzt seufzt er und klingt nicht mehr ganz so selbstsicher.

»Ich weiß es nicht. Irgendwie glaube ich tatsächlich, dass er sich erstens große Sorgen um seine Schwester macht und dass er da zweitens in irgendwas reingerutscht ist und wieder rausmöchte. Und dass er da auch Leute kennengelernt hat, die vielleicht wirklich gefährlich sind.« Er nickt behutsam und lässt seine Worte noch einen Moment nachhallen. »Doch, ich kann mir das irgendwie vorstellen. Ich habe ja ein paarmal mit ihm telefoniert, und wenn es um die Leute ging, die dahinterstehen, war seine Stimme immer nervös.«

Parsson zeigt sich nicht sonderlich beeindruckt. Sie erklärt ihm das übliche Prozedere für den Fall, dass alles so sei, wie Ahmadi es Peters dargelegt habe. Als Erstes müsse die Kautionszahlung erfolgen. Danach käme Elin Ahmadi frei. Parsson teilt wohl meine Zweifel an der Zahlungswilligkeit, denn bevor sie inhaltlich auf das ja eigentlich verlockende Angebot eingeht, sagt sie jetzt erst mal: »Über die Schadenswiedergutmachung müssen wir in jedem Fall reden. Ich stelle mir eine Zahlung in Höhe von rund fünf Millionen Euro vor.« Und dann kommt sie zur Sache.

»Herr Dr. Peters, wenn das auch nur ansatzweise stimmt, was Ihr Mandant dazu aussagen kann, dann brauchen wir ein umfassendes Geständnis. Es muss eigentlich eine Art Lebensbeichte sein. Denn so, wie Sie uns das hier erzählen, steckt doch nicht nur Ihr Mandant hinter den Firmen, die wir bisher gefunden haben. Da muss mehr hinterstecken, wenn er solch eine Angst hat. Und es ranken sich viele Unklarheiten um Ihren Mandanten.« Was das denn mit den USA sei, fragt Parsson, und wieso er ein Haus in Dubai habe, das er sich ja wohl von dem, was wir gefunden hätten, nicht habe leisten können. Und was es mit dieser Firma *Las Vegas* auf sich habe. »Herr Dr. Peters, so einfach wird man kein Kronzeuge. Ihr Mandant muss uns auch die Hintermänner namentlich benennen. Selbst bei dem Tatbeitrag, den wir bereits kennen, kann man von einer Haftstrafe nicht so einfach absehen. Auch nicht, wenn wir das Jugendstrafgesetz anwenden würden.«

Klar: Parsson macht die Operation Kronzeuge erst einmal teuer. Sehr teuer. Macht sie gut.

Was wirklich kaum zu glauben ist: Ahmadi war in einigen Tatzeiträumen noch nicht volljährig. Aber davon soll er sich, das ist weiterhin Parssons Botschaft, mal nicht zu viel erhoffen. »Durch die kriminelle Energie, die er an den Tag gelegt hat mit seinen Verschleierungen durch den Einsatz seiner Familie, sehe ich hier keinen Spielraum für die milderen Strafen des Jugendstrafgesetzes. Davon mal abgesehen – wir kennen ja bisher noch nicht mal alles, was er so gemacht hat.«

Volles Geständnis + zahlen = Kronzeuge, soll die Formel in diesem Fall lauten. Sie könnte hier bedeuten, dass einer besonders schweren Straftat eine mildere Strafe folgt, wenn der Täter dazu beiträgt, den banden- und gewerbsmäßigen Umsatzsteuerbetrug aufzudecken. Volle Kooperation bei der Aufklärung also. Ich höre Parsson in einem unmissverständlichen Tonfall weitersprechen. »Erst wenn mir so etwas schriftlich vorliegt und das Geld auf den Konten ist, dann können wir mal darüber reden, ob Ihr Mandant nach Deutschland kommen kann, ohne direkt am Flughafen verhaftet zu werden.«

Das kann Ahmadi im Moment tatsächlich nicht, wenn er nicht einfahren will – der Haftbefehl gegen ihn ist ja noch in der Welt. Wenn man dem Richter von der Kronzeugenregelung und der dadurch bedingten Wichtigkeit der Person berichtet, könnte er aber schon mal bereit sein, zum Flughafen zu kommen und dort in den Räumen der Bundespolizei mit dem Täter und der Staatsanwaltschaft zu sprechen und den Haftbefehl auszusetzen bis zum Ende der Ermittlungen.

Es gibt den Weg also, und das weiß auch Dr. Peters. Ob wir alle ihn beschreiten können, hängt allerdings vom Richter ab. Der muss sich darauf einlassen. Er unterliegt da keiner Regel, entscheidet unabhängig. Bei Ahmadi wäre es möglich, dass er nach Deutschland kommt, verhaftet und dem Richter beim Amtsgericht vorgeführt wird und dieser den Haftbefehl dann sozusagen ruhend stellt, also erst mal aussetzt.

Aber wird Ahmadi auf so etwas eingehen? Hat er sich das überhaupt so gedacht, mit einer Lebensbeichte, der namentlichen Benennung von Hintermännern, der Zahlung von vielleicht fünf Millionen Euro?

Genauso gut möglich ist, dass er uns auf ein paar falsche Fährten lenken will, damit die richtigen Hintermänner verborgen bleiben. Womöglich hat er seinen Vorstoß über Peters mit der Organisation abgesprochen.

Nach längerem Schweigen äußert sich Dr. Peters. Das seien viele Voraussetzungen, sagt er. Da hat er recht. Aber er werde natürlich jetzt mit seinem Mandanten sprechen. Parsson geleitet uns bis zum Lift, und mit dem fahren wir wieder ins Erdgeschoss. Nur noch Small Talk zwischen uns jetzt, jeder ist mit seinen Gedanken woanders. Besucherausgang, draußen sind wir. Verabschiedung. Er melde sich, sagt Peters. Gut.

Das dauert dann allerdings etwas, bis zu einem kalten Tag Mitte Oktober, an dem man schon Reif auf den Dächern zu sehen glaubt. Gut, dass ich eine Garage habe, den Landrover freizukratzen macht wenig Freude. Ich fahre sehr gespannt ins Büro. Dr. Peters hatte sich angesagt. Er hätte mehrmals und sehr lange mit seinem Mandanten gesprochen.

Dr. Peters, meine Chefin und ich bitten ihn zur Besprechung in die Bibliothek der Steuerfahndung Düsseldorf. Doch dann wird Fallner auf dem Flur vom Dienststellenleiter abgepasst. Irgendetwas Wichtiges, bei dem sie zugegen sein soll. Finde ich so mittel, aber was soll ich machen? Da waren's nur noch zwei.

»Kann ich Ihnen einen Kaffee anbieten?« Peters verneint. »Bin eh schon aufgedreht genug«, antwortet er. Hoppla, der Anwalt zeigt menschliche Züge. Peters erklärt mir, dass sein Mandant nach langen »Sitzungen«, die natürlich immer nur telefonisch oder per Skype stattfanden, gerne mit mir persönlich sprechen möchte. Und zwar jetzt. Hier und heute. Mit mir.

Wenn er wirklich nervös war – jetzt bin ich es auch. Denn solch einen Termin, nun ja, den sollte man besser mal etwas vorbereiten. Wie spricht man mit so jemandem? Ich bin die Ermittlerin, er der Täter, und natürlich bin ich es gewohnt, mit unseren Beschuldigten zu sprechen. Das ist der Job. Aber Ahmadi ist kein gewöhnlicher Fall. Ihn umrankt eine Aura. Obwohl ich ihn bisher nur auf einem Foto gesehen habe, das mir

Peters mal zugeschickt hatte und das jetzt hinter meinem Schreibtisch am Schrank klebt. Da lümmeln er und eine seiner Schwestern in einem weißen Bentley. Man kann ein Stück von der Minibar und ein Whiskyglas sehen. Er stammt zwar aus Afghanistan, und seine Religionszugehörigkeit ist muslimisch. Doch Alkohol trinkt er offensichtlich.

Dieser Täter, er hat etwas an sich. So jung, und soweit wir bislang wissen, hat er bei so vielen Dingern mitgemischt. Er verströmt Intelligenz, aber irgendwie auch Skrupellosigkeit. So richtig kann ich es nicht erklären. Daher bin auch ich nervös. Dr. Peters möchte nicht noch länger smalltalken und auf Fallner warten. Er schnappt sich einfach sein Handy und wählt. Dann geht's wohl los jetzt.

Es braucht ein paar Versuche, dann steht die Verbindung. »Hallo, Herr Ahmadi ... Ja, ich sitze hier mit Frau Orths in der Bibliothek der Steuerfahndung ... Nein, es ist sonst niemand hier ... Ja, klar, machen Sie sich bitte keine Gedanken.« Und damit überreicht er mir sein Handy. Das Display hat er mit Paketband abgeklebt. Er möchte nicht, dass ich herausfinde, wo sich Ahmadi versteckt. Ich lache innerlich über diese Heimlichtuerei. Aber – jetzt habe ich ihn in der Leitung. Erstaunlich angenehme Stimme. Wieso auch nicht, Birgit!

Ahmadi redet los, flüssig, ohne Pause, eher souverän als aufgeregt, und natürlich auf Deutsch. Das hatte ich schon früh herausgefunden, dass er fließendes und akzentfreies Deutsch spricht. Er nennt erste Namen und Zusammenhänge. Stopp. Stopp! Das geht zu schnell, das sind zu viele Informationen. Ich muss das Ruder übernehmen. In meinem Stuhl richte ich mich auf, damit meine Nervosität runterfallen kann. Für die gibt es ja auch keinen Grund, oder? Er ist mein Beschuldigter, und inzwischen kann ich nachweisen, dass er einen Schaden von mehreren Millionen Euro verursacht hat.

»Es freut mich, dass Sie mit uns sprechen wollen. Das ist ein guter Anfang. Wir gehen aber jetzt mal der Reihe nach vor. Als Erstes wollen Sie Ihrer Schwester helfen. Die Staatsanwältin Frau Parsson und der Richter haben in der Zwischenzeit die Höhe der Kaution auf 450 000 Euro festgelegt. Das hat Dr. Peters Ihnen sicher mitgeteilt. Der Anwalt Ihrer Schwester hat das nach einigen Diskussionen abgesegnet. Sobald das Geld hier ist, wird Ihre Schwester freigelassen. Danach möchten wir einen Abschlag auf die Steuerschäden von fünf Millionen Euro auf den hiesigen Konten sehen. Danach würden wir vorschlagen, dass weitere Telefonate Sinn ergeben.« So. Stille.

Natürlich, ich hätte auch freudig auf seine Ausführungen zu Namen und Verbindungen eingehen können. Ich musste mich auch tatsächlich sehr anstrengen, um nicht sofort weitere Fragen zu stellen und ihn zu löchern. Doch hier waren jetzt Struktur und ein Schuss Zurückhaltung angesagt. Es könnte ja sein, dass er bloß ablenken will. Geld ist erst mal das Wichtigste, denn dann wissen wir, ob er die Sache ehrlich meint. Tätern aus der Organisierten Kriminalität Geld wegzunehmen, das ist für sie meist schlimmer als eine Haftstrafe. Wir hatten mal eine Durchsuchung mit dem LKA, da war der Beschuldigte rotzfrech zu den Kollegen. Einer der Kollegen sagte dann: »Das ist Frau Orths von der Steuerfahndung. Zeigen Sie ihr bitte mal die Luxusautos in der Garage. Die werden nämlich jetzt mitgenommen.« Da wurde der Beschuldigte ganz blass. Steuerfahndung hat nämlich in den Augen von solchen Typen ganz schnell etwas damit zu tun, dass Geld oder Vermögenswerte weggenommen werden. »Ich dachte, hier sind nur Bullen, aber Steuerfahndung? Scheiße!«, hat er gesagt. War eine interessante Erfahrung.

Ahmadi redet jetzt weiter. »Ja, die 450 000 Euro sind so gut wie unterwegs. Und meine Schwester ist unschuldig. Die kann nichts dafür. Aber wo soll ich bitte fünf Millionen Euro herholen?«

Ach Mensch, der Arme! Und das Anwesen in den USA, Eigentum der Soldanas, wo er und seine Cousine bzw. Verlobte sich öfter aufhalten? Und die weiße Motorjacht vor Dubai, auf der Fotos Ahmadi zeigen, die im Büro der *Handycell* und der *Koks* hingen? Kollegen hatten die abfotografiert. Da posiert der Herr, in der einen Hand ein Sektglas, in der anderen ein Kaviartörtchen, falls man das so nennt. Unter dem Bild stand mit großem Lach-Smiley: »Das Leben ist teuer.« Außerdem weiß ich, dass er etwas über fünf Millionen als Profit aus dem Umsatzsteuerbetrug erhalten hat.

»Ihnen wird schon was einfallen«, sage ich nur.

Danach ist die Leitung auf einmal tot. Hmm. War ich zu streng? Habe ich zu hoch gepokert? Dr. Peters meint, es könne sein, dass sein Mandant nicht mit einem schärferen Tonfall gerechnet habe. Aber das mit dem Geld müsse eigentlich irgendwie funktionieren.

Fallner ist nicht wiedergekommen. Da muss ihr ja etwas Wichtiges da zwischengekommen sein. Ich unterrichte sie später ausführlich über das Telefonat. Sie ist natürlich etwas sauer, dass ich allein mit Ahmadi gesprochen habe. »Das hätten Sie mit mir absprechen müssen. Sie waren sicher zu nett. Mein Ton hätte ihn sicher jetzt schon überzeugt.« Na klar. Ich lächle. »Der hätte sich bei Ihrem Ton nie wieder gemeldet.« Jetzt lächelt sie auch. Sie weiß, dass sie ab und an etwas harsch rüberkommt. Sie kann austeilen, aber auch einstecken, das ist gut. Kein weiterer Ärger für mich. »Na gut, dann warten wir mal ab«, sagt Fallner.

Wir hören länger nichts von Peters. Aber ich habe auch so keine Langeweile. Meine Asservate, die sich nach dem großen Aufschlag Ende April aufgetürmt haben, lagern inzwischen nicht nur bei Frank und mir im Büro, sondern auch in Teilen in einem Büro auf dem Schrank von zwei Kollegen, die keine Umsatzsteuer machen, also keine so großen Umfangsverfahren haben. Auch bei Annemarie musste ich ein paar Dokumente und Datenträger unterbringen. Gefiel ihr überhaupt nicht. Sie brauche selber jeden Platz. Ja, gut, aber für deine fünf Firmen brauchst du nicht so viel Platz wie ich für meine siebenundzwanzig. Außerdem hatte Fallner sozusagen abgesegnet, dass ich ein paar Unterlagen auch bei Annemarie bunkern könnte. Wir haben hier im Haus viel zu wenig Räumlichkeiten zur Verfügung. Die Entscheidungsträger, also die Oberfinanzdirektion und das Liegenschaftsmanagement, denken in diesen Finanzamtsstrukturen: zwei Schreibtische, ein paar Regale, fertig. Wir sind zwar Teil der Finanzverwaltung, aber in unserer Anzahl so gering, dass wir quasi übersehen werden. Von rund 28 000 Finanzbeamten in Nordrhein-Westfalen sind nur 650 Fahnder.

Meine beschlagnahmten Unterlagen: Die Kollegen aus Oldenburg, München und Leipzig haben für mich alles ausgewertet, was sie nach meiner Bitte um Amtshilfe bei den Durchsuchungen mitgenommen hatten. Das ist nett und nicht selbstverständlich. Amtshilfe umfasst meistens nur Hilfe am Durchsuchungstag. Hier hatte ich es nun mit motivierten Kollegen zu tun, die auch Interesse daran hatten, in diese Unterlagen reinzuschauen, vielleicht auch, um noch etwas Honig für ihre eigenen Verfahren zu saugen. Passt schon.

Anfang November ruft Peters an. Ahmadi würde gerne wieder mit uns reden. Die 450 000 Euro hat er inzwischen gezahlt, das wissen wir, denn Elin Ahmadi ist aus der JVA entlassen worden. Ausnahmsweise ist das Geld nicht als Sicherheit bei der Justiz verblieben, sondern auf Steuerrückstände der *World Fon* und der *A-Phon* gebucht worden.

Peters erzählt, seltsam naiv für einen Anwalt, Ahmadi hätte 500 000 Euro auf das Konto des Anwalts überwiesen. »Ach, dann sind die 50 000 Euro Ihr Honorar?«, frage ich gut gelaunt. Peters murmelt etwas wie: »Kann schon sein.« Das sollte ich im Lauf der Verfahren auch noch erkennen: Je teurer der Anwalt, desto wichtiger ist der Beschuldigte in dieser organisierten Bandenstruktur.

Ahmadi hat auch 800 000 Euro zusätzlich auf seine Steuerschulden gezahlt. Das sind keine fünf Millionen, aber es ist ein Anfang. Daher haben Parsson, Fallner und ich auch beschlossen, die Gespräche weiterzuführen. Wir fragen uns, ob da etwas Gescheites bei rauskommen wird – und werden dann komplett überrollt. Wie ein Zyklon fegt es über uns hinweg, und hinterher ist alles anders. Aber der Reihe nach.

Wir haben uns an diesem Novembertag wieder in der Bibliothek versammelt, diesmal mit Staatsanwältin Parsson und meiner Chefin. Erneut reicht Peters mir das Handy mit dem abgeklebten Display, und ich spreche mit Ahmadi. Leider können alle anderen im Raum Ahmadi nicht hören. Das von Peters dargereichte Handy ist etwas veraltet und hat keinen Lautsprecher. So muss ich zwischendurch den anderen berichten. Wenn es um Themen geht, die nur eine Staatsanwaltschaft beantworten kann, übernimmt Parsson. Wenn Fallner mit ihm spricht, in ihrem, ich sag mal, resoluten Ton, droht die Stimmung manchmal zu kippen. Aber wir fangen Ahmadi immer wieder ein.

Das Thema Kronzeugenregelung ist ihm sehr wichtig. »Herr Ahmadi«, sagt Parsson, »Sie haben jetzt den Anfang gemacht und Geld gezahlt. Jetzt müssen Sie gestehen und den ganzen Betrug erklären. Wer mit wem und warum? Sie wollten ja die Hose runterlassen. Das muss jetzt aber erst mal passieren, bevor ich mit einem Richter spreche, um für Sie etwas rauszuschlagen.« Ahmadi will wieder mit mir sprechen. Er nennt Firmennamen und fragt, ob die mir was sagen. Ja, tun sie. Fast alle. »Dann hören Sie mal gut zu«, sagt Ahmadi und fängt an zu reden. Er spricht über alles. Zumindest über sehr, sehr vieles. Alle Augen im Raum sind auf mich gerichtet. An meinem Gesicht erahnt man wohl, dass hier gerade mehr als nur ein paar Namen fallen. Ich habe eine gute Vorstellung und bin vor allem bei den Umsatzsteuer-Betrugsfirmen schon ziemlich weit. Und wir haben auch viele Indizien, Hinweise, Beweise dafür, dass es sich um eine organisierte Form des Betrugs mit verschiedenen Playern handelt. Doch wie die zusammenhängen, auf welche Weise sie jenseits von E-Mails miteinander kommunizieren, sodass wir nichts davon mitbekommen und alle in den Ketten mehr oder weniger informiert sind, das haben wir noch nicht herausgefunden. Deshalb zieht es mir auch die Schuhe aus, was Ahmadi nun erzählt. Diesen Umfang hatte ich nicht vermutet.

Es sind unfassbare Sachen, über die er spricht. Ab und an unterbreche ich ihn, frage nach. Dann überreiche ich den Hörer wieder an Parsson. Wir machen einige Pausen, reden aber letztlich einen halben Tag lang. Vieles, was er erzählt, erscheint uns fragwürdig. Aber einiges deckt sich mit meinen bisherigen Erkenntnissen. Nur, im Ernst – so ein Umfang? In so großem Stil haben die betrogen? Das ist ja Mafia.

Ahmadi erzählt von den sogenannten Hintermännern. Die würden alles von einem Büro aus in einem kleinen Ort in England steuern. Überall ständen da Rechner rum, man arbeite mit Handschuhen, um keine DNA-Spuren zu hinterlassen. Die Büros würden zudem regelmäßig gewechselt. Alle Rechnungen, auch die der deutschen Firmen, würden hier geschrieben und per Mail an die entsprechende Umsatzsteuer-Betrugsfirma geschickt. Das erklärt, warum auch ein Obdachloser in einer Zertifikate-Firma sitzen kann, im Zweifel auch ohne richtig lesen und schreiben zu können. Er muss ja nur die E-Mail anklicken, sie ausdrucken und abheften.

»Ich wusste es doch«, erlaube ich mir zu kommentieren, als Ahmadi das mit den Rechnungen aus England erklärt. Alle gucken mich an. Ich halte den Hörer etwas weiter weg und erkläre den anderen, was Ahmadi mir gerade gesagt hatte. »Uns ist doch aufgefallen, dass bei den meisten Rechnungen ›invoice‹ draufsteht, also der englische Begriff für Rechnung. Wir haben uns gedacht, okay, sieht halt nach international aus. Aber bei einigen Rechnungen haben wir auch festgestellt, dass manchmal keine

Umlaute auftauchen, sondern ae für ä und ue für ü. Und außerdem war das Datum manchmal ungewöhnlich geschrieben. Natürlich, eine englische Tastatur. Und die englische Art, ein Datum zu schreiben.« Darauf hätte man kommen können. Aber wie hätte man das beweisen sollen? Das will ich gerade mal Ahmadi fragen, als er seinerseits sagt, dass ich das doch selbst schnell hätte feststellen können. Bitte? »Sie hätten doch an den IP-Adressen sehen können, wo die Mails mit den Rechnungen herkamen.«

IP-Adressen, da sind sie wieder. Bis vor Kurzem wussten wir nicht mal, was das ist, zumindest nicht so richtig und nicht jeder von uns. Am anderen Ende der Leitung habe ich nun einen fast amüsierten Ahmadi, der scheinbar unsere Verwaltung kennt und mindestens ahnt, dass unsere Bordmittel offensichtlich nicht ausreichen werden, den Tätern auf die Spur zu kommen. »Sie fahren mit einem Tretroller hinter einem Ferrari her«, sagt er. Autsch. Weil er wohl recht hat. Ich meine, wir sind doch schon in den Finanzämtern nicht in der Lage, das Gründen dieser Scheinfirmen zu verhindern. Wie soll es da mit der Strafverfolgung laufen – wenn keiner weiß, was IP-Adressen sind oder was man daran erkennen kann, oder ohne dass man überhaupt draufschaut. Klar wissen auch wir grundsätzlich, was IP-Adressen sind, insbesondere die Kollegen aus der IT. Aber diese Kollegen ermitteln ja nicht in unseren Fällen. Und eine Fachbesprechung über IP-Adressen gibt es auch nicht, wenn niemand weiß, dass sie eine Rolle spielen könnten für unsere Ermittlungen. Am Anfang ahnt ja niemand, dass die Banden vom Ausland aus agieren – und dass es sich bei diesem Umsatzsteuer-Betrug überhaupt um Banden handelt.

Es ist uns häufig passiert, dass wir Smartphones bei einer Durchsuchung zur Auswertung mitnehmen und uns dann wundern, dass darauf nichts mehr zum Auswerten ist. Wir wussten nicht, dass man den Inhalt seines Smartphones auch aus der

Ferne löschen kann, solange noch ein Netz verfügbar ist. Für unsere Ermittlungen ist das eher eine Katastrophe. Die technische Entwicklung hat an der Haustür der Finanzverwaltung leider nicht immer Zutritt erhalten, zumindest nicht so schnell wie draußen. Vorsichtig formuliert. Was wir dann in Eigenregie als Erstes ausfindig gemacht hatten: Wickelt man Smartphones dreifach in Alufolie, haben sie keinen Netzempfang mehr. Doch sobald die IT sie dann zum Sichern wieder auspackte, kam das Netz zurück, und die Daten wurden gelöscht. Netz und weg! Es hat etwas gedauert, bis wir ein System hatten, das dies verhinderte. Und das ist nicht etwa unseren ITlern anzulasten, bei denen es sich übrigens bis vor sieben Jahren nicht um ausgebildete Fachleute handelte, sondern nur um technikaffine Kollegen. Dass Daten aus der Ferne nachträglich gelöscht werden konnten und wir das nicht wussten, war ein Fehler unserer Verwaltung.

Und Ahmadi weiß das. Und die besagten Hintermänner wissen es auch. Woher, das ist mir zu diesem Zeitpunkt noch nicht bekannt.

Ahmadi erklärt weiter. Als er auf einen Hintermann eingeht, fange ich an, ein wenig zu zittern. Ich unterbreche ihn, gebe den Hörer an Dr. Peters und bitte um eine kleine Pause. Ich muss mal an die frische Luft. Parsson und Fallner begleiten mich. Dr. Peters spricht sicher noch eine Weile mit Ahmadi, während wir draußen sind. Eine Mitarbeiterin der Geschäftsstelle leistet ihm dabei Gesellschaft. Wir dürfen Verteidiger oder Beschuldigte ja nicht einfach in unseren Räumlichkeiten allein lassen.

»Was ist los?«, fragt Fallner, »er war doch gerade so gut in Fahrt.« Ich atme tief ein und schaue beide Damen an.

»Was er jetzt eben erzählt hat, macht mir Angst, und zwar eine Scheißangst.«

Die beiden sehen mich ratlos an. »Was sagt er denn?«, fragt Parsson.

»Ich habe ihn an der Stelle unterbrochen, wo er was von dem

Big Boss erzählt und was der mit Leuten anstellt, die in diesem Umsatzsteuer-Betrug nicht mitmachen wollen oder Fehler machen. Ich weiß nicht, ob wir ihn einfach so weiterreden lassen dürfen. Was ist, wenn dieser ominöse Big Boss herausfindet, dass Ahmadi mit uns spricht?«

Parsson versucht, mich zu beruhigen. »Er wird schon wissen, was er sagen kann und was nicht, ich meine, ohne dass es gefährlich für ihn wird. Lassen Sie ihn einfach weiterreden. Das, was er sagt, sparen wir bei allen unseren Verfahren an wertvoller Ermittlungsarbeit. Jetzt weiß man, wo man hinschauen muss.«

Ja, Parsson hat recht. Aber ich habe trotzdem ein sehr ungutes Gefühl. Wir gehen wieder in die Bibliothek. Ich greife zu einem Festnetztelefon und frage in der IT nach, ob es die Möglichkeit gäbe, das Handy an einen Lautsprecher zu hängen, damit wir alle gleichzeitig hören können, was Ahmadi zu sagen hat. Das geht. Kurze Zeit später kommt der Kollege mit einem Lautsprecher und schließt das Handy an. Er ermöglicht sozusagen unsere erste Telefonkonferenz. Jetzt muss ich nicht mehr allen Beteiligten im Raum ständig die Infos von Ahmadi soufflieren.

Peters sitzt, als wir wieder in die Bibliothek kommen, mit verschränkten Armen am Tisch und hatte das Fenster geöffnet. Sein Mandant, sagt er nun, habe auch mal eine Pause gebraucht. Hoffentlich ist er nicht weg. Also große Pause. Es dauert etwas, und als unser Lautsprecher angeschlossen ist, nimmt Ahmadi Peters' Anruf an. Er erzählt die begonnene Geschichte zu Ende, berichtet von einem Mann, den der Big Boss in einer der britischen Umsatzsteuer-Betrug-Firmen als Direktor eingesetzt hat. Im Umsatzsteuer-Betrug sei es so: Es finde ein Handel statt, doch zwischen den einzelnen Firmen, die beispielsweise nach der ersten Firma in Deutschland und vor der letzten Firma in Deutschland eingebunden seien, bestehe dieser Handel nur auf dem Papier. Ahmadi nennt das einen »grauen Markt«, in dem man nur zwischen ganz bestimmten, festgelegten Firmen handeln dürfe. Diese Firmen wissen alle voneinander, sie wissen, dass sie sich am Betrug beteiligen und reine Scheinfirmen sind. Für alle gelte die Regel, keine Rechnung an eine echte, also legale Firma zu stellen oder gar noch Ware an solch eine Firma zu liefern. Denn dann würde die Kette ja unterbrochen.

Und dieser eine Direktor der britischen Scheinfirma – jetzt kommt Ahmadi zum Punkt – habe genau das aber nun gemacht. Vielleicht hatte er nicht aufgepasst, was man ihm sagte, oder er habe es nicht verstanden. Er beging jedenfalls den Fehler, Handys an eine normale Firma zu verkaufen und zu liefern. Die Spedition habe den Big Boss davon informiert. Und der hatte das nicht gern gesehen.

Ahmadi spricht weiter, er ist kaum mehr zu stoppen. Es geht um die ganze Kette, den kompletten Durchlauf durch Deutschland und am Ende um den Grund dafür, dass neue Handys auf eBay oder bei einigen Handyläden oft so viel weniger kosten als beim Hersteller. Und jetzt sei es so, dass die neue Masche Rechnungen über Kupferkathoden wären.

Alles gut, denke ich, aber alles viel zu schnell! Und viel zu durcheinander. »Herr Ahmadi«, unterbreche ich ihn, »Sie wollten gerade die Geschichte von dem Mann erzählen, der etwas falsch gemacht hatte.«

Wenn ein Beschuldiger auspackt, oftmals in einer Art, als spreche er mit Eingeweihten, muss man manchmal dazwischengehen. Es nützt ja nichts, wenn wir das alles nicht richtig verstehen und durchdringen können. Und heute haben wir ja bereits ein paar Stunden hinter uns.

»Ach ja, stimmt. Also, der Big Boss hat den Mann dann zur Rede gestellt. Und der war dann wohl nicht so richtig einsichtig. Und deshalb ist der Big Boss mit ihm, nachdem er ihm die Augen verbinden ließ, von London aus in die Highlands gefahren und hat ihn dort aussteigen lassen. Der Mann musste sich komplett nackt ausziehen, bekam alles abgenommen, sein Portemonnaie, sein Handy, seine Taschentücher. Alles. Und dann hat man ihn da ausgesetzt.«

»Wie ist das ausgegangen?«, frage ich vorsichtig. Ahmadi schweigt eine Weile und sagt, nicht wirklich stimmfest: »Ich weiß es nicht.«

KAPITEL 13

Big Boss, ein Königshaus und erste Gefahren

Parsson, Fallner und ich sitzen noch lange zusammen, nachdem Dr. Peters sich verabschiedet hat. Erst redet keiner, dann alle gleichzeitig. Parsson hat Ahmadi noch am Ende des Gesprächs gedankt und gesagt, es sei ein großer Schritt getan. Sie wäre jetzt bereit, einen Richter schon mal vorab zu fragen, wie eine Kronzeugenregel bei bestehendem Haftbefehl aussehen könnte. Ahmadi erschien mir erschöpft, aber auch recht zufrieden. Er wirkte zum Ende des Gesprächs weniger konzentriert. Den Grund dafür erfuhr ich erst später.

Was für eine Flut an Informationen! Letztlich hat er erklärt, wie es mit dem Umsatzsteuer-Betrug funktioniert. Die Einschränkung: Er hat das am Telefon getan. Das ist als Beweis zu wenig, jedoch ein wahnsinnig guter Anfang.

Aus irgendeinem Grund erweckt dieser Kerl bei mir langsam das Gefühl von Sorge. Zweiundzwanzig Jahre alt inzwischen, in so vielen Firmen in so viele Betrügereien eingebunden – wie ist er an all diese Kontakte gekommen? Und schätzt er seine Sicherheit tatsächlich richtig ein? Normalerweise mache ich mir über das persönliche Befinden eines Beschuldigten nicht so viele Gedanken.

Wir müssen morgen mal alles zusammenschreiben und sortieren, was wir heute gehört und notiert haben. Das machen Fallner und ich am nächsten Tag und beschließen dann, in einer Sachgebietsbesprechung alle auf Stand zu bringen. Ich schlürfe wieder ihr bekanntes Käffchen, als ich ein merkwürdiges Geräusch vernehme. Ich schaue vorsichtig zum geöffneten Fenster. Da sitzt ein riesengroßer Rabe auf der Fensterbank. Ich schaue Fallner merkwürdig an. Sie schaut zu mir und dann zum Vogel.

»Der kommt immer, wenn ich hier bin«, sagt Fallner.

»Das gibt mir zu denken. Ist das ein Schatten vom Big Boss?« Wir lachen.

»Nein, denke nicht. Ich habe mal ein Stück altes Brot auf die Fensterbank gelegt, und da war auf einmal Abraxas da.«

»Also, im Sachgebiet sollten Sie vielleicht besser nicht erwähnen, dass Sie den Raben Abraxas getauft haben. Abraxas war doch der von der kleinen Hexe, oder?« Fallner grinst. Tja, sie ist häufig in Schwarz gekleidet, und bei mir sieht das farblich meist auch nicht anders aus. Vielleicht fühlte der Vogel sich hier zu Hause.

Bei der Besprechung berichtet unsere Chefin von den Telefonaten mit Ahmadi. Einige Kollegen schauen wieder skeptisch zu mir rüber. Ja, guckt nur! Ahmadi existiert offensichtlich doch, und er kann sogar eine Menge sagen, auch zu euren Verfahren.

Fallner erklärt, was Ahmadi über das Konstrukt des Umsatzsteuerbetruges gesagt hat. Zum Thema Hintermänner hält sie sich etwas bedeckt, sagt im Grunde nur, dass dieses Konstrukt wohl tatsächlich von Leuten im Hintergrund gesteuert werde. Von dem Büro und den Rechnern und den Handschuhen erzählt sie nichts. Gut so. Das klingt so surreal, dass es uns niemand geglaubt hätte.

Die Kollegen schauen dann auch in ihren Unterlagen nach den Logos der Rechnungen, und es stellt sich heraus, dass die Briefköpfe mehrerer Firmen – die jeweils nicht zur selben Kette gehören – fast identisch sind. Entweder sind die zu bequem gewesen, für jede Firma ein eigenes Logo zu entwerfen, oder sie hatten am Ende so viele Firmen, dass ihnen die Ideen ausgingen.

Interessant ist nun die interne Hierarchie oder, anders gesagt: der Wissensstand. Waren die allermeisten eingeweiht in den Betrug? Wie viele hatten überhaupt keine Ahnung? Können auch Geschäftsführer nur Strohleute und damit ahnungslos sein? Und wie könnte man einzelnen Mitarbeitern eine Tatbeteiligung nachweisen? Das wird kein Zuckerschlecken.

Bei einem nächsten Jour fixe in Frankfurt sprechen wir zum ersten Mal über Skype-Chats. Man sagt uns, dass die Log Files, also die Protokoll-Dateien, den Ruf haben, dass sie sich selber löschen oder sich so abspeichern, dass sie nicht mehr gelesen werden können. Der Kollege, der das vorträgt, ist kein IT-Experte, er interessiert sich einfach nur etwas mehr für Technik als wir Normalmenschen. Einen ausgebildeten IT-Fachmann haben wir nicht in unseren Reihen.

Warum? Weil es zu teuer ist? Aus Gründen des Steuergeheimnisses? Von Freund und Feind wird es gern bemüht, wenn etwas unentdeckt bleiben soll. Natürlich hat das Steuergeheimnis seine Berechtigung. Aber wenn man das entsprechende Gesetz genauer liest, steht da auch, wann es eben wegfällt: wenn Informationen aus einem Strafverfahren stammen und für ein Strafverfahren benötigt werden, außerdem bei Geldwäsche, illegaler Beschäftigung, Terrorismusfinanzierung. Und bei öffentlichem Interesse. Unsere Verfahren fallen ganz sicher unter diese Einschränkungen des Steuergeheimnisses. Denn in unseren Verfahren geht es eigentlich immer um Wirtschaftsstraftaten, die aufgrund des hohen Schadens, den sie verursachen, dafür geeignet sind, die wirtschaftliche Ordnung erheblich zu gefährden. Trotzdem erlebe ich oft, dass man sich auch aufseiten der Finanzverwaltung hinter dem angeblich geltenden Steuergeheimnis sozusagen versteckt. Hat da jemand Angst, dass etwas an die Öffentlichkeit kommt, was unangenehm werden könnte? Oder dass sich ein einflussreicher Mensch beschwert? Oder nutzt man die Ausrede Steuergeheimnis, um die eigene Faulheit zu vertuschen? Fragen wie diese kann man durchaus mal stellen, finde ich.

Über Skype lässt sich nicht nur telefonieren, man kann auch chatten. Und das haben die Täter getan, sicherlich in der Annahme, keine Spuren zu hinterlassen. Doch jetzt hat der clevere Kollege herausgefunden, dass sich der ganze schriftliche Austausch wiederherstellen lässt. Erste Einblicke haben einige der in Frankfurt versammelten Kollegen bereits erhalten. Sie berichten von spannenden Gesprächen, die beweisen würden, wie alles abgelaufen ist. Anders als in manchem Gespräch, wo zumindest polizeierfahrene Täter Codes verwenden, werde in den Chats oft Klartext geschrieben.

Klingt wunderbar, allerdings mit Einschränkung: Die Beschuldigten drängen ja mithilfe ihrer Anwälte vehement darauf, ihre Rechner und Smartphones zügig zurückzuerhalten, am liebsten schon zwei Tage nach der Durchsuchung. Um die Skype-Chats eines mutmaßlichen Täters wiederherzustellen, brauchen wir aber den Computer, den er genutzt hat. Die Datensicherungen, die unsere IT davon gemacht hat, reichen hierfür nicht aus. Haben die Beschuldigten ihre Rechner wieder zurück, ist der Chat für uns verloren.

Das ist der Punkt, wo sich ein scheinbarer Nachteil in einen deutlichen Vorteil verwandelt – für mich: Ich bearbeite ja sehr viele, eigentlich zu viele Ermittlungsverfahren, und entsprechend viele Durchsuchungen hatte ich bei den entsprechenden Firmen. Weil ich so viele Bälle in der Luft halte, habe ich aber längst noch nicht alle Beweismittel zurückgeben können. Und genau das ist jetzt mein Glück: Auf all den Geräten, die mir noch zur Verfügung stehen, kann ich nun Skype-Chatprotokolle wiederherstellen lassen. Nur den Laptop von Halim Nikoo habe ich nicht mehr.

Die Kollegen in der IT, die das jetzt auch alles herausgefunden hatten, freuen sich, als ich nun mit allerlei Hardware anmarschiert komme. Dass ich eine Menge zusätzlicher Arbeit anschleppe, ist ihnen natürlich auch klar. Sie sind nicht etwa unmotiviert, jedoch schlicht zu wenige. Dennoch versprechen sie, ihr Bestes zu geben. Und das werden sie auch tun. Was sie da finden würden, sollte mir später fast die Sprache verschlagen.

Wir haben heute wieder mal ein Gespräch mit Dr. Peters und seinem Mandanten verabredet. Ich hoffe, dass Ahmadi am Ende der Leitung den Anruf auch entgegennimmt. Wir haben wieder unsere Lautsprecher-Handy-Konstruktion aufgebaut. Auch Staatsanwältin Parsson ist dabei.

Ahmadi geht dran, gut. Begrüßung. Beim letzten Mal hat er uns vom Big Boss erzählt und im Groben erklärt, wie Umsatzsteuerbetrug funktioniert. Heute soll er Namen nennen und Einzelheiten schildern. Zuerst frage ich ihn – ganz wichtig für einen Steuerfahnder – nach Geld. Da ist es bei ihm erst mal kurz still. Dann erzählt er mir, dass er später etwas dazu sagen möchte. Aha, hört sich merkwürdig an, so wie er das sagt. Aber ich bleibe natürlich verbindlich. »Ist in Ordnung, wir können auch gerne mit einem anderen Thema anfangen.«

Ahmadi legt los. Er erklärt, wie er ans Handyverkaufen gekommen ist. Welche Leute er getroffen hat, die ihm erklärt haben, dass er Handys nicht hier in Deutschland kaufen soll, sondern in Dubai. Die man da bekomme, seien schon mal in Deutschland gewesen und daher billiger. Aha, die werden tatsächlich durch Deutschland gedreht, also einmal durch die ganze Betrugskette gehandelt. Neunzehn Prozent Umsatzsteuer sind geraubt. Vereinfacht dargestellt. Daher wird es billiger. Klingt logisch.

Ahmadi erzählt jetzt, wie er seine Cousins, seine Schwestern und Bruder Ayden eingebunden hat.

»Aber wie kommen Sie dann auf einmal auf dieses Doppelkonstrukt, die *Koks GmbH* und die *Handycell* im gleichen Büro, und eine der beiden Firmen handelt mit Emissionszertifikaten?«, frage ich.

Ahmadi holt aus und erzählt von diesem Adam Hicks, dessen Namen wir schon von Aktas gehört hatten. Adam Hicks sei derjenige, der alles für den Big Boss organisiere. Adam habe ihn auf der Cebit mit den Indern zusammengebracht und ihm erklärt, wie alles ablaufen soll. Adam sei selber Inder, er habe auch zwei Firmen in München. Eine heiße *Sabso*. Oha. Kollege Seppi, kannst du uns hören?

Adam habe ihn dazu überredet, eine Firma aufzumachen, über welche dann die Rechnungen der Firmen der beiden anderen Inder und der Firmen von Adam Hicks laufen sollten. Deshalb habe Ahmadi auch dann mithilfe von Aktas und seiner Cousine aus den USA die *A-Phon* gegründet. »Damit sollten wir schon richtig groß werden am Markt«, sagt Ahmadi und meint mit Markt den »grauen Markt«. Nur sei Aktas irgendwann zu skeptisch geworden, und daher habe er die *A-Phon* zugemacht. »Dann hat Adam mir in Dubai jemanden vorgestellt.« Ahmadi macht eine kurze Pause und atmet tief ein. Ab jetzt spricht er erheblich leiser.

»Adam sagte, ich möchte dich mit jemandem bekannt machen. Wir treffen uns in einem Hotel in Dubai, und dann erklären wir dir mal was.« In diesem Hotel lernte Ahmadi nach eigener Schilderung den Big Boss kennen, den er nun Mister X nennt. Mister X habe ihm gesagt, er solle bei dem Emissionsbetrug mitmachen. Er habe gemeint, er, Ahmadi, hätte doch gar keine Probleme dabei, weil er ja nicht als Missing Trader agieren würde, also nicht die erste Firma in Deutschland besitze, die dann wieder verschwinde, bei der der Fiskus nach einiger Zeit aber wahrscheinlich dahinterkommt, dass es sich um eine Scheinfirma handelt.

Mister X habe Ahmadis Aufgabe so beschrieben, dass er lediglich probieren solle, an Kunden wie die große deutsche Bank zu kommen. »Ich sollte nur der Buffer sein, also in dem Fall die zweite Firma in Deutschland. Je weniger ich wüsste, umso besser. Er sprach dann von sehr, sehr viel Geld. Das hat mir imponiert.«

Keiner von uns wagt, etwas zu fragen. Wir warten alle, dass er weitererzählt. Das tut er.

Einer stehe noch über Mister X, erklärt uns Ahmadi. Der habe in Großbritannien Kontakte in sämtliche Verwaltungsbehörden, auch in die Polizei und ins Königshaus. Der Typ sei ein Immobilienmogul, entweder Inder oder Pakistaner, das wisse er nicht genau. Er trage immer einen Turban und besitze etliche ultrateure Autos. Er nenne sich Batman.

Ahmadi erzählt immer weiter, während ich es nicht vermeiden kann, mir ein paar andere Gedanken zu machen. Denn dieser junge Mann begibt sich womöglich gerade in Gefahr. Eigentlich sind Beschuldigte nur genau das: Beschuldigte, und mein Job ist es, ihre Taten zu beweisen. Aber ich habe auch ein Gewissen. Wenn ich bemerke, dass sich jemand vielleicht in Gefahr begibt, bohre ich nicht einfach weiter.

»Herr Ahmadi, kurze Pause, bitte.«

Ich lege meiner Chefin einen Zettel hin, darauf steht: »Der schwebt in ernsthafter Gefahr, wenn die rauskriegen, dass er mit uns spricht. Und worüber er mit uns jetzt spricht.« Fallner zuckt mit den Schultern.

»Herr Ahmadi«, frage ich, »fühlen Sie sich bedroht? Und weiß jemand, dass Sie mit uns sprechen?«

Er räuspert sich, und es hört sich so an, als hätte er sich umgedreht und würde mit einer Person im selben Raum sprechen. Er wendet sich offensichtlich wieder dem Handy zu.

»Ja, mein Freund Felal hier ist bei mir. Er weiß das. Es ist in Ordnung. Mir geht es gut. Nur das mit dem Geld, das ist so eine Sache. Das wollte ich Ihnen noch sagen. Ist wahrscheinlich jetzt der richtige Augenblick. Mister X hat gesagt, mehr als eine Million Euro würde er mir nicht geben, die ich an euch zahle.«

Das »Mir geht es gut« klang abgelesen, aber davon mal abgesehen – ist der wahnsinnig? Hat der wirklich gesagt, Mister X gebe ihm nur eine bestimmte Summe für uns?

»Herr Ahmadi, habe ich das richtig verstanden, dass Sie mit Mister X, also dem Big Boss, über unsere Gespräche hier reden?«

Schweigen. Dann Geraschel. Eine Tür wird zugeschlagen.

»Nein, ich habe ihn nur gefragt, ob er mir Geld für die Schulden in Deutschland geben würde, damit meine Schwester wieder rauskommt. Mehr nicht.«

Okay. An dieser Stelle beenden wir das Gespräch und vertagen uns.

Fallner, Parsson und ich sitzen noch im Büro meiner Chefin zusammen.

»Wir sollten kein weiteres Telefonat mit ihm mehr machen, ohne dass jemand von der Kripo dabei ist«, sage ich. »Ich habe ein komisches Gefühl, wenn ich an diesen angeblichen Freund denke, Felal. Und dass Ahmadi mit dem Big Boss selbst redet, bedeutet doch, dass er irgendwie weiter für ihn tätig ist. Das ist überhaupt komisch, normalerweise kommt man doch in solchen Bandenstrukturen nicht so leicht an die Bosse ran. Wieso gelingt Ahmadi das? Vielleicht wird er jetzt, da der Boss weiß, dass gegen ihn ein Haftbefehl besteht, überwacht oder sonstiges. Wir haben ja gehört, dass Repressalien da eher normal sind.«

Und er ist erst 22 Jahre alt, könnte ich noch anmerken. Und ich habe nicht den Hauch einer Ahnung, ob er alles so richtig einschätzt und ob er wirklich aussteigen will und ob er überhaupt einfach so aussteigen kann. Das ist gerade alles etwas zu viel für mich und für eine Steuerfahnderin eher unbekanntes Terrain.

Ich schlage Fallner und Parsson vor, dass wir das LKA zum nächsten Telefonat dazuholen und auch das Thema Zeugenschutz ansprechen. Ich kenne ein paar Kollegen, die man fragen könnte. Zustimmung der Staatsanwältin. »Das sollten wir ihm in jedem Fall anbieten. Alles andere wäre fahrlässig«, sagt Parsson. Ich glaube, auch Fallner findet das besser.

Wenn ich einem Kollegen in einem Finanzamt von unserer Situation erzähle, würde er mich fragen, ob ich zur Polizei gewechselt wäre. Aber auch meine direkten Kollegen von der Steuerfahndung finden die Telefonate mit Ahmadi mindestens merkwürdig. Wahrscheinlich schützt mich nur die Tatsache, dass meine Chefin und die Staatsanwaltschaft mit an Bord sind, vor offenem Spott.

Wir trinken still unseren Kaffee. In der Tat ist diese Situation für uns alle drei neu. Mit dem LKA, machen wir ab, setze ich mich in Verbindung.

Richi ist der Richtige, der richtige Ansprechpartner beim LKA, meine ich. Er hört sich meine Geschichte an, wirft hin und wieder Fragen ein, die ich mir noch gar nicht gestellt hatte. Klar, er ist Kripo, wir kennen so etwas nicht. Seine Einschätzung ist eindeutig. »Ihr solltet tatsächlich kein Telefonat mehr mit diesem Ahmadi führen, ohne dass wir ihm vorher mal ein paar Dinge erklärt haben, ich sag mal zur Organisierten Kriminalität und zu Gefahrenlagen allgemein.«

Wir könnten aber nicht erwarten, dass das LKA direkt einen Zeugenschützer mitbringt, »dafür muss es wirklich brennen«, erklärt Richi noch und fragt dann nach Ahmadis Personalien. Bekommt er zugemailt. Und ansonsten melden wir uns bei ihm, wenn wieder ein Gespräch ansteht.

In der Zwischenzeit habe ich Parsson vorgeschlagen, dass wir mal alle Verteidiger zusammentrommeln, die wir in den Verfahren haben, und ein offenes Gespräch mit ihnen führen. Wir wissen inzwischen so viel über die einzelnen Firmen und vor allem über die Zusammenhänge, dass deren Geschrei von »unschuldig« und »Unterlagen zurück« langsam unwürdig wird. Vielleicht kommt es ja auch beim einen oder anderen zum Strategiewechsel. Parsson hat keine rechtlichen Bedenken, Fallner auch nicht. Dann müssen wir das noch mit Ahmadis Anwalt Dr. Peters besprechen. Wir beschließen aber, damit zu warten, bis nach unserem nächsten Telefonat mit seinem Mandanten.

Derweil arbeiten wir weiter, auch an den anderen Fällen. Der Name Felal kommt mir irgendwie bekannt vor. Ich kann mir Namen recht gut merken, das ist eine Hilfe. Auch was ich einmal gesehen habe, verbleibt irgendwo in meinem Hirn. Es ist dann leider nicht gleich abrufbar, aber ich kann danach suchen.

Mir fällt ein, dass ich bei der Fahndung in Berlin noch mal etwas erfahren wollte – bei Karen. Sie ist direkt am Telefon und fragt gleich mal, ob ich mich von dem »Schocker in Frankfurt« erholt hätte. »Stehste doch drüber, oder?« Erholt ja, vergessen nicht. Die Stimmung in der Steuerfahndung Berlin, höre ich dann, ist nicht so prall gerade. Ein weiterer Kollege ist gegangen und nicht ersetzt worden. »Keener will dit hier machen«, sagt Karen.

Das kenne ich. Uns fehlen auch Leute zur Bekämpfung des Umsatzsteuer-Betrugs und bei anderen Großverfahren.

»Also jetzt seid ihr nur noch zu dritt?«, frage ich Karen.

»Jenau. Und dit wird wohl auch so bleiben.«

Fallner steht in der Tür. Dr. Peters hat angerufen, bedeutet sie mir. Sein Mandant will übermorgen wieder mit uns sprechen, morgen kann er nicht. In Ordnung, dann richte ich das mal Richi aus und hoffe, dass die LKA-Leute auch Zeit haben.

KAPITEL 14

Zeugenschutz

Zwei Tage später steckt unser Dienststellenleiter den Kopf in die Bibliothek herein, in der ich zusammen mit Fallner, Parsson und Dr. Peters sitze. Das fände er ganz großartig, diese Nummer hier, sagt er. Ich meinerseits, finde seine Geste erstens nett und zweitens richtig. Unser Leiter ist eher direkt veranlagt, sagt, was ihm auf dem Herzen liegt, und poltert auch mal los. Aber auf mich wirkt er motiviert und – das hat man ja nicht immer auf solchen Positionen – auch kritisch. Der uns übergeordneten Oberfinanzdirektion wurde er später wahrscheinlich zu kritisch, denn eines Tages war er plötzlich weg. So ziemlich von heute auf morgen weg. Ohne große Verabschiedung. War er vielleicht einigen nicht angepasst genug ? Er hat dann seine Jahre bis zur wohlverdienten Pensionierung in einem Finanzamt als Dienststellenleiter verbracht.

Die Kollegin aus der Geschäftsstelle bringt frischen Kaffee in die Bibliothek, während wir noch auf Richi warten. Dann klingelt das Festnetztelefon, und der Kollege von der Pforte kündigt vier Besucher an. Vier! Was hat denn bitte Richi vor?

Fallner holt die Besucher unten ab. Nach einer Weile betreten drei Personen die Bibliothek, darunter Richi. Er stellt sich und die zwei anderen vor. Der vierte Kollege komme noch, der habe mit Frau Fallner draußen noch etwas zu besprechen.

Merkwürdig. Fallner hatte doch seit vier Jahren auch keinen Kontakt mehr zum LKA.

Die beiden Männer, die mit Richi schon bei uns drin sind, kümmern sich beim LKA um Zeugenschutz. Dann hat sich Richi offenbar doch schon mit dem Thema beschäftigen können, Respekt!

Ich sorge für Kaffee, die Kannen stehen nahe der Tür. Als ich mir eine nehme, höre ich draußen auf dem Flur zwei Stimmen. Eine mir sehr vertraute, laute. Die meiner Chefin. Und eine andere. Mir wird etwas flau. Diese Stimme hätte ich unter allen herausgehört. Aksel!

Ich reiße mich beim Einschenken zusammen, um nichts zu verschütten. Fallner kommt gemeinsam mit dem LKA-Kollegen Nummer vier herein. »Aksel Hold vom Staatsschutz.« Kurz und knapp wie immer. Aksel setzt sich und sagt ein »Na?« in meine Richtung.

Kurz kann ich auch. »Na?« Okay, ich schiebe noch ein »Kaffee?« hinterher.

Er sieht mich an mit seinen Wahnsinnsaugen, und ich bin wieder nervös. Immerhin sage ich nicht, dass ich die Wassermelonen getragen habe. Sind ja schließlich nicht bei »Dirty Dancing«.

»Danke, gerne.«

Bei ihm verschütte ich dann natürlich etwas. Peinlich. Jetzt aber mal wieder mein Hirn einschalten, nicht ganz so unwichtig. Neben dem Zeugenschutz ist jetzt also noch Aksel dabei. Wieso eigentlich?

»Was machst du hier? Hat Ahmadi etwas mit dem Staatsschutz zu tun?«

Dr. Peters schaut auch irgendwie fragend. Aksel sagt, dass es vor vier Jahren mal eine Anzeige gegen Ahmadi gegeben habe wegen des Verdachts der Terrorismusfinanzierung.

Bitte was?

Parsson fragt ihn direkt, was damals Anlass für die Anzeige gewesen und wie die Sache ausgegangen sei. Man konnte ihm nichts nachweisen, antwortet Aksel. »Aber es bleibt ja immer ein kleiner Eindruck zurück.«

Hatte Ahmadi Geld transferiert? Wusste er, was er tat? Oder

war er nur am Rande verwickelt? Jetzt nicht zu klären, aber die Nachricht hinterlässt einen faden Geschmack.

Wir erklären den vier LKA-Kollegen, worum es in unseren Ermittlungen geht, bringen sie auf den Stand unserer Gespräche mit Ahmadi. Sie hören vom Big Boss Mister X und von der Persönlichkeit, die angeblich noch dahintersteht. »Batman« hatte Ahmadi den Mann genannt, Batman, nicht wie der Held des Comics, sondern wie der Schlagmann beim Cricket, der wichtigste Mann im Spiel.

Die vier machen sich Notizen, und dann sind wir bereit. Das Handy hängt wieder am Lautsprecher. Dr. Peters wählt.

»Ja?«

»Hallo, Herr Ahmadi, Peters hier. Wir sitzen jetzt wieder alle zusammen und können Sie auch alle hören. Wie ich Ihnen schon gesagt habe, sind auch Kollegen des LKA hier, die auch mit Ihnen reden möchten.«

Polizei. Jetzt kommt der Moment, wo es spannend wird.

»Ja, ich weiß. Ist okay.«

Und dann legt Sayed Ahmadi los. Ich schreibe, wie immer, stichwortartig mit. Er erklärt den Kollegen vom LKA noch mal das Betrugssystem mit der Umsatzsteuer und in Kürze all das, was er uns über die Organisation erzählt hat. Zu Mister X und Batman bleibt er ein wenig vage und schweift dann ab.

Aksel geht dazwischen. »Werden Sie aktuell beschattet und bedroht?«

Ahmadi zögert einen Moment, dann verneint er.

Welchen gesellschaftlichen Hintergrund hat Mister X, will Aksel wissen, wie heißt er mit echtem Namen, wie ist seine Stellung im Umsatzsteuer-Betrug, und ist es korrekt, hier von einer kriminellen Organisation zu sprechen? Es sind Fragen, die einen Staatsschützer interessieren. Ahmadi antwortet mal mit »Ja«, mal »weiß ich nicht«, manchmal schweigt er auch. Ich klinke mich mal besser ein, denn so wie Aksel da seinen Fragenkatalog durchrattert, kann Ahmadi sich schon auch ein wenig überfallen fühlen.

»Herr Ahmadi, Orths hier.« Er lacht dazwischen.

»Ich weiß. Inzwischen kenne ich Ihre Stimme.«

»Bitte erzählen Sie doch mal alles, was Sie über Mister X wissen. Wie ist Ihr Verhältnis zu ihm momentan? Sie sagten ja, dass er schon informiert sei, dass wir hier miteinander sprechen. Wie heißt er?«

Ahmadi zögert, erneut. Und sagt dann leise, sehr leise: »Sameer Nihsom.«

Ich kneife die Augen zusammen und gucke Fallner und Parsson an. Die LKA-Leute blicken zu mir.

»Sie haben den Namen schon mal gehört, stimmt's?«, fragt Ahmadi.

»Ja, das habe ich. Er und Adam waren bei Ihnen hier in Düsseldorf. Bei der *Koks GmbH* und der *Handycell*. Ich habe die ESTA-Anträge gesehen. Was hat das zu bedeuten?«

Nun legt Ahmadi richtig los. Es scheint, als wäre er erleichtert, weil ich ja womöglich selber dahintergekommen wäre, wenn ich den Namen in den Unterlagen gefunden hatte. Adam habe ihn mit Sameer bekannt gemacht. »Sameer ist der größte Emissionszertifikatehändler überhaupt. Also, im Betrug. Wir haben uns auch direkt gut verstanden, obwohl ich auch gedacht habe, dass ich doch 'ne viel zu kleine Nummer bin für den. Aber er hat mich irgendwie groß gemacht. Er meinte irgendwann mal, ich solle in einem Hotel in Las Vegas eine Suite bestellen für uns beide und ich soll vier Freundinnen mitbringen. Wir waren das Wochenende über da, also zwei Nächte mit Kasino. Das hat 200 000 Dollar gekostet. Der schmeißt mit Geld um sich. Dem gehört in Dubai fast die halbe Palmeninsel. Dabei ist er mehr der Organisator und Investor. Sein Bruder macht die Finanzen. Mit dem Bruder spaßt man auch nicht rum. Ich glaube, der kann noch schlimmere Sachen machen als Sameer. Die haben in

Dubai ein Apartment, da haben die Teile ihres Vermögens, also Geld, Schmuck, Diamanten und so, in Koffern, die GPS-Signale haben.«

»Wieso müssen Sie für ihn eine Suite buchen und Freundinnen mitbringen?« Ich musste ihn mal stoppen.

»Ach, wissen Sie, er hat keine richtigen Freunde. An der Spitze ist es sehr einsam.« Fast poetisch.

Aksel fragt ihn sachlich-professionell: »Wissen Sie, ob dieser Mann mit seinem Geld Terrorismus finanziert? So hoch in einer kriminellen Organisation angesiedelt und reich und dann halb Dubai – legt der sein Geld nur in Immobilien an und in Umsatzsteuer-Betrug? Wissen Sie da was darüber?«

Ahmadi berichtet, dass Sameer über viele Geldquellen verfüge und dass auch immer viel Geld fließe. Ganz viel Geld würde natürlich erst mal für die Anschubfinanzierung des Umsatzsteuer-Betrugs draufgehen. Die erste Ware, die in den Kreislauf geht, muss ja bezahlt werden. Da kommen schon ein paar Milliarden zusammen. Er bedient ja mehrere Ketten in ganz Europa. Außerdem seien viele Bestechungsgelder zu zahlen. Man brauche auch bestimmte Leute aus der Branche, die sich auskennen. Und die muss er ja auch bezahlen. Es klingt bei Ahmadi, als sei all das das Natürlichste der Welt.

Wenn ich einkaufen gehe, mache ich mir eine Einkaufsliste: Butter, Eier, Käse. Sameer notiert dann offenbar: Betrugsware, Immobilien, Schutzgelder, Bestechungen.

»Er hat diesem Chef von der Energiefirma, die auch in die Emissionsketten mit der großen deutschen Bank eingesetzt war, eine Rolex für 57 000 Euro geschenkt. Die hat er in Las Vegas gekauft. Da war ich dabei. Da die Bundesstaaten unterschiedliche Steuersätze haben und Sameer das hätte versteuern müssen, hab ich die Uhr einfach mitgenommen nach San Francisco, wo meine Cousine und Verlobte wohnten. Und von dort bin ich nach Dubai geflogen und hab sie eben dem Chef von *Profit 365*, diesem Patel, in die Finger gedrückt, damit er sie dann an diesen Energiefirmenchef, diesen Dr. Zilga, übergibt. Zilga hat übrigens auch so noch ein paar Millionen bekommen.«

Das sollte Staatsanwalt Isen wissen. Muss ich ihm sagen.

»Als Sameer wohl mal Schwierigkeiten in Dubai hatte, fragte er mich, wo er mal kurz 1,5 Millionen Euro parken könne. Die müsse er aus Dubai raushaben. Ich habe ihm vorgeschlagen, dass er die auf die Konten der *Koks* und der *Handycell* zahlt. Das hat er auch gemacht. Ich müsse die nicht zurückgeben, meinte er, das sei Anschubfinanzierung. Genau wie Batman, der finanziert ja auch den Anschub. Ich glaube, die teilen sich bestimmte Betrugsfelder auf. Sameer zahlt aber auch ganz viel Geld an die chinesische Mafia. Die sind seine Bodyguards. Sie schützen ihn.«

Es wird hier jetzt langsam wie im Film. Ist das noch mein junger Beschuldigter, der mit Handys betrügt und dem meine Kollegen nicht mal zutrauen, dass er hinter den uns bisher bekannten Firmen steht und vielleicht noch hinter weiteren? Dieser Ahmadi hier kommt jetzt mit der chinesischen Mafia, mit Bodyguards und GPS-Koffern um die Ecke gebogen. Die Sache mit den 1,5 Millionen auf den Konten der *Koks* und *Handycell* hat sich jetzt allerdings geklärt.

Aksel fragt munter weiter. Ahmadi bleibt jedoch dabei, dass er nichts weiß von Terrorismusfinanzierung. Wie er seine eigene Lage einschätze, will Aksel jetzt wissen. »Sie wissen schon, dass Sie über viele Dinge reden, die sicher, wenn das rauskommt, diesem Sameer und dem Batman nicht gefallen würden.«

»Herr Ahmadi«, ergänzt Parsson, »wenn wir die Kronzeugenregelung durchkriegen wollen, müssen Sie auch vor Gericht als Zeuge all das noch mal gegenüber dem Richter sagen. Das wissen Sie schon, oder?«

Jetzt wirkt er nervös. Es ist still in der Leitung. Dr. Peters übernimmt kurz und erklärt ihm ein paar Modalitäten. Man hört Ahmadi schneller atmen und kurz seufzen. Er hat wohl nicht damit gerechnet, dass er vor einem Gericht alles wiederholen soll.

»Ich weiß nicht, ob mir hier Gefahr droht zurzeit«, sagt er leise. »Aber ich habe das Gefühl, dass ich beobachtet werde. Und wenn ich das alles in Deutschland aussagen muss, dann …« Er bricht bewegt ab.

Jetzt ist es Zeit für die Zeugenschützer. Sie erklären ihm das komplette Programm. Das wusste ich auch nicht, wie so etwas abläuft.

Es zeigt sich, dass Ahmadi nicht wirklich überzeugt ist vom Zeugenschutzprogramm. Er kann da halt nicht die ganze Familie mitnehmen, und zum Rest muss er den Kontakt abbrechen. Kann er sich nicht vorstellen.

Ich kann das nachvollziehen, will aber auch nicht, dass er uns als Zeuge wegbricht. »Was ist denn, wenn Sie freiwillig nach Deutschland kommen und in die JVA gehen, zu Ihrer eigenen Sicherheit?«

Parsson und Peters sehen mich etwas seltsam an. Ich untergrabe gerade ein wenig Peters' Strategie, die ja besagt, dass sein Mandant sich versteckt hält und genau nicht nach Deutschland kommt. Aber einen Versuch ist es wert.

Man hört Ahmadi am anderen Ende der Leitung seufzen. Aber, da ist noch ein anderes Geräusch, eine Art verzweifeltes Auflachen. »Sie können nicht für meine Sicherheit sorgen«, höre ich Ahmadi sagen. »Auch nicht in Deutschland. Auch nicht in einer deutschen Justizvollzugsanstalt. Sie haben ja keine Ahnung, mit wem Sie es zu tun haben. Ich muss für mich selber sorgen. Und ich habe Ihnen noch lange nicht alles erzählt.« Im Hintergrund hört man plötzlich laute Geräusche. Dann ist die Leitung tot.

Ich spüre Unbehagen. Das ist kein gutes Ende eines zuvor in Teilen sehr guten Gesprächs. Wir sitzen noch eine Weile zusammen, zuerst auch mit Dr. Peters, besprechen, was Ahmadi gesagt hat, und mutmaßen, warum er abrupt aufgelegt hat. Die Zeugenschützer verabschieden sich.

Parsson und Fallner begleiten dann Dr. Peters hinaus. Richi nickt Aksel zu. »Kommst du?«

»Gleich. Ich muss hier noch kurz was klären. Kannst du mit den Kollegen zurückfahren. Ist das okay?« Richi nickt.

Aksel und ich sitzen jetzt allein in der Bibliothek.

»Na?«

»Na? Lange nicht gesehen. Möchtest du noch einen Kaffee?«

Aksel nickt. »Wie geht es dir?«

Tja, wie soll es mir gehen? »Wir gehen hier langsam in die Knie mit den ganzen Verfahren. Irgendwie fehlt mir die Work-Life-Balance. Und bei dir?«

Er lacht. »Work-Life-Balance? Gab es die schon mal bei uns?«

Er schaut mich wieder so durchdringend an. »Nicht anders. Alles zu viel. Und Stress mit meinem Chef.«

Aksel erzählt, was sich in der letzten Zeit alles getan hat. Während er spricht, kommt mir wieder alles so merkwürdig vertraut vor. Doch das Gefühl ist nur von kurzer Dauer. Er steht auf. »Für mich ist hier, glaube ich, nichts dabei. Chinesische Mafia? Ob das stimmt? Ist alles sehr befremdlich. Falls du etwas Neues hast oder Hilfe brauchst, sag Bescheid, okay?«

»Da komme ich gerne drauf zurück«, höre ich mich sagen.

Ich bringe Aksel nach unten zur Tür. Er geht zu seinem Auto, dreht sich dann aber noch mal um und schaut mich auf eine Weise an, die vieles bedeuten kann, aber nicht, dass ich ihm egal bin. Dann lächelt er – und ist weg.

Ich gehe zu Fallner. »Käffchen?« Während sie die Tasse füllt, fasse ich noch mal alles zusammen.

Wir kennen Ahmadi inzwischen als ziemlich wechselhaft. Mal läuft er wie ein Uhrwerk und will alles aufklären, etwa wenn es um den Betrug selbst geht. Über die Hintermänner spricht er leise und etwas zurückhaltend, berichtet dann aber wieder fast schon stolz von seinen Kontakten zu Sameer. Mal wirkt er ängstlich, dann belustigt. Mal tut er, als sei es völlig normal, mit diesen gewaltigen Geldsummen zu hantieren. Und dann sieht er sich in einer Art Ausnahmesituation, den bösen Mächten ausgeliefert und von nichts und niemandem zu schützen.

Ich kann ihn im Moment nicht durchschauen. In vielen Punkten glaube ich ihm, aber einiges ist ziemlich widersprüchlich. Fallner sieht das auch so. Sie sagt, dass auch Parsson ihn nicht einschätzen könne, aber froh sei, dass er das Grundsätzliche gesagt habe. »Sie schlägt vor, dass wir jetzt einfach mal alle Verteidiger zu einem Termin bitten.«

Ich gehe zurück ins Büro und fange an, ein solches Treffen vorzubereiten. Dabei geht mir das Gespräch mit Ahmadi aber nicht aus dem Kopf. Sagt er die Wahrheit? Droht ihm Gefahr? Droht vielleicht auch uns Gefahr? Was kommt noch auf uns zu? Ich frage mich auch, ob mein kriminalistisches Gespür und die Unterstützung von Fallner, Parsson und den LKA-Kollegen ausreichen, um dieses Verfahren aufzuklären und viel Geld für den Fiskus zu holen? Hohe Schäden sind ja bereits entstanden, weil die Politik nicht eingegriffen hat. Hoffentlich können wir noch was ändern und zurückholen.

Am 8. Dezember versammeln sich in einem der größeren Besprechungsräume unser Dienststellenleiter, Fallner, Parsson, zehn Rechtsanwälte von Beschuldigten, darunter Dr. Peters, und ich. Auf einem Flipchart habe ich versucht, den Umsatzsteuer-Betrug der hier involvierten Firmen bildlich darzustellen. Das Schaubild ist komplexer als gedacht geraten, ich hoffe, man kann es verstehen.

Unser Dienststellenleiter begrüßt und sagt, er sei selber lange Zeit beim Thema Umsatzsteuer-Betrug als Sachgebietsleiter tätig gewesen und habe gedacht, er wisse alles. Aber das hier ziehe ihm die Schuhe aus. Auch sei so eine Veranstaltung seiner Meinung nach noch nicht vorgekommen – mit zehn Verteidigern von zehn Beschuldigten aus einem großen Verfahren an einem Tisch. Er begrüße die Bereitschaft aller dazu sehr.

Parsson bedankt sich fürs Erscheinen, obwohl der ein oder andere ja eher nicht so gerne hier sei. Das wisse sie. Sie wendet sich zu Dr. Peters. »Darf ich offen sprechen?« Er nickt. Und so beginnt die Staatsanwältin zu erklären, wer Sayed Ahmadi ist, berichtet von seiner Rolle im Umsatzsteuer-Betrug und dass alle Firmen in dieser Betrugskette von Sayed Ahmadi gesteuert würden, dass er auch seine Familie und zwei Freunde eingesetzt habe. Parsson erzählt alles so, wie Ahmadi es uns erklärt hat, und sagt, sie gehe davon aus, dass alle Beteiligten, da es sich ja um Familie handele, von dem Betrug gewusst hätten. Über die Hintermänner verliert sie hingegen kein einziges Wort.

Jetzt wird es doch lauter. Mehrere Verteidiger bestreiten, dass Ahmadis Rolle und Wirken bekannt gewesen seien. Ich erkläre nun am Flipchart das ganze Konstrukt. Als ein Verteidiger erneut lauter und auch etwas schärfer im Ton wird, meldet sich der bisher sehr stille Dr. Peters – und schildert den kompletten Sachverhalt aus seiner Sicht. Danach ist Ruhe im Raum. Wir machen eine Pause, in der sich alle besprechen können. Für zumindest einige mag es doch Neuland sein. Nach Fragen und Einwürfen der Verteidiger endet das Treffen fast schon ein wenig harmonisch. Aber da dürfen wir uns keine Illusionen machen: Das kann natürlich auch die Ruhe vor dem Sturm sein.

Ein paar Tage später erreichen mich handfeste Reaktionen unserer Besprechung: Ich habe drei Mandantschaftskündigungen auf dem Tisch. Die Kanzlei, die sich mit drei Verteidigern für die drei Nikoos bestellt hatte, kündigt ihre Mandate für alle drei. Offenbar hat Dr. Peters mit seinen Ausführungen einen nachhaltigen Eindruck hinterlassen. Vielleicht haben auch alle drei Nikoos ihren Anwälten gestanden, dass alles genau so stimme. Mit diesen Anwälten müssen wir uns jedenfalls jetzt nicht mehr beschäftigen.

Auch Dr. Peters ruft bei mir an, Ahmadi habe sich wieder gemeldet, sagt sein Verteidiger, er wolle noch mal mit uns reden. Wir vereinbaren ein Telefonat für übermorgen.

Ich bin bei Fallner, sie hat mich gerufen. »Hören Sie, ich weiß, das ist jetzt kein guter Zeitpunkt, aber ich muss Ihnen und auch Frank und Jörg mitteilen, dass ich in der Sachgebietsleiterbesprechung darauf hingewiesen wurde, dass unser Sachgebiet sehr viele Altfälle hätte.« Na wunderbar.

Zieht sich ein Verfahren mehr als drei Jahre hin, dann muss die hohe Dauer schriftlich erklärt werden. Die Finanzverwaltung hat ihre Statistik und ihr Controlling und hält in Zahlen den Output der Belegschaft fest. Und wir wenigen Fahnder sind nun mal ein Teil dieser großen Finanzverwaltung. Von Pontius zu Pilatus sind wir schon gelaufen und haben gefordert, dass aufgrund der Länge und des Umfangs unserer Verfahren für uns andere Maßstäbe gelten müssten. Wir Strafverfolger sind ja auch kein Wirtschaftsunternehmen. Wir führen hoheitliche Aufgaben durch, die mit Statistik und Controlling nicht zu erfassen sind. Und gerade wir bei den langwierigen Umfangsverfahren haben keine Chance, die Ermittlungen innerhalb von drei Jahren abzuschließen. Da sind die ganzen Vorermittlungen, die Einleitungen, dann im Normalfall Durchsuchungen, Abstimmungsrunden mit der Staatsanwaltschaft, weitere Ermittlungen, mitunter Telefonüberwachung und die Auswertung gewaltiger Datenmengen – und das alles mit ein paar Beamten. Wie soll das denn gehen?

Das Schlimmste sind die Konsequenzen dieser ungerechten Behandlung, die alles über einen Kamm schert. Der Druck, den Fall zu Ende zu bringen, wird höher. Und unter Druck ermittelt es sich weder leichter noch erfolgreicher.

Ich nicke und bekenne mich bei meiner Chefin schuldig: Ja, bei mir lagern jetzt sechs Altfälle. Allerdings laufen drei durch

EG Thor und die Ahmadi-Verfahren noch weiter. Die anderen drei liegen. Bei einem fehlt mir noch eine Staatsanwaltschaft, immer noch. Die beiden anderen zu bearbeiten, schaffe ich gerade nicht. Fallner nickt. »Ich weiß, ist schon notiert. Ich muss es halt melden.«

Es ist jetzt der 16. Dezember. Heute sind wir noch mal mit Ahmadi verabredet. Ich bin etwas nervös wegen des jähen Endes beim letzten Mal. Diesmal spricht er leiser und wirkt etwas gebremst. Aber – er redet. Warum er beim letzten Mal so schnell aufgelegt hat, frage ich ihn nicht, fragen ihn auch Parsson und Fallner nicht. Vielleicht hätten wir das besser tun sollen.

»Hallo, Herr Ahmadi, schön, Sie wieder zu hören«, säusle ich in den Hörer. »Ist alles in Ordnung bei Ihnen?«

Er bejaht und sagt, er sei etwas erkältet. Und dann: »Ich hatte ja schon beim ersten Gespräch gesagt, dass ich auch aufklären will, was als Nächstes auf den Rechnungen stehen wird.«

Die Politik, muss man dazu wissen, hat nach langem Ringen dann doch etwas gegen den Betrug mit Emissionszertifikaten unternommen. Sie wollte weiterhin nicht das komplette Umsatzsteuergesetz ändern, hat aber einen zusätzlichen Paragrafen darin eingebaut. Darin steht, dass ab dem 01. Juli 2010 niemand mehr mit Emissionszertifikaten betrügen kann. Stark vereinfacht gilt hier jetzt die Regel, erst zu zahlen und dann erstattet zu bekommen. Rund eine halbe Milliarde Euro sind 2009/2010 binnen fünf Monaten an Verlust zusammengekommen, und das nur in den Ketten, die über die große deutsche Bank gelaufen sind. Das hätte der Staat verhindern können, wenn man uns geglaubt hätte. Die Kollegen haben damals das Bundesfinanzministerium davon in Kenntnis gesetzt, dass der Betrug nun mit Emissionszertifikaten lief. Die Antwort damals: Sie sollten erst mal hundert Millionen Schaden vorweisen. Für Handys hat man unterdessen immer noch nichts geändert. Warum nicht? Da lagen die Schäden auch schon bei Hunderten von Millionen.

»Die neuste Masche«, sagt Ahmadi, »sollen jetzt Kupferkathoden und Gas und Strom sein. Die Schäden sind dabei nach dem, was ich gehört habe, noch um ein Vielfaches höher. Da stehen wohl unvorstellbare Summen auf den Rechnungen. Das soll das echte *big business* sein.«

Aus anderen Verfahren wissen wir, dass der Umsatzsteuerbetrug auch bei tieferpreisigen Waren läuft. In einem überwachten Telefonat sprach jemand vom Bread-and-butter-Geschäft. Brot und Butter, Betrug im kleinen Rahmen, fällt natürlich nicht so schnell auf. Wenn einer 3000 Euro erstattet bekommt, fragt niemand nach, bei 100 000 Euro schon eher.

»Bei Kupferkathoden und Strom und Gas habe ich aber nicht mitgemacht«, sagt Ahmadi. »Aber ich kann euch dazu auch Namen sagen. Die habe ich von Sameer gehört. Als ich auf seiner Hochzeit war, hat er da mit einigen wichtigen Leuten drüber gesprochen. Die sind noch gefährlicher als Sameer und sein Bruder, die möchte ich auch nicht nennen.«

Er nennt uns zahlreiche Firmennamen, darunter auch eine, in denen der Big Boss mit drinstecke. Man müsse nur genau hinsehen. Da sei eine Firma in Skandinavien, eine *Belvingo,* aus der Energiebranche. Dann nennt er noch eine *Copper GmbH* in Düsseldorf, Copper, englisch für Kupfer.

Als Ahmadi uns neue Firmen nennt, vor allem die *Copper* in Düsseldorf, schauen Fallner, Parsson und ich uns nicht unbedingt begeistert an. Das hört sich nach neuer Arbeit an. Immerhin sagt Ahmadi Aufklärungshilfe zu.

»Ach ja«, fällt Ahmadi mir ins Wort, als ich ihn gerade etwas fragen will, »der Boss hat mir noch mal eine Million Euro gegeben, die ich an euch zahlen soll.« Dann hört man Türen, Stimmen und auf Deutsch ein: »Nein, nichts. Ich spiele, wie immer.« Dann wieder Stimmen irgendwie ungeduldig, dann ein: »Hör auf, ich brauche keinen Aufpasser. Alles in Ordnung. Was willst …« – dann herrschte Stille. Das Gespräch wurde beendet.

Was war das denn jetzt? Dr. Peters räuspert sich und sagt, er sei etwas beunruhigt. »Das war anders als beim letzten Mal.« Ja, das war es. Ahmadi war eindeutig nicht allein, und da hat sich auch nicht nur dieser Felal in seiner Nähe aufgehalten. Wir haben mehrere Stimmen gehört.

Ich habe ein unschönes Gefühl. Wir haben zwar jetzt viele neue Infos, doch was, wenn der Preis dafür zu hoch war? »Hoffen wir mal, es hat eine harmlose Begründung«, murmelt Parsson. Mehr als Hoffnung bleibt tatsächlich nicht. Wir wissen ja immer noch nicht, wo genau Ahmadi sich aufhält, sein Anwalt, das sagt er zumindest, weiß es auch nicht so genau. Dr. Peters verspricht, ein paar Tage zu warten und seinen Mandanten dann noch mal zu kontaktieren.

Tja, was hat das zu bedeuten? Das fragen wir uns in Fallners Zimmer, als der Rechtsanwalt sich verabschiedet hat. Wir wissen es nicht.

Von den Energiefirmen, finde ich, sollte Isen erfahren. Ich selbst werde ihm das aber nicht erzählen. Keine Lust auf ihn. Da recherchiere ich lieber mal die *Copper GmbH*.

KAPITEL 15

Das Legalitätsprinzip und eine unverhoffte Aussage

Weihnachten ist vorbei, der Januar 2011 da, mit Schneematsch und mit Dunkelheit. Ist nicht meine Jahreszeit gerade. Wir haben uns im Büro alle erst mal ein frohes neues Jahr gewünscht und bei Fallner ein Käffchen getrunken. Nun ruft mich – »Hallo, Birgit, alles Gute im Neuen« – der Kollege Martin aus Baden-Württemberg an. »Sag mal, du redest doch mit diesem Ahmadi, oder?«

»Ja.«

»Wir haben hier jetzt ein Verfahren mit einer Stromfirma. Die machen das Gleiche wie mit den Handys und Zertifikaten. Ist nur ein unglaublich schwieriger Bereich, um das aufzuklären, mit Stromkreisen und so. Da muss man sich erst mal einarbeiten. Was mich erst mal interessieren würde – hat Ahmadi irgendwas dazu gesagt? Vielleicht zu einer Firma *Belvingo* in Schweden?«

Neues Jahr und gleich mal ein Treffer des Kollegen. Nur, was darf ich sagen? Es ist ja nichts offiziell. Erst wenn Ahmadi seine Aussage auch unterschrieben hat, geht diese zu den Akten und ist dann zugänglich für alle, die es betrifft. Ich entscheide mich für die Wahrheit. »Ja, hat er. Das sei eine Firma eines der Hintermänner, die jetzt im Strombetrug mitmische. Aber ich kann dir das jetzt nur inoffiziell sagen. Du darfst da nichts drüber in den Akten festhalten. Wir haben das von Ahmadi ja nur am Telefon gehört. Mit seinem Verteidiger ist vereinbart, dass der dann alles das, was Ahmadi gesagt hat, zu einem riesengroßen

Geständnis zusammenschreibt und es von Ahmadi, vielleicht per Scan, unterschreiben lässt. Erst dann können wir das offiziell verwerten.«

»Okay, verstehe. Aber dass er was darüber gesagt hat, finde ich schon mal super. Dann wissen wir zumindest, dass wir nicht völlig falschliegen.«

Wir hatten direkt nach dem letzten Telefonat Staatsanwalt Isen und das BKA wissen lassen, dass Ahmadi sagte, dass der Umsatzsteuer-Betrug jetzt angeblich mit Strom, Gas und Kupferkathoden weitergeht. Beim BKA hatte man auch schon davon gehört, durch einige Aussagen von Beschuldigten. Und so hatte sich völlig zu Recht eine Abordnung ins Bundesfinanzministerium nach Berlin aufgemacht, Staatsanwalt Isen war auch dabei. Die Herren wiesen darauf hin, dass nun, nachdem die Schäden durch Zertifikate trotz Warnung nicht verhindert worden waren, Schäden in womöglich noch größerem Umfang auf den Staat zukommen könnten und teilweise auch schon entstanden seien.

Die Antwort aus dem Ministerium, wie schon gesagt: Man solle wiederkommen, wenn der Schaden nachweislich über hundert Millionen Euro liege.

Man haut sich bald vor den Kopf. »Herr Wachtmeister, dahinten tragen Diebe ganze Möbel aus dem Haus.« – »Kommen Sie wieder, wenn die den Inhalt des Tresors raustragen.« So ungefähr muss man sich das vorstellen.

Und es hat schon so viele Warnungen gegeben in den vergangenen Jahren. Warum um Himmels willen mag niemand entschiedene Maßnahmen gegen diesen Diebstahl der Umsatzsteuerräuber ergreifen? Diebstahl, nichts anderes ist es ja, was die Banden da machen. Ist man untätig aus politischen Gründen? Aus Dummheit? Aus Faulheit? Aus Überforderung?

Mir fällt in diesem Zusammenhang eine Erfahrung ein, die ich nicht gerade gerne gemacht habe.

EXKURS: Korruption

Es war ein großes Ermittlungsverfahren, geführt gemeinsam mit dem Landeskriminalamt. Ich saß im Büro des Kollegen Robert Müller, den ich inzwischen duze, als ein Schatten durch die offene Bürotür fiel. Der Schatten entpuppte sich als Jens, ein Polizist aus dem Dezernat Korruptionskriminalität. Jens zählt zur Gruppe der wirklich hoch motivierten Kriminalbeamten. Hervorragendes kriminalistisches Gespür, richtig Biss, geht nicht gab's nicht. Und immer sehr hilfsbereit. Groß und blond und gut aussehend war er auch noch, immer ein Lachen auf den Lippen und immer einen Spruch, derbe nach Art des Ruhrpotts.

»Kann ich euch Steuerschaben mal eben aus eurem Büroschlaf holen?« Für die LKA-Kollegen sind wir Steuerschaben. Aber geschenkt. Hat auch nicht Jens sich ausgedacht, geht angeblich auf eine Weihnachtsfeier mit einem Theaterstück vor indianischem Hintergrund zurück. Ein Kollege von uns spielte damals die Squaw »Schabe unter dem Stein«. Er kam nicht in die ewigen Jagdgründe in dem Stück, sorgte mit seiner Rolle aber für den ewigen Spitznamen.

»Mal ernst«, sagte Jens, »ich habe hier eine Sache, die müsst ihr euch mal anschauen.« Er hatte eine Ermittlung begonnen, die Akte flog jetzt übern Schreibtisch, und Robert zögerte nicht, mich zu bitten, mir das mal anzusehen. Es ging um die Geldwäscheverdachtsmeldung einer Bank.

Bei dieser Bank wurden zwei Konten eröffnet. Kontoinhaber war der angebliche, im Ausland ansässige Bruder eines Kunden der Bank. Der Kunde selbst besaß eine Kontovollmacht. Die genauen Personalien des Kontoinhabers, etwa in Form eines Passes, hatte sich die Bank nicht vorlegen lassen. Der Bruder konnte deshalb nie mit Sicherheit identifiziert werden.

Über ein halbes Jahr tat sich auf den beiden Konten nichts.

Dann liefen plötzlich Überweisungen in sechsstelliger Höhe auf. Die Summen wurden gleich nach Eingang weiterüberwiesen. Sie kamen von einer Tochtergesellschaft eines deutschen Großunternehmens, das im industriellen Anlagenbau tätig ist und insbesondere an ausländische öffentliche Auftraggeber liefert. Der kontobevollmächtigte und im Inland ansässige Bruder war bei diesem Unternehmen im Auslandsvertrieb beschäftigt. Aha!

Ein großer Teil der Gelder ging nun ins Ausland. Empfänger waren laut Internetrecherchen Regierungsbeschäftigte ausländischer Staaten. Ein weiterer Teil der Geldeingänge wurde in bar abgehoben, ein anderer Teil ging auf Privatkonten des kontobevollmächtigten Bruders. Und was noch wichtig war: Im Betreff der Überweisungen, die von dem Tochterunternehmen des großen Anlagenbauers kamen, standen immer Nummern von Rechnungen, die kurz vor der Überweisung datiert waren.

Für uns stellte sich die Sache eigentlich klar dar: Es konnte sich hier nur um ein Konto handeln, über das Bestechungszahlungen liefen. Der Konzern beziehungsweise dessen Tochterunternehmen beglich auf diesem Konto, das aus Gründen der Verschleierung auf den Namen des unbekannten Bruders des Angestellten lief, gefälschte Rechnungen oder, wie wir sagen, Scheinrechnungen. Und von diesem Konto gingen die Gelder dann an die Schmiergeldempfänger in den Ministerien der auftraggebenden Staaten.

Wir hatten einen Anfangsverdacht auf Auslandsbestechung und zudem Steuerhinterziehung, denn das Unternehmen würde diese Rechnungen ja sicherlich als Betriebsausgaben verbucht haben, was seit einer Gesetzesänderung aus dem Jahr 1999 nicht mehr erlaubt ist. Damals wurde beschlossen, dass Schmiergeldzahlungen nicht mehr als Betriebsausgaben abzugsfähig sind. Da aber niemand aus der Wirtschaft Schmiergelder aus der eigenen Tasche zahlen will, werden diese Ausgaben nun durch Scheinrechnungen abgedeckt. Das heißt, hier gaukelte man nun offensichtlich legale Betriebsausgaben vor.

Wir überprüften noch schnell steuerlich den bei diesem Unternehmen angestellten Bruder und sahen, dass er nur seinen Arbeitslohn erklärte, nicht jedoch die Zahlungen vom Konto seines angeblichen Bruders.

Mein Steuerfahndungskollege Robert war relativ begeistert. »Nicht nur Korruption, wie du natürlich vermutet hast, sondern vermutlich auch Steuerhinterziehung«, sagte er zu Jens. »Das Großunternehmen hat mit Sicherheit zu Unrecht Betriebsausgaben verbucht, und der Kontobevollmächtigte hat auch Zahlungen auf seine Privatkonten bekommen. Der erklärt in seiner Steuererklärung aber nur seine Einkünfte als Angestellter laut Lohnsteuerkarte.«

Jens grinste. »Dann sind wir im Geschäft?«

Der Anfang einer Ermittlungskommission war gemacht.

Ich sollte die Ermittlungen zeitweise unterstützen und habe mich dem Team auch gern angeschlossen. Durch Internetrecherchen erfuhren wir, dass genau in dem Zeitraum, als die Gelder über die uns bekannten Konten flossen, ein staatlicher Großauftrag aus dem Ausland an unser Unternehmen ging. Wir fanden sogar ein Foto, das unseren Tatverdächtigen bei Vertragsabschluss mit Vertretern dieses ausländischen Staates zeigte.

Wir schrieben einen Verdachtsprüfungsvermerk. Darin regten wir an, ein Strafverfahren gegen die Verantwortlichen des Großunternehmens und des Tochterunternehmens einzuleiten, ebenso gegen den Kontobevollmächtigten und den unbekannten Kontoinhaber. Wir schlugen außerdem vor, Durchsuchungsbeschlüsse zu erwirken.

Unsere Vorgesetzten schauten sich die Sache an und gaben bei einer Besprechung grünes Licht. »Super Arbeit. Super Fall. Selten so eine klare Verdachtslage gehabt«, sagten unsere Vorgesetzten. Und so machten wir einen Termin bei der zuständigen Staatsanwaltschaft.

Bei dieser Sitzung saßen uns vier Staatsanwälte gegenüber – eine üppige Besetzung. Sie machten uns ziemlich schnell klar, dass sie nicht aus Begeisterung für unsere Vorermittlung so zahlreich erschienen waren – die Besprechung erhielt eher den Charakter einer Inquisition. Die Zahlungen könnten doch alle möglichen Hintergründe haben, meinte ein Staatsanwalt. Wie man eigentlich auf die Idee käme, dass die Zahlungen durch Scheinrechnungen unterlegt seien, wollte ein anderer wissen. Robert verwies auf den Überweisungstext. »Aber was steht denn in den Rechnungen? Und von wem sind die Rechnungen?«, fragte die zuständige Staatsanwältin.

Robert sah aus, als ob er gleich platzen würde. »Gute Frage. Das ist ja das, was wir wissen wollen. Deshalb wollen wir durchsuchen. Wenn ich das jetzt schon wüsste, dann dürften Sie mich Jesus nennen.«

Die Stimmung war gereizt, die Diskussion hitzig. Letztlich entschied die Staatsanwaltschaft dann doch, das Strafverfahren gegen den Kontobevollmächtigten, also den Angestellten, einzuleiten und auch Durchsuchungsbeschlüsse für dessen unmittelbares Umfeld zu beantragen. Das fand ich richtig. Mit Blick auf das verantwortliche Management des Tochterunternehmens und des Großunternehmens sah die Staatsanwaltschaft hingegen keinen Anfangsverdacht. Das fand ich falsch, und zwar nicht nur, weil der Staat des Auftraggebers auf dem Korruptionsindex von Transparency International sehr weit hinten liegt. Das bedeutet, die Korruption im öffentlichen Sektor in diesem Land wurde als sehr hoch eingeschätzt. Aus meiner Sicht war es nicht mal eine Kann-, sondern eine Muss-Entscheidung: Die Strafverfolger mussten hier genauer hinschauen. Weil auch meine Kollegen das so sahen, verließen wir entsprechend wütend das Gebäude.

Jens regte sich furchtbar auf. Er hatte einen hochroten Kopf, und seine blauen Augen blitzten. »Dieses Gebäude werde ich nicht mehr betreten«, hörten wir ihn sagen.

Zwei oder drei Wochen später lagen dann die Durchsuchungsbeschlüsse für Wohnung und Arbeitsplatz des Tatverdächtigen sowie Beschlüsse gegen den Arbeitgeber als sogenannten Dritten, die sich auf Unterlagen am Arbeitsplatz des Tatverdächtigen beschränkten, vor. Wir machten unseren Job, bereiteten die Durchsuchung vor, durchsuchten. Und was soll man sagen – wir stießen auf sehr brauchbare Unterlagen. Unser Verdacht bestätigte sich in eindrucksvoller Weise. Besonders haben uns die Scheinrechnungen beeindruckt. Sie gingen über immerhin sechsstellige Summen und waren vollkommen dilettantisch gemacht. Innerhalb kürzester Zeit konnten wir feststellen, dass die Unternehmen, die diese Rechnungen gestellt haben sollten, überhaupt nicht existierten. Zudem fanden wir weitere Rechnungen in immerhin fünfstelliger Größenordnung, die in bar bezahlt wurden. Ein deutsches Großunternehmen sollte Rechnungen in fünfstelliger Größenordnung mit dicken Geldbündeln beglichen haben – das war nahezu unvorstellbar. Und tatsächlich waren die Quittungen, die die Barzahlung belegten, auch von einer gewissen Originalität. Sie bestanden aus einer Art Abreißzettel, darauf standen in Handschrift der Name des Empfängers und eine unleserliche Unterschrift. Wer hatte das Geld bekommen? Den Empfänger zu identifizieren war unmöglich.

Es erstaunt mich bis heute, dass solch eine unglaubwürdige Zettelwirtschaft Eingang in die Buchführung eines Großunternehmens gefunden hat. Offenbar hat niemand die Barzahlungen und Quittungszettelchen beanstandet. Gesehen hatten das aber mit Sicherheit einige, übrigens nicht nur in der Firma.

In diese Richtung zielte auch die Frage, die Jens Robert stellte: »Sag mal, großer Steuerhäuptling, solche Großunternehmen werden doch ständig von eurer Groß- und Konzernbetriebsprüfung geprüft. Das muss denen doch auffallen! Was prüfen die eigentlich?«

»Die Kantine«, antwortete Robert.

Was Besseres fiel ihm wohl nicht ein. Aber der Schuss Sarkasmus konnte nicht verhindern, dass wir uns fremdschämten. Kollegen unserer eigenen Finanzverwaltung hatten solch ein krummes Ding durchgewunken? Oder es gar nicht erst bemerkt?

Es sind insbesondere die Prüfungsdienste für Groß- und Konzernbetriebe unserer Steuerverwaltung, die solche Auffälligkeiten oder auch andere Verdachtsmomente auf Steuerhinterziehung feststellen können – und müssen. Fakt ist nun aber, dass dies so gut wie nie vorkommt. Die Mitarbeiter der Prüfungsdienste haben ihren Arbeitsplatz über Monate und manchmal Jahre in der zu prüfenden Firma. Wollen sie das Arbeitsklima möglicherweise nicht durch unangenehme Feststellungen beeinträchtigen?

Wir jedenfalls hatten jetzt mit all den aufgefundenen Unterlagen mehr als genug Beweise, um auch Strafverfahren gegen die verantwortlichen Manager des Großunternehmens einzuleiten. Es fühlte sich zugegeben wie ein Triumph an. Jetzt konnte die Staatsanwaltschaft unsere Ermittlungen nicht länger auf die eine Person beschränken.

Dem Gefühl des Triumphs folgte ein Einblick in Absurditäten, über die man eigentlich nicht berichten möchte. Denn anstatt nun loszulegen, auch bei Managern und in der Zentrale des Unternehmens zu durchsuchen, ging es um, Achtung: Zuständigkeiten. In Strafverfahren richtet sich die Zuständigkeit nach dem Wohnort, bei Unternehmen ist der Sitz oder Tatort entscheidend. Unsere Staatsanwaltschaft konnte über unseren Tatverdächtigen wunderbar eine Zuständigkeit begründen. Besser: hätte können. Sie tat es aber nicht. Stattdessen schickte sie all die Akten, die wir zusammengestellt hatten, zusammen mit unserem Auswertebericht an die Staatsanwaltschaft, in deren Zuständigkeit das Tochterunternehmen fiel. Diese Staatsanwaltschaft prüfte nun erst einmal, ob sie tatsächlich zuständig war – und kam zu dem Ergebnis, dass die Staatsanwaltschaft am Sitz des Mutterunternehmens zuständig sei. Die Akten wurden nun dorthin geschickt. Diese Staatsanwaltschaft prüfte jetzt ihrerseits ihre Zuständigkeit und fand, dass unsere Staatsanwaltschaft zuständig sei, weil dort doch ein Tatort sei und man den Fall auch bereits aufgegriffen habe. Das hat wiederum unsere Staatsanwaltschaft aber nicht auf sich sitzen lassen wollen und den Fall zum zweiten Mal weitergegeben an die Staatsanwaltschaft am Ort des Tochterunternehmens. Dort hatte man dann ein Einsehen.

Man kann sich natürlich mal irren mit der Zuständigkeit, im Leben läuft nicht immer alles glatt. Nur muss man sich das Hin und Her leider als quälend langen Prozess vorstellen. In Zahlen: Mehr als zwölf Monate lang unterblieb in diesem Fall die Strafverfolgung. Ein Jahr Nichtstun, wegen Fragen der Zuständigkeit. Unfassbar.

Die am Ende aktive Staatsanwaltschaft lag in einem anderen Bundesland, bat aber nun unsere Dienststelle, sie bei den Ermittlungen zu unterstützen. Dass die einigermaßen umfangreich würden, lag auf der Hand. Und wir hatten unsere Nase ja schon tief in die Thematik hineingesteckt. Wir fanden das völlig logisch, hatten auch große Lust, den Fall weiterzuverfolgen – nur kam dann der nächste Hammer: Aufgrund der knappen Personalressourcen der Steuerfahndung Nordrhein-Westfalen wurde das Hilfegesuch aus dem anderen Bundesland abgelehnt. Wir waren draußen und damit in einer Stimmung, die das Wort frustriert nicht annähernd beschreibt. Interessiert hat das aber niemanden.

Das Ermittlungsverfahren gegen den Angestellten und auch

gegen mehrere Manager ist zum Glück trotz all dieser Widerstände geführt worden. Die Strafverfolger haben umfassende Korruption bei fast allen Aufträgen von Drittstaaten an das Großunternehmen bewiesen. Jens, dessen Vorermittlungen die Sache ins Rollen gebracht hatten, bekam das erfolgreiche Ende zum Glück noch mit. Im Herbst 2020 ist dieser hoch motivierte Ermittler des Landeskriminalamtes NRW im Alter von 56 Jahren an Herzversagen gestorben.

In unserem aktuellen Fall rufe ich nun erst mal bei Ahmadis Anwalt Dr. Peters an und frage nach seinem Mandanten. Leider hat er ihn noch nicht wieder erreicht. Wenn er ihn anwähle, bekomme er mitgeteilt, dass die Rufnummer nicht vergeben sei.

Das gefällt mir nicht, Peters auch nicht. »Es ist nicht seine Art«, sagt er. Womöglich sieht Ahmadi sich jetzt zwischen den Fronten und will Hinweise darauf verwischen, dass er mit uns gesprochen hat. Wobei, der Big Boss weiß das ja. Warum muss er da gleich seine Telefonnummer stilllegen? Sind andere auf ihn aufmerksam geworden, die besser nichts von seiner Kontaktaufnahme zu uns wissen? »Keine Ahnung«, sagt Dr. Peters, »ich weiß es wirklich nicht. Ich hoffe nur, er meldet sich bald mal wieder.«

Die Funkstille geht mir nicht aus dem Kopf. Ich hab auf einmal Angst, dass wir zu weit gegangen sind, nicht genug für seine Sicherheit getan haben. Aber, andererseits, was hätten wir denn noch machen sollen? Zeugenschutz wollte er nicht, JVA wollte er nicht. Wir haben immer nachgefragt, ob es ihm gut gehe. Nein, wir haben uns nichts vorzuwerfen.

Was wir von Ahmadi wissen, ist wirklich viel, der Wert der Informationen extrem hoch. Nur, auch das gehört zum Stand der Ermittlungen: Ohne seine Aussage werden wir vieles wahrscheinlich nicht beweisen können. Ich werde mich deshalb erst mal wieder auf meine eigene Ermittlungsarbeit in diesen ganzen Verfahren konzentrieren – und Ahmadis Verwandtschaft vernehmen. Ich packe mir die einzelnen Termine dicht aneinander, um möglichst wenig Raum für gegenseitige Absprachen zu lassen. Was Ahmadi gesagt hat, klingt sehr schlüssig, muss aber dennoch nicht stimmen oder zumindest nicht in jedem Detail korrekt sein.

Meine Unterlagen zeigen, dass Ayden Ahmadi schon vom Kollegen Rissing vernommen worden ist, allerdings bevor sein Bruder Sayed mit uns gesprochen hat. Ayden Ahmadi wies alle Vorwürfe zurück. Er führe seinen eigenen Laden, sei von niemandem abhängig, erst recht nicht von Sayed.

Bevor ich die Vernehmungen angehe, ruft das BKA bei Fallner an. Sie holt mich dazu, stellt auf laut und weiß auch, warum sie das tut. Der Kollege vom BKA, Ingo, erklärt, dass man ja grundsätzlich keinen Einfluss auf die Steuerfahnder habe. Es gebe aber jetzt Probleme. Die Firma *Lomac*, der Energieriese mit den Zertifikaten, hänge unmissverständlich mit in den Ketten hin zur großen deutschen Bank. Bisher habe man aber keine Steuerfahndungsstelle gefunden, die dies bearbeiten wolle. Für die *Lomac* sei im Vorfeld kein Steuerfahnder für die EG Thor vorgesehen gewesen. Die örtlich zuständige Fahndungsstelle würde nicht so gerne wollen. Sie hätten zu wenig Personal und auch inhaltlich zu wenig Erfahrung.

Ob uns da was einfallen würde, fragt Ingo.

»Wieso eigentlich wir?«, frage ich Fallner nach dem Telefonat.

»Vielleich trauen sie sich ja nicht, uns zu sagen, dass wir eigentlich richtig gut sind.« Wir grinsen.

Die nach der Zuständigkeit naheliegendste Steuerfahndung wäre Leipzig, doch die sind dort zu bis obenhin. Berlin hat auch mehr als genug zu tun, aber da haben sie viel mehr Leute. Fallner findet, dass Berlin eine gute Idee wäre. »Dann machen wir mal eine Dienstreise und versuchen unser Bestes«, beschließt sie.

Karen ist so nett, uns in Berlin einen Termin zu organisieren, mit ihrem Dienststellenleiter und der für Umsatzsteuer-Betrugsverfahren zuständigen Staatsanwältin. Wir fliegen hin – und unverrichteter Dinge zurück. Der Dienststellenleiter ist grundsätzlich bereit, hat aber keine Leute. Die Staatsanwältin war grundsätzlich überhaupt nicht bereit. Hätten wir uns sparen können.

Als wir wieder in Düsseldorf sind, versucht Fallner es doch in Leipzig. Ein bisschen Zureden braucht es, dann sind die Leipziger einverstanden, das Verfahren zu übernehmen. »Gott sei Dank«, sage ich. Fallner nickt. »Jetzt haben wir Herrn Isen mal wieder einen Gefallen getan.«

Heute habe ich mir viel vorgenommen. Es ist einiges liegen geblieben. Ich bin eher Nachteule als früher Vogel und lasse gewöhnlich morgens den anderen den Vortritt. Heute bin ich aber mal früh im Büro. Ich liste noch mal alle Personen auf, die ich jetzt gerne vernehmen würde, und schreibe mir Fragenkataloge. Von Mina Ahmadi muss ich erst mal ein paar technische Details zu den Handys wissen. Kann sie die nicht beantworten, war sie auch niemals Ein- und Verkäuferin. In den Chats war oft von Qwertz- und Qwerty-Handys die Rede. Ich wette, sie kennt den Unterschied gar nicht.

Bevor ich aber die erste Ladung, also eine schriftliche Bitte um Erscheinen zur Vernehmung, losschicke, ruft mich Ayden Ahmadi an. Staun! Was hat das jetzt zu bedeuten?

»Hallo, Frau Orths, ich bin's, Ayden Ahmadi. Nachdem Sie den Anwälten da mitgeteilt haben, wie das mein Bruder so alles gemacht haben soll und hinter welchen Firmen er steht, ist mir noch was aufgefallen, was ich Ihnen mitteilen wollte.«

Pro-aktiv. Überrascht mich. Wir verabreden einen Termin zum Gespräch. Er will seinen Anwalt mitbringen. Kann er gern machen.

Am nächsten Tag treffen wir uns im Büro meiner Chefin. Nach kurzer Begrüßung leitet der Anwalt mit ein paar ernsten Worten ein. Wir sollten Sayed Ahmadi nicht alles glauben. Da gebe es auch noch andere Hintergründe, und die Gründung der *Next Chance* seines Mandanten sei tatsächlich dessen eigene Entscheidung gewesen. Ayden Ahmadi unterbricht ihn. »Ja, aber es lief nicht gut, und da hat Sayed für uns, also für mich und meinen anderen offiziellen Geschäftsführer und Freund, Lieferanten und Abnehmer besorgt. Dann lief alles super.«

Also doch Sayed! Okay, weiter.

Ayden ist jetzt kaum zu bremsen. »Wir haben Lieferanten und Abnehmer von Sayed benannt bekommen, also außer der *Handycell*, der *AS GmbH* und der *Biber* auch noch Firmen aus Frankfurt und München, und da sind wir auch mal hingefahren. Die Firma in Frankfurt hieß *Happy Enterprise GmbH*. Die in München war die *Sabso*.«

Hmm, diese Namen habe ich doch jetzt schon oft gehört. Was Ayden jetzt erzählt, ist einerseits unglaublich, passt aber ins Bild, allerdings in ein anderes, als wir uns nach den Gesprächen mit Sayed Ahmadi gemalt hatten.

Ayden spricht über diese *Happy Enterprise* und auch über die *Sabso* in München, die beide Lieferanten der *Next Chance* gewesen seien, die Sayed angeschleppt habe. »Bei der *Sabso* haben wir, außer Adam, den wir ja aus den Räumen der *Handycell* schon kannten, auch einen Kamran Patel getroffen. Den Adam fanden wir schon merkwürdig. Der sollte da bei der *Sabso* ja auch der Chef sein. Bei der *Happy Enterprise*, die war in so einem Hochhaus für Büroservice, da haben wir einen Iller Patel angetroffen. Der sprach kein Deutsch. Wir konnten deshalb auch gar nicht viel besprechen. Wir können beide kein Englisch. Zwei Patels, keiner kann Deutsch, und beide stehen irgendwie im Zusammenhang mit unserer *Next Chance* und auch mit der *Handycell* – das fand ich komisch. Und was total auffällig war: Ich hab einen Kumpel, den hab ich über Sayed in Dubai kennengelernt, der heißt Naal. Keine Ahnung, wie sein richtiger Name ist. Naal war auch oft bei uns in der *Next Chance* und hat uns besucht. Der kann ein bisschen Deutsch. Heute weiß ich, dass das kein richtiger Kumpel war. Den hat mein Bruder geschickt. Der Naal war nämlich der zweite Geschäftsführer der *Happy Enterprise*. Aber das habe ich erst jetzt rausgefunden. Nach der Durchsuchung letztes Jahr habe ich mich selber schlaugemacht, was hier so los ist. Also, dieser Adam Hicks soll eigentlich anders heißen und die rechte Hand sein von dem großen Hintermann. Und der heißt wohl Sameer und war auch schon bei der *Handycell* und bei der *Koks*. Der ist Pakistaner und soll gefährlich sein. Er habe jetzt wohl grade wieder eine ganze Insel auf Dubai gekauft.« Ayden ist nicht zu stoppen. Und die Frau von der *Handycell* und *Koks*, die dort die Buchhaltung machte, habe sich bei ihm ausgeheult, dass sie gar nicht mehr wisse, von wem alles sie Anweisungen entgegenzunehmen habe. »Von diesem Sameer? Oder von Halim Nikoo? Oder von Sayed? Die hängen ja alle zusammen. Sayed hat ja auch die *Biber* aus Leipzig angeschleppt. Der Geschäftsführer der *Biber* soll verwandt sein mit diesem Adam, der eigentlich anders heißt.«

Ich unterbreche den Redefluss, sonst wäre auch der Anwalt eingeschritten. Mann, Mann, Mann. Wie hat der das denn alles rausbekommen? Doch mit der Hilfe von Sayed, zu dem er aber ja eigentlich keinen Kontakt haben dürfte, weil der weg ist? Was ist das mit der *Happy* und der *Sabso*? Ayden ist merkwürdig. Warum haut er jetzt seinen Bruder derart in die Pfanne? Das kann nicht nur mit der *Next Chance* zu tun haben. Okay, das mit den Hinterleuten kannten wir schon. Aber von einigen Firmen, die er erwähnt hat und die im Zusammenhang mit den Familien Ahmadi und Nikoo stehen sollen, hat Sayed Ahmadi in seinen Telefonaten nichts erzählt, erst recht nicht von Firmen außerhalb Nordrhein-Westfalens.

Der Anwalt meint, dies sei wohl fürs Erste genug. Sein Mandant wäre da ja offenkundig auf seinen Bruder reingefallen. Ja, ja, ja. Wir bedanken uns höflich und begleiten die Herren zum Ausgang.

»Was war das denn jetzt?«, frage ich Fallner. Sie schenkt erst mal Kaffee ein. Ich habe eigentlich alle Zusammenhänge im Kopf, aber jetzt wird es mir langsam etwas unübersichtlich. Wenn das alles stimmt, was Ayden Ahmadi uns gesagt hat, haben wir inzwischen drei Menschen namens Patel. Einer ist bei der *Sabso* und einer bei der *Happy Enterprise*, der dritte bei der *Profit 365*. Und alle diese Patels kennt Sayed Ahmadi. Dann ist da der angebliche Adam Hicks, der seine Finger überall drin hat und verwandt ist mit dem Typen von der *Biber*, die wiederum Geschäfte macht mit der *Next Chance*, der *Handycell*, der *A-Phon* und der *AS GmbH*. Diese Firmen gehören wohl alle zum selben System. Ich nenne das jetzt mal System und nicht mehr Konstrukt, in einem System hängt viel mehr zusammen, ist viel mehr vernetzt, spricht sich alles ab und verfolgt ein gemeinsames Ziel. Na ja, zumindest im Bereich der Organisierten Kriminalität.

In unserem eigenen System, das aus Finanzamt, Prüfungsämtern, Steuerfahndung, der Mittelbehörde Oberfinanzdirektion und dem Finanzministerium besteht, verfolgen wir sicherlich nicht immer alle dasselbe Ziel. Sonst hätten wir Steuerfahnder nicht solche Schwierigkeiten und Hürden bei unserer täglichen Arbeit. Vielleicht nehmen jene, die etwas zu sagen haben, uns Steuerfahnder gar nicht richtig wahr, kümmern sich vor allem um die vielen Kollegen der Finanzämter oder Betriebsprüfungsstellen. Die bilden ja auch die übergroße Mehrheit. Die Oberfinanzdirektion mag die Finanzbeamten bei rechtlichen Fragen sehr gut unterstützen – die Paragrafen des Strafgesetzbuches und der Strafprozessordnung sind in der uns übergeordneten Behörde aber nicht so geläufig. Die Beamten dort begegnen uns meist mit Fragen, Reaktionen und Regeln, die wir oft nicht nachvollziehen können. Sie tun das sicherlich nicht absichtlich, sondern, weil sie viel zu sehr mit dem Steuerrecht verbunden sind und sie daher Angst haben, Fehler zu machen, insbesondere wenn wirtschaftlich potente Täter der Steuerfahndung mit hoch qualifizierten Anwälten entgegentreten.

KAPITEL 16

Ein neuer Umzug und viele Aussagen

»Halten Sie mal alle Verbindungen fest und das, was jeder jetzt dazu gesagt hat, und bereiten Sie die weiteren Vernehmungen vor«, sagt meine Chefin. Ja, das macht Sinn, aber ich frage trotzdem, ob ich mal etwas anmerken dürfe. Nach dem Gespräch mit Ayden Ahmadi und seinem Anwalt steht Fallners Tür noch offen. Ich versuche deshalb, diese Sache mit ruhiger Stimme vorzutragen.

»Ich stelle alle Puzzleteile zusammen, ergänze ständig Verbindungen und Zusammenhänge, unterrichte alle, die es brauchen, nehme an allen Besprechungen teil, werde auch weiterhin nach Frankfurt fahren müssen, werde unschuldig angefaucht, halte konspirative Telefongespräche mit dem Hauptbeschuldigten, habe noch Altfälle, muss die Vernehmung von mindestens sieben Beschuldigten vorbereiten, was man nicht aus der hohlen Hand macht, genauso wenig wie die ganzen Vernehmungen von den Angestellten. Und dann habe ich noch gefühlt Hunderte Beweismittel auszuwerten. Wie soll das gehen? Warum kann mir keiner helfen?«

Stopp. Schlucken. Und durchatmen. Ich komme gerade in eine Stimmung von Verzweiflung und dem Gefühl, ungerecht behandelt zu werden. Ist nicht so weit jetzt, bis sich Tränen sammeln.

Fallner steht auf und schließt die Tür. »Ich weiß das. Es ist unglaublich viel. Ich verspreche, dass wir einen Termin beim Dienststellenleiter bekommen und nach Unterstützung fragen.«

Inzwischen haben wir einen neuen Dienststellenleiter. »Das Problem ist einfach, Sie sind halt jetzt irgendwie der Wissensträger. Da kann Ihnen auch keiner Vernehmungen abnehmen«, sagt Fallner. »Aber hören Sie, ich mache einen Vorschlag. Einer der Altfälle ist doch fast abschlussreif, oder? Dann bringen Sie mir die Akten und Unterlagen mal vorbei. Ich versuche mich mal an den restlichen Ermittlungen und schreibe den Abschlussbericht. Und bei den zwei anderen Fällen, die schon länger liegen, versuche ich noch mal, einen Staatsanwalt zu finden. Wenn das nicht gelingt, schreibe ich eine Anordnung, dass die erst mal liegen bleiben.«

Na gut. Ist ein Anfang und auch eine Geste, eine Führungskraft schreibt eigentlich keine Berichte. Und das wird vom System auch nicht gerne gesehen. Etwas, aber auch nur etwas erleichtert schleiche ich in mein Büro zurück.

Dort erwartet mich der nächste Störfaktor, der Kollege aus der Geschäftsstelle. Nicht, dass ich den nicht leiden kann, der ist wirklich sehr nett, aber ich komme im Moment zu nichts. Er fängt vorsichtig an.

»Du, hör mal«, fängt er an, »weil sich der Geschäftsverteilungsplan geändert hat, gibt es auch Änderungen in der Bürobesetzung. In das Büro, wo gerade Annemarie und Oliver sitzen, sollen zwei andere Kollegen rein. Du müsstest jetzt da deine ganzen Beweismittel rausschaffen. Wir haben für dein Zeug im anderen Gebäudeteil ein Zimmer frei gemacht. Da kannst du das alles abstellen.« Ich lege, ganz behutsam, die Stirn auf die Schreibtischkante. »Alles in Ordnung?«, fragt er.

»Ach, weißt du, ich gehe hier gerade mit den Verfahren etwas baden, und jetzt auch noch ein weiterer Umzug. Ich bin doch gerade erst von Jörg zu Frank gezogen.« Er nickt. Er weiß, dass ich viele Verfahren habe. Und er weiß, dass dieses Büro, das er mir für die Beweismittel anbieten kann, nicht um die Ecke liegt. Unser Gebäude besteht aus zwei Türmen und einem Mitteltrakt. Ich sitze momentan in einem, die Beweismittel soll ich im anderen Turm aufbewahren.

»Du findest bestimmt Helferlein«, sagt er noch und ist schon wieder weg.

Am nächsten Tag berichte ich Fallner von der Umräumaktion, und sie ist nicht sehr erfreut. Man hatte das nämlich nicht mit ihr abgesprochen. Führungskraft übergangen, immer ein Fehler. Aber nicht meiner.

Mit einem fahrbaren Aktenbock muss ich zehn Mal in das neue Zimmer fahren, mit Aufzügen und über eine andere Etage, weil man nicht in allen Stockwerken rüber in den anderen Turm kommt. Ein Angebot eines Kollegen, zu helfen, muss ich nicht ausschlagen – es kommt keins.

Eigentlich bräuchte ich jetzt 'ne Dusche. Haben wir hier aber nicht.

Am nächsten Tag steht in der Bibliothek die Vernehmung des offiziellen Geschäftsführers der *Koks* und *Handycell* an, Halim Nikoo. Ein Cousin von Ahmadi. Fallner hilft beim Mitschreiben, auch das ist eher höchst ungewöhnlich. Einen Termin wegen meiner Überlastung hat sie noch nicht bekommen. Der Dienststellenleiter ist im Urlaub.

»Als ich arbeitslos war, hat Sayed mich gefragt, ob ich nicht zwei Firmen in Deutschland, also die *Koks* und *Handycell*, gründen wollte. Er würde für alles sorgen. Alles sei sauber«, erzählt uns Halim Nikoo. »Sayed war damals in Dubai, und ich bin dann dort hingeflogen, um die Dinge abzusprechen. Ich war etwas verwundert, denn da war auch Dr. Peters. Den hatte Sayed wohl dafür auch nach Dubai eingeladen. Wahrscheinlich, weil Sayed Angst hatte, nach Deutschland zu kommen, wegen der Probleme mit der *World Fon*. Außerdem war da auch die Feride Celim. Die kannte ich da noch nicht. Die sollte mit in die *Koks* rein.«

Meine Chefin und ich schauen uns fragend an. Interessante Neuigkeit, der Rechtsanwalt Peters in Dubai für die Gründung *Koks* und *Handycell*. Das bedeutet, er wusste das damals schon. Wieso hat er uns nicht damals etwas gesagt? Na ja, vielleicht ein

Interessenkonflikt. Wir sind schließlich die Gegenseite. Ich hoffe mal für ihn, dass Sayed ihm nicht den Flug bezahlt hat.

»Das Büro für die Firmen hab ich selber gefunden und auch den Vertrag unterschrieben. Nur bei der Eröffnung des Bankkontos ist dann Dr. Peters mitgekommen. Mir hätte man wohl nicht geglaubt, dass ich was Seriöses vorhabe, da ich noch so jung war.«

Zu jung? Da war er siebenundzwanzig. Und bekam von seinem Cousin Sayed, wie er sagt, für den Aufbau der Firmen 40 000 Euro. Halim Nikoo erklärt ein wenig, wie das mit den Handys laufen sollte, dann kommt er zur *Koks GmbH*. »Ich habe damals keine Steuernummer bekommen, weil ich keine Fachkenntnisse hatte. Ich hatte ja noch nie von Emissionshandel gehört. Dann hat Sayed den Hartmann besorgt, und mit dem haben wir auch die Steuernummer bekommen.« Klar so weit, das wussten wir schon.

Hartmann habe einen seriösen Eindruck gemacht, aber nicht angestellt sein wollen. »Wir sollten an ihn verkaufen und er dann an die nächste Firma. Da war ich ziemlich entsetzt. Ich kannte ja davon nichts. Immer wenn das Telefon klingelte und einer Englisch sprach, habe ich an Sayed gegeben. Der war ja wieder hier. Sayed hat auch öfter am Telefon gesagt, er sei Halim Nikoo. Ich war für die *Koks* eigentlich gar nicht richtig tätig. Sayed hat dann auch meinem Bruder Dalim gesagt, er solle bei der *Koks* arbeiten. Dalim ist schlauer als wir, er studiert BWL. Sayed meinte, wir würden Hartmann einfach sagen, dass er Dalim eine Vollmacht über dessen Konto geben soll. Das sei so üblich. Aber Sayed sagte uns auch, dass wir das machen, weil man dem Hartmann nicht trauen könne. Der sei ja nicht Familie. Dalim sollte Hartmann überwachen, wie das mit dem Geld ging, mit den Überweisungen und dem Code per Computer, damit Hartmann das Geld auch richtig weiterleitete. Vom Zertifikatehandel kannte aber auch Dalim nichts. Sayed hat sich manchmal als Dalim und auch manchmal als Halim oder Kalim ausgegeben. Wie er das mit der Unterschrift gemacht hat, weiß ich nicht.«

Soso, sehr interessant. Sayed hat sich mal als dieser und mal als jener Nikoo ausgegeben. Wie lief das genau? Nur mit seiner Stimme, also am Telefon? Oder auch persönlich?

»Als die Geschäfte anfingen, war Sayed auch wieder in Deutschland und jeden Tag im Büro, weil er alles managte.« Halim Nikoo sagte weiter, dass Mina damals auch nichts zu tun gehabt habe und sein Bruder Kalim auch nicht, und da habe Sayed denen gesagt, die sollen die *AS GmbH* übernehmen. Einmal seien mehrere Leute bei Sayed in der Firma gewesen, die hätten alle nur Englisch gesprochen. Einer von denen sei der Investor gewesen.

Wir zeigen Halim Nikoo nun ein paar Fotos.

»Das ist der Naal von der *Happy Enterprise*. Der andere ist Adam. Wir haben mal in Dubai Party gemacht.« Ein paar andere kennt er auch noch.

Wieso ging Geld auf das Konto in England, an diese *Black Whole?*, will ich wissen. »Das hat mich auch gewundert, aber Sayed wollte das so. Er sagte, das sei ein internationales Konto und völlig in Ordnung. Habe ich ihm geglaubt.« Das kaufen wir Halim nicht ab, wobei es sein gutes Recht ist, zu behaupten, dass er von nichts weiß.

Bevor wir enden, fällt mir noch eine Frage ein. »Sagen Sie mal, was hat es mit der Wohnung von Sayed in Dubai auf sich? Hat er da überhaupt eine?«

Halim grinst. »Ja, aber er hat sie nur gemietet. Als wir das erste Mal dorthin sind, hat er sie fast selbst nicht gefunden.« Okay, also hat er tatsächlich eine Mietwohnung in Dubai. Unglaublich.

Zuletzt noch etwas Zentrales, was ich bei Ayden Ahmadi zu fragen vergessen habe. »Herr Nikoo, wissen Sie, wo sich Ihr

Cousin Sayed gerade aufhält?« Kurze Pause. Weiß er es? Sagt er es?

»Also, unsere Oma ist vor einem Monat gestorben. Da waren wir alle in den USA zur Beerdigung. Sayed auch. Er hatte uns auch allen die Tickets bezahlt. Wir haben ihn natürlich auch wegen der Durchsuchungen gefragt, was das alles soll und warum er uns da alle reingezogen hat, aber er war ganz entspannt. Er sagte, er wäre gerade mit der Steuer am Verhandeln. Er würde alles klären, und wir müssten uns keine Sorgen machen.«

Ach. Die Steuer, das waren dann wohl wir. Nur klang er in unseren Gesprächen nicht immer ganz entspannt.

»Waren neben Leuten aus Ihrer Familie noch andere Leute bei diesen Gesprächen mit Sayed?«

Er schüttelt den Kopf. »Nur Familie, Tanten, Cousinen. Keine Fremden.«

»Sagt Ihnen der Name Felal etwas? Ist der mit Ihrem Cousin befreundet?«

Kopfnicken. »Felal sagt mir was. Der war nicht auf der Beerdigung, aber der kam mal mit Sayed, und wir sind dann zusammen etwas trinken gefahren.«

Dann ist Felal, denn zeitlich passt das, wahrscheinlich zu dem Zeitpunkt, als wir mit Ahmadi telefoniert haben, bei ihm gewesen. Die haben sich beide in den USA aufgehalten. Ob Felal allerdings ein Freund oder der Aufpasser eines Hintermanns ist, wissen wir nicht.

Am Tag drauf kommt Mina Ahmadi. Sie ist klein, dunkelhaarig, sehr hübsch, wirkt unschuldig, aber nicht naiv und macht einen sehr nervösen Eindruck. Sie berichtet uns, dass ihr Cousin nach der gestrigen Vernehmung »kotzen« musste. »Sie haben ihm offenbar so viele komische Fragen gestellt, da war er total aufgeregt.«

Ich lächle, innerlich, Fallner sicher auch. War dann wohl doch alles nicht so normal, wie er uns glaubhaft machen wollte.

Mina erzählt weiter, erst mal über sich, dann über ihren Bruder Sayed. Der habe sie gebeten, ein Gewerbe anzumelden, da er noch zu jung dafür sei. Da seien sie dann auch wirklich mit Handys durch die Gegend gefahren. Sayed habe welche aus Luxemburg und ein paar auch aus Dubai besorgt. Das sei alles über die *Ahmadi Telekom* gelaufen. »Dann ist Sayed zu meiner Schwester Elin und hatte eine neue Idee. Er wollte eine GmbH gründen, in der Elin Geschäftsführerin werden sollte. Das war die *World Fon*. Ich war da nicht angestellt, sollte aber den Ein- und Verkauf machen. Er hat mir dann immer die Lieferanten und Kunden genannt, aber nach ein oder zwei Stunden kam Sayed immer an und sagte, ich könne den PC zumachen.« Elin habe gar nichts gemacht.

Sayed und Mina stritten sich nach Angaben von Mina deswegen, und so machte Sayed die *World Fon* allein und setzte Mina in die neu gegründete *A-Phon* ein. »Da habe ich Aktas kennengelernt. Der hat aber nicht viel gesagt. Sayed hat auch da alle Lieferanten und Kunden vorgegeben. Manchmal haben wir sogar mit Verlust verkauft. Aber es kam wohl nur drauf an, dass wir mit dem speziellen Kunden arbeiten sollten.«

Mina erzählt weiter, dass bei der *A-Phon* die Steuerfahndung war, wegen der *Hot Stone*, und Aktas habe ihr danach gekündigt. Die Familie mache ihr jetzt richtig Stress, da sie eine neue Ausbildung angefangen habe und zu Hause ausgezogen sei. »Ich bekomm jeden Tag zu hören, dass ich für jeden erledigt bin. Ich sei eine Schlampe und Hure, weil ich mal kurz was mit Aktas hatte. Ich bin total unter Kontrolle. Alles wird bei mir gehackt. Handy, Facebook und so weiter. Sayed ist so was wie unser Vater. Meine Mutter weiß, was er macht, aber sie deckt ihn immer.«

Ich unterbreche Mina Ahmadi und frage, ob sie Hilfe brauche. Man weiß ja nie. Ich habe mal nach einem Abendessen mit Freunden nachts auf der Straße ein Pärchen gesehen, die beiden schrien sich ziemlich an. Der Mann schubste die Frau dann rücklings auf die Motorhaube, und es hörte sich so an, als habe sie sich ordentlich den Kopf gestoßen. Ich bin hin und habe gefragt, ob ich Hilfe holen solle. Der Mann hat mich angeschaut, als werde er jetzt direkt zuschlagen. Aber krasser war die Reaktion der Frau: »Hau ab, das ist nicht deine Sache.«

Mina schüttelt den Kopf. »Nein, das ist nett, aber ich komm schon klar.«

Ich möchte sie jetzt wieder zurück zu den Handys bringen. »Frau Ahmadi, was war denn nach der *A-Phon*?«

Sie erklärt, dass sie zuerst bei einem Arzt eine Weile ausgeholfen habe. Dann habe ihr Cousin Kalim die *AS* gekauft und ihr anderer Cousin Halim die *Handycell*. »Als wir mal wieder alle zu Hause in« – hier nennt sie den Namen des Dorfes in der Umgebung von Köln – »waren, sagte Sayed, ich solle doch bei Kalim in der *AS* arbeiten. Kalim und ich haben meinen Bruder Sayed gefragt, ob es nicht merkwürdig sei, dass die *AS* Handys von der *Handycell* kauft, also Kalim von Halim. Aber Sayed hat gesagt, das sei alles okay so.«

Mein Eindruck ist, dass diese Mina immer noch halbwegs glaubt, alles sei rechtens gewesen, auch wenn sie ein komisches Gefühl hatte. Jetzt müssen mal ein paar technische Fragen her, damit ich auch weiß, ob sie in der Lage gewesen ist, den Ein- und Verkauf zu machen.

»Frau Ahmadi, wer bestimmte bei der *AS* die Preise?«

Sie nickt, als hätte sie die Frage erwartet. »Also wenn Sayed nicht da war, wusste ich die nicht. Dann habe ich unsere Abnehmer gefragt.«

Ich lächle in mich hinein. Skurril, fast schon lustig. Ich habe eine Firma, verkaufe Schuhe und frage meinen Kunden, was er denn bezahlen möchte.

»Was ist denn flashen, debundeln und debranden, Frau Ahmadi?«

Sie senkt den Kopf. »Weiß ich nicht.«

Dachte ich mir. »Was ist denn der Unterschied zwischen zwei und drei Pin Chargers?«

Jetzt lächelt sie. »Das haben sie mir beigebracht! Die drei Pin sind für England. Die musste ich im Lager raussuchen.«

»Und was ist der Unterschied zwischen QWERTZ und QWERTY und Triband und Quad Band?« Ich weiß, irgendwie sind die Fragen fies. Doch sollte Ahmadi nicht zu seinem Geständnis stehen oder untergetaucht bleiben, brauche ich Beweise dafür, dass Mina Ahmadi eben keine Ein- und Verkäuferin war.

Sie sieht mich an mit ihren schönen dunklen Augen, in denen etwas Feuchtes schimmert.

»Sie wissen das nicht, stimmt's?«

Sie nickt. »Das hat doch alles Sayed gemacht. Kalim und ich wussten nur ein bisschen was. Was ist denn der Unterschied bei Qwertz und Qwerty?«

Ich erkläre ihr, dass es hierbei um die deutsche und die englische Tastatur geht. Wenn man auf der deutschen vom Q aus nach rechts liest, steht da »Qwertz«. Auf der englischen steht dort »Qwerty«.

Bei der *A-Phon*, höre ich noch von Mina Ahmadi, sei Sayed der Chef gewesen, was Aktas am Anfang gar nicht richtig bemerkt habe. Warum ihr Bruder Niri dort als Geschäftsführerin eingesetzt hat, habe sie nicht verstanden. Und sie habe Sayed auch immer gebeten, ihre Schwester Elin aus der *World Fon* rauszunehmen und die Geschäftsführung selbst zu machen. Aber er habe das nicht gewollt. Letzte Frage, denn ich hatte gesehen, dass in den Chats der *Handycell* auch ein Dennis Ahmadi bei Ein- und Verkäufen schreibt. »Ist Dennis ein weiterer Familienangehöriger?«

»Nein, das ist Sayed. Der hat sich immer irgendwelche Namen einfallen lassen.«

Der Nächste bitte, Kalim Nikoo, das wird hier ein kleiner Vernehmungsmarathon. Auch er verweist bei den allermeisten Fragen auf Sayed. Nur die Gründung der *AS GmbH* sei Minas Idee gewesen. Der Sitz sollte eigentlich ganz in der Nähe ihres Dorfes sein. Dann habe Sayed aber diese fertige GmbH in Düsseldorf gebracht, die *AS*. »Sayed wusste auch, dass wir direkt von der *Handycell* von meinem Bruder kauften. Die anderen Lieferanten hatte er uns auch vorgegeben. Das waren die *Sabso* aus München und die *Happy Enterprise* aus Frankfurt. Die Abnehmer auch. Und es hat ja auch schnell geklappt, denn wir hatten im ersten Monat schon über drei Millionen Euro Umsatz.«

»Ist Ihnen das wirtschaftlich nicht äußerst fragwürdig vorgekommen, dass Sayed wusste, dass Sie mit der *AS* direkt von der *Handycell*, also von Ihrem Bruder, kauften?«

Er schüttelt den Kopf. »Nein, ich dachte, das ist in Ordnung, weil Sayed es gesagt hat. Sayed ist Familie.«

Den Adam habe er zusammen mit Sayed mal in Dubai getroffen, der sei aber auch mal hier in Deutschland bei Sayed gewesen. Den Naal kenne er auch. Der sei mit Sayed und Ayden zusammen auf der Hochzeit von seinem Bruder Madjid gewesen. Naal sei bei der *Happy Enterprise*. Dennis Ahmadi kenne er auch nur von der *Happy Enterprise*.

Dennis und *Happy Enterprise*?

Den Dennis habe er aber nie gesehen.

An diesem Tag vernehmen wir auch noch seinen Bruder Dalim Nikoo, nach eigenen Angaben und für uns durchaus nachvollziehbar derjenige in der Nikoo-Familie, der am besten Deutsch spricht. Er studiere auch, sagt Dalim Nikoo.

Sayed habe ihn gefragt, ob er für die *Koks* arbeiten und dem Halim helfen könne. Er habe gesagt, er mache das, aber nur an zwei bis drei Tagen. Sein Arbeitsplatz sei dann erst mal im Büro der *Koks* gewesen, wo auch gleichzeitig die *Handycell* saß. Sein Bruder Halim sei für »Außen« zuständig gewesen, Sayed für alles andere. Am Anfang habe die *Koks* nach Sayeds Anweisungen selbst Rechnungen an die *Profit 365* geschrieben. Danach habe man den Hartmann statt der *Profit* eingesetzt. Er selbst, Dalim, habe den Hartmann dann bei den Geldtransfers zu kontrollieren gehabt. Hartmann musste das Geld, das er für die Zertifikate bekommen hatte, sofort an die *Koks* überweisen. Komisch sei ihm das nicht vorgekommen. Dieser Adam sei ihm von Sayed als Investor vorgestellt worden. Er habe Adam auch mal auf einer Party in Dubai gesehen.

Soso, Investor. Davon hat Isen gesprochen, und auch Halim hat gesagt, einer sei im Büro der *Handycell* gewesen. Ahmadi selber bezeichnete Adam als rechte Hand des Hintermanns.

Während meine Chefin und ich in dieser Woche die Vernehmungen durchziehen, machen Kollegen einer Steuerfahndung im hohen Norden des Landes Ähnliches. Sie ermitteln gegen eine der ganz großen Handyfirmen, die Abertausende von Handys steuerfrei ins Ausland fakturiert haben. Bei ihr entstehen letztlich die vielen Millionen Euro Schaden, denn diese Firma lässt sich alles aus den Einkaufsrechnungen erstatten, braucht aber nichts zu bezahlen. Die erste Firma der Kette müsste zahlen, tut es aber nicht, die letzte braucht nicht zu zahlen, bekommt jedoch alles erstattet. Dabei laufen die Gelder über eine Zahlungsplattform, jene *Black Whole* in England, was es für die Täter leicht machte, an Geld zu kommen. Und es gab noch weitere Zahlungsplattformen, wie wir inzwischen erfahren hatten. Diese Zahlungsplattformen müssten eigentlich Teil unserer Ermittlungen sein. In der EG Thor sind sie das auch. Aber wer soll das bei uns machen? Die Plattformen haben ihren Sitz ja nicht in Deutschland. Schwierig.

Ich rufe jetzt mal einen der Kollegen da oben an und frage, wie es so aussieht. In der Kette nach der *Handycell* und der *AS* gab es nämlich nur noch eine Firma, die zu deren großer Handyfirma zwischengeschaltet war.

»Kolkmann.«

»Hey, Sven, Birgit hier.«

»Ah, hey, schön, von dir zu hören. Wie steht es mit deinen Gesprächen mit Ahmadi? Wir haben hier einige Dinge erfahren, die du sicher gut brauchen kannst.«

Ich erkläre ihm, dass Ahmadi abgetaucht ist und wir ihn nicht wieder an die Strippe bekommen.

»Schade. Wir wollten den eigentlich auch ein paar Sachen zu unserer Firma hier fragen. Aber dann macht es ja auf jeden Fall Sinn, dass du mal für die nächsten Vernehmungen hier zu uns kommst. Wir haben da ein paar Angestellte von der *Handycell* im Programm.«

Die Vernehmungen finden Anfang der kommenden Woche statt dort oben im Norden, und ich buche mir ein Zimmer im Hotel *Zur Brise*.

Es ist doch eine recht lange Fahrt bis dorthin. Und das Hotel *Zur Brise* hatte ich mir anders vorgestellt, mit Möwenfiguren, Fischernetzen an der Decke, so etwas. Was ich sehe, sind dunkle Bilder, dunkle Teppiche, leere Teegläser und Hängelampen, die auf dem Trödelmarkt übrig blieben sind. An der Rezeption lümmeln vier junge Männer. Ich grüße und sage, ich hätte für zwei Nächte gebucht.

Einer löst sich jetzt aus der Gruppe und schaut in den PC. »Frau Orths?« Ich nicke. »Sie reisen alleine?« Was ist denn das für eine Frage? Ich habe ja auch nur für mich gebucht. »Willkommen in der *Brise*. Das hier ist Ihr Zimmerschlüssel. Ich bring Sie gleich hin. Das Restaurant hat noch geöffnet. Wenn Sie wollen, machen wir noch Pizza für Sie.« Er kommt um die Theke herum und geht vor mir in die erste Etage. Also, mein Zimmer hätte ich auch allein gefunden.

Ich trete ein. Wir machen manche Dienstreise, und so habe ich auch schon manches Hotelzimmer gesehen. Aber so ein Zimmer habe ich zuletzt mit vierzehn Jahren in einer Jugendherberge bewohnen dürfen. Warum habe ich nicht in die Bildergalerie geklickt beim Buchen?

Im hoteleigenen Restaurant ist außer mir noch ein älterer Herr zugegen. Ich bestelle Pizza, esse, gehe Richtung Zimmer und höre noch ein: »Hat's geschmeckt?« Das Grüppchen ist jetzt auf fünf angewachsen. Ich bedanke mich, und zehn Augen folgen mir zur Treppe.

Gefällt mir alles so mittel, und die Zimmertüre wirkt auch nicht gerade robust. Als ich oben bin, klingelt das Telefon auf dem Schreibtisch. Die Rezeption, irgendeiner der Typen da unten. Fragt, ob er mir nicht den restlichen Abend versüßen dürfe. Fast hätte ich den Hörer fallen gelassen. »Nein, danke«, pampe ich zurück und lege sofort auf. Jetzt entsteht doch ein ungutes Gefühl. Abzuhauen bringt aber nichts. Das nächste Hotel ist zu weit weg.

Ich schiebe den Schreibtischstuhl unter die Türklinke und stelle das Zahnputzglas auf die Rückenlehne. Falls einer die Klinke bewegt, fällt das Glas runter – dann höre ich das. Etwas mehr als beunruhigt versuche ich, ein paar Stunden zu schlafen. Klappt nicht richtig, und um 6 Uhr gebe ich auf. Unten lege ich Geld für die Übernachtung und eine Nachricht auf die Theke: Musste schon früh weg. Und dann ab zum sicheren Auto. Ich fahre einfach irgendwohin. Erreiche den Hafen. Der Nebel kriecht langsam über das Wasser. Sieht toll aus zu dieser frühen Morgenstunde. Ich parke in der Nähe eines Anlegers und döse noch ein bisschen rum. Nach einiger Zeit hole ich mir Brötchen und fahre zur Steuerfahndung.

»Hey, schön, dass du hier bist«, ertönt reichlich wach und gut gelaunt die Stimme des Kollegen Sven. »Hast du gut geschlafen?«

Ich berichte kurz.

»Ach du Scheiße, das tut mir leid. Der Besitzer der *Brise* hat letztens gewechselt. Wieso hast du nicht vorher gefragt?«

»Ist schon okay, bin nur ein bisschen müde.«

»Es tut mir auch leid, dass wir heute Abend nicht irgendwo essen gehen können, aber meine Frau hat Geburtstag, und Holger kann auch nicht, da er eine Nachtdurchsuchung hat.«

»Kein Problem«, antworte ich. Ist eigentlich Standard und auch immer sehr nett, mit den Kollegen, deren Dienststelle man besucht, abends noch mal wegzugehen. Kleine Pechsträhne meinerseits, dass beide verhindert sind. »Ich wollte sowieso heute direkt wieder zurückfahren. Glaube, heute ist für mich eh die interessanteste Vernehmung.« Sven nickt, aber er fühlt sich gerade ein wenig unwohl.

Immerhin läuft es inhaltlich. Die Vernehmung des Angestellten der *Handycell* ist sehr aufschlussreich. Ihm war klar, dass Dennis – also Sayed – dort der eigentliche Chef gewesen sei. Wir sagen ihm, jemand habe erzählt, Dennis würde sich manchmal für Halim ausgeben. Wie Dennis das denn angestellt habe?

»Am Telefon war das ja kein Problem«, berichtet der Angestellte. »Ich habe aber auch gesehen, wie er die Unterschrift von Halim gefälscht hat. Er hat dafür ein Blatt mit der Unterschrift von Halim vors Fenster gehalten und einfach abgemalt. Das haben auf jeden Fall noch mehr Angestellte der *Handycell* gesehen, und ich glaube, er hat das auch mit anderen Unterschriften so gemacht. Er, also Dennis, ist nie mit seinem Namen aufgetreten. Immer nur als Halim oder Dalim.«

Damit ist Sayeds Rolle bei der *Handycell* bewiesen und die Nummer mit den Unterschriften ebenfalls. Prima. Ich steige in mein Auto und mache mich hundemüde auf die lange Heimfahrt.

KAPITEL 17

Keine Hilfe, aber ein Gedächtnisprotokoll

»Wie sehen Sie denn aus?«, fragt eine Stimme in meiner Bürotür. Ich wirkte wohl gerade mal wieder etwas überfordert aufgrund der Anzahl meiner Fälle. »Kommen Sie, es gibt Kaffee. Ich war eben beim Chef. Er hat heute Nachmittag Zeit, mit uns über Ihre vielen Verfahren und Unterstützung zu reden.« Damit kommt Fallner gerade recht.

Der neue Dienststellenleiter heißt Leitner und fragt, wo denn der Schuh drücke. Weiß er, worum es geht? Meine Chefin berichtet von meinen Verfahren im Bereich des offensichtlich bandenmäßig begangenen Umsatzsteuer-Betruges und der systemimmanenten Explosion dieser Verfahren. Dass ich jetzt viel zu viele Verfahren hätte, dies alleine nicht mehr leisten könne und Unterstützung bräuchte. Es gehe hier immerhin um ein Betrugsfeld mit massiven, inzwischen dreistelligen Millionenschäden. Leitner widmet sich, während Fallner vorträgt, einer seiner Büropflanzen. Dann hat er zwei Fragen.

»Was ist daran so kompliziert? Und was dauert denn da so lange?«

Fallner schaut mich an, und ich berichte. Über alles. Schonungslos. Die ganze Bandbreite der Ermittlungen, die Puzzleteile, die aufwendigen Verknüpfungen mit anderen Fahndungsstellen, damit eine komplette Betrugskette nachgewiesen werden kann. Danach sieht Leitner mich irgendwie seltsam an. Ist er skeptisch? Glaubt er mir nicht?

Er steht auf, läuft in seinem ansehnlich großen Zimmer einmal auf und ab, setzt sich wieder. »Wissen Sie, Umsatzsteuer ist eigentlich tot. Also von gestern. Ausermittelt. Dafür kann und werde ich niemanden mehr zusätzlich abstellen. Da müssen Sie wohl alleine durch.«

Er steht auf und gibt uns das Gefühl, dass dieses Gespräch nun zu Ende geht. »Wissen Sie, man muss ja nicht alles so genau prüfen. Gucken Sie doch einfach mal ein bisschen weg.«

Der Satz ist unmöglich und unglaublich und geht gar nicht. Aber er ist noch zu steigern. Der Dienststellenleiter wendet sich zu meiner Chefin und sagt: »Ich hoffe, Sie können diesen Terrier noch stoppen.« Und damit geleitet er uns unmissverständlich zur Tür hinaus.

Wahnsinn.

Schweigend begeben wir uns in Fallners Büro zurück. Wir setzen uns. Meine Chefin schüttet Kaffee ein, wortlos. Und dann kann ich nicht mehr.

»Ich soll wegsehen? Terrier?«

Fallner kennt mich und versucht sofort, den Ausbruch zu verhindern. »Bitte nicht aufregen! Das sollte sicher ein Scherz sein. Und den Terrier fassen Sie bitte mal als Kompliment auf.«

Bitte was? Ich flüstere jetzt fast. »Wegsehen. Terrier.« Dann stehe ich auf, lasse den Kaffee stehen und gehe wortlos aus dem Zimmer. Raus. Park. Schreiwiese.

Ich bleibe länger draußen als geplant. Zurück im Gebäude, entschuldige ich mich bei Fallner für mein plötzliches Abhauen, denn sie kann ja nichts dafür. In meinem Zimmer schaut Frank mich etwas fragend an. Ich erzähle ihm von unserem Versuch, für diese Verfahren Unterstützung zu erhalten.

»Hast du echt geglaubt, das interessiert hier irgendjemanden? Jörg und ich haben auch inzwischen ein bisschen zu viele Fälle.«

»Ich habe tatsächlich geglaubt, dass wir mal Unterstützung bekommen. Ich gehe unter. War ein Versuch, aber ich habe auch keine Lust mehr, drüber zu reden. Dann bleiben halt Dinge unaufgeklärt.« Sagt sich so, ist nur leider gar nicht meine Art und belastet mich sehr.

»Was ist denn mit deinem Ahmadi? Wenn von dem ein Geständnis vorliegen würde, wären wir hier ja alle ein bisschen weiter.«

Ach, schau her. Ist er jetzt keine von mir erfundene Fantasiegestalt mehr, sondern der Hoffnungsträger der Aufklärung? »Ich weiß es nicht. Beim letzten Telefonat hat er mitten im Gespräch aufgelegt. Seitdem ist Funkstille.«

Allerdings, das muss ich zugeben, hat Frank mich an etwas erinnert. Dr. Peters hat sich lange nicht gemeldet – und ich mich auch nicht bei ihm. Vorher schreibe ich alle Verbindungen und Erkenntnisse auf ein Blatt Papier:

SAYED AHMADI:

- Ist Dennis und alle drei Nikoos. Zumindest gibt er sich immer wieder als diese aus.
- Ist verantwortlich, wenn auch im Hintergrund, für *World Fon, A-Phon, Ferrus, Handycell, Koks, Next Chance* und *AS*.
- Hat in all diesen Firmen Familie und Freunde als Offizielle eingesetzt.

RECHNUNGSKETTEN:

- Alle Firmen schreiben sich gegenseitig Rechnungen, wechseln dabei auch immer mal wieder die Ketten.
- Einige der Firmen liegen nicht in NRW, und über die hat Ahmadi am Telefon nichts gesagt: die *Biber*, die *Happy Enterprise* und die *Sabso*. Diese Firmen sind aber auch in den Ahmadi-Ketten drin.

Ich wähle die Nummer des Anwalts. »Ich verbinde mit Dr. Peters.« Ein fröhliches Warteliedchen ertönt aus dem Hörer, dann ist er dran.

»Ich wollte mich erkundigen, ob Sie noch mal Kontakt mit Ihrem Mandanten hatten.«

»Ähm, tja, also: nein. Ich erreiche ihn nicht.« Ahmadis Anwalt klingt irgendwie unsicher. »Aber, wissen Sie was, kommen Sie doch bitte mal für ein Gespräch in meine Kanzlei. Allein.«

Na, das ist jetzt mal ein ungewöhnlicher Vorschlag. Wir gehen eigentlich nirgendwo allein hin, schon gar nicht in die Kanzlei der Gegenseite, also eines Verteidigers, dessen Mandant gerade per Haftbefehl gesucht wird.

»Herr Dr. Peters, sehr gerne. Aber ich würde gerne meine Chefin mitbringen. Sie ist ja auch über alles informiert, und wenn es etwas zu entscheiden gäbe, wäre sie ja mein erster Ansprechpartner.«

Es ist Donnerstag. Was in einer Woche alles so passieren kann in diesen Verfahren. Jetzt betreten Fallner und ich Peters' Kanzlei. »Kaffee?« Natürlich. Wir ziehen uns mit Peters in ein Besprechungszimmer zurück. Peters wirkt blass und nervös. Räuspert sich. Dann sagt er leise, er habe ein Problem.

»Was ist denn passiert?«, frage ich.

Er windet sich und fühlt sich sichtlich unwohl. Aber dann sprudelt es aus ihm raus. »Ich kann ihn nicht mehr erreichen! Habe alles versucht. Ich weiß ja ungefähr, wo er ist. Habe alles unternommen, um herauszufinden, was passiert ist. Die ganze Familie weiß nichts. Oder sagt nichts.«

Er schwitzt, und ich glaube, er hat ein wenig Angst vor dem, was passiert sein könnte. Der steckt jetzt in einem inneren Disput. Soll er sein Versprechen einhalten?

»Also, keiner weiß, was passiert ist oder ob überhaupt etwas passiert ist, aber er ist für Sie nicht mehr erreichbar, korrekt?«, frage ich.

»Korrekt«, sagt Peters.

»Und jetzt?« Ich schaue zwischen Fallner und Peters hin und her.

»Ahmadi hat ja definitiv den Eindruck vermittelt, dass er alles aussagen möchte, was er weiß«, sagt meine Chefin. »Das hat er ja auch getan, telefonisch. Und darüber haben wir ja auch Protokolle gefertigt. Allerdings denke ich mal, dass er uns weniger erzählt hat als Ihnen.«

»Das ist ja mein Dilemma«, sagt Peters. »Ich weiß, dass er alles aussagen will oder wollte. Ich habe alle unsere manchmal tagelangen Gespräche am Computer protokolliert. Es fehlte ja auch nicht mehr so viel. Aber er ist abgetaucht und kann das deshalb alles nicht bestätigen und unterschreiben. Im Sinne der Verteidigung und mit Blick auf das, was mit Ihnen und vor allem mit Frau Parsson vereinbart wurde, habe ich keine richtige Einlassung, die ich Ihnen geben könnte.«

Wir überlegen. Es ist sehr still im Raum. Dann spricht wieder Peters. »Ich möchte weiter kooperieren, und mein Mandant hatte auch manchmal die Idee, dass Sie, Frau Orths, die Sie ja schon, im Gegensatz zu mir, so viele Infos in den Verfahren haben, das alles mal lesen sollen, was er mir gesagt hat und was ich festgehalten habe. Er wollte, dass ich auch wirklich davon überzeugt werde, dass seine Angaben glaubwürdig sind. Ich gehe davon aus, dass er Ihnen das alles auch unterschrieben hätte. Wahrscheinlich ist er aus Angst um seine Sicherheit untergetaucht. Also, ich kann Ihnen zwar keine druckreife Einlassung in Papierform übergeben, aber ich biete Ihnen an, wie mein Mandant auch vorgeschlagen hatte, dass wir einen Termin vereinbaren, und ich stelle hier meinen Computer hin, und Sie können alles lesen, was er mir gegenüber gesagt hat.«

So etwas habe ich noch nie erlebt. So etwas hat mit Sicherheit auch Fallner noch nicht erlebt. Was für ein Vorschlag! Aber wenn Ahmadi das selber vorgeschlagen hat, dann kann das der Anwalt auch tun, ohne Mandantenverrat.

Fallner fasst zusammen. »Sie haben gemeinsam mit Ahmadi an dem großen Geständnis und der Aufklärungshilfe gearbeitet.

Dies in der Form, dass Sie, so wie die Male auch bei uns, mit ihm telefoniert haben und alles, was er gesagt hat, am PC mitgeschrieben haben. Zwischendurch bot Ihr Mandant an, dass Frau Orths auf das, was Sie mitgeschrieben haben, einen Blick werfen darf. Damit wollte Ihr Mandant die Wahrheit seiner Angaben untermauern.«

Peters nickt.

»Das ist zwar ein ungewöhnlicher Vorschlag, aber was ist an diesem Verfahren schon gewöhnlich?« Wir schauen alle etwas nachdenklich aus. Eigentlich hätte man schmunzeln können ob dieses Vorschlags, aber durch Ahmadis Abtauchen bekommt das Verfahren eine sehr ernste Note. »Ich sehe eigentlich kein Problem, zumal Herr Ahmadi dies ja ohnehin schon vorgeschlagen hatte«, meint Fallner. »Die Einlassung ist halt nur noch nicht ganz fertig.«

»Ja, das hat er vorgeschlagen. Und dass er jetzt weg und seine Einlassung noch nicht vollständig ist, wird hoffentlich nicht unsere Vereinbarung mit der Staatsanwaltschaft beeinträchtigen.«

»Das entscheidet Frau Parsson, aber ich denke nicht«, sagt Fallner. Wir vereinbaren einen Termin für den Montag nächster Woche.

Bevor es so weit ist, erreicht mich eine Mail der britischen Botschaft in Berlin. Man habe eine Nachricht vom BKA bekommen, dass ich Informationen über Sameer Nihsom hätte. In England laufe ein großes Verfahren wegen Geldwäsche, deshalb seien die britischen Behörden sehr interessiert.

Ich weiß gar nicht, ob ich da einfach so Auskunft geben darf. Frank und Oliver sind sich auch nicht sicher. Ich beschließe, direkt zu antworten, natürlich gemäß den vorgeschriebenen Rahmenbedingungen. Das erweist sich als richtig, denn im Gegenzug erhalte ich auch Hinweise von den Engländern, nicht nur zu den Hintermännern, sondern auch zu meinen Ahmadi-Ketten. Um die Erkenntnisse der Kollegen später verwerten zu können, würde es dann allerdings noch Rechtshilfeersuchen brauchen – nicht dass man denkt, das gehe alles halbwegs unbürokratisch zu. Was die Engländer von mir und ich von den Engländern erfahre, ist erst mal nur »just for information«.

Mir kommt eine Idee. Wenn man über den normalen Fahndertellerrand blickt, muss man in diesen Verfahren mit Auslandsbezug neue Wege gehen. Aber das muss ich erst mit der Chefin absprechen. Ich denke an Europol, die Polizeibehörde der EU, die in Den Haag sitzt. Europol koordiniert die Arbeit der nationalen Polizeibehörden Europas bei der grenzüberschreitenden Organisierten Kriminalität und fördert den Informationsaustausch unter den nationalen Polizeibehörden. Von Steuerfahndung steht in deren Statuten natürlich nichts, die Steuerfahndung ist in etlichen Ländern aber selbstverständlich auch bei der Polizei oder beim Zoll angesiedelt.

Fallner findet die Idee nicht schlecht. Ich solle mich mal erkundigen. Wir als Nicht-Polizisten müssten dann Richi dazunehmen – oder Aksel.

Inzwischen ist es Sommer geworden. Bei meinen Kollegen im Sachgebiet laufen jetzt auch immer mehr Verfahren auf. Ahmadis Angaben zu dem nächsten Betrug durch Fakturierung von Kupferkathoden scheinen zu stimmen. Die ersten drei Firmen sind bereits in unserem Sachgebiet angelandet, die Ehre haben Thorsten, Jörg und Frank.

Die Politik hat inzwischen auch endlich durchgesetzt, dass die Umsatzsteuer jetzt nur noch erstattet wird, wenn die jeweils andere Firma die Umsatzsteuer tatsächlich gezahlt hat – also bei den Handys. Das wäre ein Durchbruch, wenn in der Gesetzesänderung nicht am Schluss der Hinweis »Das gilt nicht für Spielekonsolen« stehen würde. Denn der clevere Kriminelle schreibt jetzt eben Rechnungen über Spielekonsolen.

Ich bin jedenfalls fürs Erste froh, von den Kupferkathoden verschont zu sein. Vielleicht kann ich heute neue Erkenntnisse für mich und die Kollegen gewinnen. Ich bin auf dem Weg zu Dr. Peters. Als ich am Nachmittag ankomme, ist die Kanzlei weitgehend leer und der PC mit den Ahmadi-Protokollen aufgeklappt. Peters öffnet die erste Datei. Ich lese.

Ich habe ein sehr gutes Gedächtnis, nicht für Zahlen, aber für Namen, Gesichter, Autokennzeichen und auch für alles, was niedergeschrieben ist. Früher in der Schule konnte ich mir für eine Klausur alles, was ich mir vorher aufgeschrieben hatte, vor Augen rufen. So will ich es jetzt auch hier mit Peters' Protokoll machen. Notizen hat er gestattet.

Es ist jetzt ein stiller Austausch. Peters klickt von Datei zu Datei, und ich lese. Keiner sagt etwas. Ab und an schreibe ich einen Gedanken oder ein Thema in meinen Block. Ich brauche aber auch eine Pause. Es ist eine Art Lebensbeichte, die Sayed Ahmadi bei seinem Anwalt abgegeben hat, und genau das hatten wir uns gewünscht. Doch mir platzt gleich der Kopf bei so vielen Informationen.

Peters geht mit mir kurz an die frische Luft. »Ist viel, oder?«

Ich nicke. »Mehr, als ich gedacht hatte. Vor allem die ganzen Firmenbezüge. Wie hat er das alles hingekriegt? Der ist doch noch so jung. Mit 14 Jahren angefangen?«

Peters zuckt mit den Schultern. »Ich habe ihn ja kennengelernt. Er ist schon außergewöhnlich intelligent und für sein Alter sehr eloquent und überzeugend.«

Am Anfang sprach Ahmadi seinem Anwalt gegenüber über viele Firmen in unseren Ketten, lieferte Bezüge und Hintergründe. In dem weiteren Teil der Mitschrift Peters' änderte sich der Inhalt. Es ging jetzt um Hintermänner, um Vernetzung auf verschiedenen Ebenen, ein Königshaus und eine Herrscherfamilie kamen vor, ein Batman, Immobilienmogule, Repressalien, Dubai und Apartments, die mit GPS-Sendern versehen waren und in denen offenbar Gelder und enorme Vermögenswerte lagern.

Das Ganze las sich durchaus besorgniserregend und beschäftigt mich die Rückfahrt über und auch noch, als ich abends ins Bett gehe. Einzuschlafen klappt nicht. Um ein Uhr gebe ich auf, setze mich an meinen Schreibtisch und hämmere meine Gedanken und die Notizen wie wild in meinen Computer. Immer wieder schließe ich dabei die Augen, um mir die Sätze der Niederschrift ins Gedächtnis zu rufen. Ich bin so in meine Gedanken vertieft, dass ich meine Umgebung vollkommen ausblende. Irgendwann klappert draußen der Briefkasten – die Zeitung. Ich rappele mich auf, ein erster, früher Kaffee, dann ausdrucken. Jetzt ist mein Kopf leer, Müdigkeit macht sich breit. Ich nehme 14 Seiten aus dem Drucker und lese.

Ahmadi lächelt mich an. Er fragt: »Na, alles verstanden?« Ich versuche, mit ihm zu reden, aber irgendwie bekomme ich keinen Ton heraus. Dann ragt auf einmal ein großer Schatten über mir auf. Es ist Sameer Nihsom. Er muss nichts sagen, schon sein Blick macht mir Angst. Ich will weglaufen, aber ich falle.

Und wache auf. Ich liege halb neben meinem Sofa und höre, dass mein Handy klingelt. Fallner. »Wo sind Sie?« Mist. Es ist nach 10 Uhr.

»Sorry, ich hab die ganze Nacht zusammengeschrieben, was ich bei Peters gelesen habe, und Sie können sich nicht …« – weiter komme ich nicht.

»Kommen Sie her. Ich will wissen, was er alles gesagt hat.« Jawohl. Aber erst duschen.

Im Büro angekommen, gehe ich direkt zu Fallner. »Na, Sie brauchen aber ganz dringend noch einen Kaffee«, sagt sie. »Sorry wegen eben, aber ich habe mir Sorgen gemacht. Sie hätten sich gestern doch noch melden können.« Ja, hätte ich. Vergessen.

»Das ist echt unglaublich. Wenn Peters meine Zusammenfassung von dem, was ich gestern gelesen habe, sozusagen freigibt, kann uns das ganz viel Ermittlungsarbeit sparen. Und auch für andere Kollegen ist das super. Ahmadi sagt zum Beispiel etwas zu einer Firma, die Annemarie gerade prüft. Irre! Und auch …« – wieder unterbricht mich Fallner.

»Jetzt geben Sie mir das doch erst mal zu lesen.« Das mache ich dann auch.

Ich gehe in mein Büro, Frank ist auch da. »Und? Was sagt er?«

Ich antworte, dass es unglaublich viel sei. »Er erklärt, wie es zum Betrug gekommen ist, wer alles wie mitmacht, welche Firmen betroffen sind, wer dahintersteht. Einfach Wahnsinn. Der ist so jung. Ich verstehe das irgendwie nicht. Was er sagt, wie er an die Leute rangekommen ist, die hinter alldem stehen – das liest sich bald wie ein Märchen aus Tausendundeiner Nacht. Er hat auch was zu einem Fall von Jörg gesagt. Und über Frankfurter Firmen und Dubai und über Millionen und wie hin und her geschoben wurde.«

Inzwischen steht auch Jörg im Türrahmen. Beide sehen mich fragend an. Bevor ich weiterreden kann, erscheint auch Fallner. Sie nickt mit dem Kopf in Richtung ihres Büros und geht wieder.

Fallner hat alles gelesen und ist erfreut und beeindruckt. »Das zieht einem echt die Schuhe aus. Also, ich denke, es ist an der Zeit, Parsson zu kontaktieren. Darum hat sie ja auch gebeten, und wir müssen in jedem Fall mit ihr besprechen, was wir jetzt als Nächstes tun. Außerdem würde ich gerne wieder eine Sachgebietsbesprechung einberufen. Das sollen alle Kollegen erfahren.« Sehe ich auch so.

Parsson weiß als Staatanwältin, wie hoch die Beweiskraft von so einem Geständnis in der Form ist, wie wir es jetzt haben. Genauer gesagt: wie niedrig. Ahmadi hat nichts unterschrieben. Er hat mit seinem Anwalt gesprochen, und dieser hat es aufgeschrieben, und ich habe im Grunde ein Gedächtnisprotokoll der Lektüre erstellt. Dabei können sich leicht Fehler eingeschlichen haben. Dass Peters etwas Falsches aufgeschrieben hat, glaube ich allerdings nicht. Ahmadis Angaben über die meisten Firmen zum Beispiel, die decken sich zum Teil mit dem, was wir aus den

Unterlagen wissen, die wir bei den Durchsuchungen gefunden haben – und auch mit seinen Aussagen am Telefon. Aber ohne diese »Aussage« würden wir an viele Infos gar nicht kommen.

Parsson sagt mir am Telefon, sie würde gerne alles lesen, und schlägt vor, die Lage dann bei ihr in der Staatsanwaltschaft zu besprechen.

»Jetzt hat Ahmadi ja doch schon einiges geleistet«, sagt sie bei dem Treffen. »Er hat gezahlt, zwar keine fünf Millionen, aber immerhin. Und er hat diese Lebensbeichte abgegeben. Ich könnte jetzt mit einem Richter sprechen, wegen des Haftbefehls und Ahmadis Einreise nach Deutschland. Aber er ist ja jetzt abgetaucht. Ich werde noch mal Rechtsanwalt Peters kontaktieren. Ich schlage vor, dass Sie sich jetzt in erster Linie mal um die Auswertung der ganzen Unterlagen bei den Firmen kümmern und dann ganz langsam einen Ermittlungsbericht vorbereiten. Darin müsste man dann Firma für Firma durchgehen.« Sie gibt mir noch ein Muster mit, in dem es auch um viele Firmen geht. »Da können Sie sich dann rechtlich und strukturell dran langhangeln.«

KAPITEL 18

Die Stimme und ein Beobachter

Nach der spektakulären letzten Woche gilt es jetzt, sich wieder zu sammeln und alle Fakten aufzuschreiben. Außerdem muss ich noch weitere Unterlagen aus den Durchsuchungen auswerten. Ich gehe gerade die Unterlagen aus den Durchsuchungen der *Handycell* und der *Koks* durch, als mir aus einem Umschlag aus der Wohnung Halim Nikoos in Düsseldorf ein loser Notizzettel in die Hände fällt. Später stellt sich raus, dass es auch die Wohnung von Sayed Ahmadi war.

Es ist ein handgeschriebener Zettel mit genauen Angaben zur offensichtlich elektronischen Abwicklung von Bankvorgängen und der Erstellung von Rechnungen. Auf den Zetteln stehen auch Passwörter verschiedener Firmen zum Online-Banking mittels Teamviewer. Das heißt, dass irgendein Ahmadi von seinem Rechner aus auf einem anderen Computer Rechnungen schreiben und Bankgeschäfte erledigen kann, sofern der andere Rechner auch einen Teamviewer installiert hat. Ich werde gleich mal prüfen, ob auf den gesicherten Festplatten Teamviewer drauf ist. Auf dem Zettel stehen auch noch »Webhosting«, die Mail-Adresse info@sabso-trading.com und das Passwort dubai123. Von unserer IT erfahre ich, was das ungefähr ist. Vereinfacht erklärt, kann man so unter einem anderen Mailaccount Mails oder Rechnungen schreiben.

Ich werde aus meinen Gedanken gerissen. Telefon. Michael Huber meldet sich, ein Kollege der Steuerfahndung Rosenheim. Wir kennen uns. Er ermittelt auch gerade in einem Umsatzsteuerverfahren und spricht mich nach einem kurzen Geplänkel auf Ahmadi an. Meine Telefonate mit Ahmadi haben sich herumgesprochen. Gerade gebe es keinen Kontakt, er sei wohl irgendwie abgetaucht, teile ich ihm mit, erzähle ihm dann aber von meinem Gedächtnisprotokoll zu den Aussagen Ahmadis. Da ist er natürlich sehr interessiert, aber um es ihm und überhaupt allen Kollegen zur Verfügung zu stellen, brauche ich zuerst ein Okay von Parsson.

Findet Micha super, aber er hat sich nicht nur deshalb gemeldet. »Wir haben ja letztes Jahr bei der *Happy Enterprise* mitdurchsucht, sind da damals eingesprungen, weil die Frankfurter zu viele Firmen hatten. Bei der *Happy* sind ja Patel und Naal die Geschäftsführer. Und die *Happy* ist ja gerade in deinen Firmenketten oft vertreten. Beide Angestellte, die wir da noch angetroffen haben, sagten, dass weder Patel noch Naal Deutsch sprechen, sondern nur Englisch.«

Das hatte ich auch gehört.

»Weißt, was seltsam ist? Wir haben jetzt bei unserer Firma *Intratel* eine Telefonüberwachung aufgeschaltet. Und da spricht der *Intratel*-Geschäftsführer mit einem von der *Happy,* und die handeln offenbar Preise aus. Zumindest reden sie über Ware und Preise. Und was soll man sagen – die beiden sprechen ein einwandfreies Deutsch miteinander. Derjenige, der für die *Happy* spricht, wird von dem von der *Intratel* Patello genannt. Aber wenn mit Patello der Patel gemeint ist, der kann ja kein Deutsch. Klingelt da bei dir was?«

Ja, in der Tat. Es klingelt sogar laut. Bevor ich aber antworten kann, fragt Micha, ob ich nicht zu ihm kommen und mir die Gespräche anhören will. Ja, das will ich. Unbedingt. Da würde ich dann meine Chefin fragen, ob sie nicht mitfahren wolle, antworte ich.

Natürlich will sie. Ich bin gerade bei Fallner im Büro, als die Pforte anruft. Eine Besucherin, die meine Chefin und mich sprechen möchte.

»Wie heißt die Person denn?«, fragt Fallner.

»Frau Mina Ahmadi.«

Wir schauen uns an. Ohne Termin. Komisch. Ich hole Mina Ahmadi ab, und wir setzen uns im Büro der Chefin zusammen. Mina Ahmadi zeigt uns ihr Handy. Eine Nachricht von ihrem Bruder Sayed: »Das mit Aktas wird noch Konsequenzen haben. Wenn unsere Mutter einen Herzinfarkt bekommt wegen dir, bist du tot.«

Wir schauen uns an. Mina fängt an zu weinen. »Ich hab doch längst Schluss gemacht. Was soll ich denn noch tun?«

Wir fragen, ob irgendwer ihre neue Anschrift kennt. Sie zuckt mit den Schultern. »Ich hab es keinem gesagt, aber ich weiß nicht, ob sie mich ausspionieren.« Eine Weile reden wir noch beruhigend auf sie ein, bis uns einfällt, dass es für solche Fälle Frauenhäuser gibt. Ein paar Tage wäre sie dort erst mal in Sicherheit.

Mina Ahmadi ist einverstanden. Fallner telefoniert und gibt ihr eine Adresse. Wir verabreden, dass Mina Ahmadi jetzt mit dem Auto zu einer Freundin fährt und von dort aus mit öffentlichen Verkehrsmitteln weiter zur Adresse, die wir ihr nennen.

Etwas später fragen meine Chefin und ich uns, was davon zu halten ist. Sayed Ahmadi gab sich ja in Teilen naiv, als sei er in die ganze Sache irgendwie reingerutscht. In seiner Nachricht klingt er ein wenig anders. Kann der Typ, der am Telefon nicht unsympathisch wirkt, auch brutal? Und war es dann tatsächlich eine komplette Lebensbeichte – oder hat er uns nur Brotkrumen hingeworfen, auf die wir sowieso gekommen wären? Ist es vielleicht seine eigene kriminelle Energie, und er kannte die Leute schon vorher? Was wissen wir von der Vergangenheit der Familie? Fallner stoppt meine laut gesprochenen Gedankengänge. Sie fragt, ob das vielleicht auch gar nicht so ernst gemeint sei und Ahmadi nur Druck ausüben wollte.

»Kann alles sein.« Ich zucke mit den Schultern. »Aber fest

steht, dass er in der Familie das Sagen hat und mächtig mitmischt im Umsatzsteuer-Betrug, und das offensichtlich nicht nur am Rande. Wie geht das in dem Alter?«

Eine Woche später sitzen wir im Auto und fahren in Richtung Süden. In einem wunderbar gelegenen, gemütlichen Gasthof auf dem Land, inmitten von viel Grün und nicht weit von Rosenheim entfernt, checken wir am Abend ein und genehmigen uns auf der Terrasse noch einen kühlen Weißwein. Es riecht herrlich nach gemähtem Gras. Irgendwo läutet eine Kuhglocke. Ist schon schön hier in Bayern.

Eine große dunkle Limousine der Oberklasse fährt vor. Der Fahrer steigt aus, geht um das Auto herum und öffnet die Beifahrertür. Heraus steigt ein indisch aussehender Mann mit Turban. Aus der hinteren Tür steigt eine indisch aussehende Frau in einem schönen Sari aus. Koffer werden ausgeladen, und das Trio zieht an uns vorbei in den Gasthof. Wir hatten in dem Augenblick, als die Beifahrertür geöffnet wurde, gerade unsere Gläser Wein an den Mund gesetzt. Beim Anblick des Mannes mit dem Turban prusten wir beide etwas undamenhaft los und verschlucken uns fast am Wein. Wir denken beide das Gleiche: Batman? Nein, ein Scherz. Wir wollen die Kirche mal bitte im Dorf lassen.

Am nächsten Morgen sind wir pünktlich in der Steuerfahndung Rosenheim, einer im Vergleich zu Düsseldorf eher kleinen Dienststelle. Hier kennt jeder jeden, es wirkt fast familiär. Sehr angenehm. Erst mal einen Begrüßungskaffee, und dann folgen wir Michael Huber in sein Büro.

»Setzt euch mal bitte so, dass ihr gut hören könnt. Manchmal nuscheln die nämlich ein bisschen«, rät uns Michael. Er hat seinen Kollegen Chris mitgebracht, der mit ihm ermittelt. Als Erstes spielen die beiden uns ein paar belanglose Gespräche nur zwischen dem Chef dieser Firma *Intratel* und einer anderen Firma vor. Es geht darum, dass wir seine Stimme kennenlernen.

Als wir sagen, dass wir diese Stimme jetzt wiedererkennen würden, spult Michael ein Stück vor. Dann geht es los. Und zwar auf Deutsch.

Der Chef der *Intratel* beginnt. »Hey, Patello, Mirco hier. Lebst du noch?«

Ein Lachen auf der anderen Leitung. »Hey, mein Freund, na klar.«

»Ich habe vier Zahlungen an dich gemacht«, sagt nun wieder Mirco, »drei sind sofort raus, warum die vierte nicht raus ist, keine Ahnung, muss ich morgen mit der Bank klären.«

»Wie viel hast du denn noch offen bei uns? 450 k, oder?« (Hochprofessionell, der Typ – verwendet Abkürzungen wie k für tausend.)

»Jaja«, antwortet Mirco, »aber ich kann dir ein Screenshot schicken.«

»Nee, nee, wollte ich nur mal feststellen. Ist kein Problem. Hab gehört, du willst noch mehr iPhones?«

»Ja, aber die muss ich bei jemand anderem kaufen.«

Das gefällt Patello nicht, und er macht das mit einem Satz deutlich. »Nee, die kaufst du bei uns.«

Patello erzählt noch von einem Meeting bei ihm in Dubai, an dem auch sein Bruder teilgenommen habe. »Wir haben uns alle zusammengesetzt. Wir geben keinem mehr Freigaben. Keinem. Weil wir nicht wissen, wer falsch verkauft hat.«

Micha schaut mich an, dann betätigt er die Stopp-Taste. Es herrscht Stille in dem Zimmer in Rosenheim. Schon wieder eine Situation, mit der ich nicht gerechnet hatte. Auf meine Bitte öffnet Michael das Fenster, sodass frische Sommerluft eintritt.

»Offensichtlich haben Sie die Stimme erkannt«, sagt Fallner zu mir, »ich bin mir selbst nicht so sicher, aber ich kann mir Stimmen auch nicht so gut merken.«

Meine Chefin hat recht, ich kenne diese Stimme. Nicht die von Mirco, sondern von dem, der Patello genannt wurde. Die

Nuancen, die Stimmungswechsel, seine Begrüßungen, die stets mit »mein Freund« beginnen. Er ist es. Und wenn er Mirco nicht anlügt, hat er sich bei diesem Gespräch genau wie sein Bruder in Dubai aufgehalten.

Ich sage nichts, und Michael und Chris schauen sich an. »Heißt das jetzt, dass Patello dein Freund Ahmadi ist?«, fragt Michael.

»Er ist nicht mein Freund!«, korrigiere ich grimmig.

Michael lächelt. »Jetzt schau mich grad nicht so garstig an! Das war ja nicht bös gemeint. Aber das ist schon der Hammer, wenn er das auch wär, gell?«

Ich bin mir tatsächlich sicher, doch meine Chefin kann die Stimme offenbar nicht so genau zuordnen. »Jetzt halten Sie mich bitte nicht für verrückt, und es wäre auch kein absoluter Beweis«, sage ich zu Fallner, »aber was halten Sie davon, wenn wir Peters das mal vorspielen? Er kennt doch seinen Mandanten.«

»Na ja, wieso nicht«, antwortet Fallner nach kurzem Überlegen. »Bisher sind Sie mit Ihren verrückten Ideen ja ganz gut gefahren. Aber selbst wenn er es sein sollte und sein Anwalt ihn erkennt, kann es natürlich trotzdem sein, dass er das nicht bestätigt. Die beiden stehen in einem Mandantschaftsverhältnis.« Das kann sein, aber ich finde, wer nicht fragt, bleibt dumm. *Sesamstraße.*

Ich wähle die Nummer von Dr. Peters, werde durchgestellt, lande wieder im Vorzimmer. Peters ist noch im Gespräch. Wir warten und trinken einen Kaffee. Ich fühle mich etwas unruhig, aber da ist noch etwas anderes. Spüre ich Überforderung? Irgendwie habe ich das Gefühl, in einen Sog zu geraten.

Dr. Peters meldet sich nach einer knappen Stunde. Ich erkläre ihm kurz, wo ich bin, was ich hier mache und meine Bitte an ihn. Stille in der Leitung. Ich übergebe an Fallner. Auch sie erklärt unser Anliegen – und gibt mir das Handy mit den Worten »Er ist einverstanden« zurück.

Etwas später rufe ich Dr. Peters an und erkläre, dass ich mein Handy jetzt ganz nah vor den Lautsprecher halte und zunächst ein Gespräch eines Mirco von der *Intratel* vorspiele und dann das besagte Gespräch zwischen Mirco und Patello. Michael drückt auf Start.

Schweigen, nachdem der Mitschnitt gelaufen ist. Stille muss man aushalten, aber ich kann das gerade nicht. Mit gespielter Souveränität frage ich: »Sind Sie noch da, Herr Dr. Peters? Konnten Sie die Stimme von Ahmadi wiedererkennen?«

»Ich bin noch da«, sagt Peters. Dann schweigt er wieder. Wir hören ihn durch das Handy lange und tief atmen. Und dann sagt er es tatsächlich: »Ja, es hört sich an wie seine Stimme.«

»Sie haben Herrn Ahmadi also erkannt?«, setze ich nach.

»Ja.«

Puh. Ich bin erleichtert, dass ich mich nicht geirrt habe. Ich spüre auch ein wenig Genugtuung, wenn ich daran denke, dass die Kollegen in Düsseldorf mich alle für halb oder ganz verrückt erklärt haben. Aber da ist auch Entsetzen. Welche Rolle spielt Ahmadi wirklich? Was mache ich eigentlich? Und, verdammt, ich muss jetzt ein weiteres Verfahren übernehmen.

Am liebsten möchte ich jetzt raus und abhauen. Das wäre natürlich unprofessionell. So bedanken Fallner und ich uns bei Dr. Peters und auch bei den Kollegen hier in Rosenheim, die so schlau waren, uns zu fragen.

Fallner und ich sitzen wieder auf der Terrasse des Gasthofes. Heute fahren wir nicht mehr zurück. Auch meine Chefin ist angespannt.

»Noch mehr Arbeit für Sie, das tut mir echt leid«, sagt Fallner. »Aber auf der anderen Seite ist das ein voller Erfolg. Ihr Spürsinn, dass die anderen Firmen außerhalb von NRW auch irgendwas mit Ahmadi zu tun haben, hat Sie nicht getäuscht.«

»Ja, das schon, aber soll ich jetzt froh sein, wenn rauskommt, dass der auch die Finger bei der *Biber* und der *Sabso* im Spiel hat? Wie soll ich das bewältigen? Ich häng doch jetzt schon am Fliegenfänger.«

Fallner nickt. »Ich weiß. Als Erstes müssen wir das Parsson erzählen. Vielleicht hat sie eine Idee. Dann eine Sachgebietsbesprechung. Vielleicht ist die *Happy* ja auch bei anderen in den Ketten. Und vielleicht finde ich ja doch noch Unterstützung für Sie.«

Die Staatsanwältin Parsson immerhin freut sich. »Ist ja der Wahnsinn! Unfassbar. Den kriegen wir am Schlafittchen. Jetzt wird es spannend. Haben Sie schon mit dem Ermittlungsbericht angefangen?«

Das habe ich, aber auch wirklich nur angefangen.

»Als Erstes beantragen wir jetzt über das BKA ein richtiges Stimmgutachten.«

»Wie mache ich das?«, frage ich. »Einfach die BKA-Kollegen von der EG Thor anrufen?« Und dann fällt mir ein, dass dem BKA doch selbst ein Gespräch mit Halim Nikoo und einem Sayed vorliegt. Auch Martin aus Baden-Württemberg sucht ein Gespräch heraus.

Das BKA zeigt sich am Telefon sehr interessiert. Sie bekommen mehrere Gespräche, die wir in unseren Unterlagen finden und bei denen unserer Meinung nach Sayed Ahmadi zu hören ist, auf eine CD gebrannt und zugeschickt.

Die Zeit rast so dahin, und ich habe ohnehin noch andere Umsatzsteuer-Betrugsverfahren mit teilweise anderen Ketten auf dem Zettel. Für eines muss ich als Zeuge am Landgericht München aussagen. Es geht um meine Ermittlungen gegen den britischen Staatsbürger Kurdeep Kharam.

Ein Zeuge ist wichtig. Von ihm kann abhängig sein, ob der Richter an die Schuld oder Unschuld des Angeklagten oder überhaupt an den objektiven Tatvorwurf glaubt. Daher ist man als Zeuge auch immer recht nervös. Man weiß nicht, was man gefragt wird, im schlimmsten Fall noch nicht mal, zu welchem

Thema, und dann kommen die Verteidiger. Sie versuchen meist, den Zeugen unglaubwürdig zu machen, zu verunsichern, damit er Fehler macht oder herumstottert. Dann bekommt der Richter einen bestimmten Eindruck, der vielfach dazu führt, dass nicht das Urteil gesprochen wird, das eigentlich angemessen gewesen wäre. Wenn man zum ersten Mal als Zeuge vor Gericht aussagt und es gleich mit solch einem Verteidiger zu tun bekommt, ist man geliefert.

Bei der Steuerfahndung haben wir eine Lern-CD »Der Fahnder als Zeuge«, gespielt von Laien, von Kollegen. Das Drehbuch hat leider sehr wenig mit der Realität gemeinsam. Bei Gericht macht wahrscheinlich ohnehin jeder Fehler. Es braucht ein paar Male, bis man in etwa gefestigt ist, für die sachlichen und eben auch für die unsachlichen Fragen der Verteidigung. Ach ja, und man muss nur auf Fragen antworten.

Ab und an kann man es einem solchen Strafverteidiger aber auch mal zurückgeben. Mir hat mal einer gesagt, »das ist doch alles Blödsinn. Sie sind doch kein Ermittler. Das ist ja Fantasie.« Ich habe daraufhin nichts gesagt. Da wurde er fauchig. »Sie sagen ja gar nichts.« Da habe ich nur mit sehr ruhiger Stimme erwidert: »Ich habe keine Frage gehört.«

Der Richter hat dann eingegriffen und den Anwalt daran erinnert, dass er der Zeugin schon eine Frage zum Verfahren stellen müsse, wenn er Antworten erwarte. Es gilt, sich nicht aus der Ruhe bringen zu lassen. Das kostet aber viel Kraft.

Als ich nun im Landgericht München aufgerufen werde und im Zeugenstand Platz nehme, sitzen links von mir der Angeklagte und sein Verteidiger. Ich sage das aus, was ich weiß, und erkläre dabei auch, dass der Angeklagte im Skype-Chat selbst über den Betrug geschrieben hat. Es lägen unzweideutige Unterhaltungen vor, die zeigten, dass er wusste, was er da machte.

Der Verteidiger reagiert sichtlich verärgert. Was das denn für Protokolle wären, will er wissen, und warum sie ihm nicht vorlägen. Der Richter schaut mich an: »Darf ich mal ein solches Chatprotokoll sehen?« Ich stehe etwas zittrig auf und reiche es ihm nach vorne. Denn es handelt sich um eine mögliche nachträgliche Beweisaufnahme. Er liest es laut vor und bittet den Anwalt, nach vorne zu kommen, damit er dies auch lesen kann. Der Anwalt hat einen hochroten Kopf und stapft recht wütend zu seinem Platz zurück. Einen wütenden Blick schenkt er auch seinem Mandanten. Danach erklärt der Richter, dass er diesen Beweis nun mit zur Akte nehmen würde. Innerlich bin ich so froh, dass ich vor knapp zwei Wochen von meiner IT die ersten Skype-Chatprotokolle bekommen habe. Ausgerechnet zu diesem Fall. Und es waren absolute Treffer. Man spricht komplett über diesen »grauen Markt«, wer in der Kette wie platziert ist, wer »den Hut aufhat«, einfach genial. Aber irgendwas hemmt gerade meine gute Laune. Es ist nicht der Anwalt, nicht der Richter, nicht der Angeklagte. Nur so ein komisches Gefühl, seit ich das mit den Skype-Chats eingebracht habe. Als bohrte sich was in meinen Rücken. Aber, mach mal halblang. Vielleicht ein Zuschauer in den hinteren Reihen, dem meine Haarfarbe nicht gefällt. Egal. Nach ein paar weiteren Fragen werde ich als Zeuge entlassen. Ich stehe von meinem Stuhl auf, drehe mich um und gehe zum Ausgang. Mich trifft ein dunkelbraunes Paar Augen, die mich kritisch und aufmerksam mustern. Die Augen verfolgen mich, bis ich draußen bin. Wer war das denn, frage ich mich? Sah indisch aus. Schick gekleidet. Keine Ahnung. Vielleicht einer aus der Familie des Angeklagten. Dachte ich.

KAPITEL 19

Ein Führungswechsel und Al Capone

Das neue Jahr ist schon in den Frühling gestartet, ich sitze über meinen ganzen Unterlagen. Die Strafakte Ahmadi ist auf fast 9 000 Seiten angewachsen, und ich habe noch nicht einmal alle Skype-Chats gelesen. Auch auf den Rechnern der *Handycell* und *Koks* haben sich etliche dieser Gespräche gefunden. Klar ist bereits, dass alle wussten, dass betrogen wurde. Fest steht auch, dass Ahmadi der Chef war.

Das Stimmgutachten haben wir inzwischen auch. »… mit sehr hoher Wahrscheinlichkeit identisch«, steht im Fazit. Bingo. Mehr gehe fast nicht, haben die BKA-Kollegen gesagt.

»Bist du jetzt schon bei der Kripo?«, hatte ein Kollege gelästert, aber mal davon abgesehen, dass er mit solchen Kommentaren nervt: Wir sind zwar nicht die Kripo, verfolgen aber ebenfalls mögliche Straftaten, nur fallen die Taten eben in den Teil der Wirtschaftskriminalität, der sich Steuerhinterziehung nennt. Auch wir müssen an neue und der Kripo ähnliche Ermittlungsmethoden denken. Irgendein Kollege hatte mal gesagt, dass wir ja auch keine Geldwäscheverfahren machen. Warum eigentlich nicht? In Verbindung mit dem Straftatbestand Steuerhinterziehung ist das doch überhaupt nicht undenkbar. Ich erinnere mich an so einen Fall.

EXKURS: Geldwäsche in großem Stil

Ich sitze in meinem Büro und brüte über einem Abschlussbericht, als Hassan mich anruft. Ich hatte ihm früher einmal zu einer Haftstrafe verholfen, doch er war mir damals nicht böse. Er stehe draußen vor der Eingangstür und wolle hochkommen.

Ich mag solche Überfälle nicht. Bin immer gerne etwas vorbereitet. Doch in diesem Fall wollte ich ihn auch nicht gehen lassen. »Ich komme in zehn Minuten runter«, sage ich. Vorher wollte ich mal schnell mit einem Vorgesetzten reden. Fallner war im Urlaub. Ihrer Vertretung, Herrn Körner, musste ich schnell erklären, um wen es sich bei diesem Besucher handelte. Er war dann einverstanden, und ich ging mit Hassan in die Bibliothek. Herr Körner kam mit.

Dort fackelte Hassan nicht lange und wedelte mir mit einem ziemlich angeknabberten 500-Euro-Schein vor der Nase herum. »Davon gibt es wohl Hunderte, die sind alle vergraben und etwas gammelig, und ich soll helfen, die bei Banken zu waschen. Wollte fragen, ob ihr mir den Rücken freihaltet.« Körner sah aus, als hätte ihn der Schlag getroffen.

Also, ich selber kannte Hassan ja, aber dass Körner da mitmachen würde, hielt ich fast für ausgeschlossen. Und eine gewisse Hürde stellte dieser Besucher Ende dreißig wirklich für uns dar. Das Geld, von dem er sprach und einen kleinen Teil mit sich führte, stammte offenbar aus einer wie auch immer gearteten Straftat. Sonst hätte er es ja nicht waschen, also in den legalen Geldverkehr einbringen sollen. Hassan dabei nun den Rücken freizuhalten, würde bedeuten, einen Täter einfach laufen zu lassen und bei seiner Straftat Geldwäsche zuzuschauen. Geht nicht.

Da Hassan im Deutschen über einen eher knappen Wortschatz verfügt, übersetzte ich für Herrn Körner. »Ich glaube, Herr Hassan will uns mitteilen, dass er das Geld waschen muss, es davon aber noch sehr viel anderes gibt. Wenn wir ihn das Geld umtauschen lassen würden, bekämen wir Hinweise darauf, wo das weitere zu waschende Geld sich befindet und wo es herkommt. Ich denke, wir brauchen einen Staatsanwalt, der so eine Maßnahme absichert, und wir brauchen Observationsbeschlüsse und wahrscheinlich auch eine Telefonüberwachung. Und natürlich muss die Bank informiert werden und zunächst einmal mitspielen.«

Körner war vielleicht nicht geschockt, aber zumindest schwerst überrascht. »Das muss doch die Polizei machen. Dafür sind wir doch nicht zuständig«, sagte er.

»Das stimmt natürlich grundsätzlich, aber für Steuerhinterziehung sind wir zuständig, und Geldwäsche und Steuerhinterziehung gehen doch vielfach miteinander einher. Das Geld muss ja aus irgendeiner Tat stammen, die Geld gebracht hat, illegal ist und daher sicherlich in keiner Steuererklärung stehen wird, oder was meinen Sie, Herr Hassan?«

Hassan zog die Schultern hoch, blieb cool. »Keine Ahnung. Ihr wollt doch nicht nur einen Schein, sondern alle, oder?«

Ich sah Körner an. In gewisser Weise hatte er recht, diese Art von Ermittlungen führen wir eher sehr selten bei der Steuerfahndung. Mir fiel auch nur ein Staatsanwalt ein, dem ich das erklären könnte.

Ich holte eine Kollegin aus der Geschäftsstelle und bat sie darum, kurz bei Körner und Hassan zu bleiben. Dann ging ich raus auf den Flur und rief den Staatsanwalt Maler an, mit dem ich schon einige Verfahren geführt hatte, eben auch das gegen Hassan. Als ich Maler die Lage erklärt hatte, war auch er zuerst etwas überfragt, aber, und dafür mag ich ihn, ihm fiel etwas ein. »Könnten die illegalen Gelder denn aus dem Umsatzsteuerbetrug kommen, wo wir in Sachen Hassan und andere ermittelt haben?«, fragte er. »Na, das wäre natürlich gut möglich«, erwiderte ich.

Der Staatsanwalt stimmte zu, Hassan den Schein einlösen

zu lassen. Wir informierten die Bank und leiteten direkt ein Ermittlungsverfahren gegen Hassan und andere ein, beantragten Observationsbeschlüsse und regten eine Telefonüberwachung an. Einige Monate später konnten wir bei Durchsuchungen in einer abgehängten Kellerdecke 675 000 Euro und in einem Bankschließfach 500 000 Euro beschlagnahmen.

Nun lag uns also über eine Million Euro in bar vor, und das stellte sich zuerst mal als Problem heraus. Die Geldscheine waren Beweismittel und mussten physisch aufbewahrt werden. Aber wo? Die Steuerfahndung verfügt über einen Tresor, die Kollegen, die sich darum kümmern, wollten das Geld und andere Vermögensgegenstände, die wir einkassiert hatten, jedoch nicht haben. Sie sagten einfach, in den Tresor würde nichts mehr hineinpassen und das wäre doch auch gar nicht sicher genug. Keine Ahnung, was an einem Tresor unsicher sein sollte. Womöglich waren die Kollegen in dem Moment einfach überfordert.

Wir durften über Nacht alles in einem Tresor des LKA lassen und mieteten am nächsten Tag einen Tresor bei der Bundesbank an. Den Tresor mussten zwei Kollegen und ich auf unsere Namen mieten. Wir waren damit jetzt drei Beamte des Landes Nordrhein-Westfalen, die Beweismittel in einem Ermittlungsverfahren privat aufbewahrten. Aufbewahren mussten. Klingt auch heute noch nicht gerade professionell.

Drei Beschuldigte wurden später zu Haftstrafen verurteilt. Aus welcher Straftat die Gelder stammten, konnten wir nie beweisen, aber das mussten wir auch nicht. Denn wir haben in einer Art Negativbeweisführung zeigen können, dass das Geld definitiv nicht aus einer legalen Quelle oder aus einer Tat, die keine Vortat nach § 261 StGB ist, stammte.

Der vierte Beschuldigte in dem Verfahren war Hassan gewesen. Die Ermittlungen gegen ihn wurden eingestellt. Hassan hatte die entscheidenden Hinweise zur Aufklärung gegeben.

Während ich einerseits brav weiter die Skype-Chats lese und auswerte, hangele ich mich andererseits schon mal am Ermittlungsbericht entlang. Punkt für Punkt gehe ich die Erfordernisse für einen solchen Bericht durch. Parsson hat mir ja ein Muster mitgegeben. Alle Firmen müssen hinein, alle offiziellen Geschäftsführer, alle Beweismittel und ganz viel zu Ahmadi, der hinter allem steckt. Das wird umfangreich!

Im Grunde weiß ich schon sehr viel, hoffe aber, dass die restlichen Chats noch ein paar neue Erkenntnisse bringen. Was ist mit der *Biber* und der *Sabso*? Was bedeuten der Zettel mit den Passwörtern und der Account der *Sabso*?

Um mich herum versinkt die Welt in Schweigen. Jetzt, da ich tief und ungestört in diese Chats eintauche, fühlt sich das für mich an, als sei ich Teil der Unterhaltung. Gleichzeitig werde ich gefangen von dem, was ich lese, und das macht mich auch nervös. Kann das alles real sein? Oder bin ich hier in einem Krimi mit einer Hauptperson, die alles steuert und ihre Leute laufen lässt?

Nach drei Stunden intensiver Lektüre mache ich mich wieder auf den Weg ins Jetzt. Das beste Jetzt, das mir zur Verfügung steht, ist die Schreiwiese. Langsam bewege ich mich in den Park. Dann laufe ich plötzlich, ziemlich schnell für meine Verhältnisse und für meine Büroschühchen. Ich stoppe völlig außer Atem. Müsste mal wieder mehr Sport machen. Müsste mal lernen, solche Sachen wieder in mein Leben einzubauen. Ich keuche noch, als eine bekannte Stimme mich sozusagen begrüßt. »Na, du warst ja lange nicht mehr hier.« Der Obdachlose.

Ich freue mich, ihn zu sehen. Wenigstens sein Leben scheint Routine und Beständigkeit zu haben. Ist irre, dass ich das über einen Obdachlosen denke, ich meine es auch in keiner Weise von oben herab oder gar zynisch. Aber mein Privatleben hat außer spät einzuschlafen und zu frühstücken kaum mehr Inhalt. Meine Wohnung und meinen Garten halte ich ordentlich und wirklich schön. Aber wo sind all die sozialen Kontakte hin? Eine Beziehung? Guter Witz.

Ich grüße zurück.

»Du bist aber aus der Puste. Aber das wäre ich auch. Schnelles Laufen habe ich mir abgewöhnt. In der Ruhe liegt die Kraft.«

Ich schaue ihn an. »Gibst du mir Privatstunden, wie das geht?«

Wir lächeln beide. Einen schönen Tag gewünscht und dann zurück ins Büro. Geschrien habe ich jetzt gar nicht. War aber auch nicht nötig.

Immer wieder Ahmadi. Er steht offensichtlich auch hinter der *Sabso* und der *Biber*. In den Chats nutzt er die Namen der offiziell Verantwortlichen, schreibt aber auf Deutsch. Genau das machen diese Offiziellen eben nicht. Geschäftsführer der *Sabso* ist neben diesem Adam ein Badjid. Aus den Ermittlungen von Seppi in München weiß ich, dass dieser Badjid nur einmal beim Notar in Deutschland war und kein Deutsch kann. Der Badjid in den mir vorliegenden Chats spricht für die *Sabso*, für die *Next Chance* und für die *Handycell* in einwandfreiem Deutsch.

Die Strohmänner in den Firmen werden ob der Anweisungen allerdings langsam stutzig. Da fragt Fritz von der *Biber* den Kollegen Badjid von der *Sabso*, was er Ayden von der *Next Chance* anbieten solle. Was sind das denn für Fragen zwischen Firmen, die angeblich miteinander Geschäfte machen? Dieser Fritz fragt Badjid auch, wohin das Geld für die *Handycell* denn überwiesen werden solle. Und Badjid beantwortet das auch noch. Was hat denn der Badjid von der *Sabso* mit den Bankdaten der *Handycell* zu tun? Das ist echt irre zu lesen und völlig abstrus.

Ich lese mal weiter und hoffe, dass irgendwann jemand Badjid mit seinem richtigen Namen anspricht. Das wäre ein Fehler, der mir helfen würde. Doch erst mal klingelt mein Telefon.

Es ist Karen aus Berlin, wie immer fröhlich und gut gelaunt, zumindest am Anfang. Dann stellt sich heraus, wie sehr ihr die

Unterbesetzung zu schaffen macht. Die Arbeit des Kollegen, der mit Burn-out ausfällt, hat zu guten Teilen sie übernommen. »Die Fälle müssen ja jemacht werden«, sagt sie. Und jetzt hat eine Kollegin von ihr zusammen mit der IT die Skype-Chats von dieser Firma *Addi* lesbar gemacht. »Dit zieht einem die Schuhe aus, wenn du dit liest. Für mich is auch 'ne Menge dabei, aber auch für Markus, der hier ja die Kupferketten macht.«

Karen macht eine Pause und atmet tief durch. Jetzt kommt der Grund ihres Anrufs. Für mich gebe es zwei Nachrichten, eine gute und eine schlechte. »Sitzte?«

»Ja.«

Die gute Nachricht sei, sagt Karen, »dass von unseren Firmen in den Ketten alle untereinander reden und dass sich jeder kennt und weiß, wie es abläuft. Egal ob Handys, Zertifikate oder Kupfer, ist alles eine Soße.« In den Chats würden offensichtlich auch die Leute schreiben, die das ganze System durchschauen und steuern, auf Englisch laufe das. Und da sei sehr viel für mich dabei. Und das sei dann auch die schlechte Nachricht. »Dit mit weniger arbeiten wird nüscht.«

Die meisten sprächen sich in den Chats ja mit Aliasnamen an, fährt Karen fort. Da schreibe ein »Kaizer Sosch«, ein »Adam« oder ein »Blue Finger«. Man wisse da gar nicht, wer spreche. »Unsere IT hat jetzt mal die Suchbegriffe zu deinen janzen Firmen einjejeben.« Ich höre aufmerksam zu. Sehr aufmerksam. Irgendwas sagt mir, dass das, was jetzt kommt, mir nicht gefallen wird.

»Birgit, dit sind für dich mehr als 80 000 Dokumente«, sagt Karen.

Ich könnte mich freuen. Sollte mich freuen. Tue ich auch, ein bisschen. Weitaus mehr aber ergreift mich das Gefühl von Überforderung. Ich erinnere mich an einen Film über Feuer, in dem macht einer die Tür auf, und dann fegt ihm alles um die Ohren, obwohl vorher da kein Feuer war. Nur Stille. Backdraft.

Ich wusste, dass da noch Skype-Chats auf mich warteten. Jetzt hat Karen die Tür aufgemacht, und ich fühle nur noch Hitze. Auf meiner Stirn und auf meinen Armen hat sich ein Schweißfilm gebildet.

»Biste noch da?«, fragt Karen.

»Ja, entschuldige. Aber damit hatte ich jetzt nicht gerechnet. Über 80 000? Seid ihr sicher?«

Tue ihr leid, dass es so viel ist, sagt Karen, als sei das ihre Schuld, als sei das überhaupt etwas Negatives. Ist es ja nicht, zumindest nicht, wenn man genügend Leute zur Verfügung hat.

Ich bedanke mich bei Karen und erkläre ihr, dass ja vielleicht noch ein Unterstützungswunder geschieht.

»Dit wünscht ick dir«, sagt Karen.

Ich hänge noch etwas auf meinem Bürostuhl und begebe mich dann zu Fallner.

»Sie sind weiß wie 'ne Kalkwand. Was ist passiert? Kaffee?«

»Ich habe ein Problem.«

Sie dreht sich von der Kaffeemaschine weg und sieht mich ernst an. Meine Stimme klingt wohl anders als sonst. Fallner schüttet Kaffeepulver in die Maschine. Ich berichte ihr, immer noch leiser und ernster als sonst, von meinem Telefonat mit Berlin und den 80 000 Dokumenten.

»Ach, du ahnst es nicht! Das ist ja auf der einen Seite der Wahnsinn, dass man jetzt eigentlich nur noch lesen muss und sich alles zusammenfügt.«

»Ja, das klingt sehr gut. Aber auch für den Fall, dass ich mich wiederhole: Wie soll ich das allein hinkriegen?«

Jetzt seufzt sie, fährt sich durch die Haare, steht auf und geht zum Fenster. Sie steht mit dem Rücken zu mir. Ich kann ihr Gesicht nicht sehen, aber als sie spricht, klingt sie anders. Ihre Stimme ist belegt. »Ich weiß es nicht«, sagt meine Chefin, »und es wird jetzt auch nicht besser.«

»Was heißt, es wird nicht besser?«

Sie dreht sich zu mir um, und ich sehe, dass ihre Augen gerötet sind.

»Was ist los?«, frage ich.

Sie setzt sich, nimmt einen Schluck ihres alten Kaffees und wirkt wieder etwas gefasster. »Sie bekommen eine neue Sachgebietsleiterin.«

Waaas?

»Wo gehen Sie hin? Sie haben gar nicht gesagt, dass Sie sich wegbeworben haben.«

»Hab ich auch nicht. Entscheidung von oben. Ich hab keine Ahnung, aber ich soll dieses Umsatzsteuersachgebiet aufgeben und bekomme dafür ein anderes im anderen Turm. Dann bin ich auch nicht mehr Umsatzsteuer-Hauptsachgebietsleiterin. Ich bin dann eigentlich nichts mehr.« Sie schaut jetzt wieder zum Fenster. »Aber behalten Sie das bitte für sich. Ich muss das noch verdauen und auch noch mit ein paar Leuten sprechen, bevor ich dann eine Sachgebietsbesprechung mache.«

Ich verspreche ihr zu schweigen. Über die Chats und meine völlige Überbelastung reden wir nicht mehr. Ich habe gar nicht daran gedacht, mein Bedauern zu äußern und Fallner gegenüber mal ausdrücklich ihre Arbeit als Chefin zu loben. Das Ganze kommt viel zu plötzlich.

Die Sachgebietsbesprechung wird nicht schön. Fallner erläutert uns, dass die neue Dienststellenleitung – wir haben inzwischen schon wieder einen neuen Oberchef – beschlossen habe, Sachgebietsleiter sollten nicht jahrelang ein und dasselbe Sachgebiet haben. Warum nicht?, frage ich mich. Never change a winning Sachgebietsleiter, oder? Fallner erzählt etwas von einem rollierenden System. Sie übernimmt ein neues Sachgebiet, der dortige Leiter seinerseits ein neues, und die dort freigesetzte Leiterin wird mit unserem Sachgebiet betraut.

Ich kenne unsere neue Sachgebietsleiterin, sie heißt Beate Lenartz. Bin mal mit ein paar Rechtsfragen zur ihr, als Fallner

Urlaub hatte. Aber wer unsere neue Chefin wird, ist mir im Moment noch halbwegs egal. Ich frage mich, warum man Fallner bei uns abgezogen und in ein zweifellos weniger wichtiges Sachgebiet gesteckt hat. Hat sie etwas falsch gemacht? Ist sie dem neuen Alphamännchen-Chef als Alphaweibchen quergekommen? Fallner konnte schon auch mal ruppig sein. Aber wer ist denn schon einfach? Und will man auf solchen Stellen denn jemanden, der sich mit jedem Nein von oben zufriedengibt?

Im Laufe meiner Ermittlungen sollte ich aber noch verstehen, warum solche Wechsel vorkommen können in einer Finanzverwaltung, die Probleme damit hat, dass zu ihr auch ein paar Hundert Strafverfolger gehören.

Inzwischen habe ich Post aus Berlin bekommen, eine DVD, auf der Skype-Chats gespeichert sind. Das Problem: Ich kann die Daten nicht lesbar aufrufen. Das liegt daran, dass die Steuerfahndungsstellen unterschiedlicher Bundesländer zuweilen auch unterschiedlich ausgerüstet sind. Unser IT-Mann kommt selbst nach Rücksprachen mit seinen Kollegen in Berlin nicht weiter. Berlin muss die Daten noch mal schicken, anders aufbereiten oder anders sichern, keine Ahnung. Jedenfalls können wir sie dann öffnen.

Parsson weiß von den neuesten Entwicklungen in unserer Ermittlung, und ich habe auch Seppi in München Bescheid gesagt. Dem hat es fast die Sprache verschlagen, dass Ahmadi für Badjid von der *Sabso* schreibt und auch dort die Fäden zusammenhält. Auch die Kollegin Karla in Leipzig, die die *Bibe*r macht, war angetan.

Bei der ersten Sichtung der Chats aus Berlin, die ich natürlich alle ausgedruckt habe, weil die Chats bei Gericht in diesem Fall körperlich vorliegen müssen, fallen mir Aliasnamen der Hinterleute (oder Organisatoren oder Investoren, so genau weiß ich das noch nicht) auf, bei denen ich echt lachen muss. Vor allem einer sticht mir ins Auge, und ich lese zuerst die Chats, an denen er teilnimmt. Darin geht es auch um die *Handycell* und die *Koks GmbH*. Nach einer Weile lache ich so laut auf, dass Frank, der mir ja gegenübersitzt, halb zusammenzuckt.

»Was gibt es denn bei dir zu lachen?«

Ich reiche ihm den Ordner rüber und verweise auf die mittleren Chats. Er liest. Lacht. Sagt: »Ich glaub es nicht. Der ist aber wirklich abgedreht.«

»Na ja, wenn er sich so sieht, dann ist er bei uns doch eigentlich genau richtig aufgehoben.«

Ahmadi spricht in dem Chat mit mehreren Personen. Angesprochen wird er mit »Al Capone«.

KAPITEL 20

Verfolgung, Bericht und ein neuer Standort

Ich vergrabe mich so sehr in die Chats, dass ich mich bald als Mitglied dieser Bande fühle. Fehlt nur noch, dass ich Frank mit Adam anspreche. Die vorliegenden Chat-Inhalte bieten einen tiefen Einblick in die Organisation des Umsatzsteuer-Betruges. Sayed Ahmadi allein arbeitet mit dreiundzwanzig Aliasnamen. Dreiundzwanzig.

Ich kenne ihn nicht, gewinne durch die Chats aber den Eindruck, dass er wahnsinnig intelligent ist. Er schreibt als Chef der *Handycell* namens Dennis auf Deutsch mit anderen Firmen, gibt ihnen Anweisungen, kennt deren Firmenabläufe, Bankdaten, Rechnungen, kann sich auf deren Mailaccounts einloggen. In der nächsten Minute schaltet er von Deutsch auf fließendes Englisch und spricht als Al Capone mit Adam und mit Leuten aus völlig anderen Firmen. Er weiß genau, bei welcher Firma in einer Kette er mit welchem Aliasnamen und in welcher Sprache sprechen muss.

Ahmadis Aliasnamen – und die stehen da nicht schön aufgelistet, man muss erst mal alles lesen, um zu verstehen, dass nur er dahinterstecken kann – reichen von Jay, Laksmi, Carlos, Warren und Rolex über verschiedene Vornamen aus der Forbes-Liste der Superreichen bis hin zu Gaga-Kreationen wie fukkkmmmmyunnnggg. Er scheint genau zu wissen, dass niemand ihn zu fassen bekommt, wirkt, als fühle er sich unangreifbar.

Ich weiß zwar nicht, wie ich alle meine Verfahren bearbeiten soll, denn Unterstützung habe ich nach wie vor nicht bekommen. Dennoch befinde ich mich unter Hochspannung, während ich immer mehr verstehe. Jede Zeile muss ich dafür lesen und überlegen, wer da spricht und für welche Firma. Wie soll ich eigentlich auch noch wichtige Passagen an die Kollegen weiterleiten? Nur für das Auswerten dieser Chats könnten wir eine Ermittlungskommission bilden.

Ich lese: Carlos erklärt dem Sash von der *Addi*, was er für den Beginn der »Geschäfte« machen muss. Er soll auf Carlos' Listen warten, sich als Erstes bei dieser und jener Firma melden und sich und seine Firma auf Deutsch vorstellen. Für all das muss er sich einloggen. Carlos gibt ihm die Login-Daten dubai123.

Déjà-vu, dubai123 hatten wir auf dem Zettel in dem Haus von Halim und Ahmadi gefunden, ebenso einen Hinweis auf einen Weiterleitungsdienst Webhosting zur Mailadresse info@sabso-trading.com. Ich werde wahnsinnig. Wir sind schon so lange auf der richtigen Spur, im Grunde von Anfang an. Aber allein geht's halt nur sehr langsam voran, und das auch nur, wenn man sich gnadenlos aufreibt. Ich bin echt sauer. Und kriege mich dann aber wieder ein, weil ich ein weiteres Puzzleteil finde.

Die Firma *Addi* in Berlin scheint der Dreh- und Angelpunkt für alle Betrugsverfahren zu sein. Sie hat schon bei jedem Betrug mitgemacht, das weiß ich von den Kollegen aus Berlin: Computerteile in den Anfängen des Umsatzsteuer-Betrugs vor 2007, dann Handys, dann Emissionszertifikate. Und jetzt lese ich hier auch von Kupfer und Spielekonsolen.

Jetzt fragt Sash den Carlos: »Sind eigentlich tatsächlich mal Handys körperlich geschickt worden?« Carlos verneint. Wunderbar, das hätten wir damit auch geklärt.

Nachdem ich drei Wochen nahezu nur Chats gelesen habe, höre ich auf. Mein Hirn braucht jetzt eine externe Festplatte. Mein PC auch. Ich fange an, meinen PC zu sichern, direkt auf mehrere Festplatten. Eine davon kommt in den Tresor. Jetzt heißt es, alles zusammenzufassen, auch für die Kollegen, deren Firmen ebenfalls in den Skype-Chats vorkommen. Die können die Infos für ihre Verfahren sicher gut gebrauchen.

Zwei besonders wichtige Erkenntnisse habe ich durch die Chats erworben. Die erste: Ahmadi steuert auch die *Addi* in Berlin. Die zweite: Fast alle Mails gehen zusätzlich noch »bcc« an jemanden raus. Das bedeutet, dass der eigentliche Empfänger der Mail gar nicht davon erfährt, wer diese Mail außer ihm noch zu lesen bekommt. Der Empfänger der Blindkopie ist Adam. Konspirativ spricht man von zwei weiteren Empfängern.

Das haut mich um und bereitet mir eine Gänsehaut. Ich würde jetzt auf einen Kaffee zu Fallner gehen, aber die ist ja raus. Und ihre Nachfolgerin Beate Lenartz ist sehr nett, aber in diesem Bereich eigentlich überhaupt noch nicht so zu Hause. Egal. Ich trotte mal zu ihr rüber.

»Wie siehst du denn aus?« Wir duzen uns, da wir uns von früher kennen. Ich habe ihr schon von all meinen Verfahren berichtet und auch von den gescheiterten Versuchen, Unterstützung zu bekommen, und natürlich von Ahmadi. Jetzt erfährt sie meine ganzen Neuigkeiten. »Puh, das ist ja der Hammer. Sollen wir mal eine Sachgebietsbesprechung machen? Du fasst das alles mal zusammen, und dann müssen wir schauen, ob die anderen auch schon solche Erkenntnisse haben oder was die davon brauchen.«

Ich nicke. Gute Idee.

In der Zwischenzeit habe ich meine ganzen neuen Infos natürlich auch Staatsanwältin Parsson wissen lassen. Ich solle all das aus den Skype-Chats jetzt mal in einen Vermerk packen und dann den Abschlussbericht finalisieren, meint sie. Yes, Ma'am! Sie sagt, der Bericht müsse »rocken«. Der solle sich am besten schon wie die Anklageschrift lesen. »Wir müssen uns beeilen, denn ich überlege, einen internationalen Haftbefehl zu beantragen. Wenn wir ihn dann geschnappt haben und er hier ist, dann haben wir nur sechs Monate Zeit, ihn anzuklagen.« Von daher hat Parsson recht, wenn sie etwas Druck macht. Allerdings wissen wir bislang noch nicht mal, wo Ahmadi sich aufhält. Aber sicher sei sicher, meint die Frau Staatsanwältin. Wahrscheinlich hat sie auch noch mehr Fälle zu bearbeiten.

Der Ermittlungsbericht Ahmadi umfasst bisher schon über 200 Seiten. Ich muss unbedingt noch das BKA von den »bcc«-Mails an die Hintermänner informieren. Das würde ich dann gerne auch persönlich machen. Zwischenzeitlich war ich auch mal wieder als Zeugin bei einem Landgerichtsprozess. Dort ist mir wieder dieser seltsame Beobachter im Zuschauerbereich aufgefallen. Merkwürdig. Das sind alles völlig andere Verfahren. Na ja, vielleicht ist er ja Journalist. Dachte ich.

Die nächste Ladung als Zeugin liegt auch schon wieder auf meinem Schreibtisch. Seit bekannt ist, dass ich Ahmadis Aussagen als Gedächtnisprotokoll festgehalten und auch weitergeleitet habe, kommt man deutlich öfter auf mich zu.

Meine Ladung führt mich zum Landgericht Nürnberg. Es geht hier heute um eine Parallelkette zu der von Ahmadi. Ich warte vor dem Gerichtssaal, bis ich dran bin. Als ich da so sitze und überlege, was die da drinnen gleich so alles wissen wollen von mir, kommt ein gut gekleideter, indisch aussehender Mann und setzt sich auf eine der Wartebänke. Er kramt aus seinem Rucksack eine schwarze Robe heraus. Dann sieht er mich aus seinen fast schwarzen Augen sehr ernst an. Moment, das ist doch der Typ, der jetzt schon mehrfach bei verschiedenen Prozessen im Zuschauerraum saß und mich von dort ähnlich direkt angestarrt hat. Was macht er hier? Und warum hat er eine schwarze Robe, die nur Richter, Staatsanwälte und Verteidiger tragen? Ohne dass ihn jemand hineingebeten hätte, öffnet er die Tür zum Sitzungssaal und geht in seiner Robe hinein. Vorher wirft er mir noch einen Blick zu, der ein bisschen abschätzig, ein bisschen warnend, ein bisschen böse und jedenfalls alles andere freundlich ist.

Etwas nervös bin ich ohnehin vor meiner Befragung als Zeugin, aber dieser Typ steigert das jetzt noch. Er kann ja nur ein Strafverteidiger sein. Der Angeklagte in diesem Prozess ist aus England ausgeliefert worden. Dann lag ein europäischer oder internationaler Haftbefehl gegen ihn vor, er ist irgendwo aufgegriffen worden, und der dortige Staat hatte der Auslieferung nach Deutschland zugestimmt.

Als ich hereingebeten werde, sehe ich den Rechtsanwalt sofort. Er sitzt von mir aus gesehen auf der linken Seite neben dem Angeklagten. Auf der anderen Seite hat der deutsche Verteidiger Platz genommen. Der britische Verteidiger darf in dieser Verhandlung nichts sagen, jedoch neben seinem Mandanten sitzen und auch mit diesem flüstern. Ich versuche, ihn zu ignorieren. Das gelingt mir mehr oder weniger. Ich beantworte die Fragen, und dann nichts wie raus hier.

Parsson und meiner neuen Chefin Beate erzähle ich dann von dem britischen Anwalt, der immer wieder auftaucht, wo ich aussage. Die Staatsanwältin nimmt das ernst, allerdings, wirft sie ein, könne es auch Zufall sein. Beate Lenartz findet es gruselig, kommentiert es jedoch nicht weiter. Hat wohl viele Dinge zu tun seit Übernahme dieses Sachgebietes, in dem es ja fast ausschließlich um diese großen Umfangsverfahren geht. Ist auch egal, sie soll erst mal sehen, dass sie klarkommt bei uns.

Ein paar Tage später ruft Beate Lenartz zu einer Sachgebietsbesprechung. Bis auf Thorsten nehmen alle zehn Kollegen teil. In Kurzform werfen die mit den Umsatzsteuer-Betrugsverfahren alle ihre neuen Erkenntnisse in die Arena. Ich erzähle vom unglaublichen Inhalt der Skype-Chats. Als es um die Rolle Ahmadis geht, sehe ich, dass die meisten Kollegen eher gelangweilt reagieren. Okay, kann sein, dass sie das nicht betrifft, weil sie keine der Ahmadi-Firmen haben, aber mit ein bisschen Interesse habe ich trotzdem gerechnet. Anschließend werden noch recht angeregt Informationen ausgetauscht. Dass ich daran nicht teilnehme, fällt wohl niemandem auf. Ich bin still, und der Inhalt der Chats spielt keine Rolle. Ich sitze auf verdammt viel Material, aber meine Kollegen scheinen es nicht zu benötigen. Ist dann eben so.

Was mir auffällt: Beate Lenartz wirkt bei dieser Sachgebietsbesprechung nicht gerade entspannt. Und tatsächlich ergreift sie dann noch mal das Wort. »Ich mach es kurz und schmerzlos: Kollege Thorsten Speelmann wird uns verlassen. Daher ist er auch heute nicht hier. Er hat kurzfristig Urlaub genommen. Er übernimmt, das darf ich euch sagen, die Steuerberaterkanzlei seines Onkels. Da Thorsten auch Umsatzsteuer-Betrugsverfahren im Bereich Kupferkathoden hat, müssen wir diese jetzt verteilen.«

Oh. Damit habe ich nicht gerechnet. Genau wie Frank und Jörg rutsche ich jetzt etwas tiefer in meinen Stuhl. Doch es ist wie bei diesen Spielchen auf einer Hochzeit – wer wegguckt, ist als Erster dran. Lenartz schaut genau uns drei an. Nee, oder? »Tja, wegen der ganzen Sachbezüge und wegen eures Wissens ist das irgendwie alternativlos, dass ihr die Fälle übernehmt.«

»Man schafft, was man schafft. Mehr geht nicht«, sagt Frank, als wir wieder im Büro sitzen. Ja, gute Einstellung. Warum hatte ich die nicht? Die Probleme heißen: Legalitätsprinzip, Verantwortungsbewusstsein, Gerechtigkeit, Pflichtgefühl, Perfektionismus und Leidenschaft.

Ich denke, die Kollegen haben das auch, aber steht das bei denen in der ersten Reihe? Wahrscheinlich nicht. Wieso sitzen hier vier Leute, die die Republik retten sollen, na ja, zumindest einen Beitrag aus Düsseldorf dazu leisten sollen, und nur einer von ihnen ist der Depp? Setze ich vielleicht falsche Prioritäten? Nein! Das sehe ich nicht so. Die Kollegen haben noch andere Themen als den Job. Sie haben Familie, müssen anders strukturieren als ich. Wenn es mehr Personal geben würde für unsere Verfahren, wäre das ja auch händelbar. Wieso muss ein Personalentwicklungskonzept Bestand haben, das festlegt, wo alle Finanzbeamten wie viele Jahre eingesetzt gewesen sein müssen, bevor sie zur Steuerfahndung gehen können? Der Altersdurchschnitt unseres Amtes beträgt jetzt, im Jahre 2013, satte 54 Jahre. Warum dürfen wir nicht schon aus der Ausbildung heraus junge Kollegen zur Steuerfahndung holen?

Mit meinem Ermittlungsbericht bin ich weit vorangekommen. Die Strafakte Ahmadi zählt jetzt schon fast 20 000 Blatt. Alle Beweismittel sind ausgewertet und gut untergebracht. Ich habe mich für heute beim BKA in Wiesbaden angemeldet, mit weiteren Unterlagen zu den Hintermännern Nihsom, Adam und Batman und mit den Skype-Chats. Ich treffe auf einen sehr interessierten, größeren Kreis von BKA-Leuten. Wir sprechen über den Status der Umsatzsteuer-Betrugsverfahren, über den Modus Operandi, die Strukturen, über unsere Erkenntnisse zu den Hintermännern und auch die Skype-Chats. Zu Ahmadi wollen sie alles wissen. Ich berichte von den Telefonaten mit ihm, von seinem abrupten Abtauchen und der angeblichen Lebensbeichte, die sein Anwalt protokolliert hat. Sie versprechen im Gegenzug, sich schlauzumachen, ob es nicht über ihre Kanäle Informationen über Ahmadi gäbe. Klingt super.

An diesem Tag hatte ich keinen Dienstwagen nehmen können, alle waren unterwegs, und so steige ich frohen Mutes in mein eigenes Auto. Der Besucherparkplatz des BKA ist recht leer. Mir fällt ein weißer Touareg mit dem Kennzeichen PB auf. Paderborn, da habe ich Verwandte und Freunde. Wie lange ist das her, dass ich die nicht mehr gesehen habe. Viel zu lange.

Egal, diesen spätsommerlichen Nachmittag kann ich nun zumindest auf der Straße erst mal ein wenig genießen. Das Sonnendach auf, Sonne und frische Luft rein und zunächst ein wenig Landstraße, weil es bei Autobahngeschwindigkeit doch ein wenig zu zugig wird, auf geht's. Nach einer Stunde nehme ich dann die Autobahn, und auch hier rolle ich entspannt voran. Der Berufsverkehr ist offenbar schon weg. Nach einer weiteren Stunde fahre ich an irgendeiner Ausfahrt runter, um im nächstgelegenen Ort zu tanken. Die Ausfahrt endet vor einer Ampel, die auf Rot steht. Ich halte an, singe zur Musik im Radio mit und werfe einen Blick in den Rückspiegel. Touareg. Weiß. Sehr nah hinter mir. Mein erster Gedanke: Das kann nicht sein. Der zweite Gedanke: Angst.

Ich fahre ein Stück in die Kreuzung rein. Die Ampel steht zwar noch auf Rot, doch so kann ich das Kennzeichen sehen. PB.

Das kann doch nicht sein! Ein Gefühl von Panik ergreift mich. Was tun? Die Ampel wird grün. Ich biege ab, fahre geradeaus durch das mir unbekannte Terrain, der Touareg bleibt immer hinter mir, bis ein Kreisverkehr kommt. Den nehme ich komplett, drehe also um. Der Touareg fährt vorher raus. Wäre auch zu auffällig gewesen, auch einen U-Turn zu machen.

Aber ich habe den Fahrer gesehen. Und der Fahrer weiß auch, dass mir die Verfolgung aufgefallen ist. Er muss davon ausgehen, dass ich mir das Kennzeichen merke. An der nächsten Tankstelle halte ich an. Erst mal runterkommen. Ein Autohof mit Raststätte, Tankstelle und einem Motel, hier stehen viele Autos. Ich rufe mit zittrigen Händen die Nummer an, die mir zuerst einfällt, und es ist nicht die 110.

»Hold.«

»Aksel, ich bin's«, sage ich wohl etwas atemlos.

»Was ist los?«

Ich erzähle ihm die ganze Geschichte, von den Skype-Chats, von dem seltsamen Beobachter bei meinen Aussagen am Landgericht, von meinem Besuch beim BKA.

»Sitzt du im Auto?«

Ich bejahe.

»Geh einen Kaffee trinken, irgendwo, wo viele Leute sind, und atme dann erst mal durch. Ich mache eine Halterfeststellung und melde mich wieder, okay?« Sehr okay. Ich setze mich in die Raststätte und bemerke, dass meine Hände zittern. Wieso werde ich verfolgt?

Oder war das nur Zufall? Nein, das glaube ich nicht. Der war fast zwei Stunden hinter mir.

Es klingelt. Vor Schreck lasse ich das Handy fallen. Aksel.

»In was hast du da reingestochen?«

Ich zucke mit den Schultern. »Keine Ahnung.«

Aksel ist jetzt auch sehr ernst. »Die Halterabfrage ergab eine Leihwagenfirma in Paderborn. Da habe ich angerufen. Der Wagen wurde gestern auf eine Frau Müller ausgeliehen. Mit etwas Nachdruck habe ich ihre Personalien bekommen. Ein Kollege von mir hat dann schnell angerufen. Sie hat kein Auto geliehen, ihr Mann auch nicht.« Schweigen.

»Was heißt das denn jetzt?«, frage ich nach einer Denkpause.

»Dass sich da einer Mühe gemacht hat, nicht zurückverfolgt zu werden. Es war definitiv ein Mann, oder?«

»Sicher. Ich könnte ihn auch beschreiben.«

»Traust du dir zu, über den ganzen Platz zu gehen und nachzuprüfen, ob der Wagen nicht doch noch in der Nähe ist? Wenn er da ist, ruf mich wieder an. Wenn nein, dann fahr bitte nach Hause und kontrollier dein Umfeld. Ich werde das mal dem zuständigen Kriminalkommissariat mitteilen und gucken, ob die eine erweiterte Sicherung für dich anraten.« »Okay, das mach ich. Vielen Dank.«

»Wofür danke? Bin gerade sehr nachdenklich. Melde dich, wenn du zu Hause angekommen bist.«

Das werde ich. Bei einem, finde ich, sehr mutigen Rundgang über das Gelände sehe ich keinen weißen Touareg und mache mich auf den Weg nach Hause. Ich fahr nicht schnell und achte ständig auf die Autos um mich herum. Zu Hause schließe ich dann nicht mehr ganz so mutig alle Außentüren mehrfach ab.

Von dem Touareg erzähle ich nur Beate Lenartz und bitte sie, das für sich zu behalten. Ich muss ihr dafür versprechen, den Kontakt mit der Polizei zu suchen, wenn ich mich unsicher fühle, und überhaupt vorsichtig zu sein.

In meinem Büro mache ich mir darüber mal einen Vermerk. Dann versuche ich, die Sache zu verdrängen und meinen Ermittlungsbericht zu Ende zu schreiben. Ich schreibe und schreibe, und nach 353 Seiten bin ich fertig und eigentlich auch stolz auf mich. Ich habe alles beisammen: Beweismittel, Papierdokumente, Aussagen von Zeugen und Beschuldigten, die anonyme Anzeige, sämtliche Chatprotokolle, die TKÜ, das Stimmgutachten, die Speditionsmappen und manches mehr. Außerdem natürlich das Gedächtnisprotokoll zu den Aussagen von Sayed Ahmadi. Der Bericht müsse rocken, hat Parsson gesagt. Ich finde, das tut er.

Wenn ich mir die Übersicht mit allen Schäden ansehe, wird mir schlecht. In nicht mal eineinhalb Jahren hat der Kerl einen Schaden von insgesamt rund 120 Millionen Euro verursacht. Weil der Umsatzsteuer-Betrug ja systemisch betrieben wird, wir sicher nicht alle Taten kennen und es viele solcher Ketten gibt und die schon über Jahre laufen, liegt der Gesamtschaden für Deutschland inzwischen im hohen zweistelligen Milliardenbereich. Das Geld liegt sozusagen auf der Straße, wir sind aber nur mit äußersten Mühen in der Lage, einen Teil davon aufzusammeln. Und eines darf man nicht vergessen: Der Fiskus hat unser aller Geld ausgezahlt, aber man mag doch nicht glauben, dass die Täter da draußen das Geld wieder zurückzahlen. Mitnichten. Europaweit beträgt der Schaden sogar rund 50 Milliarden Euro – im Jahr.

Beate steht im Türrahmen. »Kennst du einen Robert Müller von der Steuerfahndung Wuppertal?« Ich nicke. »Ja, den kenne ich, er ist einer der Verbindungsbeamten zwischen Steuerfahndung und Polizei und sitzt im LKA.« Ich solle ihn mal bitte anrufen, sagt meine Chefin. Er sei heute im LKA.

Kann ich gerne machen, zuerst aber spreche ich mal mit Staatsanwältin Parsson und kündige ihr an, dass mein Bericht fertig ist. »Ja super, her damit! Ich kümmere mich jetzt mal um den internationalen Haftbefehl, und Sie könnten schon Kontakt zum BKA aufnehmen.« Wir bräuchten Zielfahnder, sagt Parsson.

»Ja, mache ich. Die Kollegen vom BKA wollten sowieso für mich etwas zu Ahmadi suchen. Die helfen bestimmt.«

Robert Müller nimmt sofort ab, als ich ihn direkt danach im LKA anrufe. Er habe da eine Idee, sagt er, »magst du uns hier im LKA mal besuchen kommen in den nächsten Tagen?«. Natürlich mag ich und mache einen Termin für die kommende Woche. Dann kann ich ja gleich mal Aksel besuchen und fragen, wie weit seine Bemühungen wegen der Verfolgungsfahrt sind.

Danach rufe ich wegen der Bitte von Parsson beim BKA an. Auch hier wird ein Treffen vereinbart.

Das Jahr 2013 neigt sich dem Ende zu, und ich kann mich an keinen Urlaub in den zurückliegenden vier Jahren erinnern. Die Distanz zu meinen Kollegen im Sachgebiet ist irgendwie gewachsen. Sie können, glaube ich, nicht nachvollziehen, wie ich arbeite und dass ich so sehr an diesem Typen hänge und darauf vertraue, dass wir ihn tatsächlich mit einem internationalen Haftbefehl irgendwo aufspüren und nach Deutschland kriegen und er dann vieles aufklären wird. Ich glaube, ich bin inzwischen die Einzige, die daran glaubt, bis auf Parsson. Mit Fallner habe ich übrigens bisher nur einmal reden können. Schade, der Austausch mit ihr fehlt mir.

Das Landeskriminalamt Nordrhein-Westfalen residiert in einem Gebäude mit viel Glas und viel Platz. Ich nehme auf einem stylischen grünen Sofa Platz, bis Robert Müller mich im Foyer abholt und in den dritten Stock führt. Türen öffnet er mit einem elektronischen Öffner. »Ich weiß ja ungefähr, was du für Verfahren hast«, sagt er in seinem Zimmer, nachdem er uns Kaffee geholt hat. »Das meiste ist Umsatzsteuer-Betrug, korrekt? Viele Fälle?«

»89 große Verfahren.«

»Wie geht das denn?«

Gar nicht. Aber das sage ich nicht. »Es ist sehr schwierig zu gewichten, die Überstunden wachsen, und ich weiß nicht mehr, wohin mit den Akten und Beweismitteln.« Er sitzt mir ganz ruhig gegenüber. Schlürft seinen Kaffee und sieht mich durchdringend an. Ein bisschen sieht er wie Bruce Willis aus, finde ich, hat nur keine blauen Augen. Aber die Frisur passt.

»Bist du der Meinung, dass Steuerstrafverfahren und Delikte, die die Polizei verfolgt, irgendwie zusammenhängen?«, fragt er mich ohne Zusammenhang.

Bitte? Ich habe null Ahnung, worauf er hinauswill. Aber wenn ich schon mal gefragt werde, antworte ich auch. »Ja, das sehe ich so. Wir in der Steuerfahndung sind ja für diese Großverfahren überhaupt nicht gerüstet, und meistens sind sogar noch andere Delikte dabei. Bei den Umsatzsteuer-Betrugsverfahren ist ja sehr häufig Geldwäsche mit am Start.«

Erst sagt er nichts, dann ein »sehr gut«. Es gebe einen Workshop zur behördenübergreifenden Zusammenarbeit zwischen Steuerfahndung und Polizei. »Magst du mitmachen?«

Echt? Das wäre ja großartig. Es gibt also nicht nur Fahnder, die die gleichen Probleme haben wie ich, sondern auch welche, die was ändern wollen. Respekt. »Sehr gerne«, antworte ich.

»Habe ich mir gedacht. Dann willkommen im Club!«

Wow! Weihnachten und Ostern zugleich. Toll. Ich erfahre, dass sie ein großes Zimmer übrig haben hier im LKA und ich dann meine Akten und Asservate schon reinschaffen kann. Und dass mein Dienststellenleiter sich querstellt, glaubt Robert Müller nicht. Ich müsse ihn fragen, klar, aber wenn er Bedenken habe, solle er mit seinem Kollegen in Wuppertal reden, und dann sei alles in Ordnung.

Es klappt wirklich alles, mein Arbeitsplatz liegt ab sofort im LKA. Unter den befremdlichen Blicken meiner Kollegen ziehe ich mit all meinem dienstlichen Hab und Gut von dannen.

KAPITEL 21

Abschied, unverhoffte Hilfe und ein Zusammenbruch

Ich sitze über einem älteren Fall, als mein Telefon klingelt.

»Na?«

Nur ein Na, doch es reicht aus, um in meinem Körper eine Chemiefabrik zum Laufen zu bekommen.

»Was kann ich für dich tun? Oder hast du Neuigkeiten zu dem Auto, was mich verfolgt hat?« Ich bemühe mich um eine lässige Stimme. Er dagegen hat sie definitiv.

»Komm mal hoch!«

Wie wäre es mit einem »Bitte«, müsste ich jetzt sagen, höre mich aber nur fragen, ob es Kaffee gebe.

»Wenn du lieb bist.«

Ich bin emanzipiert, einigermaßen stark und Machos gewohnt, aber dieser Mann schafft es immer wieder, dass ich all das vergesse. Die Türe steht offen. »Was willst du? Gibt es was Neues?«, frage ich.

»Tanz für mich!«, sagt Aksel.

»Hier im Türrahmen oder auf deinem Tisch?« Gut pariert, finde ich. Aber eigentlich bin ich gar nicht aufgelegt für solche Scherze. Immerhin steht mein Kaffee dampfend bereit.

»Wie geht's mit deinem Dingsbums?« Er meint Ahmadi. Ich setze mich und berichte. Er unterbricht meinen Redeschwall.

»Also die vom Kriminalkommissariat haben gesagt, noch ist da bei dir wegen Sicherung nichts zu machen. Du sollst ein bisschen achtgeben auf deine Umgebung.«

Damit hatte ich gerechnet. Aber ich öffne mein Auto jetzt immer schon aus einer Entfernung von 50 Metern und warte ab, ob es in die Luft fliegt. Klingt verrückt. Ist aber tatsächlich so, diese Verfolgung hat mich etwas beunruhigt, und ich achte viel mehr auf meine Umgebung.

Aksel scheint etwas abwesend zu sein, denn er schaut immer wieder aus dem Fenster. »Was ist?«, frage ich ihn.

»Ich bin weg.« Er schaut mich an, intensiv wie eh und je.

»Das heißt, du gehst?« Wie jetzt? Er hatte nichts angedeutet.

»Ja. Ich hab mich beworben und bin genommen worden. Auf der einen Seite freu ich mich auf die neue Aufgabe, aber auf der anderen … Tja, wird wohl eine Umstellung werden.«

Okay, ich hatte irgendwie nie mit einem Happy End gerechnet, aber – es ist irgendwie trotzdem enttäuschend. Vor allem, so nüchtern, wie er es rüberbringt. Mein Ton wird jetzt auch sachlich. »Wo auch immer du hingehst, ich wünsche dir viel Glück. Wer übernimmt deinen Posten?«

Jetzt wirkt auch er enttäuscht. »Chris Schrader.«

Ich bin offenbar in einen emotionalen Leerraum geraten, was mir bei früheren Begegnungen vielleicht auch ganz gutgetan hätte. Jedenfalls sage ich nur: »Bitte, erklär ihm das von Ahmadi, kann ja sein, dass ich da noch mal Hilfe brauche.«

»Sei doch nicht direkt so eingeschnappt. Hast du Lust auf einen Spaziergang? Übermorgen?«

Eigentlich war ich schon fast zur Tür raus. Aber jetzt drehe ich mich noch mal um und sage: »Ja. Klar.«

Bescheuert von mir? Bescheuert von mir! Warum erreicht er mich immer noch auf diese Weise? Es war nie was. Es wird nie was. Bitte mal abhaken, den Kerl. Bin aber traurig.

Beim LKA gibt es keine Schreiwiese, deshalb gehe ich raus an den Rhein und setze mich auf eine Bank. Immer nur arbeiten, mehr als viele andere. Keine Wertschätzung. Keine Zeit fürs Privatleben. Kein Urlaub. Eine Art der Einsamkeit, die ich nicht erwartet habe. Und jetzt verabschiedet er sich auch noch. Ich bade im Selbstmitleid.

Immerhin ein wenig Wintersonne jetzt. Ich gehe langsam zurück. Die Wegstrecke reicht aus, um meine Tränen zu trocknen.

Zur vorweihnachtlichen Sachgebietsbesprechung bei Beate Lenartz fahre ich an meinen alten Dienstort. In einem der größeren Zimmer brutzelt auf einer Doppelkochplatte Rührei. Alle elf Kollegen aus unserem Sachgebiet sitzen zusammen. Ich gebe mein Bestes, vielleicht bilde ich mir die Distanz der Kollegen zu mir ja nur ein. Allerdings weiß ich, dass Beate Lenartz später noch fragen wird, welcher Kollege mir Verfahren abnehmen kann. Eher ein Zerstörerthema für eine kleine Feier. Aber muss sein.

Jeder berichtet von seinen Verfahren und auch mal Privates, wie man Weihnachten feiern wird, ob es in Skiurlaub geht, solche Sachen. Die Stimmung ist gemütlich, die Zeit verfliegt. Gleich um 14.30 Uhr, heißt es dann, treffen wir uns und gehen zusammen auf den Weihnachtsmarkt. Die ersten Teller werden bereits zusammengeräumt.

Was ist mit der Umverteilung? Ich räuspere mich und blicke Beate fragend an. Sie zuckt nur mit den Schultern. Was soll das denn jetzt? Es war doch verabredet, dass sie das Thema heute anspricht.

Dann mache ich das eben. »Beate wollte noch einen Punkt mit uns besprechen«, sage ich so laut, dass es jeder mitbekommt. Jetzt kann sie nicht mehr anders – und ergreift auch brav das Wort.

»Tja, das hatte ich als letzten unserer Punkte heute auf die Agenda gesetzt. Birgit hat derzeit rund 90 Verfahren im Bereich Umsatzsteuer-Betrug und vor allem das sich jetzt doch rasant entwickelnde Ahmadi-Verfahren. Ich frage jetzt mal in die

Runde, ob jemand noch Kapazitäten frei hat, einen oder mehrere Fälle von ihr zu übernehmen, insbesondere vielleicht die Kupferfälle. Davon habt ihr ja ohnehin schon den ein oder anderen. Oder, wie wäre es mit euch, Oliver oder Marcus? Ihr habt zwar keine Umsatzsteuerfälle, aber wenn ihr noch was frei habt? Die Kollegen werden euch sicher unterstützen.«

Da ist es wieder, das alte Hochzeitsspiel. Alle gucken auf ihre Schuhe. Eine Kollegin wendet ein, dass sie ja schon ein Verfahren übernommen habe.

Beate schaut nur, keiner sagt etwas. Dann erklären Jörg und Frank, es täte ihnen leid, aber sie wären auch mit Fällen dicht. Marcus und Oliver haben nun auch so viele Fälle, dass sie leider keine Umsatzsteuerverfahren übernehmen können.

Ich bin irgendwie dünnhäutig geworden, kann das nicht länger ertragen. »Okay, gut, so wie ich das verstanden habe, wird sich an meiner Situation nichts ändern.«

Alle nicken, stehen erleichtert auf. Beate zuckt noch leicht betrübt mit den Schultern. Es wird jetzt fleißig aufgeräumt, und bevor ich gleich heule, helfe ich lieber mal beim Spülen. Die Ersten stehen schon in Jacke auf dem Flur. Ich lasse mir Zeit.

»Komm, Jacke drüber, und auf geht's«, sagt Frank.

»Ich komm nicht mit. Keine Zeit und auch keine Lust mehr.«

»Ey komm, mach dir nicht immer so viele Gedanken. Tut bestimmt mal gut, eine kleine Abwechslung.«

Da hat er sicher recht, und er meint es auch nett. Aber mir ist nicht danach.

»Nee, lass mal. Ich müsste eh früher gehen, weil ich zu Hause noch was vorhabe heute Abend. Aber ich wünsche euch einen tollen Nachmittag.«

»Danke, dir auch.« Frank geht den anderen hinterher. Ich packe meine Sachen und fahre nach Hause.

Am nächsten Tag ruft Beate mich noch an und entschuldigt sich, dass es nicht so gut gelaufen sei gestern, fragt, warum ich nicht auf den Weihnachtsmarkt gekommen sei, und dann präsentiert sie mir eine Idee. »Ich konnte zwar jetzt nichts Konkretes für dich tun, aber ich habe mir überlegt, dass du doch eine Überlastungsanzeige schreiben könntest. Mit all deinen Verfahren, den Daten, wann sie eingeleitet wurden, dem aktuellen Stand und was da noch zu tun ist. Ich unterschreibe das Papier, und dann geht die Anzeige an den Dienststellenleiter. Dann bist du wenigstens auf der sicheren Seite, wenn mal ein Fall verjährt oder irgendwas anderes passiert.« Das habe ich noch nie gehört, klingt aber gar nicht so schlecht. Beate wünscht mir noch einen schönen Tag. Mal sehen, denke ich, denn heute treffe ich mich außerdienstlich mit Aksel.

Es ist sehr mild, und wir sind in einem kleinen Park verabredet. Ich sehe ihn von Weitem. Er sitzt mitten unter einem sehr großen Baum auf einer Bank und hat eine kleine Tasche an seinen Füßen stehen. Noch hat er mich nicht bemerkt, sein Blick ist in die Wolken gerichtet. Ich genehmige mir noch ein paar Sekunden diesen Anblick, dann gehe ich gezielt auf ihn zu. »Ist selten, dich so entspannt in den Himmel blicken zu sehen«, sage ich und setze mich neben ihn.

Er setzt sich gerade hin, schau mich an, dann kommt das übliche »Na?«.

»Ich hoffe, dein Wortschatz ist für deinen neuen Job nicht zu limitiert.« Wir lachen beide. Sein Wortschatz ist grandios, wenn er nur will.

Aus seiner Tasche zaubert er eine Flasche Rotwein und zwei Plastikbecher hervor. Ich muss lachen. »Was bitte ist denn gerade so lustig?«, fragt Aksel. Ich erzähle ihm von meiner Schreiwiese und dem Obdachlosen und dass ich mir gerade ähnlich vorkomme. Er schaut mich an und schenkt mir sein schönstes Lächeln. Wir trinken ein paar Schlückchen Rotwein aus einem Plastikbecher auf einer Parkbank mitten in Düsseldorf, und ich bin auf einmal gar nicht mehr so traurig. Er geht nach Berlin zum Bundesamt für Verfassungsschutz. Das sei ja kein Abschied für immer, sagt er, wir würden uns sicher wieder über den Weg laufen. Er habe so die Ahnung, dass das sogar im Fall Ahmadi passieren könnte. Ich frage nicht nach.

Es wird ein sehr netter Nachmittag. Zum Abschied nehmen wir uns in den Arm. Ich wünsche ihm viel Glück und er mir. Unsere Wege trennen sich. Die Schmetterlinge werden nicht weggehen, aber ich glaube, ich habe sie unter Kontrolle.

Am nächsten Tag erfahre ich von Ingo vom BKA, dass der Haftbefehl jetzt international ausgeschrieben ist. Ingo bittet mich auch, noch mal nach Wiesbaden zu kommen. Es gebe da etwas, das wolle er mir aber persönlich sagen. Das klingt spannend. »Soll ich Parsson mitbringen?«, frage ich. Das sei noch zu früh, meint Ingo. Hört sich kryptisch an. Aber gut. Mir bleibt eh nichts anderes übrig als abzuwarten.

Robert steht im Türrahmen. »Wieder mal zum BKA? Dein Verfahren da gegen diesen Ahmadi scheint ja ein ziemliches Ausmaß anzunehmen. Ich hoffe, du findest Zeit für unseren Workshop.«

»Ja, sicher doch«, antworte ich.

Er nennt mir dann auch den ersten Termin für das Treffen. Es ist der 6. Januar. Man werde sich irgendwo außerhalb treffen, auch mit Leuten, die Entscheidungen über so eine Kooperationseinheit treffen könnten.

Ich bin wieder auf dem Weg nach Wiesbaden zum BKA, diesmal im Dienstwagen. Dennoch registriere ich möglichst alle Autos um mich herum. Die Fahrt verläuft ruhig, mir fällt nichts auf.

Im Gebäude treffe ich neben Ingo, seinem Kollegen und einem IT-Mitarbeiter noch auf zwei Männer, die Englisch sprechen. Ingo stellt mich als die leitende Ermittlerin im Verfahren gegen Ahmadi vor. Die beiden Herren kommen von der Homeland Security. Das »United States Department of Homeland

Security« der Vereinigten Staaten ist das Ministerium für Innere Sicherheit. Donnerlittchen! Was kommt denn jetzt?

In den USA, erfahre ich, laufen mehrere Verfahren gegen Ahmadi. Es besteht der Verdacht der Geldwäsche, andere Straftaten werden von den Behörden für möglich gehalten, sind aber bislang nicht beweisbar. »Wir waren überrascht und zugleich froh, als wir gesehen haben, dass in Deutschland jemand gegen Ahmadi ermittelt und dass es einen internationalen Haftbefehl gibt«, erklärt mir der eine Amerikaner, der Don heißt. »Da haben wir direkt über unsere Verbindungsbeamten hier Kontakt zum BKA aufgenommen. Ahmadi hat eine Green Card. Wir sind sicher, dass er nicht dauerhaft in den USA wohnt, und würden dies auch gern vermeiden. Seine kriminelle Energie scheint ziemlich ausgeprägt. Es gab auch schon mal ein Verfahren in Deutschland wegen des Verdachts der schweren Körperverletzung. Das ist aber eingestellt worden.«

Don legt mir ein paar Fotos hin, die eine private Feier zeigen. Man lacht in die Kamera und setzt sich in Szene. Ahmadi sieht bei Weitem nicht so jung aus, wie er ist.

»Wir haben rausgefunden, wer noch auf den Fotos zu sehen ist«, sagt Ingo. »Alles hochrangige Mittäter.« Sameer Nihsom, Adam und Batman waren mir ja schon geläufig. Aber da ist auch, wenn mich meine Augen nicht täuschen, dieser indisch aussehende Typ, der mir in den Landgerichten aufgefallen ist!

Körperverletzung. Aksel hatte noch vom Verdacht der Terrorismusfinanzierung gesprochen. Dann Geldwäsche und große Nummer im bandenmäßigen Umsatzsteuer-Betrug. Wer ist dieser Sayed Ahmadi?

Don spricht unterdessen weiter, auch sein Kollege meldet sich zu Wort. Sie seien sehr interessiert daran, mit uns zusammenzuarbeiten. Eine Zielfahndung durch das BKA sei auch schon in Arbeit. Läuft also. Gut! Als ich Parsson auf dem Rückweg über die Freisprecheinrichtung unterrichte, ist sie fast euphorisch.

»Ganz super! Ich wusste, wir kriegen da was hin.« Aufmerksam, mit regelmäßigem Blick in den Rückspiegel, fahre ich zurück nach Düsseldorf. Diesmal entdecke ich nichts Verdächtiges. Ich hoffe, das bleibt jetzt auch so.

Neues Jahr, erstes Treffen des Workshop. Und da bin ich eine von durchaus vielen. Von etlichen Fällen wird berichtet, die nur noch in Zusammenarbeit mit der Polizei bearbeitet werden können. Es gehe da nicht nur um Steuerhinterziehung, und da meist in Form einer bandenmäßig begangenen Steuerhinterziehung, sondern auch um andere Delikte, die in die Zuständigkeit der Polizei fallen. Das sei der eine Grund für die Zusammenarbeit. Ein wichtiger anderer Grund sei aber auch die allgemeine Erfahrung, dass es für Steuerfahnder allein, beispielsweise aufgrund der fehlenden Möglichkeiten und wegen mangelnden Personals, schwierig bis unmöglich ist, solche Täter zu überführen. Robert ist hier auf der Tagung Wortführer und Ideengeber.

Inzwischen habe auch ich Aksels Nachfolger kennengelernt, Chris Schrader. Nicht so groß wie Aksel, etwas älter, graue Haare, blaue Augen, sehr nett. Die Ahmadi-Verfahren hat er sich noch von Aksel erklären lassen. Er wollte wissen, ob sich zum Thema Sicherheit noch mal irgendwas Seltsames ereignet habe. Das konnte ich glücklicherweise verneinen. Und dann sagte er mir, Kollegen vom BKA hätten ihm ein paar Hinweise gegeben, dass Gelder aus der Beute des europaweiten Umsatzsteuerbetruges möglicherweise auch für terroristische Zwecke gedacht seien. Na wunderbar.

Ende Januar ist dann erst mal Pause, aber unfreiwillig. Ich klappe zu Hause zusammen. Glücklicherweise sind meine Eltern zu Besuch. Sie fahren mich ins Krankenhaus. In der Notaufnahme kommt ein weiß gekleideter Mann auf mich zu, der Arzt. Ich bekomme vor Schmerzen kaum die Augen auf, seinen Namen lese ich aber: Dr. Patel. Ich mache die Augen direkt wieder zu. Bitte keinen Verfolgungswahn. Patel ist in bestimmten Ländern als Name so verbreitet wie bei uns Meier, Müller, Schmitz.

Offensichtlich habe ich eine schwere Darmerkrankung. Weil meine Entzündungswerte wohl alarmierend sind, schließt man mich an verschiedene Geräte an und setzt mich auf null. Keine Nahrung mehr, heißt das, nur Dauerinfusionen. Ich mag nur noch schlafen.

In dieser Zeit hat die Steuerfahndung Wuppertal mal wieder einen Datenankauf eingefädelt. Den Kollegen eilt in dieser Disziplin ein legendärer Ruf in der Öffentlichkeit voraus. Mehrfach schon hat ein Team, das der Behördenleiter Peter Beckhoff anführt, CDs mit Namen und Daten von Steuersündern an Land gezogen. Das Land Nordrhein-Westfalen hatte die geleakten Dokumente vorher gekauft, waren nicht gerade Schnäppchen. Durch die dann folgenden Ermittlungen spielte NRW diese Investition dann jedoch mehr als rein. Etliche Steuerhinterzieher mit Konten in der Schweiz oder sonst wo meldeten sich freiwillig. Andere bekamen Post von den Finanzbehörden oder auch Hausbesuche durch die Steuerfahndung.

Die Daten, die Beckhoff und seinen Leuten nun, Anfang 2014, vorliegen, stammen vor allem von einer Kanzlei aus dem Steuerparadies Panama.

EXKURS: Oh, wie schön ist Panama

Aus den Daten sollte hervorgehen, wer alles die Kanzlei beauftragt hat, eine sogenannte Offshore-Gesellschaft in einem Steueroasengebiet zu gründen. Das Ziel war, das Geld in den Staaten, wo die Steuer bei null oder nur sehr wenigen Prozenten liegt, zu verstecken und so um die in der Heimat fällige Steuer herumzukommen.

Es handelte sich um einen Berg an Daten, und das wichtigste Dokument darin sollte das interne Papier sein, aus dem hervorging, wer hinter dem offiziell eingetragenen Gesellschafter und Geschäftsführer steht und also der tatsächliche wirtschaftlich Berechtigte über die Vermögenswerte der Gesellschaft ist. Bei rund 600 Datensätzen, hieß es, sollten deutsche Staatsbürger als echte Inhaber der Gesellschaft identifiziert sein. Oha.

Jetzt ging es daran, diese Fälle aufzubereiten, damit der Fiskus die vielen Millionen Euro, die dem Staat zustehen, doch noch bekommen konnte. Die Steuerfahndung Wuppertal bat dafür alle Fahndungsämter in NRW, Personal für eine neue Ermittlungskommission (EK) zu stellen. Mein Büronachbar Robert Müller würde die EK leiten.

Wuppertal und der Dienststellenleiter Beckhoff gelten in der Öffentlichkeit als Leuchtturm der Steuerfahndung NRW, seit sie halfen, mithilfe gekaufter Daten von Schweizer Banken das Schwarzgeldsystem der Schweiz zu entlarven. Innerhalb unserer Finanzverwaltung gelten die Wuppertaler, ihr Chef Beckhoff und einige seiner Leute bei vielen Kollegen eher nicht als Lichtgestalten oder Helden. Die Gründe dafür sind wohl vielfältig, und Neid mag dabei vielleicht auch eine Rolle spielen. Bevor Beckhoff Wuppertal als Chef übernahm, war er stellvertretender Dienststellenleiter in Düsseldorf. Er hat damals sogar maßgeblich zu meiner Einstellung beigetragen. In Düsseldorf sehen viele Beckhoff kritisch, der einerseits als genial gilt, andererseits als wenig empathisch. Ein ruhiger, fast verschlossener, scheinbar durch nichts aus der Ruhe zu bringender Typ, groß, weiße Haare, blaue Augen. Meist war er schwarz gekleidet. Ein Kollege sagte damals, und ich konnte das nachvollziehen: »Wenn er über den Flur geht, dann schneit es hinter ihm.«

Als die Wuppertaler Bitte auf personelle Unterstützung kam, fühlte ich mich durchaus angesprochen. Vor allem, weil

Robert gesagt hatte, dass die Leute, die sich für Panama melden, auch später vielleicht Mitglied der neuen Sondereinheit würden. Natürlich hatte ich bereits zu viele Fälle. Aber ich wollte ja in diese neue Einheit. Allerdings riet man mir dann in meiner Dienststelle davon ab. Die EK zu Panama sei das eine, die künftige, grundsätzlich gedachte Kooperationseinheit etwas völlig anderes.

Nun lag ich im Krankenhaus. Die Werte wurden jeden Tag besser, und ich hatte eine Menge nicht wirklich angenehmer Untersuchungen hinter mich gebracht. Einer der Ärzte meinte, ich müsse meine Ernährung umstellen. Ein anderer stellte außer einer starken Darmentzündung gar nichts fest. Der dritte, ich bin als Beamtin ja Privatpatient, riet zur Vorsicht, weil er Divertikel entdeckt habe, kleine Ausstülpungen an der Darmwand. Der Chefarzt schließlich sagte, es könne auch sein, dass es am Stress liege. Prima.

Mein Handy klingelte. »Müller. Alles in Ordnung bei dir?«

»Keine Ahnung. Wird besser, aber keiner weiß, was es ist.«

Außer »gute Besserung« fällt Robert da auch nichts ein. Er fragte jetzt, warum ich mich eigentlich nicht für die Ermittlungskommission in Sachen Panama gemeldet hätte.

»Ich gehe doch eh in Arbeit unter«, antwortete ich nur. Doch damit komme ich nicht davon.

»Alle, die sich für die neue Einheit im LKA interessieren, sollten sich unbedingt für Panama melden. Hab ich doch in die Mail mit reingeschrieben. Die EK zu Panama wird von der neuen Einheit fortgeführt. Ich dachte, du würdest auch ein Teil der neuen Einheit werden wollen.«

Jetzt war ich verwirrt, sagte, das habe mein Dienststellenleiter mir anders erklärt.

»Dann hat er dir das falsch erklärt«, sagte Robert. »Du bist für die neue Einheit im LKA gesetzt, und deshalb bist du dann bitte auch bei Panama dabei. Oder?«

»Gesetzt« klang gut. Zu viel Arbeit? Egal jetzt. Ohne groß zu überlegen, sagte ich zu.

Drei Wochen später saß ich in der neuen EK, und es gab ein Problem mit den Daten. Das deutsche Strafrecht, muss man dafür wissen, kennt drei Verdachtsstufen, den Anfangsverdacht, den hinreichenden und den dringenden Tatverdacht. Um Ermittlungen aufzunehmen und ein Strafverfahren einzuleiten, brauchen wir einen Anfangsverdacht. Dafür müssen ausreichende tatsächliche Anhaltspunkte für eine verfolgbare Straftat vorliegen. Die Schwelle ist recht niedrig. So reicht es für die Aufnahme von Ermittlungen aus, wenn nach kriminalistischer Erfahrung die womöglich auch geringe Wahrscheinlichkeit besteht, dass eine verfolgbare Straftat begangen wurde. Vermutungen allein allerdings reichen nicht aus.

In der Vergangenheit waren die angekauften Daten ziemlich eindeutig. Sie hatten die ausländische Bankverbindung und zudem einen Kontostand enthalten. Das erlaubte ein komfortables Vorgehen – den Zinssatz auf den Kontostand anwenden, dann einfach mit den Steuererklärungen abgleichen, fertig. Und gegebenenfalls hatte man dann schon einen hinreichenden oder dringenden Tatverdacht.

In dem Fall, mit dem sich unsere EK beschäftigte, wussten wir deutlich weniger. Unser wichtigstes Dokument identifizierte die »tatsächlich wirtschaftlich Berechtigten«, also jene Personen, denen das Geld gehörte. Außerdem konnten wir erkennen, dass nicht diese Geldinhaber die Gründung der Offshore-Gesellschaft veranlasst hatten, sondern Angestellte von Banken. Die meisten dieser Banken hatten ihren Sitz in Luxemburg.

Die Kollegen aus Wuppertal hatten nun durch eine statistische Auswertung der Daten festgestellt, dass die meisten Offshore-Gesellschaften in den Jahren 2004 bis 2006 gegründet wurden. Der Grund lag auf der Hand: Zum 01.07.2005 hatte die EU die Europäische Zinsrichtlinie eingeführt. Ab diesem Zeitpunkt wurde auf Zinserträge eine Zinsabschlagsteuer in Höhe von 20 Prozent erhoben. Damit musste auch der Staat Luxemburg auf Zinserträge deutscher Staatsbürger und anderer EU-Bürger diese Abschlagsteuer erheben. Wenn aber der Kontoinhaber kein Bürger der EU war, sondern zum Beispiel eine Gesellschaft auf den Cayman Islands oder Panama, dann durfte auch die Steuer nicht erhoben werden. Und so übernahmen Offshore-Gesellschaften, die man auch als Briefkastenfirmen kennt, die Konten. Die tatsächlichen Inhaber dieser Briefkastenfirmen wurden gut gehütet.

Wir hatten also den Verdacht, dass die Banken, indem sie für ihre Kunden Offshore-Gesellschaften gründeten, deren Geldkonten dann auf diese Gesellschaften übertrugen, damit absichtlich die EU-Zinsrichtlinie unterliefen. Das wäre mal wieder ein Konstrukt an der Steuer vorbei.

In der EK saßen nun die Kollegen aus allen Steuerfahndungsämtern in Nordrhein-Westfalen, die sich für Panama gemeldet hatten. Robert stellte dann alles vor, was man zu diesem Zeitpunkt wusste. Für jeden einzelnen Datensatz ist eine Akte angelegt und ein Prüfungsschema erarbeitet. Diese Akten, also Fälle, wurden auf uns alle verteilt, damit wir Ermittlungen aufnahmen. Die Ergebnisse der Ermittlungen sollten dann wieder an die EK-Leitung und von dort an die Staatsanwaltschaft Köln gehen, die dieses Gesamtverfahren übernommen hat.

Was schnell auffiel und sich nun eben als Problem herausstellte: Bei den aufgekauften Daten waren die Bankkonten nicht bekannt. Es war auch kein Kontostand zu erkennen. Was nun? Allen war klar, dass wir irgendwie an die Konten der Offshore-Gesellschaften bei den Banken in Luxemburg rankommen mussten.

Wir waren alle gespannt, wie man sich das weitere Vorgehen vorstellte. Die Staatsanwälte aus Köln und Robert hatten hierzu eine Idee: Sie wollten ein Rechtshilfeersuchen nach Luxemburg schicken und die dort ansässigen Banken durchsuchen lassen. Die Begründung lautete, dass die Banken systemische Beihilfe zur Steuerhinterziehung begangen hätten, indem sie die Anwendung der EU-Zinsrichtlinie verhinderten.

Der Plan klang so weit gut, nur: Niemand wusste, wie die luxemburgische Justiz unser Anliegen einschätzte. Und bis eventuell Rechtshilfe gewährt würde, konnte es dauern.

Zwischendurch kam ich immer wieder mal mit anderen Kollegen ins Gespräch. Sie waren eher pessimistisch unterwegs. »Uns fehlen doch die Kontodaten«, sagte der eine, und ein anderer: »Am Ende werden wir überhaupt nichts haben. Keine Zahlen, kein Verdacht. Da können wir doch jetzt schon aufhören zu ermitteln.«

Ich kannte diese Argumente. Viele Kollegen denken das Ermittlungsverfahren von hinten, das liegt wahrscheinlich daran, dass wir Steuerfahnder von Haus aus Finanz- und keine Kriminalbeamten sind. Für diese Art der Vorgehensweise, nämlich erst mal nur einen Verdacht zu haben und nicht schon die Anklage schreiben zu können, sind wir einfach nicht ausgebildet.

Aus meiner Sicht ist diese Denke ein Fehler. Um einen Anfangsverdacht zu haben, brauchen wir ja eben nicht sicher zu sein, dass wir am Ende auch alles bewiesen bekommen. Wer ein Gefühl dafür hat, ob etwas nicht mit rechten Dingen zugeht, und wer kriminalistisch denken kann, der kommt schnell auf einen ersten Anfangsverdacht. Wer aber schon bei Ansicht der ersten Unterlagen nur an die finale Beweisbarkeit denkt, der denkt falsch.

»Den Anfangsverdacht haben wir doch«, sagte ich zu einem Grüppchen Kollegen, »denn wir haben ja konkrete Fakten: die konspirative Gründung von verschleiernden Offshore-Gesellschaften und die Rolle der Banken dabei, außerdem den Zusammenhang mit der neuen EU-Zinsrichtlinie, der sich ja aufdrängt.«

Klar, die weitere Beweisführung würde eine Herausforderung. Aber das ist doch unser Job. Wir ermitteln, um zu erfahren, ob ein Sachverhalt zutrifft, und um ihn dann beweisen zu können. Und danach erst klärt sich, ob wir einen hinreichenden oder dringenden Tatverdacht haben, ob Anklage erhoben wird oder ob das Verfahren vielleicht auch einzustellen ist.

Es dauerte dann erst mal, und im Spätherbst 2014 kam die Entscheidung aus Luxemburg. Die Rechtshilfe wurde abgelehnt. In unserem kleinen Nachbarland, in dessen Wirtschaft dem Bankensektor höchste Bedeutung zukommt, teilte man unsere Sicht einer systemischen, man könnte auch sagen gewerblich organisierten Beihilfe zur Steuerhinterziehung durch Unterlaufen der EU-Zinsrichtlinie nicht. Die Luxemburger Justiz betrachtete jeden Fall gesondert. Wenn wir in einem Einzelfall einen Schaden von über 250 000 Euro darlegen könnten, würde Luxemburg in diesem Einzelfall auch Rechtshilfe leisten.

In unserer EK kamen nun die ersten hämischen Kommentare auf. Aber wer nicht wagt, hat schon verloren.

Wir saßen in einem kleineren Kreis bei einer Besprechung. Hier trafen sich jetzt die Fahnder, die sich für die neue Einheit interessierten und die sich sehr wohl damit anfreunden konnten, dass in dieser EK eben auch ungewöhnlich gedacht und vorgegangen werden muss. Ich war gespannt, wie Robert jetzt weiterkommen wollte.

Er legte dar, dass die luxemburgische Bank, die für die meisten aller uns bekannten Offshore-Gründungen verantwortlich war, eine 100-prozentige Tochter einer deutschen Bank sei. Folglich sei die Geschäftsleitung der deutschen Mutterbank auch für ihre luxemburgische Tochter verantwortlich. Und deshalb, meinte Robert, sei doch eine Durchsuchung bei der Mutterbank hier in Deutschland ratsam.

Wow, ja, könnte funktionieren. Eine ziemlich gute Idee. Und die meisten der Kollegen in diesem Kreis sahen es auch so. Was folgte, war Handwerk: Ermittlungen gegen die Mutterbank aufnehmen, Durchsuchungsbeschlüsse für die Zentrale in Frankfurt beantragen und zudem Durchsuchungsbeschlüsse für die Wohnungen von Mitarbeitern der luxemburgischen Tochterbank. Von denen wohnten nämlich einige direkt hinter der Grenze in Deutschland. Die Mutterbank residierte in Frankfurt allerdings in einem ziemlich hohen Klotz mit mehreren Tausend Mitarbeitern. »Mit wie vielen Leuten von uns willst du da rein und durchsuchen?«, fragte ich, weil das ja eine recht unübersichtliche Angelegenheit werden konnte.

»Was ich will, ist nicht entscheidend«, antwortete Robert. »Entscheidend ist, wie viele Leute wir zur Verfügung haben. Und das werden nicht unendlich viele sein. Ich denke, wir gehen mit maximal 60 Leuten in die Bank.«

Wir schauten uns alle etwas sparsam an. Wo ein Wille ist, ist auch ein Weg, schon klar. Aber dennoch war es wieder einer jener Augenblicke, in denen sich zeigt, dass die Steuerfahndung nicht stark genug aufgestellt ist für solche Großverfahren. Eine Durchsuchung in dieser großen Bank – mit 60 Personen? Ich war mir noch nicht mal sicher, ob wir 60 motivierte und für solch eine Aktion kompetente Kollegen zusammenbekommen würden.

Fakt ist, dass wir zwei Monate später in Frankfurt im und vor dem Haupteingang der Bank standen, ein paar Staatsanwälte und wir Steuerfahnder. Wir hatten uns an der Pforte vorgestellt, bei der Security der Bank, und unseren Durchsuchungsbeschluss gezeigt. Nun dauerte es. Seit über einer halben Stunde warteten wir mit der Truppe sichtbar vor der Bank. Unmut kam auf.

»Wir haben einen richterlichen Beschluss und stehen hier wie die Idioten vor der Bank. Wir machen uns doch lächerlich. Das kann doch nicht sein. Wer übt denn in Deutschland die Hoheitsrechte aus?«, beschwerte sich ein Kollege bei Robert.

Was er denn vorschlage, fragte Robert zurück, vielleicht mit gezücktem Laptop die Bank zu stürmen? »Wir müssen warten, geht nicht anders.« Robert hatte recht, der Kollege aber auch. Nur, bei lediglich sechzig Leuten braucht es wohl eine Taktik und kein überstürztes Handeln.

Es dauerte fast eine Stunde, dann konnten wir die Bank betreten.

Am Abend dieses Tages – wir hatten die Durchsuchung noch nicht abgeschlossen – saß eine größere Gruppe von uns noch in einem Frankfurter Restaurant zusammen. Über einen Großbildschirm lief die *Tagesschau* um 20 Uhr. Die erste Nachricht: Razzia der Steuerfahndung in Frankfurt. Robert grinste. Wir hatten es geschafft, auch mit nur sechzig Leuten. Am Anfang steht eben ein Anfangsverdacht.

Die Ermittlungen sollten noch einige Jahre dauern. Die Bankkonten bei den Offshore-Gesellschaften konnten identifiziert und den tatsächlich wirtschaftlich Berechtigten zugeordnet werden. Es ging auch um die Frage, ob der Vorstand der deutschen Mutterbank wusste, dass die Luxemburger Tochterbank Offshore-Firmen vermittelte und damit Beihilfe zur Steuerhinterziehung beging.

Im April 2016 enthüllten Journalisten in der ganzen Welt die Verbindungen von Firmen und Personen zu den Offshore-Gesellschaften. Der *Süddeutschen Zeitung* hatte jemand umfangreiche Daten zugespielt. Durch die sogenannten Panama Papers kommen rund 215 000 illegale Briefkastenfirmen von Politikern und Prominenten der ganzen Welt an die Öffentlichkeit. Basis der Recherchen waren die Daten der panamaischen Kanzlei Mossack Fonseca. Uns stand 2014 nur ein Teil der Daten dieser Kanzlei, nämlich zu den deutschen wirtschaftlich Berechtigten, zur Verfügung.

Obwohl der Einstieg in diese Ermittlungen mehr als holprig war, manch einer keinen Anfangsverdacht gesehen hat, viele

Diskussionen mit Kollegen und Vorgesetzten stattgefunden haben, konnten die Ermittlungen dann erfolgreich geführt werden. Die Staatskasse haben wir mit weit über 100 Millionen aufgefüllt.

KAPITEL 22

Touchdown

Im Februar 2014 dann die Meldung, die mich elektrisierte: Ingo vom BKA rührt sich. Seine Kollegen und er haben jetzt von der Homeland Security erfahren, dass Ahmadi aufgespürt worden ist. Er säße in einer Maschine der Emirates Airlines, Flug 255, befinde sich auf dem Weg von Dubai nach San Francisco und sei unter seinem echten Namen eingecheckt. Obwohl er doch seine zwei Dutzend Aliasnamen nutzte und etliche gefälschte Pässe mit den entsprechenden Daten.

Weltklasse.

Ingo sagt, wir hätten jetzt genau fünf Stunden Zeit, unseren Haftbefehl in die englische Sprache zu übersetzen. Fünf Stunden, für 92 Seiten juristisch einwandfreie Übersetzung. Wie sollte das gehen? Hier im LKA kenne ich nur einen professionellen Übersetzer. Ich rufe Parsson an, berichte von der Sensation, die sich gerade anbahnt, und vom Übersetzungsproblem. Sie habe auch noch eine vereidigte Englisch-Dolmetscherin, würde sie fragen und wieder zurückrufen. Ich laufe zu Roberts Zimmer, Mist, nicht da. Ich gehe zu Chris. Er versucht auch sein Glück. Beim BKA will auch Ingo noch mal schauen, ob er auf die Schnelle jemanden auftreiben kann.

Innerhalb einer halben Stunde haben wir fünf Dolmetscher beisammen. Wir schicken jedem einen Teil der Dokumente. Ich bin so nervös, dass ich im Zimmer auf und ab gehe.

Immer und immer wieder schaue ich auf die Uhr. Das wird so eng. Wenn Ahmadi uns heute durch die Lappen geht, haben wir ihn erst mal wieder verloren. Ingo ruft an, er habe jetzt die Teile der beiden BKA-Dolmetscher. Anruf bei Chris, der den Kontakt zu zwei weiteren Übersetzern hält. Anruf Parsson, bei ihr übersetzt auch noch eine Frau. Nach einer weiteren halben Stunde sind alle Teile übersetzt und auf dem elektronischen Weg zum BKA. Warten. Leider ist Geduld nicht mein zweiter Vorname. Ich rufe Parsson an, die genauso nervös ist wie ich. Dann klingelt ihr Diensthandy. Ich geistere durch mein Büro wie ein hungriger Tiger im Käfig. Telefon. Parsson. »Wir haben ihn!«

Yeah!

Lauter Jubel, bei ihr, bei mir. Und Erleichterung.

Es war knapp. Die letzte Seite der Übersetzung des Haftbefehls war gerade erst durchgefaxt zur San Francisco International Airport Police Station, als die Maschine auf amerikanischem Boden aufsetzte. Ahmadi wurde noch auf dem Flugfeld festgenommen.

Die ganze Arbeit hat sich gelohnt. Anne Parsson und ich – inzwischen duzen wir uns – werden noch weiter miteinander zu tun haben. Wir haben Ahmadi zwar aufgrund des internationalen Haftbefehls festnehmen können. Doch inhaftiert wird er nun in den USA. Das heißt, wir müssen jetzt seine Auslieferung beantragen. Wir wollen ihn ja hier in Deutschland haben. Das wird noch sehr viel Arbeit und womöglich ein langer Prozess. Aber für heute gehe ich erst mal befreit und hochzufrieden nach Hause.

Weil es ungewöhnlich warm ist, setze ich mich nach draußen und stopfe mir die Kopfhörer ins Ohr. Schöne Musik, Füße hoch, dazu ein Drink. Ich gönne mir zur Feier des Tages einen Single Malt, einen meiner liebsten Whiskys. Habe ich jetzt verdient, denke ich. Mein Hirn gibt aber noch keine Ruhe. Ich überlege, wie ich diesen Antrag auf Auslieferung am besten formuliere und wie lange es dauern kann, bis Ahmadi nach Deutschland kommt. Als ich fast einschlafe draußen, gehe ich rein und gleich ins Bett.

In der letzten Zeit habe ich sehr schlecht geträumt. Da ist fast immer irgendetwas, was ich falsch gemacht habe. Ich bin hektisch im Traum, drohe zu spät zu kommen. Oder ich ärgere mich über blöde Kommentare.

In dieser Nacht muss ich im Traum umziehen, schleppe Kisten, sehe aber auch einen Ahmadi mit komisch blinkenden Augen vor mir. Er scheint mir zuzuzwinkern. Dann höre ich auch Geräusche. Stimmen sind das, Stimmen, die ich kenne, sie werden immer lauter, und nach einer Weile höre ich es auch klingeln.

»Birgit, wach auf! Komm raus!«

Mein Fenster steht immer offen über Nacht, egal bei welchem Wetter. Von da dringen jetzt auch die Stimmen zu mir. Benebelt setze ich mich im Bett auf. Von draußen blinkt es blau in mein Schlafzimmer herein. Ich stehe auf, gehe noch nicht wirklich wach zur Wohnungstür, dann die Treppe runter und zur Haustür. Ich öffne, und sofort fällt mir meine Nachbarin um den Hals. »Oh Gott. Du hast Glück gehabt!«

Hä? Ich stehe gerade völlig auf dem Schlauch beziehungsweise – ich schaue auf einen Schlauch. Denn hier draußen, vor dem Haus, sind Feuerwehrleute. Einer von ihnen kommt auf mich zu und gibt mir eine Decke. Ach ja, ich habe ja nur ein kurzes T-Shirt an.

»Sie stehen wahrscheinlich noch ein bisschen unter Schock. An Ihrem Auto hat es gebrannt. Es war ein Brandbeschleuniger auf dem Reifen platziert. Sie haben echt Glück gehabt. Er ist vom Reifen gefallen und hat deshalb nur den Reifen, den Kotflügel und einige unter dem Auto befindliche Teile angekohlt. Und Ihre Mauer.«

Ein Polizist kommt auf mich zu. Ich höre ihn wie durch einen Nebel fragen: »Haben Sie Feinde?«

Feinde? Nein. Oder doch?

Jetzt werde ich wach. »Ich bin schon mal verfolgt worden und ermittle in einem großen organisierten Betrugsverfahren. Ich bin bei der Steuerfahndung.«

Der Polizist nickt. »O. k., wir sichern hier jetzt erst mal alles, und Sie werden wohl auch eine Sicherheitseinstufung erhalten.«

»Was heißt das?«

»Sie werden jetzt für eine Weile bestreift. Das bedeutet, Ihre Wohnung wird auf Sicherheit untersucht, an Ihrem Haus fährt jetzt öfter Streife vorbei, und Auffälligkeiten werden gemeldet. Und wenn Sie etwas bemerken, teilen Sie uns das bitte auch mit.« Oh Mann. Erst Verfolgung, dann der Brandanschlag mitten in der Nacht, jetzt eine Bestreifung. Welchen Beruf hab ich doch gleich? Steuerfahnder. Von so was hat mir damals keiner was gesagt.

Nachdem alle abgerückt sind, sitze ich noch eine ganze Weile mit meiner Nachbarin und ihrem Mann in meiner Küche. Sie wissen, wo ich arbeite, kennen aber natürlich keine Details meiner Arbeit.

»Hat das mit deinem Job zu tun?«, fragt meine Nachbarin

»Ich hab nicht den Hauch einer Ahnung. Könnte sein. Ich bin letztens mal über zwei Stunden von einem Auto verfolgt worden. Aber danach war eigentlich nichts mehr.«

Die Nachbarin streicht mir über die Schulter. »Du machst Sachen. Willst du nicht mal drüber nachdenken, ob du was anderes machst? Jeder hat nur ein Leben.«

Als ich wieder allein bin, sitze ich im Wohnzimmer und denke nach. Gerade noch ein so erfolgreicher Tag, jetzt dieser Horror. Sie wissen, wo mein Auto steht. Sie wissen, wo ich wohne. Geht das jetzt so weiter? Was kommt dann als Nächstes? Am besten gar nicht weiter drüber nachdenken.

Zum Glück gibt es jetzt ganz praktisch einiges zu tun. Das lenkt ab. Das Auto muss zur Reparatur, die Mauer angestrichen werden. Die Versicherung muss Bescheid bekommen. Und als Erstes muss ich mal meine Dienststelle unterrichten.

Den Tag drauf nehme ich mir frei. Ich brauche eine Zeit, um nachzudenken und zu organisieren. Robert rufe ich aber jetzt schon an und erzähle ihm, was passiert ist. Er ist halbwegs geschockt und aufgebracht. »Ist jemand bei dir?«

»Nein, aber das ist schon okay.«

»Na gut, wir reden morgen. Ich muss erst mal darüber nachdenken.«

Am nächsten Tag im Büro erzähle ich auch Chris Schrader von der Geschichte. Er regt sich richtig auf. Warum ich mich nicht daran halte, ihm alles, was passiert, mitzuteilen? Er habe Aksel versprochen, darauf zu achten, dass nicht noch mal irgendwas passiere.

Ich bin es auf einmal so leid. Will am liebsten schreien. Chris tut so, als ob man mir diesen Brandanschlag auf mein Auto angekündigt hätte. Ich will doch nur meinen Job machen, dafür werde ich bezahlt. Ich will keine Aufpasser, keine Bedrohung, keine Bestreifung und nicht immer in die Rückspiegel schauen müssen. Und das ist mir jetzt auch egal. Ich mache einfach meinen Job weiter, egal was da noch kommt.

So in etwa nehme ich mir das vor. Doch dann geschieht etwas, das mir auf ganz andere Art fast noch mehr zu schaffen macht als der Versuch, mein Auto zu verbrennen.

Das zuständige Polizeipräsidium hat die Schäden, die in der Nacht an Auto und Mauer entstanden sind, überprüft und kam zu der Überzeugung, dass der Vorfall »mit an Sicherheit grenzender Wahrscheinlichkeit« dienstliche Hintergründe hatte. Ich habe dann die Schäden der Geschäftsstelle mitgeteilt, und die Geschäftsstelle hat es an die Oberfinanzdirektion (OFD) weitergeleitet, mit der Bitte um Erstattung der Reparaturkosten und einer Begründung dieser Bitte.

Für die Beschreibung der Reaktion der Oberfinanzdirektion fehlen selbst mir die Adjektive. Der Schaden würde nicht erstattet, da er nicht während der Dienstzeit entstanden sei, wird dort entschieden.

Ich könnte die Schreiwiese nutzen, joggen gehen oder andere

Ventile suchen. Aber es kommt ein Punkt, da werde ich nur noch bedrohlich leise. Dieser ist jetzt da. Ich rufe den zuständigen Bearbeiter bei der Oberfinanzdirektion an. Mit kalter, sachlicher Stimme weise ich darauf hin, dass ich dann jetzt ein Schild gut sichtbar in den Garten stelle mit der Aufschrift: Anschläge bitte nur zwischen 7.30 und 17 Uhr verüben. Offenbar merken die in der OFD nicht, wie sie sich verhalten. Es braucht tatsächlich noch ein paar weitere Diskussionen, bis mir die Reparaturkosten erstattet werden.

Ahmadis Verhaftung in San Francisco spricht sich unterdessen schnell herum. Kollegen anderer Dienststellen gratulieren, auch Beate Lenartz und natürlich Fallner sind begeistert. Bei meiner alten Chefin finde ich mich erst mal für ein schönes Käffchen ein.

Danach fahre ich in die Staatsanwaltschaft Köln zu Anne Parsson. Wir müssen jetzt loslegen. Das BKA hat uns ein paar Tipps für das Auslieferungsverfahren gegeben. Allzu einfach ist die Rechtslage nicht. Zu den Auslieferungsvoraussetzungen, die das Auslieferungsabkommen zwischen Deutschland und den USA vorsieht, gehört nämlich, dass die vorgeworfene Straftat nach dem Recht beider Staaten strafbar und außerdem nicht unerheblich sein muss.

Die Straftaten des Ahmadi lauten banden- und gewerbsmäßiger Umsatzsteuer-Betrug, und damit sind wir schon in unserem Dilemma. Diese Umsatzsteuer ist nämlich eine europäische Steuer und in den Vereinigten Staaten überhaupt nicht existent. Anstelle der Mehrwertsteuer haben die USA eine Verkaufssteuer, die sogenannte Sales Tax. Für eine europäische Umsatzsteuerstraftat kann also in den USA niemand bestraft werden. Großes Problem. Doch, wie gesagt, wer nicht versucht, hat schon verloren.

Wir müssen uns etwas einfallen lassen und listen erst mal Sayed Ahmadis Taten auf. Dann erläutern wir unser deutsches

Umsatzsteuersystem und erklären die Funktionsweise des Umsatzsteuerbetruges.

Im Weiteren schildern wir Ahmadis Grunddaten, seine Beziehungen in die USA, zur Firma *Las Vegas Inc.*, unsere Erkenntnisse über das Haus der Familie in der Nähe von San Francisco. Die Zahlungsplattformen in Hongkong, Skandinavien, Zypern und Panama, der Abfluss von Geldern nach Dubai, Ahmadis eigene Aussagen, seine ganzen Verschleierungshandlungen – all das fließt ein. Ebenfalls wichtig sind uns die Anhaltspunkte dafür, dass die erbeuteten Umsatzsteuerbeträge auch der Geldbeschaffung für weitere Straftaten dienten. In diesem Zusammenhang fällt auch das Wort Terrorismusfinanzierung.

Nach einer Woche, in der wir uns einzelne Textteile hin- und herschieben, ist unser Auslieferungsersuchen fertig. 120 Seiten sind es geworden.

Wir haben inzwischen schon lange nichts mehr von Dr. Peters gehört. Von der Verhaftung müsste er ja erfahren haben. Ich rufe ihn an – und höre dass er sein Mandat niedergelegt hat. Mehr möchte er mir dazu nicht sagen. Peters wirkt in dem Telefonat ruhig, fast schon bedächtig. Ich bedanke mich für die Zusammenarbeit und rufe direkt Parsson an. Bei ihr, erzählt sie, hat sich heute Morgen ein Dr. Roding gemeldet, als neuer Rechtsanwalt von Ahmadi. In den USA seien laut Dr. Roding weitere Anwälte von Herrn Ahmadi mandatiert worden. Hochrangige Anwälte.

Das Auslieferungsersuchen hat noch ein paar juristische Blicke zu überstehen, dann geht es in die USA. Dort schreibt währenddessen ein offenbar nicht allzu gut gelaunter Untersuchungshäftling eine Art Tagebuch. Teile dieser Aufzeichnungen, Infos und spätere Aussagen lassen sich so verdichten:

Ich verstehe das nicht. Der Boss hat nichts davon gesagt, dass es einen internationalen Haftbefehl gegen mich gibt. Von dem in Deutschland wusste ich ja. Aber hätte ich das geahnt, wäre ich doch nicht mit meinem eigenen Namen geflogen. So eine Scheiße.

Ich hab so viel geplant und organisiert, aber damit hier hab ich nicht gerechnet. Es schmeißt auch alles durcheinander. Vor allem mich gerade. Wo bin ich hier? Das ist eine totale Kloake. Ich bin hier reingeschoben worden wie ein Verbrecher, hab 'ne Tüte in die Hand gedrückt bekommen. Da ist so was wie 'ne Art Nierenschale drin. Soll der Teller fürs Essen sein. Dann noch Plastikbesteck und 'ne Zahnbürste und Zahnpasta. Nur einmal. Muss man selber sauber halten. Aus dem einzigen Waschbecken hier, das aussieht, als hinge es dort seit 50 Jahren und sei auch seitdem nicht mehr geputzt worden, kommt nur braunes Wasser. Nur ein Klo. Will ich nicht beschreiben. Wir sind zwölf Mann in der Zelle. Noch hab ich meine Gefängnis-Klamotten nicht. Die Typen hier drin sind Drogentypen. Wenn die erst auf Entzug sind, möchte ich nicht wissen, wie es dann hier aussieht. Hoffe, der Boss holt mich früher hier raus. Er hat gute und teure Anwälte.

Das Auslieferungsersuchen provoziert bei der Staatsanwaltschaft in San José viele Rückfragen. Die meisten erreichen uns schriftlich. Als an einem Nachmittag Anne Parsson bei mir im Büro sitzt, sie hat in dieser Zeit viel im LKA zu tun, meldet sich fernmündlich ein Kevin Brolin LLM. Aha. Er würde gerne mit der »investigating officer« Birgit Orths über den Fall Ahmadi sprechen. Er sei von der Staatsanwaltschaft in San José als Sachverständiger hinzugezogen worden und müsse nun ein Gutachten erstellen. Ob ich ihm nicht ein paar Infos zu dem Fall geben könne.

Ich habe Mister Brolin auf laut gestellt, und Anne schüttelt schon während der ersten Sätze energisch den Kopf. Nun schaltet sie sich in das Gespräch ein. Sie erklärt, wer sie ist und dass das so einfach nicht möglich sei. Es gebe ja doch einen Rechtsweg des Informationsaustausches, und hier greife nun auch das Steuergeheimnis. Wir dürften ihm da leider keinerlei Angaben machen.

Mr Brolin nimmt die Abfuhr mit Humor. Lachend will er wissen, wie wir es denn dann schaffen würden, Fälle aufzuklären. Diese Frage lassen wir unbeantwortet.

Nachdem der Typ mich zusammengeschlagen hatte, musste ich mir was einfallen lassen. Die sind alle irre hier. Kriminelle. Wenn ich hier unbeschadet bleiben will, muss ich mich wohl etwas mehr einfügen. Scheiße. Diese Art von Anpassung passt mir ganz und gar nicht. Aber ich will ungestört duschen können und auch nicht morgens tot aufwachen. Der Typ, der mich zusammengeschlagen hat, nennt sich John. Er kommt zu mir rüber: »Hast du schon mitgekriegt, dass hier ein Wächter wieder einen totgefoltert haben soll?« Hatte ich nicht und wollte ich auch nicht. Ich renne zum Klo. Muss mich übergeben. Wann holt der Boss mich hier raus?

Dr. Roding erscheint inzwischen regelmäßig persönlich in der Staatsanwaltschaft. Es macht den Eindruck, dass er genau wie wir möchte, dass Ahmadi ausgeliefert wird. Die Zustände in dem amerikanischen Gefängnis seien katastrophal, sagt er, seinem Mandanten gehe es ziemlich schlecht. Da müsse man wohl stark überlegen, ob man eine Haft in den USA nicht in Deutschland in doppelter Länge anrechnen könne. Es ist etwas früh, darüber nachzudenken. Ohnehin brauchen wir erst mal Beweise für irgendwelche schlimmen Verhältnisse. Wir selbst bitten das Auswärtige Amt, über ihre Kanäle einmal nachzuprüfen, wie man sich die Situation eines Sträflings in der Justizvollzugsanstalt in San José vorstellen muss.

Die Monate vergehen. Wir ermitteln in unseren Verfahren, bleiben mit Dr. Roding in Kontakt und beantworten weitere Nachfragen der Staatsanwaltschaft in Kalifornien.

Inzwischen ist die neue Ermittlungseinheit EOKS gegründet, die Abkürzung steht für Ermittlungskommission Organisierte Kriminalität und Steuerhinterziehung. Zehn Steuerfahnder, zwei Fahndungshelfer und ein Häuptling, Robert Müller, arbeiten hier eng mit dem LKA zusammen. Dort haben wir auch alle unsere Räume bezogen und so einen ganzen Flur belegt. Die Zusammenarbeit mit den Polizeikollegen klappt bislang hervorragend. Die Steuerfahndung Düsseldorf bekommt derweil mal wieder einen neuen Dienststellenleiter, das heißt eine Dienststellenleiterin. Ich frage mich, was man bezwecken will mit diesen juristischen Wanderdünen? Uns vielleicht das Leben schwer machen? Will man keine Kontinuität in der Strafverfolgung bei der Steuerhinterziehung?

Immerhin wirbelt die neue Dienststellenleiterin ein wenig herum, ist sehr offen und nett, verhält sich weniger »systemkonform« als ihre Vorgänger und probiert sich an einigen Neuerungen aus. Das gefällt nicht jedem, klar. Zu uns ins LKA kommt sie auch immer mal wieder, interessiert sich sehr für diese Art der Zusammenarbeit. Insgesamt war es sehr schade, dass sie auch nur kurze Zeit bei uns war.

Ich selbst fühle mich nun, im Februar 2015, als festes Mitglied unserer Einheit. Robert hat es geschafft, mir zwei Kollegen als Unterstützung für meine Fälle zu organisieren. Sie helfen, ohne zu meckern. Das ist neu und für mich eine spürbare Verbesserung.

Außerdem habe ich, wie es unser Personalentwicklungskonzept vorsieht, ein Assessment-Center für Führungskräfte absolviert, erfolgreich im ersten Anlauf. Damit habe ich die Sachgebietsleiter-Castingshow bestanden und gelte jetzt als führungsgeeignet. Ich müsste jetzt die Steuerfahndung erst mal für ein paar Jahre verlassen, in einem Finanzamt an höherer Stelle Dienst tun und dann zurückkehren zur Steuerfahndung, um die Chance zu haben, hier ein Sachgebiet als Führungskraft zu übernehmen. Das geht natürlich nicht nur mir so. Ist Vorschrift. Sinnvoll? Ich habe da so meine Bedenken.

Was ein normales Finanzamt mit uns Steuerfahndern anfangen soll, die ja auch meistens schon etliche Jahre aus dem Beritt raus sind, weiß wahrscheinlich niemand. Käme ich jetzt in ein Finanzamt, würden die Kollegen dort mich möglicherweise eher als Belastung empfinden. Ich bin da zwanzig Jahre raus, habe vielleicht Dutzende Neuerungen nicht mitbekommen – und komme als Führungskraft? Wenn man erwartet, dass eine Führungskraft auch wenigstens ein bisschen Ahnung von der Sache hat, wäre das also keine gute Idee. Zugleich ist genau das der Weg, den die Finanzverwaltung NRW vorschreibt.

Unsere neue Dienstellenleiterin meinte dann, ob ich mir nicht vorstellen könne, das jetzt schon zu machen, da doch in unserer neuen Einheit derzeit viel zu organisieren und koordinieren sei und Herr Müller eine Vertretung brauchen würde. Sie könnte mich auch direkt als Führungskraft einsetzen und mit, so heißt das, der Wahrung der Geschäfte betrauen. Das hat sie dann auch getan. Im Prinzip arbeite ich jedoch normal weiter, offiziell als Leitungskraft, die Robert vertritt, und auch als Fahnderin mit allen meinen Verfahren.

Parsson und ich sind weiterhin immer mal wieder mit dem Auslieferungsverfahren Ahmadi beschäftigt. Die Rechtsanwälte in den USA mauern ohne Ende. Und es bleibt leider ein Problem, dass das, was Ahmadi in Deutschland getan hat, in den USA kein Delikt ist. Aber egal, wir schreiben, erklären und hoffen weiter.

Die Rechtsanwälte hier verstehen das Ganze nicht. Der Einfluss vom Boss ist in anderen Ländern größer als hier. Ich ertrag das hier nicht mehr lange. In einer JVA in Deutschland wäre ich dank Big Boss nicht lange. Und dort werde ich überleben. Hier weiß ich es nicht.

Das Telefon klingelt bei mir im Büro. Es ist Ingo vom BKA. Er fasst sich kurz: »Ahmadi wird ausgeliefert.«

»Sag das noch mal! Wie, warum jetzt?«

Ingo meint, es sei wohl Roding zu verdanken, der auf seinen Mandanten eingeredet habe, wahrscheinlich auch den Zuständen in der dortigen JVA. Auf jeden Fall habe Ahmadi der Auslieferung zugestimmt. Ich bin erschlagen und gebe diese schöne Neuigkeit gleich mal an Parsson weiter. Und selbstverständlich auch an Fallner. Es hat viel Arbeit gekostet und viel Energie, aber nun passiert es wirklich: Die USA liefern jemanden aus für eine Tat, die in den USA nicht strafbar ist. Wir haben es tatsächlich geschafft.

Ich bin in Frankfurt im Amtsgericht. Heute ist Haftvorführung, Ahmadi kommt aus den USA nach Deutschland. Er wird von seinem Verteidiger begleitet und bei Gericht mit mir als Ermittlerin konfrontiert.

TEIL II

KAPITEL 23

Ankunft und Überraschungen

»Hallo, Frau Orths. Ich freue mich, Sie endlich persönlich kennenzulernen.«

Wie meint er das? Schwingt da ein bedrohlicher Unterton mit? Nach einem schnellen Räuspern sage ich laut und deutlich: »Und ich mich erst.« Soll er doch denken, was er will. Ich habe keine Angst. Also, nicht vor ihm.

Der Richter spricht ihn an, und er wendet sich wieder von mir ab. Was passiert als Nächstes? Ich bin die Ermittlerin, und ich hatte bisher im Zweifel immer Fallner oder Parsson an meiner Seite. Aber jetzt ist er hier, und demnächst muss ich ihn vernehmen. Ihm in die Augen sehen. Zeigen, dass ich hier jetzt den Hut aufhabe. Mir ist ein wenig mulmig.

Die letzten Worte des Richters höre ich gar nicht. Erst als ein »Sie können jetzt gehen« von der Protokollführerin ertönt, stehe ich auf. Die blonde Rechtsanwältin steht bei den Kollegen des BKA und schaut einige Unterlagen durch, die Ahmadi freiwillig dem BKA übergeben hat. Die Kollegen nehmen Ahmadi dann mit aus dem Raum und die Unterlagen an sich. Ich werde die Papiere erhalten und auch das Tagebuch, das Ahmadi ebenfalls freiwillig ausgehändigt hat. Ahmadi selbst wird heute noch in die JVA Düsseldorf überführt.

Die Kollegen, auch aus anderen Fahndungsstellen, freuen sich. Natürlich würden auch sie Ahmadi jetzt gern vernehmen. Doch das wäre ein bisschen viel. Sie sollen mir alle ihre Fragen aufschreiben und zumailen. Ich würde sie dann Ahmadi stellen.

Ab jetzt wird es spannend. Noch spannender. Die große Frage

ist, ob er alles wiederholen wird, was er bisher am Telefon ausgesagt hat. Vielleicht hat er sich drüben im Knast auch alles anders überlegt, mit seinem neuen Strafverteidiger eine andere Strategie ausgearbeitet. Dr. Roding wirkt auf mich bislang weniger zugänglich als sein Vorgänger Dr. Peters.

Der Richter hat für Ahmadi ein paar Sonderregelungen vorgesehen, er erhält verschärfte Haftbedingungen. Besuchs-, Telefon- und Postüberwachung. Nur sein Verteidiger darf ihn ohne Überwachung besuchen. Die Staatsanwaltschaft liest sämtliche Briefe. Und er darf auch keinerlei nicht kontrollierten Kontakt zur Außenwelt aufbauen. Ahmadi soll nicht die Möglichkeit haben, durch Einwirken auf Zeugen Beweise zu vernichten oder zu ändern oder Zeugen und Mitbeschuldigte zu beeinflussen. Er soll auch keine Fluchtpläne schmieden oder seine Taten fortsetzen können. Im Übrigen hat der Richter verkündet, dass alle Gespräche ausschließlich auf Deutsch geführt werden müssen.

Das ist hier ja mal echt nicht so schlecht, also wenn es kein Gefängnis wäre. Aber was für ein Unterschied zu dem in Kalifornien. Meine Zelle ist völlig okay. Hier gibt es bei guter Führung sogar so was wie einen Lebensmittelladen, und wir können zusammen kochen. Und Sport. Das hab ich echt vermisst. Ich muss jetzt mal überlegen, was ich alles hier brauche. Bücher. Vor allem Bücher. Mein Hirn friert sonst ein. Tagebuchschreiben war dahinten das Einzige, was mein Hirn am Leben gehalten hat. Bücher gab es da nicht. Bin nur mal gespannt, wie schnell das hier alles geht.

Heute steht die erste Vernehmung an. Wir haben dafür in der JVA einen Besucherraum reserviert. Am Eingang geben Robert Müller, Anne Parsson, Dr. Roding und ich unsere Ausweise ab. Wir durchqueren die Kontrolle und müssen unsere Handys wegschließen. Gescannt oder abgetastet werden Ermittlungsbeamte genau wie Strafverteidiger nicht. Danach werden wir durch Teile des Häftlingstrakts in den Besuchertrakt begleitet. Ich bin jetzt ähnlich nervös wie in Frankfurt, als er ankam. Heute sitzt er mir persönlich gegenüber. Ich hoffe, meine Stimme bleibt fest. Aber die erste Ansage macht ja Parsson. Als wir schon im Besucherraum sitzen und warten, geht die hintere Tür auf. Ein Wachmann begleitet Ahmadi in den Raum. Unsere Tür vorne bleibt geöffnet.

Man begrüßt sich per Handschlag. Sein Händedruck wirkt eher vorsichtig. Vielleicht ist er ja auch nervös. Ich sehe ihn mir jetzt in Ruhe an, Jogginghose, etwas strubbeliges Haar, ein paar Pickel, wohl noch von drüben, da hat er sich eine Hautkrankheit zugezogen. Er ist hier deswegen auch in Behandlung. Für den Moment erweckt er den Eindruck eines harmlosen, etwas unsicheren Jungen. Ich schließe kurz die Augen. Vor meinem geistigen Auge laufen Bilder: Ahmadi im Bentley, auf einer weißen Jacht, lachend und posend auf Fotos, als Geschäftsmann mit nach hinten gegeltem Haar und im Anzug in einer Lounge, da läuft auch eine SMS mit Drohungen, die Chats, in denen er so krass eloquent, selbstsicher und befehlsgewohnt rüberkommt, das Casino in Las Vegas, er und Nihsom, Ahmadi als Familienoberhaupt. Das Kaleidoskop verschwindet. Es waren nur Nanosekunden. Meine Augen sind wieder offen, und ich sehe einen jungen Mann in Jogginghose, der so meilenweit entfernt ist von diesen Bildern. Was ist sein wahres Ich? Ich kneife ein paarmal meine Augen zusammen und bin wieder im Hier und Jetzt.

Parsson beginnt mit den Formalitäten, Personalienfeststellung, Belehrung. Alle seien froh, dass er jetzt da sei, fährt sie fort. Man hoffe, dass er vor Ort wiederhole, was er bereits ausgesagt habe, und vieles mehr erzähle. Wir vereinbaren, dass wir ihm seine Äußerungen gegenüber seinem Ex-Anwalt Dr. Peters, die ich ja als Gedächtnisprotokoll festgehalten habe, als Vorhalt in die Vernehmung hereinnehmen und er sich dann dazu äußert.

Eine Tipphilfe haben wir nicht. Mal wird Parsson fragen, mal ich. Der jeweils andere schreibt mit.

Ahmadi scheint müde zu sein. Eher lustlos macht er seine Angaben, die sich auch nicht vollkommen decken mit dem, was er bisher gesagt hat. Er fängt an, seine Stellung etwas herunterzuspielen. Seltsam. Nach guten drei Stunden beenden wir und vertagen uns auf die nächste Vernehmung.

Als Dr. Roding sich draußen von uns entfernt hat, schauen wir uns an. »Was war das denn?«, frage ich Parsson. Sie weiß es auch nicht. Aber mal schauen, sagt sie, was beim nächsten Mal rauskommt.

In meinem Büro liegt eine Anfrage der Staatsanwaltschaft Köln zur Terminierung einer Besuchsüberwachung. Ahmadi möchte seine Familie zu Besuch empfangen. Klar. Angemeldet sind Mutter, der jüngste Bruder Hassan, die jüngste Schwester Hera und ein Cousin. Die beiden Schwestern Elin und Mina und wahrscheinlich auch Ayden sind in Kalifornien geblieben. Mina Ahmadi, das hatten wir mitbekommen, wohnt eigentlich wieder zu Hause, ist aber nach Ahmadis Verhaftung mit ihrer Mutter und Elin in die USA gereist. Die beiden Mädels trauen sich jetzt nicht nach Deutschland. Ich lächle in mich hinein, denn das kann ich gut verstehen. Zumindest Elin möchte den Knast sicher nicht zum zweiten Mal von innen sehen. Besuchsüberwachung bedeutet, dass bei einem Besuch ein Ermittler anwesend ist. Ich werde das selbst übernehmen und dann zusehen, dass keine Code-Sprache benutzt wird und keine Zettelchen ausgetauscht werden.

Als es so weit ist, nehme ich im Besucherraum auf einem Stuhl Platz, der etwas entfernt von den anderen Plätzen steht. Dort sitzt Ahmadis Familie, ich hingegen bin ja der Wachhund. Die Tür geht auf, Ahmadi kommt herein, nickt zuerst mir zu und wendet sich dann seiner Familie zu. Sie dürfen einander nicht umarmen und auch keinen anderen körperlichen Kontakt haben. Die Mutter fängt an zu weinen, die Jungs wischen sich auch ein paar Tränchen weg. Ahmadis Augen sind ebenfalls gefeuchtet.

Dann sprechen alle auf einmal. Weil sie ja deutsch reden müssen, bekomme ich alles mit. Das ist auch der Sinn einer Besuchsüberwachung. Wie es ihm geht, ob er genug zu essen bekommt, was er braucht, Schuhe, Bücher, Fernseher. Okay, er darf tatsächlich einiges in seine Einzelzelle geschickt bekommen, allerdings nur, nachdem die Staatsanwaltschaft jedes Paket geöffnet und kontrolliert hat. Draußen im Gang stehen zwei Automaten mit Süßigkeiten und Getränken. Die Besucher können Münzen, die sie vorher abzählen und vorzeigen mussten, hineinwerfen und dem Häftling Cola und manches mehr überreichen. Das machen sie auch jetzt hier. Ahmadi freut sich über die Süßigkeiten. Es wird noch viel geredet und nach einer Stunde wird Ahmadi wieder abgeholt und zurück in seine Zelle gebracht.

Besuche wie diesen erhält Ahmadi ab jetzt regelmäßig. Manchmal kommt ein Onkel mit, zuweilen ein Freund. Der Bewacher bin immer ich. Die Gespräche wirken absolut harmlos auf mich, ein wenig zu harmlos. Sie sprechen über Fußball, Ahmadi wünscht sich Bücher, »wie geht's der Tante?«, »wie geht's dem Onkel?«, »wie war deine Prüfung?«. Kein Wort über »Geschäfte« oder über den Aufenthaltsort von Ayden oder über die Nikoos.

Zwischenzeitlich haben Anne Parsson und ich Ahmadi in der JVA zum zweiten Mal vernommen, ihm wieder Inhalte des Gedächtnisprotokolls vorgehalten. Und wieder etwas weichgespülte Antworten erhalten. Während der dritten Vernehmung platzt uns der Kragen. Wir halten fest, dass er sich Dr. Peters gegenüber erheblich deutlicher geäußert, dass er genauere Angaben gemacht habe. Parsson erläutert Ahmadi und Dr. Roding dann, was passiert, wenn er nicht in dem Maße kooperiert, wie er das angekündigt hat. Da stünden ja noch Vereinbarungen im Raum, mildere Strafe und vieles mehr, sagt Parsson. Dafür sehe sie derzeit keinen Raum. Es ist eine klare Ansage, und wir hoffen, dass Roding und Ahmadi sie verstanden haben.

Parsson arbeitet nun an der Anklage, meinen Bericht nimmt sie als Grundlage. Was mich in dem ganzen Verfahren so fasziniert, ist diese Person Ahmadi. Hier erlebe ich einen knallharten Hintermann im international organisierten Umsatzsteuerbetrug, einerseits brutal, wenn ich an die SMS an die Schwester denke, freundlich hingegen, wenn wir ihn vernehmen, ein netter Junge, wenn die Familie da ist, und manchmal sogar charmant. Bei einem Besuch sagte die kleine Schwester, die Anfang, Mitte zwanzig ist und im Gegensatz zu den anderen Familienmitgliedern einen eher naiven Eindruck hinterlässt, zu mir: »Meine Bruder ist in Sie verliebt?« Ahmadi sieht zu mir lächelnd rüber und entschuldigt seine Schwester mit einem charmanten Augenzwinkern in meine Richtung. Es umgibt ihn eine gewisse Aura der Überlegenheit, und mein Eindruck ist, dass er auf irgendeinem Wege mitbekommt, was bei uns in den Behörden läuft oder eben nicht läuft.

Im Oktober dann hat Parsson die Anklage rausgeschickt. Wir haben eine weitere Vernehmung angesetzt und haben, da die JVA keinen Besucherraum frei hatte, vom Landeskriminalamt die Erlaubnis eingeholt, dort den fensterlosen Vernehmungsraum für Häftlinge zu nutzen.

Auf der sogenannten Verbringungsfahrt vom Gefängnis ins LKA muss der Häftling von Waffenträgern begleitet werden. Das ist vorgeschrieben und völlig logisch – und stellt sich jetzt für uns an diesem Tag als echtes Problem heraus. Die JVA hatte nicht nur keinen Besucherraum, sie hatte auch kein Personal für die Fahrt. Die Polizisten des LKA wiederum dürfen Ahmadi nicht abholen, da es sich nicht um ein LKA-Verfahren handelt. Und wir, die Steuerfahnder, haben keine Waffen. Aber wie bekommen wir jetzt einen durch die Steuerfahndung Inhaftierten zur Vernehmung raus? Gar nicht? Gibt's nicht.

Wir müssen schließlich Amtshilfe bei einer Polizeiinspektion beantragen. Dort lässt man uns zum Glück nicht abblitzen, weist aber ebenfalls auf den knappen Personalstand hin. Das dürfe jetzt auf keinen Fall die Regel werden, heißt es. Ich kann die Sicht der Polizei verstehen, nur kann sich das Dilemma durchaus wiederholen. Man braucht dafür deshalb eine Lösung, das ist mal klar.

Am Ende erscheint Sayed Ahmadi wohlbewacht im Vernehmungsraum des LKA. Mit Dr. Roding nimmt er hinter dem großen Tisch Platz, Anne Parsson, Robert Müller, eine Kollegin, die mitschreibt, und ich setzen uns ihnen gegenüber. So weit, so normal, doch dann kommen wir nicht dazu, wie gewohnt mit unseren Vorhalten in die Vernehmung einzusteigen. Ahmadi fängt von sich aus an zu reden. Dabei spricht er mit fester Stimme, schaut uns direkt in die Augen und wirkt viel ernster als zuvor.

»Die Anklage hat mir vor Augen geführt, in welchem Ausmaß ich unrechtmäßig und kriminell gehandelt habe. Ich bedauere zutiefst, meine komplette Familie mit reingezogen zu haben. Ich akzeptiere die mir vorgeworfenen 75 Taten in vollem Umfang. Ich habe diese Geschäfte gesteuert und kontrolliert. Ich gebe auch alle Aliasnamen zu. Ich bin bereit, über alle Tatkomplexe umfassend auszusagen und Aufklärungshilfe zu leisten.« Er lehnt sich wieder in seinem Stuhl zurück.

Was war das denn? Erst mal: Yeah! Damit hat niemand von uns gerechnet. Doch was ist in der Zwischenzeit mit ihm passiert? Ahmadi klang emotionslos, ein wenig, als habe er die Sätze auswendig gelernt. Vor allem die Härte in seiner Stimme war irritierend. Unsere Schreibkraft hat vor lauter Überraschung vergessen mitzuschreiben.

Es herrscht ein Moment Stille, bis wir nachfragen und dabei

auch alles protokollieren. Ahmadi liefert uns jetzt ein umfassendes Geständnis ab. Er erklärt den gesamten europaweiten Umsatzsteuer-Betrug, souverän und in ruhigem Ton, als sei das hier ein Geschäftstermin. Dabei nennt er auch den ranghöchsten Hintermann, den wir bisher nur als Batman kannten, beim Namen. Diese Nachricht geben wir umgehend an die Kollegen des BKA weiter.

Ab diesem Zeitpunkt folgen weitere Vernehmungen, bei denen Ahmadi gezielt zu bestimmten Firmen aufklärt. Bei Polizei und Steuerfahndung spricht sich herum, dass Ahmadi gestanden hat und nun aktiv bei der Aufklärung hilft. Kollegen, die mir häufig zu verstehen gegeben haben, wie wenig sie von meiner Fixierung auf Ahmadi hielten, möchten ihn nun plötzlich selbst vernehmen und zu den Firmen befragen, bei denen sie ermitteln. Mal organisiere ich solch eine Vernehmung, mal stelle ich Ahmadi Fragen, die mir die Kollegen aufgeschrieben haben. Dass ich mich professionell und kollegial verhalte, steht für mich außer Frage. Aber ich muss zugeben, dass ich mich gefreut hätte, wenn der eine oder andere kritische Kollege eingestanden hätte, dass er und nicht ich falschgelegen habe. Doch dazu kommt es nicht. Die von mir empfundene Distanz der Kollegen zu mir bleibt bestehen. Keine Ahnung, warum.

Als ich mal wieder in der JVA einen Besuchstermin überwacht und das Gefängnisgelände wieder verlassen habe, gehe ich langsam zu meinem Auto auf dem nahe gelegenen Parkplatz zurück. Hier stehen Wagen von Freunden und Angehörigen, auch die Strafverteidiger und Dolmetscher parken hier. Es war wieder kein Dienstwagen frei, weshalb ich mit meinem Landrover hergefahren bin. Damit in solchen Situationen unsere Autokennzeichen nicht nachvollziehbar sind, können wir sie bei der Zulassungsstelle sperren lassen. Das bedeutet, das Straßenverkehrsamt setzt eine Auskunftssperre, und dadurch bekommt keiner eine Info, auf wen das Fahrzeug mit dem Kennzeichen

XY zugelassen ist. Etwaige Knöllchen landen dann auch bei uns in der Geschäftsstelle und nicht in meinem Briefkasten. Ich habe darauf verzichtet, denn es ist ja ohnehin schon gelungen, mein Auto zu identifizieren.

Die JVA befindet sich am Düsseldorfer Stadtrand kurz vor Ratingen, und ich nehme die kleine Zufahrtsstraße, um auf die Hauptstraße und dann in Richtung Innenstadt zu fahren. Als ich am Stoppschild anhalte und wie gewohnt in den Rückspiegel schaue, fällt mir ein weißer Bentley mit britischem Kennzeichen auf. Der stand vorher nicht auf dem Parkplatz, meine ich, so ein Auto wäre mir aufgefallen.

Ich beschließe, mir keine Gedanken zu machen, und fahre in Richtung LKA. Bis dahin sind es ein paar Kilometer, und irgendwann sehe ich auch einen anderen Wagen hinter mir. Als ich nur noch kaum mehr als zwei Tunnel vor mir habe, hat sich jedoch wieder der weiße Bentley hinter mich gesetzt. Krass. Das kann es doch nicht geben.

Hinter dem LKA befindet sich ein Schnellrestaurant, und genau dort biege ich jetzt ein. Der Bentley fährt geradeaus weiter. Habe ich langsam Halluzinationen? Geradeaus geht es schließlich auch zur Autobahn.

In meinem Büro wartet ein Kollege aus unserer Dienststelle. Der sitzt nicht im LKA. Er will etwas über Ahmadi wissen. Robert bringt ihm gerade eine Tasse Kaffee. »Ich glaube, mir ist schon wieder einer gefolgt«, sage ich zu Robert. »Kann aber auch ein Zufall sein. Ein weißer Bentley mit britischem Kennzeichen, der ist von der JVA bis hierher hinter mir her.«

»Das sollten wir wieder melden«, sagt Robert.

»Nee, lass mal, war bestimmt Zufall. Die beim Polizeipräsidium denken nachher noch sonst was. Verfolgt, versuchter Brand und jetzt wieder verfolgt?«

Robert sieht nicht glücklich aus, ist dann aber einverstanden. Jetzt mischt sich allerdings der Kollege Steuerfahnder ein. »Bleib doch einfach bei der normalen Ermittlung wegen Steuerhinterziehung und spiel nicht Kripo, dann passiert dir das auch nicht.«

Ich schaue ihn an, so böse wie möglich. »Und wie wäre ich sonst an Ahmadi gekommen?« Da sagt er nichts mehr.

In der nächsten Vernehmung, diesmal ohne Parsson, sind Robert und ich gerade im Small Talk mit Ahmadi und Dr. Roding, als ich mal fallen lasse, dass ich jetzt schon in drei verschiedenen Gerichtsverhandlungen ein und denselben indisch aussehenden Mann gesehen habe, einmal auch als Verteidiger bei einem der Angeklagten. »Das fand ich einen seltsamen Zufall, denn es ging um drei völlig verschiedene Betrugsketten, und dennoch immer derselbe Anwalt.«

Robert weiß nicht, warum ich das gesagt habe, aber es ist ja Small Talk. Doch Ahmadi und sein Anwalt reagieren. Dr. Roding bittet uns, mal 30 Sekunden allein mit seinem Mandanten sprechen zu dürfen. Darf er. Robert und ich gehen in den Vorraum. Die Tür lassen wir angelehnt.

Kurz darauf kommt Dr. Roding und bittet uns wieder hinein, kleinlaut. »Wir hätten das eigentlich erzählen sollen, ich wollte das auch noch tun, aber …«, setzt er an. »Das ist Yorus Patel«, unterbricht ihn Ahmadi. »Er ist der Hausanwalt von Batman. Der beobachtet in Deutschland alles, um Batman mitzuteilen, was alles ausgesagt wird über die Hintermänner.«

»Er hat sich von mir eine Untervollmacht für die Besuche meines Mandanten in der JVA erbeten«, sagt nun wieder Dr. Roding. »Ich bin davon ausgegangen, und so hatten wir es auch besprochen, dass er das der Staatsanwaltschaft mitteilt. Ich hatte keine Ahnung, dass dies nicht passiert ist.«

»Erbeten?«, fragt Robert. »Oder wurden Sie dazu gezwungen?«

Dr. Roding schaut auf seine Schuhe und schweigt. Robert fragt ihn, ob er Schutz benötige. Roding schüttelt den Kopf. »Nein,

nein, es ist nur, dass ich davon jetzt keine Ahnung hatte«, erwidert er und sieht dabei etwas niedergeschlagen aus.

»Herr Ahmadi, verstehe ich das richtig?«, sage jetzt ich, »Patel hat Sie als Anwalt in der JVA besucht?

Ahmadi nickt. Wusste er, dass Patel uns dies nicht mitgeteilt hatte? Sieht er verlegen aus? Ich weiß nicht.

Ich muss mich jetzt sehr zurückhalten, so sauer bin ich. »Wahrscheinlich fährt der auch noch 'nen weißen Bentley mit britischem Kennzeichen, oder?«, frage ich. Beide Herren nicken.

Ich kann es nicht glauben und fluche in mich hinein. Wie naiv sind wir eigentlich? Tauchen in einen Strudel der Organisierten Kriminalität ein und wissen überhaupt nicht, wie solche Strukturen funktionieren! Machen alles ohne polizeiliche Erfahrung. Was kommt denn noch alles? Und kriegen wir das hier mit unseren Möglichkeiten überhaupt gestemmt?

Wir fragen noch das ein oder andere, brechen die Vernehmung dann aber ab. Ich fordere die Besucherliste der JVA an, und als sie mir etwas später vorliegt, kann ich die bittere Wahrheit lesen: Patel war inzwischen sechs Mal bei Ahmadi, ohne dass jemand davon gewusst hat.

KAPITEL 24

Desaster

Durch die Vernehmungen von Sayed Ahmadi haben Anne Parsson, Robert und ich inzwischen nahezu alle Beweise beisammen. Wir müssten vor Freude jubeln, eigentlich. Denn auf vieles wären wir ohne das Geständnis nicht gekommen. Mit unserem neuen Wissensstand können wir auch andere Ermittlungen mit Anklage abschließen – und etlichen Kollegen ebenfalls dabei helfen.

Allerdings muss Ahmadi das jetzt alles nur noch bei Gericht wiederholen. Und da fragen wir uns, ob die Hintermänner damit einverstanden sind. Diese Frage sollte man sich eigentlich überhaupt nicht stellen. Doch die Hintermänner wissen viel, beobachten ja sogar die Prozesse und stehen mit dem Hauptverdächtigen unbemerkt in engem Austausch. Sie können durchaus ein Faktor sein bei der Entscheidung, ob Ahmadi die Sache wirklich durchzieht.

Die Hauptverhandlung ist jetzt terminiert, und ich habe noch ein wenig Zeit, mich um andere Verfahren zu kümmern, als das Telefon klingelt. Es ist die Sicherheitsabteilung der JVA, und sie hat bittere Neuigkeiten. Bei einer unangekündigten Zellenkontrolle habe man bei Ahmadi ein Smartphone gefunden. Wie bitte?

»Wir kommen sofort«, sage ich, lege den Hörer auf und informiere Robert.

»Was bitte? Ein Smartphone in der JVA?« Offensichtlich. »Warte«, sagt Robert, »jetzt keinen Schnellschuss.«

Erst mal rufen wir Parsson an. Die ist so entsetzt, dass sie sofort einen Durchsuchungsbeschluss für die Zelle und für die

Person Ahmadi anregt, weil dort womöglich noch weiteres illegales Material zu finden sei.

Vorher wollen wir uns jedoch das Handy holen und erfahren, dass der Leiter Sicherheit der JVA das Gerät nicht herausgeben will. Es kostet uns vier Tage und eine lange Diskussion, bis wir das Smartphone dort abholen dürfen. Unsere IT sichert die Daten darauf.

Die Durchsuchung von Ahmadis Zelle wird genehmigt, den Beschluss bringt Parsson persönlich mit. Auch Björn, ein weiterer Kollege, wird dabei sein. An der Pforte beginnen die Schwierigkeiten. Man lässt uns nicht rein, obwohl wir einen richterlichen Beschluss in der Tasche haben. Dafür werden wir zur Leitung der JVA eskortiert. Dort erläutern wir unsere Maßnahme und teilen auch mit, was die Teil-Auswertung des Smartphones ergeben hat: dass der Häftling Sayed Ahmadi fünf Monate lang ungehindert aus der JVA heraus mit seiner Familie sowie mit Sameer Nihsom und Adam kommuniziert hat. Dass dies möglich war, macht mich in der Tat einigermaßen fassungslos. Ich dachte, in jeder JVA seien sogenannte Störsender aktiviert, die den Kontakt nach draußen verhindern, falls doch mal ein Gerät seinen Weg zu den Häftlingen findet. Mit so einer Sicherheitslücke habe ich nicht gerechnet.

Wir wollen nun endlich anfangen. Doch das sei gar nicht möglich, erfahren wir von der JVA-Leitung. Der Gefangene Ahmadi sei just heute Morgen für eine Verlegung in die JVA Köln vorgesehen. Er befände sich wahrscheinlich entweder noch im Transportbereich, wie auch die Kartons mit seinem Hab und Gut, und da könne man uns nicht reinlassen. Vielleicht sei er aber auch schon auf der Verbringungsfahrt. Seine Zelle jedenfalls sei bereits wieder gereinigt und auch schon wieder belegt.

Ist das Zufall? An Zufälle glaube ich jetzt nicht mehr.

Wir fahren nach Köln, untersuchen dort die Kartons und auch Ahmadis neue Zelle. Wir stellen Ahmadi zur Rede, das heißt, wir vernehmen ihn zum Einsatz des Smartphones. Er habe das Handy von Patel bekommen, sagt er uns und dass es ihm leidtue, dass er nicht die volle Wahrheit gesagt habe. Ach, echt? Aber mich interessiert was anderes.

»Wie konnten Sie denn kommunizieren? Es gibt doch überall Störsender?«

Da ist es wieder, das typische, überlegene Ahmadi-Lächeln. »Ich kann die schnell finden, und es gab einen Platz, da waren keine. Musste wohl etwas tricksen.« Ich rolle die Augen. Mehr will ich gar nicht hören.

Immerhin machen die Ermittlungsverfahren zu Umsatzsteuer-Betrügereien im ganzen Bundesgebiet in diesen Wochen und Monaten gute Fortschritte. Unser Wissensstand kann sich inzwischen sehen lassen, und es geht nun auch an größere Verfahrenskomplexe heran. Das gilt allerdings nicht für alle Unternehmen, die in eine Betrugskette oder in ein Karussell eingebunden sind. Die Ermittlungen im organisiert begangenen Umsatzsteuerbetrug durch Fakturierung von Kupferkathoden, den Jörg, Frank und ich weiterhin bearbeiteten, enden jäh bei der letzten Firma. Von dort aus, das legen Hinweise nahe, werden Kupferkathoden zumindest zum Teil wieder ohne Steuer ins Ausland fakturiert – und gelangen dort wieder in den Karussell-Kreislauf. Auch Kollegen in anderen Städten, die zum Umsatzsteuer-Betrug mit Kupferkathoden ermitteln, machen diese Erfahrung. Die Firmen, bei denen die Kette in Deutschland endet, sind groß, bekannt und manchmal sogar im DAX gelistet. Die Konzern-Betriebsprüfer der Finanzämter behaupten, diese Konzerne wüssten nichts von dem Betrug. Nun ja, es muss ja auch nicht gleich der gesamte Vorstand Kenntnis von diesen Zusatzgeschäften haben. Bei der großen deutschen Bank waren es ja auch nur einige Mitarbeiter, die man bestochen hatte. Warum sollte das bei den Großunternehmen anders sein? Denn die Aussicht, dass sich der Preis für Rohmaterial nach dem Umsatzsteuer-Betrugsdurchlauf verbilligt, ist ja gerade bei den hochpreisigen Waren interessant. Und müssen wir da als Prüfungsdienst und Steuerfahndung nicht rangehen? Ja. Aber können wir nicht? Wollen wir nicht? Dürfen wir nicht?

Es ist, das muss man leider sagen, nicht der einzige Punkt, an dem wir uns schwertun. Denn Folgen politischen Versagens – und nichts anderes ist es, wenn man wie das Bundesministerium der Finanzen frühe Hinweise auf Verbrechen ignoriert oder zumindest nicht ernst nimmt – lassen sich auch in einem anderen Ermittlungsverfahren sehen.

EXKURS: CumEx und hopp. Das große Taschengeld

Ich erinnere mich nur zu gut daran, da ich auch heute noch damit beschäftigt bin: 2013 wurde die Steuerfahndung in Nordrhein-Westfalen zum ersten Mal mit jenen Finanzgeschäften konfrontiert, die ihre Erfinder mit den lateinischen Worten Cum (mit) und Ex (ohne) benannt hatten. Vereinfacht gesagt handelt es sich hierbei um Aktiendeals, bei denen der Staat betrogen wird, indem er eine vorher gar nicht bezahlte Steuer einmal oder gar mehrfach an die Täter erstattet. Um das zu erreichen, handelten die Akteure mithilfe von Banken rund um den Dividendenstichtag in großem Umfang Aktien hin und her, sodass mindestens zwei Personen oder Institutionen eine Bescheinigung zum Einbehalt der Kapitalertragsteuer erhielten. Mit dieser Bescheinigung konnten sie sich die Steuern dann anrechnen beziehungsweise erstatten lassen. Mal wieder ein Griff in die Staatskasse.

Das Bundesfinanzministerium wusste seit spätestens 2002 von diesen Geschäften. Seitdem war dort also klar, dass man CumEx-Geschäfte nur unternahm, um sich Steuern erstatten zu lassen, die zuvor nie gezahlt worden waren. Das Problem:

Man unternahm nichts wirklich Wirksames gegen diese dreiste Art illegaler Bereicherung. Zwei Gesetzesinitiativen, 2007 und 2009, erwiesen sich als ungeeignet. Erst 2012 setzte der Gesetzgeber dem CumEx-Konstrukt ein Ende. Bis dahin haben Banken, reiche Investoren und skrupellose Steueranwälte – einer von ihnen war vorher sogar Finanzbeamter – Milliarden Euro aus dem Staatssäckel geklaut.

Und täglich grüßt das Murmeltier, könnte man mit Blick auf unsere Umsatzsteuer-Betrugsfälle sagen, nur: Bei CumEx-Deals hat man es mit Banken und eben sehr reichen Anlegern zu tun. Außerdem lief der ganze Betrug, der allein den deutschen Steuerzahler nach Hochrechnungen rund 15 Milliarden Euro gekostet hat, weitaus komplizierter ab und war nicht allzu leicht nachzuvollziehen.

Die Staatsanwaltschaft Köln wurde 2013 dann durch eine beim Bundeszentralamt für Steuern eingegangene Anzeige darauf aufmerksam, dass an diesen Geschäften etwas faul sei. Faul ist untertrieben, denn der Anzeigensteller schilderte CumEx als planmäßig kalkuliertes und organisiertes System. Die Staatsanwaltschaft Köln vergab einen Ermittlungsauftrag an die Steuerfahndung Köln. Diese lehnte allerdings ab mit der Begründung, keine Kapazitäten zu haben. Daraufhin wandte sich die Staatsanwaltschaft an die Abteilung Wirtschaftskriminalität des Landeskriminalamts in Düsseldorf. Einige Hinweise deuteten nämlich nicht nur auf Steuerhinterziehung, sondern auch auf Delikte wie Erpressung oder Betrug hin.

Nach den ersten Recherchen und Ermittlungen erfolgten 2014 Durchsuchungen unter Beteiligung der Steuerfahndungen. Danach wurde die im LKA eigens für die CumEx-Verfahren gegründete Ermittlungskommission (EK) durch einen Fahnder der Steuerfahndung Düsseldorf verstärkt. Das war sinnvoll, denn die steuerstrafrechtliche Komponente der Deals war das maßgebliche Delikt.

Ich selbst ermittelte in Sachen CumEx, nachdem ich seit Februar 2015 Mitglied der Sondereinheit EOKS wurde, der Ermittlungsgruppe Organisierte Kriminalität und Steuerhinterziehung, zuerst im operativen Bereich und danach als stellvertretende EK-Leiterin. 2017 gewann das Thema für uns nachhaltig an Bedeutung, denn das Land NRW kaufte nun CumEx-Daten auf. Diese Daten und die Ermittlungen wurden an alle zehn Steuerfahndungsämter in Nordrhein-Westfalen verteilt. Dies hat sich dann bald als nicht zielführend erwiesen.

Die Herangehensweise an diese Verfahren war bei vielen Steuerfahndungsstellen zu unterschiedlich. Einige hatten sogar zunächst Probleme mit einem Anfangsverdacht. Strukturell und koordiniert sind die Fahndungsstellen ihre Aufgaben nicht immer angegangen. Das war ein Problem, denn bei CumEx kann der Staat sich das Geld, um das er geprellt wurde, noch zurückholen. Die Banken haben das Geld ja.

Die Staatsanwaltschaft Köln drängte nun darauf, die Ermittlungen zu zentralisieren. Die Oberfinanzdirektion beauftragte dann für die Staatsanwaltschaft Köln eine Steuerfahndung, im Landeskriminalamt eine Ermittlungskommission einzurichten und hier CumEx zentral zu bearbeiten. Aber auch hier zeigte sich unser großes Manko: Wir hatten mal wieder zu wenig Personal.

Es verlangte Ausdauer, sich in die Materie einzuarbeiten und die Tricks und Schliche gewitzter CumEx-Macher wie Hanno Berger, Martin Shields oder Paul Mora zu verstehen. Was mich selbst bei dieser Arbeit geschockt hat: Das »Automatisierte Erstattungsverfahren« enthielt eine Bagatellgrenze. Das bedeutete, dass das Geld ungeprüft ausgezahlt wurde, wenn die Höhe des Erstattungsbetrags unterhalb dieser Grenze lag. Diese Grenze liegt nun aber nicht bei 1000 Euro, nicht bei 10 000 und auch nicht bei 50 000 Euro. Sie liegt bei 750 000 Euro! 750 000 Euro! Das wollte nicht in meinen Kopf.

Nehmen wir zum Vergleich mal die Werbungskosten, die ein gewöhnlicher Arbeitnehmer in seiner Steuererklärung angeben kann, Aufwendungen, die er hatte, um sein Einkommen zu erzielen. Im Moment steht dafür ein Pauschalbetrag von 1000 Euro, den der Arbeitnehmer absetzen kann. Gibt er an, dass seine Werbungskosten bei 1700 Euro lagen, muss er das im Einzelnen nachweisen können und damit rechnen, dass das zuständige Finanzamt seine Angaben nachprüft.

Man hat mir diese Regelung mit der Bagatellgrenze dann mit Personalmangel erklärt. Okay, das habe ich verstanden, aber dennoch: Kann man solch eine Ungerechtigkeit mit Personalmangel rechtfertigen?

Zu wenig Personal hatten wir auch, als die Staatsanwaltschaft Köln dann auf die Idee kam, dass die EOKS die Ermittlungen jetzt allein übernehmen sollte. Unsere anderen Großverfahren liefen zum Großteil dann noch nebenher. Und es fanden sich keine Kollegen, die unbedingt zu uns stoßen und uns unterstützen wollten. Dann muss man eben Anreize dafür schaffen, würde sich jetzt wahrscheinlich der Chef einer Firma denken und womöglich genau das tun. Wenn man einen normalen Steuerfahnder bittet, für dieselben Bezüge entweder acht Stunden an einem kleinen Fall zu arbeiten oder sich mit Überstunden in komplexe Bankenabläufe einzuarbeiten – wie würde er wohl entscheiden? Genau.

Wir haben immer wieder versucht, über die Oberfinanzdirektion Anreize zu schaffen durch zum Beispiel abweichende Dienstorte, da ja bei den CumEx-Ermittlungen eine tägliche Anwesenheit im LKA erwünscht war. Dann wären zumindest die Fahrten als offizielle Dienstreisen abzurechnen gewesen. Es hätten sich dann Kollegen aus Bochum, Bielefeld oder woher auch immer gemeldet, die nur eben nicht jeden Tag auf eigene Kosten im Stau herumstehen wollten. Doch das System erwies sich auch in diesen so brisanten und für den Fiskus und damit für die Bürger lukrativen Fällen als starr und unbeweglich. Der besonderen Herausforderung, die CumEx für den Staat darstellte, wollte man lieber nicht mit besonderen Maßnahmen begegnen. Und es kam etwas weiteres hinzu: Unsere Verwaltung machte es nicht einfacher.

Die CumEx-Verfahren sind für die Steuerfahndung aufgrund der Vielzahl der Fälle und wegen der Komplexität der Ermittlungen an sich schon eine große Herausforderung. Die Ermittler müssen sich in die erst mal völlig fremde Welt des Investmentbankings einfinden. Kollegen, die neu eingesetzt werden, empfinden das in den ersten Monaten gewöhnlich nicht gerade als Heimspiel.

Wie kann man also helfen, damit wir diese in der Tat gigantische Herausforderung mit Erfolg angehen können?

Bisher erfahren wir eher das Gegenteil von Unterstützung. Die Finanzverwaltung NRW hat für Steuerstrafverfahren ein neues Fachverwaltungssystem eingesetzt, benannt nach Venus, der Göttin der Liebe. Aber lieben können wir dieses System nicht. Es ist so ausgelegt, dass die komplette Fallbearbeitung hierüber erfolgen soll. Dafür müssen umfangreiche Daten eingegeben werden. Fast 15 Jahre hat man an dem System gebastelt, und in der Zeit ist die IT-Technik durchaus vorangeschritten. Wir schlagen uns nun mit einem Programm herum, das für Umfangsverfahren der Organisierten Kriminalität mit einer Vielzahl von Personen und Firmen und verschiedenen Taten völlig ungeeignet ist. Unsere CumEx-Verfahren mit knapp 1000 Beschuldigten laufen ja schon ein paar Jahre, und entsprechend sind die Verfahren auch fortgeschritten. Diese sollen nunmehr, so die Vorstellung der Verwaltung, nachträglich in das System Venus eingegeben werden. Das bedeutet für die Steuerfahnder, die Beschuldigten zu erfassen, die einzelnen Tatvorwürfe und die bisherigen Verfahrenshandlungen. Wenn wir das machen müssen, dann sind wir über Monate nur mit der Eingabe von Verfahrensdaten beschäftigt – um nicht zu sagen lahmgelegt. Allein der Eintrag eines neuen Falles in Venus dauert schon 15 Minuten. Von der Dauer aller weiteren Schritte dieses mühseligen Verfahrens will ich nicht berichten. Nur, noch mal: Wir haben nicht einen neuen Fall, sondern knapp 1000 laufende CumEx-Fälle.

Es ist schlichtweg absurd. Wir haben einen hoheitlichen Auftrag zu erfüllen, sollen aber unsere Zeit dafür verschwenden, uns mit komplizierten Programmen zu beschäftigen – und die Strafverfolgung dann eben erst mal außer Acht lassen.

Einen Hoffnungsschimmer habe ich bei CumEx mit Blick auf die Finanzverwaltung immerhin sehen dürfen. Das Innenministerium von NRW bot der Staatsanwaltschaft Köln tatsächlich 40 Wirtschaftskriminalisten der Polizei an, wenn im Gegenzug auch die gleiche Anzahl Steuerfahnder gestellt würde. Jetzt lag der Ball beim Landesfinanzministerium. Und das Schöne daran war: Es konnte sich jetzt wirklich nicht mehr wegducken.

Wir haben tatsächlich einige neue Kollegen bekommen, auch junge Kollegen, die zwar noch strafrechtlich geschult werden mussten, aber eben auch sehr motiviert sind. Die CumEx-Deals bergen noch so viel Geld, das der Staat sich zurückholen kann und das wir gut gebrauchen könnten. Ich hoffe, dass wir genau da in Zukunft mehr tun dürfen.

Seit über zwei Jahren bin ich auch Mitglied einer Soko gegen Umsatzsteuer-Betrug in Bayern. Sie wird vom Staatsanwalt Maler geleitet und ist noch mal weitaus größer als die EG Thor in Frankfurt. Der europaweit begangene Umsatzsteuer-Betrug hat jetzt doch die meisten aufgeweckt. Staatsanwälte, Steuerfahnder, auch Polizisten versuchen, die Konstrukte zu zerschlagen. Dass wir immer noch viel zu wenige sind, oft nicht schnell reagieren können und unsere eigenen Verwaltungsstrukturen eher hinderlich sind, führt leider trotzdem dazu, dass Verfahren jahrelang andauern oder manchmal auch ineffektiv enden.

Die Politik, meine ich, müsste hier dringend auch einen Beitrag leisten. Das Problem des Umsatzsteuer-Betruges ist inzwischen seit fast 20 Jahren bekannt. Ein paar weitere Ausnahmeregelungen im Umsatzsteuergesetz reichen nicht aus. Es hat ja auch schon Eingaben und im Finanzausschuss des Deutschen Bundestages ein öffentliches Fachgespräch zu »Maßnahmen gegen sogenannte Umsatzsteuerkarusselle« gegeben, nur: Von wirksamen Verbesserungen für die Bekämpfung oder Verhinderung des so einträglichen Betrugs habe ich bislang nichts mitbekommen. Immerhin hat sich eine europäische Staatsanwaltschaft gegründet. Für die Aufklärung des Umsatzsteuer-Betruges ist das ein großer Schritt.

Bisweilen lachen uns manche Täter, die seit zwölf oder fünfzehn Jahren im Geschäft sind, fast schon ins Gesicht. Denn die machen ja weiter. Einige ändern nicht mal die Firmennamen. Ich sollte kürzlich ein Verfahren übernehmen, und als ich die Namen der Geschäftsführer las, musste ich laut lachen. »Bei denen war ich schon zweimal«, habe ich zu Robert gesagt, »und die waren auch schon zweimal vor Gericht und haben auch Bewährungsstrafen bekommen. Und jetzt soll ich da wieder mit einem Durchsuchungsbeschluss hin? Ich mach mich doch nicht lächerlich.« Das Verfahren hat dann netterweise eine andere Fahndungsstelle übernommen.

Es ist Februar 2016, und ich denke an die vielen Besuchsüberwachungen, als ich Ahmadis Smartphone weiter auswerte. Die müssen sich echt kaputtgelacht haben, über mich und letztlich über den Staat. Ich bin einfach nur sauer, auf mich, auf die JVA, auf unsere Inkompetenz, kriminalistisch zu denken und reagieren zu können. Uns ist es doch all die Monate aufgefallen, dass die nur Blödsinn und Banalitäten ausgetauscht haben bei den offiziellen, überwachten Besuchen. Warum haben wir nicht früher daran gedacht, mal die Zelle zu überprüfen oder ihn in der JVA überwachen zu lassen? Man hätte auch die Handys der Brüder überwachen können. Auch ich hätte es einfach sehen können, fühle mich aber zugleich alleingelassen.

Sayed Ahmadi, das erfahre ich aus den WhatsApp-Chats, versteckt sein Smartphone in der Unterhose. Und so kann er auch, das zeigen die Chats, auf seinem Smartphone vom Gefängnis aus über WhatsApp und Skype sehr vieles weiter managen. Er hat der ganzen Familie Anweisungen gegeben für die kriminellen Geschäfte, hat Überweisungen getätigt und Flugtickets gebucht, hat auch mit den anderen Hintermännern in Kontakt gestanden. Im Chat lachen sie darüber, dass der jüngste Bruder falsche Flüge gebucht hat. Die Mutter gibt sich entsetzt – sie weiß gar nicht mehr, wann sie zuletzt Economy Class und nicht Business oder First Class geflogen ist. Im Besucherraum der JVA macht sie auf arme Frau, der man ihr Söhnchen weggenommen hat. In Wirklichkeit spielen alle ein gut geprobtes Spiel.

Ich könnte mich noch lange ärgern, bin aber andererseits auch froh, dass wir ihn geschnappt haben. Dass wir ihn dazu gebracht haben, auszusagen. Dass wir so viele Fälle aufklären konnten.

Ich betrete aber seit Wochen auch noch ein anderes Terrain, oder soll ich sagen: Kampfesfeld? Wenn wir gemeinsam mit den LKA-Kollegen Häuser und Büros durchsucht haben, durften wir bei Bedarf netterweise schusssichere Westen aus deren Bestand ausleihen. Die Steuerfahndung verfügt über solche Westen nicht. Robert hat dann irgendwann mal gesagt, dass dies nicht in Ordnung sei. Wir würden die gleichen Dienste ausüben wie die Kollegen, und die müssten uns ihre Westen leihen. Er beauftragte mich, bei der Oberfinanzdirektion schusssichere Westen zu beantragen.

Vor Jahren mailte unsere Geschäftsstelle, dass es nun endlich gelungen sei, tragbare Blaulichter zu erwerben. Tür auf, Blaulicht aufs Auto und dann mit Volldampf voran – was man aus dem Fernsehen kennt, sollte endlich auch uns ermöglicht werden. Vierzig Steuerfahnder kamen dann auch sofort zur Geschäftsstelle, um sich solch ein mobiles Blaulicht abzuholen. Was ihnen entgangen war: Die Mail trug das Datum 1. April.

So ähnlich komme ich mir nun bei meinem ersten Telefonat mit der Oberfinanzdirektion vor. Schusssichere Westen – wieso? Weshalb? Warum? Hatten wir noch nie. Ja, stimmt, wir hatten aber auch noch nie eine Ermittlungseinheit gemeinsam mit dem LKA und nie so viele Verfahren in unserem Haus und auch in anderen Fahndungsstellen, die in der Organisierten Kriminalität ermitteln. Unsere Arbeit ist eine andere geworden, und die Täter haben sich auch verändert.

Es folgten etliche Vermerke und Berichte, es ging hin und her, hier die Genehmiger aus der uns überstellten Behörde, dort eine kleine Steuerfahnderin, die auch die Realität kennt. Ob denn dann alle Steuerfahnder solch eine Weste benötigten, sollte ich sagen – als wäre ich der Dienststellenleiter aller Steuerfahnder. Wir im LKA brauchten sie jedenfalls dringend.

Dann bekam ich einen Anruf, der meinen Geduldsfaden beinahe reißen ließ. Es wollte wirklich jemand aus der Oberfinanzdirektion am Telefon wissen, welche Sorten und Modelle es gäbe. Er fragte auch nach den unterschiedlichen Preisen. Die schönsten Konter fallen einem ja meistens später ein. Diesem Herrn hätte ich sagen sollen: »Kommen Sie doch einfach hier ins LKA. Die Kollegen, die für die Westen zuständig sind, zeigen Ihnen dann ein paar. Wir fangen mit der billigsten an. Ich schieße, und wenn Sie überlebt haben, nehmen wir die billigsten.« In Wirklichkeit habe ich dem Mann natürlich ein paar sachdienliche Hinweise gegeben.

Hier zeigen sich wieder unsere Defizite im Umgang mit Verfahren der Organisierten Kriminalität in Verbindung mit Steuerhinterziehung.

Die letzte Diskussion drehte sich darum, was auf dem Rücken der Westen zu lesen sein sollte. Bei der Polizei steht drauf, was drin ist: »Polizei«, beim Zoll »Zoll« und beim Ordnungsamt »Ordnungsamt«. Aber wir könnten doch nicht »Steuerfahndung« draufschreiben, wegen des Steuergeheimnisses.

An der Stelle hätte ich beinahe aufgegeben. Immerhin haben wir die Westen am Ende erhalten. Hintendrauf steht jetzt: »Fahndung NRW«. Es weiß natürlich da draußen jeder, dass das die Steuerfahndung ist. Aber es steht nicht drauf.

KAPITEL 25

Finale

Am 16. Februar beginnt im Landgericht Köln die Hauptverhandlung gegen Sayed Ahmadi, gegen seinen Bruder Ayden und gegen seine Cousins Halim und Kalim Nikoo. Das heißt, dass die Arbeit von Steuerfahndung und BKA abgeschlossen ist. Die Justiz hat übernommen, doch als Ermittlerin verfolge ich mit hohem Interesse, wie sich der Fall nun weiterentwickelt. Das liegt nicht nur daran, dass ich als Hauptzeugin geladen bin und hier wahrscheinlich ein paarmal aussagen werde. Ich will natürlich auch wissen, wie diese Angelegenheit ausgeht, in die ich jahrelange Arbeit gesteckt habe.

Als Hauptzeugin gerät man meistens in den Fokus der Strafverteidiger, und das muss man sich nicht unbedingt wie ein Vergnügen vorstellen. Vor einem Jahr, bei einem Verfahren in Bayern, habe ich erleben dürfen, wie es laufen kann. Das Urteil der Richter fiel anschließend üppig aus, die Beanspruchung meiner Nerven vorher aber ebenfalls.

In dem Verfahren klagte die Staatsanwaltschaft München drei Männer an, und jeder von ihnen brachte drei Rechtsanwälte mit, die mich nun auch allesamt löchern konnten. Das taten sie auch, schossen Frage um Frage ab, einige von ihnen in einem regelrechten Stakkato. Sie versuchten, mich in die Ecke zu drängen, und wandten auch den Trick an, immer wieder nach demselben Sachverhalt zu fragen. In solchen Situationen muss man als Zeuge wahnsinnig aufpassen, darf sich nicht aus der Ruhe bringen lassen. Dieselbe Frage, nur etwas anders gestellt? Dann sachlich-ruhig dieselbe Antwort. Der Richter ging immer wieder dazwischen, ermahnte die Strafverteidiger, dass die Zeugin zu diesem und jenem nun oft genug ausgesagt hatte. Aber die Verteidiger fuhren ihre Strategie trotzdem weiter.

Bevor sie damit anfingen, hatte ich bereits die Fragen der Richter und zwischendurch des Staatsanwalts beantwortet. Im Grunde habe ich dabei das Ergebnis der kompletten Ermittlungen mündlich in die Verhandlung eingebracht. Das dauerte. Als man mich entließ und ich meine Sachen nahm, nach acht Stunden höchster Konzentration und mit etwas zitterigen Händen, rief mir der Hauptangeklagte auch noch zu, er komme mich mal besuchen, wenn er wieder draußen sei. Vielen Dank auch.

Die Verhandlung gegen Ahmadi und seine Leute ist erst einmal auf vierzehn Tage angesetzt. Ich selbst bin mehrfach geladen. Die große Frage ist, ob er alles, was er in den Vernehmungen gestanden hat, nun auch wiederholen wird. Die Anklage baut auf meinen Ermittlungsbericht auf. Aber sein Geständnis und all seine Aussagen, die andere belasten, sind natürlich ein ganz wichtiger Teil, in meinem Bericht und auch hier in der Anklage. Ich mag nicht dran denken, was ist, wenn er vielleicht doch unter Druck gesetzt wurde und nicht mehr alles vor Gericht aussagt. Dann läuft zwar die Hauptverhandlung weiter, aber auf die Zeugen kommen erheblich mehr Fragen zu, und mit Sicherheit müssen wir weitere Beweise nachliefern. Das kann dann die Hauptverhandlung mal schnell um Monate verlängern. Aber irgendwie bin ich zuversichtlich.

Ich habe ein paar Kollegen gebeten, die mit dem Verfahren Ahmadi nichts zu tun hatten und daher während der öffentlichen Verhandlung dabei sein durften – potenziellen Zeugen ist das nicht erlaubt –, sich an ein paar Tagen in die Verhandlung zu setzen und zu schauen, ob Patel auch wieder gekommen ist.

Zumindest an diesem Tag ist er nicht gekommen, bedeutet mir der Kollege, der heute anwesend ist. Allerdings fiel während der nächsten Verhandlungstage ein anderer Mann auf, der offensichtlich nicht als Journalist gekommen war, dennoch fleißig mitschrieb, jedoch auch nicht in das Schema interessierter Bürger passte. Wer der Mann war und ob ihn jemand geschickt hatte, haben wir aber nie herausgefunden.

Meine Zeugenladung für das Ahmadi-Verfahren ist bereits da, aber ich habe noch ein paar Tage Zeit und arbeite an meinen Verfahren, als Robert Müller über seinen Monitor zu mir herüberfragt: »Was soll das denn jetzt?« Im LKA mussten wir enger zusammenrücken, weil wir ja jetzt viel mehr Personal hatten, und so teilen Robert und ich uns ein Büro.

»Was denn?«, frage ich und sehe: Eine neue Mail ist eingetroffen. Von unserem wieder mal neuen Dienststellenleiter Dr. Schwarz. Er lädt uns zu einem Treffen ein, Betreff: »EOKS dies und das«, und will dabei »ein paar Dinge« besprechen. Ein Vertreter der Oberfinanzdirektion werde auch zugegen sein. Unser Erscheinen sei zwingend notwendig. Das Treffen ist für den morgigen Tag terminiert.

»Das muss ja wichtig sein, wenn auch jemand von der OFD dabei ist«, sage ich. Robert zuckt mit den Schultern. Es ist gefühlt das erste Mal, dass Dr. Schwarz sich für uns interessiert, denn es ist allseits bekannt, dass er unseren Ermittlungsansatz, mit organisierter und struktureller Steuerkriminalitätsbekämpfung umzugehen, eher distanziert sieht.

Am nächsten Morgen fahren Robert und ich zum Haupthaus. Dort erfahren wir dann, dass mit uns Einzelgespräche geführt werden. Dem können wir uns auch nicht entziehen. Sind aber verwundert.

In meinem dann folgenden Einzelgespräch geht es um meine Zukunft in der Finanzverwaltung als Führungskraft.

Im Ergebnis erfahre ich, dass ich, um Führungskraft zu werden, zunächst mal die EOKS verlassen und eine andere Aufgabe in der Steuerfahndung übernehmen muss.

Ich bin perplex. Geschockt. Damit hatte ich nicht gerechnet. Ich bewege mich sehr langsam zur Bibliothek. Robert sitzt dort immer noch. Er sieht mein Gesicht, und sagt nur: »Scheiße.« Dann gibt er mir den Schlüssel vom Dienstwagen. »Fahr irgendwohin. Wenn ich hier fertig bin, rufe ich dich an, dann holst du mich ab.« Dann geht Robert in Richtung Besprechungsraum.

Es dauert weit mehr als eine Stunde, bis er sich meldet. Seine Stimme klingt seltsam belegt und noch ruhiger als sonst. Ich hole ihn am Haupthaus ab, und ich merke, dass ich jetzt besser erst mal keine Frage stelle. Wir fahren zurück zum LKA. Im Büro halte ich die Stille dann nicht mehr aus. Ich erzähle Robert, wie es mir ergangen ist. »Ich glaube, wir beide sind etwas unbeliebt«, sagt Robert, nachdem er sich alles angehört hat. »Deine Alternative lautet also: hier weg oder keine Führungsfunktion? Was willst du tun?«

»Ich muss das mal verdauen. Und dann müssen wir reden.«

Zu Hause. Sessel. Glas Rotwein. Ich bin gebügelt. Gedanken schwirren mir durch den Kopf. Ich muss sortieren. Was war heute die sachliche Botschaft? Ich raus aus der EOKS. Haupthaus. Neue Aufgabe. Man will sich ein »Bild von mir« machen. Dann, wenn es gut geht, Versetzung an ein Finanzamt. Dort Sachgebietsleiterin. Irgendwo in der Festsetzung von Steuern oder der Erhebung oder wie auch immer. Hatte ich schon erwähnt, dass ich, wie viele meiner Fahndungskollegen und Kolleginnen, seit über zwanzig Jahren raus bin? Soll ich da eine Hilfe sein? Aber das wird jeden von uns treffen, der diesen Weg beschreiten will. Für fünf oder sechs Jahre. Raus aus der Fahndung. Verlust des Netzwerkes. Als Fahnderin auf »null« gestellt. Wegfall der Polizeizulage. Danach dann zurück. Vielleicht. Es gibt keine Garantie. Schriftlich schon gar nicht. Zurück an irgendeine Steuerfahndung. Nicht zwingend Düsseldorf. Schon überhaupt nicht EOKS. Als »Wildcard«. So weit in der Sache.

Man muss sich ein Bild von mir machen. Hm. Ich schaue zurück auf meine letzten Jahre. Und mein Dienstherr muss sich jetzt – jetzt! – ein Bild von mir machen!

Mir schießen Tränen in die Augen. Aber besser jetzt schlafen, Gedanken ausschalten und mal schauen, was Robert morgen sagt.

Am kommenden Morgen sitzen wir in unserem Büro. Jeder eine Tasse Kaffee vor sich. Ich schwarz, mit Wasser verlängert. Robert mit Milch.

»Was denkst du? Entscheidung gefunden?«

Ich erzähle ihm von meinen Gedanken und von meinen emotionalen Eindrücken.

»Das kann ich nachvollziehen. Ja, du ziehst eine ›Wildcard‹. Dir wird nichts garantiert. Du musst über Jahre hier raus. Und, sorry: Schau mal auf den Kalender. Du bist dann 59 Jahre alt, wenn du, wo auch immer, in die Fahndung zurückkommst. Vielleicht wirst du dann noch Oberregierungsrätin. Das sind 250 Euro netto mehr als das, was du als Regierungsrätin mit A 13, und das wirst du auf jeden Fall, bekommen wirst. Für 250 Euro im Monat musst du das alles hier sausen lassen. Über mehr als fünf bis sechs Jahre, und in denen verlierst du auch die Polizeizulage. Unterm Strich für ein Taschengeld mehr musst du hier alles aufgeben. Ich würde dir raten: Lass die Sachgebietsleiterinkarriere sausen.«

Ich bin in der EOKS geblieben. Bin Roberts Rat gefolgt. Ich kann leider nicht sagen, dass mich das alles kaltgelassen hat. Ich bin weiterhin motiviert, liebe meinen Beruf. Den Glauben daran, dass Einsatz und Leistung sich bei uns irgendwann und irgendwie auszahlen oder Gerechtigkeit noch eine Rolle spielt, und sei es nur ein kleines bisschen, habe ich jedoch verloren. In die Besoldungsstufe A 13 allerdings bin ich trotzdem aufgerückt.

Die Hauptverhandlung des Ahmadi-Verfahrens in Köln stellt sich für mich selbst als weitaus weniger anstrengend heraus, als ich es nach meiner Erfahrung am Landgericht München befürchtet habe. Die Strafverteidiger nehmen mich nicht ins »Kreuzverhör«.

Sayed Ahmadi gibt fast schon den Musterangeklagten. Zumindest gesteht er auch hier, wiederholt all jene Aussagen, die juristisch von Belang sind. Bei meiner Anwesenheit als Zeugin lächelt er mich sogar an, als wolle er mir bedeuten, dass er sein Wort eben halte. Manchmal wirkt er auf mich aber, als laufe all das, was im Gerichtssaal geschieht, an ihm vorbei. Was er vorträgt, wirkt einstudiert, irgendwie emotionslos. In einer Hauptverhandlung, bei der mittelhohe Haftstrafen ausgesprochen werden, könnte ja auch mal ein Tränchen fließen. Doch so ist Ahmadi nicht. Ich werde das Gefühl nicht los, dass er mehr weiß als wir – dass er eine Ahnung hat, wie es mit ihm weitergeht.

Nach insgesamt vierzehn Verhandlungstagen erfolgen die Urteilssprüche. Aufgrund seines Geständnisses und der umfassenden Aufklärung des europaweiten Umsatzsteuer-Betruges, der Nennung der Namen der Hintermänner und unter Anrechnung der einjährigen Haftstrafe in den USA, die ihm aufgrund der dortigen Zustände mit 1,5 Jahren angerechnet wird, fällt das Urteil relativ milde aus. Ahmadi erhält eine Haftstrafe von fünfeinhalb Jahren. Die drei anderen Angeklagten erhalten ebenfalls Haftstrafen, allerdings von nur bis zu zwei Jahren und auf Bewährung. Sie galten als Werkzeuge in den Händen ihres Bruders oder Cousins und müssen, da sie nicht vorbestraft sind, nicht ins Gefängnis.

EXKURS: Die Corona-Welle

Es war das Jahr 2020, und ein Virus hatte begonnen, die Welt lahmzulegen. Covid-19 erwies sich als extrem ansteckend. Und ansteckend war offenbar auch, wie sich Kriminelle in dieser besonderen Situation verhielten: Sie bereicherten sich an den finanziellen Hilfen des Staates.

Die Bundesregierung hatte schnell und unbürokratisch ein Rettungsprogramm aufgelegt, die Corona-Soforthilfe. Sie sollte Firmen helfen, ihre wirtschaftliche Existenz zu sichern und die Folgen der Corona-Pandemie zu überstehen. Unternehmen und Selbstständige mit bis zu fünf Beschäftigten konnten einen einmaligen Zuschuss von bis zu 9000 Euro beantragen, Unternehmen mit bis zu zehn Beschäftigten sogar mit 15 000 Euro unterstützt werden.

Jeder Antragsteller musste versichern, dass er durch die Corona-Pandemie in wirtschaftliche Schwierigkeiten geraten sei. Die Hilfe war vor allem dafür gedacht, laufende Betriebskosten wie Mieten, Kredite und Leasingraten zu decken. Dabei verzichtete das Soforthilfeprogramm bewusst auf ein größeres bürokratisches Antragsverfahren, wollte lieber eine rasche Auszahlung der Gelder gewährleisten. Die Angaben auf dem Antrag mussten allerdings korrekt sein. Wer dagegen verstieß, hatte strafrechtliche Konsequenzen zu befürchten.

Die Anträge gingen täglich zu Hunderten bei den dafür zuständigen Stellen ein. Wer sich darum kümmerte, unterschied sich von Bundesland zu Bundesland. Mal war es die Strukturbank, mal das Landesförderinstitut, dann das Landesministerium für Arbeit und Wirtschaft. In Nordrhein-Westfalen liefen die Soforthilfen über die fünf Bezirksregierungen in Arnsberg, Detmold, Düsseldorf, Köln und Münster.

Es kam tatsächlich schnell zu Auszahlungen – und fast genauso schnell zu Betrügereien. Die Polizei und auch das LKA sahen sich bald mit Betrugsanzeigen überschüttet. In den ersten vier Wochen nach Auszahlung gingen bundesweit bereits rund 2300 solcher Anzeigen ein. Allein in NRW kam es zu über 350 Ermittlungsverfahren.

Die meisten Verdachtsmeldungen stellten Bankinstitute.

Sie konnten sehen, wenn auf einem Konto, das sonst nur spärliche Umsätze verzeichnete, auf einmal eine hohe Summe einging und der Buchungstext auch noch Corona-Soforthilfe hieß. Unternehmen, die zumindest den Kontoumsätzen nach nicht den Eindruck machten, auf staatliche Unterstützung angewiesen zu sein, die Soforthilfe dann aber kassierten, fielen ebenfalls auf.

Die Schwäche des vereinfachten Antragssystems wurde demnach gefunden und auch schamlos ausgenutzt. Es war, im Grunde wie bei CumEx-Deals und Umsatzsteuer-Betrug, nur viel öfter und in geringerem Maße, wieder ein Griff in die Staatskasse.

Die neue Krankheitswelle brachte also auch eine neue Betrugswelle. Kreativität war den Tätern nicht abzusprechen. Sie beantragten die Coronahilfe für inaktive und sogar für solche Firmen, die gar nicht existierten. Manchmal erfanden sie auch einen Antragsteller. Unterlagen wurden gefälscht, und manchmal stellte sich heraus, dass der Betrug geradezu organisiert war. Ein paar Kriminelle gingen auf Menschen zu, die gerade ihren Job verloren hatten oder ohnehin schon lange von Arbeitslosengeld oder Sozialhilfe lebten. Diese Leute sollten nun als Strohmänner dienen und ihren Namen für die Anträge hergeben. Dafür erhielten sie hinterher einen Teil der erbeuteten Soforthilfe.

Der geschätzte Schaden aus diesen Taten lag in NRW bald bei 3,5 Millionen Euro und stieg weiter an. Die vereinfachte Antragstellung führte nämlich dazu, dass manch einer seine realen Einkünfte als zu gering einschätzte, um an Geld vom Staat zu kommen. Er musste ja auch nichts belegen, sondern nur eine Verdienstzahl auf dem Formular eintragen. Und wer würde ihm schon seine wirklichen Umsätze vorhalten können?

Eine Angabe musste allerdings jeder machen, der die Corona-Soforthilfe haben wollte: Er hatte seine Steuernummer und seine Identifikationsnummer einzutragen. Und da kamen nun die Steuerfahnder ins Spiel. Wir konnten den Ermittlern wunderbar helfen, indem wir die Umsatzangaben auf den Anträgen mit den Daten aus der Steuererklärung abglichen. Auch war es kein Hexenwerk, gefälschte oder falsche Steuer- oder Identifikationsnummern zu entlarven.

Die Bitten auf Amtshilfe erreichten uns Steuerfahnder dann auch zahlreich und zügig, und natürlich bot sich eine Unterstützung an, war sinnvoll und auch keineswegs kompliziert zu leisten. Dennoch hat man uns, zumindest im größten deutschen Bundesland, ausgebremst. Die Oberfinanzdirektion sah in unserer Amtshilfe für die Polizei einen Verstoß gegen das Steuergeheimnis.

Das Steuergeheimnis, das in § 30 der Abgabenordnung geregelt ist, schützt den Bürger vor der Weitergabe seiner Daten, die er dem Staat anvertraut, damit dieser ihn entsprechend besteuern kann. Das ist auch gut so. Der § 30 regelt aber auch, wann Besteuerungsdaten weitergegeben werden dürfen. Ein Beispiel ist hier die Aufklärung von Straftaten. Konkret dürfen die Besteuerungsdaten zur Aufklärung von Straftaten an die Strafverfolgungsbehörden weitergegeben werden, wenn, so heißt es in der Abgabenordnung in bestem Juristendeutsch, »Wirtschaftsstraftaten verfolgt werden oder verfolgt werden sollen, die nach ihrer Begehungsweise (…) geeignet sind, (…) das Vertrauen der Allgemeinheit auf die Redlichkeit des geschäftlichen Verkehrs oder auf die ordnungsgemäße Arbeit der Behörden und öffentlichen Einrichtungen erheblich zu erschüttern«.

Wirtschaftsstraftaten. Der Gesetzgeber hat das Wort in den Plural gesetzt. Wir in der EOKS waren der Überzeugung, dass beim Betrug mit Corona-Soforthilfen viele Taten nach gleichem oder ähnlichem Strickmuster geschahen. Auch vor dem Hintergrund, dass die Auszahlung dringend benötigter Hilfen jetzt durch diese Betrugsfälle gestoppt wurde, sahen wir, wie es im Gesetz so schön heißt, das Vertrauen der Allgemeinheit in die ordnungsgemäße Arbeit der Behörden als erschüttert an.

Unsere Oberfinanzdirektion bewertete die Sache hingegen anders. Sie nahm den Einzelfall mit seinem natürlich jeweils nur geringen Schaden von 9000 oder 15 000 Euro und behauptete, dass durch einen solchen Einzelfall das Steuergeheimnis nicht angetastet werden dürfe.

Wir konnten das kaum glauben. Einzelfälle? Hier lag doch ein systemisches Betrugsverhalten vor, Tausende gleich gelagerte Fälle, die sich zu einem erheblichen Schaden für die Allgemeinheit addierten. Wie konnten die Kollegen der Oberfinanzdirektion das bei ihrer Bewertung schlichtweg ignorieren? Wie konnten sie jeden Fall einzeln betrachten, anstatt das Gesamtphänomen zu sehen? Dazu kam die Gesamthöhe des Schadens, der sich in NRW von geschätzt 3,5 schnell auf fünf Millionen Euro summierte, mit steigender Tendenz.

Es ist ein Beispiel dafür, dass sich die Finanzverwaltung mit Strafverfolgung einfach nicht auskennt. Sich damit schwertut und überfordert ist.

Wir waren nun erst mal blockiert. Zum Glück gibt es aber Gerichte, und ich habe mich gefreut, dass Richter die Finanzverwaltung, der ich ja auch angehöre, zwangen, die Daten herauszugeben. Die Staatsanwaltschaft Köln hatte einen entsprechenden Beschluss beim Amtsgericht Köln erwirkt. Das war's dann mit der kruden Idee, das Steuergeheimnis gegen die Aufklärung von Straftaten anzuführen.

Observierungen oder Durchsuchungen erwarteten uns nicht. Wir bemühten nun unsere Datenbänke und arbeiteten die Anfragen der Polizeikollegen systematisch ab. Eine Firma hatte Hilfen beantragt und bekommen. Jetzt lag da eine Anzeige von deren Geldinstitut vor. Der Bank war aufgefallen, dass sich hohe Umsätze auf dem Konto befanden, aber auch

Corona-Soforthilfe gezahlt wurde. Ein Blick in unsere Daten – was hatte die Firma denn so alles erklärt? Ups, das war in diesem Jahr bereits ein Umsatz von über 80 000 Euro. Außerdem sah man, dass sie keine Arbeitnehmer beschäftigt – also zumindest keine, die angemeldet waren. Das war ziemlich deutlich: Diese Firma hatte keinerlei Anspruch auf die staatlichen Zuschüsse. Darüber schrieben wir dann einen Vermerk, leiteten ihn an die Polizei weiter und nahmen uns den nächsten Fall vor.

Wie sehr die Finanzverwaltung als Ganzes mit der Strafverfolgung fremdelt, zeigen übrigens nicht nur Entscheidungen in den Chefetagen der Oberfinanzdirektion. Auch auf der Arbeitsebene, in Finanzämtern, wehte uns der Wind mitunter ins Gesicht. Neben den Soforthilfen, die coronageschädigte Unternehmer beantragen konnten, bot der Staat auch an, Steuernachzahlungen zu stunden. Wer dies allerdings zu Unrecht beantragte, also ohne tatsächlich durch die Pandemie wirtschaftlich beeinträchtigt worden zu sein, verschaffte sich einen sogenannten ungerechtfertigten Steuervorteil, und dies ist schlicht und einfach eine Form der Steuerhinterziehung. Und damit ein Fall für die Steuerfahndung. Ich habe es dann erlebt, dass ich mich an ein Finanzamt wandte, um in die Akten zu schauen – das ist eine gewöhnliche Vorgehensweise bei Vorermittlungen –, und dort die Auskunft erhielt, dass man mir leider keine Akten zeigen dürfe. Der Grund, mal wieder: »Das verstößt gegen das Steuergeheimnis.« Man musste den Kollegen dann erklären, dass man durchaus für denselben Verein arbeite. Manchmal musste man sich auch noch an Vorgesetzte wenden. Und dann durfte man, nicht länger von den eigenen Leuten behindert, seine Arbeit machen. Sie machen das sicherlich nicht absichtlich, sondern aus Unkenntnis und auch Angst, eine falsche Entscheidung zu treffen.

Wäre man als Gesetzgeber auf die Idee gekommen, die Anträge direkt durch die Finanzämter auszahlen zu lassen, hätten diese die Angaben alle direkt prüfen können. Der Betrug wäre wohl nicht vollständig vermieden, aber doch stark minimiert worden. Aber daran hat man in der Kürze der Zeit und unter dem Handlungsdruck der Pandemie wohl einfach nicht gedacht.

Im Besprechungszimmer des LKA kommen wir nach dem Urteilsspruch zu einem kleinen Siegeskaffee. Ich habe Plätzchen gebacken und neben Anne Parsson und Robert Müller zwei weitere Kollegen eingeladen, außerdem meine alte Chefin Fallner und meine ebenfalls frühere Chefin Beate Lenartz, dazu noch den Polizisten Chris Schrader, der mich ja in gewisser Weise auch unterstützt hat. Chris fehlt noch, weil er Besuch hat, will aber später dazustoßen.

Wir beglückwünschen uns gegenseitig zu dem Ausgang eines langen, knorrigen und wohl nicht nur für mich kräftezehrenden Verfahrens. Am Ende haben wir es geschafft, mit unseren spärlichen Mitteln, haben einem der Hauptakteure den Modus Operandi des Umsatzsteuer-Betruges entlockt, ihn geschnappt und zum Geständnis gebracht. Auch ein bisschen Geld haben wir zurückholen können, rund 3,5 Millionen Euro, immerhin. Und wir haben auch die Hintermänner identifiziert. Das BKA wird da sicher auch noch ein paar andere Geldsummen herausholen.

Ich höre auf dem Flur die Stimme von Chris. Als er reinkommt, nicht allein, setze ich schnell meine Kaffeetasse ab, weil meine Hände unruhig werden. Der Besucher schaut mich mit seinem bekannten Röntgenblick an, sagt dann »Hallo« in die Runde und zu mir gewandt »Glückwunsch«.

Aksel.

»Ich wusste von Chris, dass heute der Urteilsspruch ist, und dachte, ich komme mal vorbei und gratuliere zum Erfolg.« Wow! Ein ganzer Satz, nicht schlecht.

Wir sprechen eine Weile über diese und über andere Ermittlungen, die mit unserem Wissen nun womöglich zu Ende gebracht werden können. Irgendwann wird der Kaffeetisch abgeräumt. Nach dem Verfahren ist vor dem Verfahren oder besser gesagt: Wir sind ja ohnehin immer mit mehreren Fällen befasst. Wir kämpfen weiter mit unseren Mitteln gegen Windmühlen, die sich eher schneller als langsamer drehen.

»Du siehst gut aus«, sagt Aksel, und ich gebe ihm schnell ein »Du aber auch« zurück. Er lächelt. »Hast du noch ein paar Minuten für mich?«

»Sicher, wir haben uns ja lange nicht mehr gesehen.«

Er sieht mich sehr intensiv an. »Das auch. Aber dafür können wir ja noch mal auf eine Parkbank gehen.« Wir lachen. »Ich habe erst noch etwas Dienstliches, zumindest halb dienstlich. Ich bin über einen Artikel in einem Wirtschaftsmagazin gestolpert, da steht etwas von einer Klage in den USA gegen ein paar in- und auch ausländische Großbanken wegen des Verdachts auf Beihilfe zur Terrorismusfinanzierung im Bereich des Umsatzsteuerbetruges.«

Holla! Dass Gelder aus dem Umsatzsteuer-Betrug zur Terrorismusfinanzierung genutzt werden sollen, haben wir ja schon öfter gehört, aber den Artikel kenne ich nicht.

»Und was hat das jetzt mit mir zu tun?«, frage ich Aksel.

»Dein junger Freund taucht in der Klage auf.«

»Wie jetzt?«

»Na ja, zumindest im Betrugsverfahren mit den Emissionszertifikaten taucht sein Name auf.«

Echt jetzt? »Du hast doch noch mehr Infos, wenn du so zufrieden dreinschaust, oder?«

Aksel schüttelt den Kopf. »Nein, aber da gibt es doch diese Anzeige von vor vielen Jahren gegen ihn. Vielleicht ist da ja doch etwas dran. Vielleicht auch nicht. Ist letztlich auch nicht mein Problem, aber grundsätzlich ja ein Thema für den Staatsschutz, finde ich.«

Er steht auf, lächelt mich lausbubenhaft an und ist schon an der Tür, als er sich umdreht und sagt: »Vielleicht bleib ich auch noch eine Weile hier in Düsseldorf. Wie gesagt, Parkbank.«

Dann ist er raus. Der Mann macht mich fertig.

EPILOG

Und jetzt?

Es sind Milliarden, eingebracht und gezahlt durch uns Steuerzahler – jetzt befinden sie sich im Besitz krimineller Banden. Die haben sie sich illegal beschafft, durch Umsatzsteuer-Betrug oder mithilfe von Briefkastenfirmen in Steuerparadiesen, durch CumEx-Geschäfte und etliche andere Spielarten der Steuerhinterziehung. Wir Steuerfahnder versuchen hinterherzulaufen, können aber nur einen geringen Teil zurückholen.

Diese Milliarden könnten Kinderbetreuung kostenlos machen, eine Grundrente finanzieren, Schultoiletten sanieren und das Bildungssystem stärken. »Wer sich nicht damit identifizieren kann, dass in Deutschland weniger Kindergärten gebaut werden, weil wir solche Geschäfte machen, der ist hier falsch«, hat ein CumEx-Berater mal zu seinen Leuten gesagt und damit wunderbar beschrieben, wie asozial man sein muss, um den Staat zu schröpfen.

Dass es nicht nur ein paar solcher Leute gibt, ist keine Überraschung. Dass sie immer kreativer, immer erfinderischer werden, sollte uns zu denken geben. Mit »uns« meine ich vor allem die Gesetzgeber. Denn letztlich liegt es an Politikern und hohen Ministerialbeamten, dass eine strafrechtliche Ermittlungseinheit wie die Steuerfahndung in Europas größter Volkswirtschaft nicht schnell und effizient gegen Kriminelle vorgehen kann.

Ich kann an dieser Stelle und mit diesem Buch nur die Erfahrungen aus meinem Dienst als Steuerfahnderin schildern. Aus der langjährigen Zusammenarbeit und vielen intensiven Gesprächen mit Kollegen weiß ich allerdings, dass auch die Kollegen anderer Fahndungsstellen unter internen Widerständen und Unzulänglichkeiten leiden. Wir haben tatsächlich alle mit denselben oder ähnlichen Strukturproblemen zu kämpfen.

Die Steuerfahndung ist an die Finanzverwaltungen der Bundesländer angebunden, und in diesen Verwaltungen machen sie quantitativ nur einen verschwindend kleinen Teil aus. In Nordrhein-Westfalen sind nur drei Prozent aller Finanzbeamten Steuerfahnder. Die Steuerfahndung ist kein Kernbereich der Finanzverwaltung und kann es wahrscheinlich auch gar nicht sein. Wir sind ein Mikrokosmos und stehen damit auch nicht im Fokus etwa wichtiger Personalentscheidungen, erfahren keine größere Zuwendung, haben in unserem eigenen Laden keine starke Lobby. Wir sind immer nur die paar Steuerfahnder.

Unsere Finanzverwaltung, das kommt hinzu, hat kein Gespür für Strafverfolgung. Diese Aufgabe ist unserem System fremd. Man kennt sie kaum, identifiziert sich nicht mit ihr, denkt nicht wie Strafverfolger und hat weder den Anspruch noch die Motivation, sich in die Denkweise von Strafverfolgern zu versetzen. Damit fehlt ihr jedes Verständnis für uns Steuerfahnder, die wir ja nun mal Strafverfolger sind, und uns oftmals die Unterstützung. Fehlende Unterstützung beschreibt unser Problem aber noch nicht ausreichend – wir werden schlichtweg geschwächt. Es mangelt massiv an Personal, weil keine Anreize geschaffen werden. Die Beförderungsaussichten sind bei der Steuerfahndung potenziell sogar schlechter als in anderen Bereichen der Finanzverwaltung. Und bei den Kollegen, die es mit Organisierter Kriminalität zu tun bekommen, mangelt es geradezu an allem. Selbstverständlich gehören schusssichere Westen zur Grundausstattung für Beamte, die mutmaßliche Gangster mit dem Durchsuchungsbeschluss in der Hand unangemeldet in ihrem Büro oder zu Hause aufsuchen. Durchsuchungen können nicht nur im Rockerklub gefährlich sein.

Natürlich wissen die Spitzen unserer Verwaltung, dass wir

mehr Kollegen benötigen, um mehr Straftaten aufzuklären, mehr mutmaßlich Kriminelle vor Gericht zu bringen und mehr Milliarden zurückzuholen. Sie sind auch nicht außerstande zu verstehen, dass wir eine bessere polizeiliche Ausstattung brauchen. Doch das Verständnis für solche Art der Arbeit ist an den Orten, wo über Personal und Ausrüstung entschieden wird, oft nicht mal im Ansatz vorhanden. Was wir uns wünschen, um unsere Arbeit gut zu machen, kommt daher meist als nichtkonforme und damit unangebrachte Forderung an. Jetzt mal bloß nicht Kripo spielen – diese Einstellung vertreten ja sogar manche Steuerfahnder selbst. Aber wir haben Paragrafen, die unsere Arbeit ganz deutlich klarstellen: § 404 der Abgabenordnung. Dort steht: »… und die mit der Steuerfahndung betrauten Dienststellen der Landesfinanzbehörden sowie ihre Beamten haben im Strafverfahren wegen Steuerstraftaten dieselben Rechte und Pflichten wie die Behörden und Beamten des Polizeidienstes …«

Daher brauchen wir eine ähnliche Ausstattung wie die Kollegen der Kriminalpolizei. Einen Dienstwagen zum Beispiel, in den mehr als nur fünf Kartons passen. Und etwas Platz im Büro. Und Lagerräume für die vielen Asservate. Na ja, und so einiges mehr.

Die Ermittlung gegen Sayed Ahmadi, die ich in diesem Buch weitgehend chronologisch beschreibe, begann 2009. Natürlich hat sich seitdem bei uns einiges verändert. Unsere IT-Stellen sind verstärkt und die Arbeitsweise geändert worden im Zeitalter der Digitalisierung.

Der Paragraf im Umsatzsteuergesetz, der den Abzug der Umsatzsteuer regelt, wurde nach und nach durch extrem viele Ausnahmeregelungen erweitert, sie betrafen Handys und Kupferkathoden, Emissionszertifikate und später auch Spielekonsolen und sehr viele weitere Güter. Verkürzt erklärt, bekommt die

Firma, die diese Waren eingekauft hat, die Umsatzsteuer aus den Einkaufsrechnungen erst dann erstattet, wenn die liefernde Firma ihre Umsatzsteuer auch bezahlt hat. Damit versucht man, den Umsatzsteuer-Betrug einzudämmen. Eine grundsätzliche und europaweite Änderung des Umsatzsteuergesetzes durch generelle Einführung des Reverse-Charge-Verfahrens, quasi der umgekehrten Steuerschuldnerschaft, also erst Zahlung, dann Erstattung, wird schon länger diskutiert. Aber am Ende heißt es immer: geht nicht.

Was hat sich noch getan? Die Einrichtung und Etablierung der EOKS, also unserer Truppe im LKA in Düsseldorf, halte ich für einen wichtigen Schritt, um bei deliktsübergreifenden Strafverfahren mit Steuerfahndern und Polizei effizienter ermitteln zu können. Dass sich dies auch in der Praxis bewiesen hat, zeigt die ein paar Jahre später gegründete Taskforce in NRW, die ebenfalls ihren Sitz im LKA in Düsseldorf hat. Innerhalb der Taskforce ist die EOKS eines von vier Sachgebieten.

Auch in anderen Bundesländern entstehen Sondereinheiten mit dem Ziel, Hinterziehungsstrategien frühzeitig zu erkennen und systematische Betrugsmuster aufzudecken. Der Unterschied ist, dass diese Einheiten dann meist nicht operativ tätig werden. Es sind sozusagen sehr wichtige Frühwarnsysteme.

Die Gründung der Europäischen Staatsanwaltschaft, die ihren Sitz in Luxemburg hat und 2021 ihre Arbeit aufnahm, ist ein weiterer großer Schritt. Sie ermittelt unabhängig bei Straftaten zum Nachteil der finanziellen Interessen der Union.

Und, ach ja: Schusssichere Westen haben wir inzwischen auch.

Damit bin ich auch schon am Ende. Viel mehr hat sich bei uns in den dreizehn Jahren, seit die *A-Phon GmbH* von Sayed Ahmadi auf unser Radar kam, nicht bewegt.

Was wir allerdings in dieser Zeit bekommen haben, sind etliche neue, längst nicht immer zu gebrauchende Verwaltungsprogramme. Sie haben unseren Arbeitsalltag um manche organisatorische Pflicht bereichert. Ebenfalls ist nicht nur mir aufgefallen, dass eine Führungsposition bei der Steuerfahndung inzwischen, zumindest in NRW, ein Karrierebaustein für Finanzbeamte der Leitungsebene ist, die weiter nach oben wollen. Echtes Interesse an der Strafverfolgung scheint bei diesen Kollegen aber leider meistens nicht vorhanden zu sein.

Warum stellt der Staat die Steuerfahndung nicht grundsätzlich besser auf, die ihm doch so viele Zusatzeinnahmen verschaffen kann und ihn außerdem vor seinen Bürgern legitimiert, weil sie den Rechtsstaat durchsetzt? Die normalen Steuerzahler, die es natürlicherweise gerecht haben wollen, sind doch kein kleines Grüppchen.

Bei ihnen werden im Regelfall die Steuern sofort als Lohnsteuer einbehalten. Bei den organisierten Kriminellen tut man sich hingegen sehr schwer, wieder heranzukommen an das Geld, das sie uns gestohlen haben. Die Fragen sind nicht schön, aber mit Blick auf meine Erfahrungen stelle ich sie mir: Soll manches nicht aufgeklärt werden? Oder werden bestimmte Verlustraten in Kauf genommen, weil es bequemer ist und die große Mehrheit ja ordentlich ihre Steuern zahlt?

Die Gegenseite arbeitet wie eine gut funktionierende Bande. Alle verfolgen das gleiche Ziel. Sie reagieren schnell bei Änderungen oder Störfeldern, können diese dann zügig überwinden. Jeder weiß, welche Rolle er in diesem System spielt. Klar ist hier: Wer nicht funktioniert, bekommt Probleme.

Bei uns ist das irgendwie andersherum: Wer funktioniert, bekommt häufig Probleme. Das liegt daran, dass wir eben nicht wie eine gut eingespielte Truppe mit dem gleichen Ziel agieren, nämlich hoheitlich tätig zu werden, aufzuklären, zu ahnden, das verlorene Steuergeld zurückzuholen und im besten Fall einen bestimmten Ast der Kriminalität abzusägen. Um das zu erreichen, müssen Politik und Verwaltung sich eingestehen, dass die

Strafverfolgung falsch angesiedelt ist inmitten der Welt der Finanzämter.

Die Strafverfolgung bei dem Delikt Steuerhinterziehung braucht mehr Selbstständigkeit, und ich bin ganz sicher nicht die Einzige, der das schon aufgefallen ist. Ein wichtiger Schritt heraus aus dem Dilemma wäre, die Steuerfahndung zu einem eigenständigen Teil der Finanzverwaltung zu machen, mit einem wie auch immer zu bezeichnenden Landesfahndungsamt als Landesoberbehörde.

Damit könnte es gelingen, eigenständig Personal für diesen Bereich zu generieren, eine spezialisierte Ausbildung zu gewährleisten, jungen Kollegen den Weg in die Strafverfolgung zu ebnen und eigene Anreize zu gewähren. Darüber hinaus muss die Steuerfahndung zu einer weiteren Säule der Geldwäschebekämpfung gemacht werden, denn nur die Steuerfahndung verfügt über die Daten, die geeignet sind, die finanziellen Hintergründe von Personen und Firmen zu beleuchten. Schließlich wird es auch darum gehen, die Steuerhinterziehung auf internationalem Parkett zu bekämpfen. Hier stehen uns heute unter anderem das Steuergeheimnis und die damit verbundene Abkopplung von polizeilichen Informationssystemen im Weg. Gerade der Umgang mit dem Steuergeheimnis, siehe Corona-Soforthilfen, bedarf einer dringenden Reform. Hier ist der Gesetzgeber gefordert. Das Steuergeheimnis kann und darf nicht zum Täterschutz verkommen. Es sollte das leisten, wozu es gedacht ist: die Daten des Bürgers zu schützen. Aber nicht die Daten von Straftätern, insbesondere solchen der Organisierten Kriminalität.

Ich weiß nicht, was Sayed Ahmadi heute macht. Er kam nach der Zeit in dem Gefängnis in den USA in der JVA in Düsseldorf gut zurecht. Er wurde Gefangenensprecher. Er verschaffte sich einen Überblick über die Störsender im Gefängnis und konnte mithilfe von Skype und WhatsApp Kontakt zur Außenwelt halten. Die Außenwelt, das ist für einen wie Ahmadi einerseits die Familie, die ihn immer so treu besuchte. Andererseits kann ich mir gut vorstellen, dass er sich dem Boss und anderen Hintermännern weiterhin nahe und verpflichtet fühlt. Und dass die ihn sehr gut gebrauchen können, um sich an Regeln und Gesetzen vorbei Geld aus dem Finanzsektor zu verschaffen. Das Letzte, was ich von ihm gehört habe, ist, dass er das Gefängnis recht früh verlassen konnte und nach Dubai gereist ist.

Ahmadis Organisation besteht weiter, und um ihr entgegenzutreten, benötigen wir neben besseren Strukturen vor allem Mut, Wendigkeit und die Bereitschaft, über den Tellerrand zu schauen. Wir brauchen mehr kriminalistisches Gespür, schon in unserer Ausbildung, und müssen es dann auch ohne Reibungsverluste anwenden.

Steuerbetrüger sind hinter dem Geld des Staates her, und sie werden immer Mittel und Wege finden, auch daran zu kommen. Wir müssen uns deshalb in die Lage bringen, sie aus dem Verkehr zu ziehen und uns zurückzuholen, was uns gehört. Ist das einfach? Nein. Aber wir können es uns einfacher machen.